美國法導論

General Introduction to American Law

陳文吟　著

三民書局

國家圖書館出版品預行編目資料

美國法導論／陳文吟著.－－初版二刷.－－臺北
市：三民，2010
　　面；　公分
　　參考書目：面
　　含索引
　　ISBN 978－957－14－4651－6　（平裝）

　　1.法律－美國

583.52　　　　　　　　　　　　　　95024218

ⓒ　美國法導論

著 作 人	陳文吟
責任編輯	高于婷
美術設計	李唯綸
發 行 人	劉振強
著作財產權人	三民書局股份有限公司
發 行 所	三民書局股份有限公司
	地址　臺北市復興北路386號
	電話　(02)25006600
	郵撥帳號　0009998-5
門 市 部	(復北店) 臺北市復興北路386號
	(重南店) 臺北市重慶南路一段61號
出版日期	初版一刷　2007年2月
	初版二刷　2010年6月
編　　號	S585670

行政院新聞局登記證局版臺業字第○二○○號

有著作權．不准侵害

ISBN　978-957-14-4651-6　　（平裝）

http : // www.sanmin.com.tw　三民網路書店

謹以此書獻給

最敬愛的母親大人

林玉霞女士

自　序

　　國內各大學法律系為使同學對英美法系有所認識，普遍開設有「英美法導論」課程。然而仍有許多（無論大學部或研究所）同學對英美法存有誤解，將英美法系國家視為不成文法的國家；並對於閱讀及蒐集美國法律文獻有著很大的困擾與障礙。本書以「美國法導論」為言，旨在介紹美國基礎法學，釐清前揭困惑。

　　本書分緒論及本論兩部分。緒論簡略介紹英美法系的發展，釐清多數讀者長久以來將英美法系國家視為不成文法制國家的誤解；並介紹美國的法律資料來源，有助於讀者研究美國法律文獻。

　　本論則介紹美國數門基礎法律，依序為憲法、契約法、侵權行為法、民事訴訟程序、刑法、刑事訴訟程序以及律師職業道德。其中尤以憲法、契約法及侵權行為法為研究美國各科法律的基礎，是以，本書亦著重於此三章之探討。

　　美國聯邦憲法係世界首部成文憲法，確立了立法、行政、司法三權分立的制度，各項權力範圍暨其制衡效果，以及人民的基本權利等。此部分將藉由案例（聯邦法院的判決）探討憲法的重要議題。契約法及侵權行為法較具普通法的色彩，主要由各州法律自行規範，聯邦法規僅就以聯邦政府為請求對象之情事予以規範。本書仍藉由案例探討契約法暨侵權行為法。聯邦與各州均訂有刑法規範，本書將以傳統普通法與模範刑法典為主予以介紹。聯邦與各州均訂有民事暨刑事訴訟程序規則。刑事訴訟程序中有諸多部分與民事訴訟雷同，其餘則多與刑事被告之憲法權益有關。本書以聯邦民事訴訟規則為主介紹民事訴訟程序，旨在使讀者對美國民事訴訟有粗略概念並有助於讀者閱讀美國案例。至於刑事訴訟程序部分，則著重刑事被告之憲法權益，並以案例之探討為主。律師職業道德規範係美國各大學法學院必修課程，各州均訂有相關規範，雖不盡相同；惟多係依美國律師協會 (ABA) 所

訂之模範法典予以訂定。是以本書以 ABA 於西元一九八五年訂定之律師專業模範規則為主，予以介紹。章節所占篇幅亦因究係以案例或法規為探討主軸而有相當的落差，以法規為主者如刑法、民訴、律師道德規範，受制於法規架構及作者擬凸顯與本國法之差異，篇幅遠不及憲法、契約法及侵權行為法。特此說明。

　　本書採隨頁註釋的方式，每章各別從註 1 起始。引註格式，無論中英書籍，均為：作者，書名，頁碼（年代）；外文期刊則為：作者，文章名，期數，期刊名，起始頁碼及引用頁碼（年代）。重複引用文獻時以作者，同註＊＊（外文以 *supra* note ＊＊表示），頁碼（外文以 at 表示）；倘為前後註引用同一文獻，則以作者，同前註（外文則以 *id.* 表示），頁碼（外文以 at 表示）（頁碼與前註相同時則省略）。

　　本書附錄部分除參考文獻外，另就本書所論及之外文法律名詞之中譯及解釋附於解釋名詞；並將索引分名詞索引及案例索引兩部分。凡此，希冀有助於讀者使用本書，發揮本書最大效益。

　　本書的完成，感謝母親給予精神上的支持與鼓勵，以及二姐文惠於工作之餘的大力鼎助。也感謝三民書局出版此書及編輯工作同仁的辛勞。

陳文吟
民國九十五年十二月

美國法導論

目　次

第一編　緒　論

　　西元一〇六六年，諾曼第王朝威廉公爵入侵英國，使英國進入普通法時代；而美國於西元一七七六年宣布獨立前，為英國殖民地，其法律的發展，與英國法有著密切的關聯。一般將英國法與美國法稱為英美法系 (Anglo-American Law System)❶，並以之代表普通法系❷(Common Law System)。相對於歐洲大陸法系（Civil Law System 或 Continental Law System）的成文法制，早期普通法缺乏具體的法典，而被定位為不成文法，以致迄今仍有將英國法及美國法視為不成文法的誤解。本編將依序探討英國法及美國法的沿革，俾釐清前揭疑義；繼而介紹普通法系國家的主要法源以及美國資料來源，期有助於讀者閱讀美國文獻。

---

❶ 或謂將代表普通法系的英美法稱為 "Anglo-American Law"，並無實質意義。請參閱漆竹生譯，Rene David 著，《當代主要法律體系》，頁 322（初版，民國七十九年）。因「盎格魯」(Anglo) 僅係諾曼第王朝入侵前統治英國的日耳曼民族的一支。

❷ Common law 乙詞源自法語 Commune ley，commune 係指 community，有地區、社區或城市之意；ley 指 law，即法律之意。或有將 common law 翻譯為習慣法者。然而，揆諸 common law 的發展：西元一一五四年就任國王的首位金雀花王朝國王亨利二世將普通法予以制度化；他將地方上的習慣法 (customary law) 予以整合並推展至全國，使該些法律得以普遍地行之於全英國、具有全國性的拘束力。Edgar Bodenheimer, John Oakley & Jean Love, An Introduction to the Anglo-American Legal System 26 (4th ed. 2004); Common Law, *at* http://en.wikipedia.org/wiki/Common_law（上網日期：民國九十五年六月四日）。是以，common law 有普遍施行於全國的法律之意，筆者以為以普通法稱之較為妥適。

第一章 普通法系的沿革

代表普通法系的主要國家理當為英國與美國，二者又因客觀環境的差異而有不同，茲就英國法與美國法的沿革介紹如下。

第一節　英國法的沿革

普通法的形成與發展，於英國法的沿革中，扮演舉足輕重的地位。以普通法形成前後及發展過程，英國法的沿革可分為以下四個時期（本文參考漆竹生之譯著分四個時期）：一、七國時代；二、十一世紀諾曼第王朝的入侵；三、十四世紀衡平法的崛起；以及四、十九世紀的成文法化。茲各別探討如下。

第一項　七國時代

西元四〇八年英國於羅馬統治之後，係由日耳曼民族的部落所統治，主要為撒克遜、盎格魯、朱特及丹麥人，迄西元一〇六六年止，此即七國時代❸，又稱之為盎格魯撒克遜時期 (Anglo-Saxon)❹。此一時期並無施行於全英國的法律，僅有各部落自行遵守的社會紀律，不過，在末期，英國國王克努特制定了較完整的法律，揭示英國已由部落時期邁入封建時代。

第二項　諾曼第王朝的入侵

西元一〇六六年，諾曼第王朝威廉公爵以愛德華國王的繼承人自居，進軍英國取得政權。威廉公爵一方面宣布繼續施行盎格魯撒克遜時期的法

---

❸　西元四〇八年後，英國進入七國時代，包括盎格魯人的麥西亞王國 (Mercia)、諾森伯里亞王國 (Northumbria)，暨東盎格利亞王國 (East Anglia)；撒克遜人的威塞克斯王國 (Wessex)、埃塞克斯王國 (Essex) 暨蘇塞克斯王國 (Sussex)；以及朱特人的肯特王國 (Kent)。同為日耳曼民族的丹麥人於八世紀時開始侵入英格蘭，歷經挫敗，終於西元一〇一六年征服英國。丹麥人克努特因此成為英國國王，後又相繼為丹麥、挪威及瑞典國王。英國在丹麥統治期間，國內安定。請參閱黃鴻釗、潘興明著，《英國簡史》，頁 26～30（初版，民國八十五年七月）。

❹　請參閱 Frederick Kempin, Jr., Historical Introduction to Anglo-American Law 7, 11～12 (3rd ed. 1990)；漆竹生，同註 1，頁 322～323。

律，另一方面，將普通法帶入英國，並使英國進入封建時期。

　　法語成為宮廷用語，也是法律所採用的語言，當時口頭用語是法語，而書面語言則為拉丁文❺。英語逐漸式微，直至西元一七三一年廢止法語與拉丁文，英語方才復甦成為英國國家語文。

　　如前所述，普通法不同於七國時代各部落的地方習慣，它的法律效力遍及英國❻。至於掌握普通法的法院則專屬皇家法院。皇家法院處理的案件類型有❼：㈠皇家財政案件；㈡土地所有權和不動產占有的案件；以及㈢有關國內治安的重大刑事案件。早期由皇家財政法院 (Exchequer) 負責皇家財政案件；民事訴訟法院 (Common Pleas)❽負責土地所有權和不動產占有的案件；以及御座法院（King's Bench 或 Queen's Bench）❾負責有關治安的重大刑案。除此以外，其他爭訟由部分區法院、郡法院、領主法院、教會法院受理。

　　皇家法院的特點如下❿：㈠人民向皇家法院提起訴訟是一項特權，必須先向大法官 (chancellor) 聲請發給命令狀（breve 或 writ），由國王的顧問 (council) 經過審慎考量始核發令狀，人民繳納費用後方可提起訴訟；㈡法院的強制措施──法院得採取有效措施傳喚證人到庭，命令臣民宣誓，並強制判決的執行；㈢事實爭端的審判工作提交陪審團；㈣皇家法院注重程序問題，如命令狀的發給。它的意義在於⓫：⑴普通法不以實現公平為目

---

❺　漆竹生，同註 1，頁 324～325。此或足以說明何以迄今英美文獻中諸多源自法語及拉丁文之法律用語。

❻　請參閱註 2。

❼　Austin Scott & Robert Kent, Cases and Materials of Civil Procedure 26～32 (1967), *reprinted in* Bodenheimer et al., *supra* note 2, at 26～30; Kempin, *supra* note 4, at 34～36. 另請參閱漆竹生，同註 1，頁 326。

❽　Common Pleas 於西元一八八一年併入 King's Bench。

❾　究竟係國王或女王御座法院係以當時在位者係國王或女王而定。

❿　漆竹生，同註 1，頁 327～335。另請參閱 Bodenheimer et al., *supra* note 2, at 48～49; Kempin, *supra* note 4, at 31～32.

⓫　漆竹生，同註 1，頁 330～335。

的，而係確保解決紛爭的各種程序；(2)使法學家著重於程序問題；(3)確定法律範疇；(4)否定公法與私法的區別，如命令狀的發給為公法範疇；以及(5)使羅馬法的範疇及概念無法進入英國。

第三項　十四世紀衡平法的崛起

普通法過於注重形式的程序❶，致使其無法因應時代的變遷而改變，甚而形成制度的僵化❸。十四世紀起，人民許多爭議無法在皇家法院得到解決，轉而向國王申訴❹。申訴請願書由「大法官」受理，必要時轉呈國王，由國王在樞密院就此作成決定。

自西元一五二九年起，大法官常以真正法官的身分審理請願書❺，並實施羅馬法及教會法的原則，符合文藝復興時代的社會利益觀念和正義感。再者，其以書面且秘密的方式進行，無陪審團參與審判，而係以法官為主的程序，更能配合威權的君主制度——國王不受法律的拘束，國王的意願就是法律。大法官衡平法院❻的興起，導致普通法及皇家法院的式微。

十六世紀都鐸王朝的專制制度，建立在國王的擴充特權之上，如：對特定刑事案件持有衡平管轄權的星宮法院 (Star Chamber)，雖於內戰❼結束後有效地恢復社會秩序；然而，卻淪為國王進行政治迫害的工具，對臣民

---

❶ 有關普通法訴訟程序的形式 (forms of action)，請參閱 Bodenheimer et al., *supra* note 2, at 35～43.

❸ 漆竹生，同註 1，頁 335。

❹ Common Law, *supra* note 2.

❺ Kempin, *supra* note 4, at 37～40. 此時，大法官以獨立法官的身分，藉由國王及樞密院名義獨自判決。大法官的判決由原先考量個案的公平性，繼而運用「公正」的理論，對皇家法院實施的法律原則，予以補充糾正。

❻ 有關衡平法的發展及其意義、權限，請參閱 Charles Rembar, Equity, *in* The Law of the Land: the Evolution of Our Legal System 272～281 (1980), *reprinted in* Bruce Altschuler & Celia Sgroi, Understanding Law in a Changing Society 337～341 (1992).

❼ 即西元一四五五年至一四八五年的玫瑰戰爭。

的自由產生嚴重威脅❶，衡平法院亦以國王的特權為基礎，擁有民事案件的管轄權。

　　為了維護其法院的地位及法治的使命，普通法法院與議會聯手反對國王的專制及衡平法院對普通法法院管轄權的侵犯❶，國王最後迫於普通法法院與議會的壓力，而予以妥協❷：㈠國王不得利用特權創設普通法院以外的法院；㈡衡平法院不得侵犯普通法法院的管轄權，判決時，必須依照自己的判決先例，而不再以道德規範的名義為之，以撫平人們對其判決之專斷的不滿，其判決自西元一六二一年起受到上議院的監督；㈢西元一六四一年撤銷星宮法院。

第四項　十九世紀的成文法化

　　英國法的缺點於十九世紀逐漸浮現，普通法的不確定性與訴訟程序的僵硬，引起部分人士的批評，尤以功利主義學派的創始人邊沁為甚。邊沁認為普通法是歷史發展過程的產物，而非經由合理設計的結果，它的古老概念，複雜的法院組織及繁瑣的訴訟程序，無助於保障人民權益，反而形成社會改革的障礙。他倡導改革英國法，改革方式為編纂法典，全面施行法典化，草擬憲法、刑法、民法典等❷。

　　英國法院組織複雜、重疊、管轄範圍不明，除普通法法院與衡平法院

---

❶　Kempin, *supra* note 4, at 41; 漆竹生，同註 1，頁 337；由嶸，《外國法制史》，頁 484（初版，民國八十二年）。

❶　著名的普通法法院首席法官柯克 (Coke)，主張普通法至高無上，權威高於衡平法，也高於國王的意旨。他為此與詹姆士一世及大法官發生衝突，於西元一六一六年遭詹姆士一世撤職。Bodenheimer et al., *supra* note 2, at 51. 由嶸，同註 18，頁 339。

❷　Kempin, *supra* note 4, at 41. 請參閱漆竹生，同註 1，頁 338～339；由嶸，同註 18，頁 484～485。

❷　Philip James, Introduction to English Law 32 (12th ed. 1989). 由嶸，同註 18，頁 486。另請參閱 The History Guide—Jeremy Bentham, *at* http://www. historyguide. org/intellect/bentham.html（上網日期：民國九十四年四月一日）。

外，另有遺囑檢驗法院、離婚法院、海事法院等，當事人常因選擇了錯誤的法院（因不具管轄權）而浪費金錢與時間。普通法院的令狀制訴訟程序，著重形式主義，常使案件延宕不決❷。

　　西元一八三二年始，英國著手立法改善法院組織及訴訟程序❷，如統一訴訟程序法（西元一八三二年）、不動產時效法（西元一八三三年）、普通法程序法 (Common Law Procedure Act)（西元一八五二年、一八五四年及一八六一年）。更重要的是西元一八七三年至一八七五年間的司法法 (Judicature Acts)，簡化法院組織及訴訟程序，消除部分專門法院的分立狀態，廢除令狀制，奠定英國法院組織及訴訟程序的現代化基礎❷。十九世紀末，英國增加了多項法律，如西元一八八二年的票據法 (Bills of Exchange Act 1882)、一八九〇年的合夥法 (Partnership Act 1890) 及一八九三年的貨物買賣法 (Sale of Goods Act of 1893)。二十世紀以後，因應時勢發展，英國更加加強立法、普通法的成文法化、勞動立法、社會立法，以及委任立法 (delegated legislation)❷的增加。法律內容方面，廢除財產法中財產的舊分類，採用動產、不動產的契約自由原則及刑法的限制。

第二節　美國法沿革

　　美國自西元一六〇七年，維吉尼亞成為英國殖民地後，至西元一七七六年止，共有十三地成為英國的殖民地。英國的普通法因此進入美國。然而，因客觀因素，而與英國境內的普通法有所差異。美國獨立之後，面臨

---

❷　由嶸，同註 18，頁 487；另請參閱註 12。

❷　有關英國立法之發展，請參閱 P. Redmond, General Principles of English Law 22～28 (I. Stevens et al. rev., 6th ed. 1990).

❷　由嶸，同註 18，頁 484。司法法的重要成果有三：㈠統一法院組織；㈡普通法院與衡平法院的合併，上訴法院與高等法院均可適用普通法與衡平法則審理案件；㈢廢除所有訴訟形式。James, *supra* note 21, at 32～34；由嶸，同註。司法法對普通法與衡平法之關聯性的改革，請參閱 William Geldart, Introduction to English Law 17～25 (D. Yardley ed., 10th ed. 1991).

❷　有關委任立法之功能暨態樣，請參閱 Redmond, *supra* note 23, at 25～28.

諸多問題，其一即法律體制的適用，究係沿襲普通法系抑或改採大陸法系。

第一項　殖民地時代

　　英國自西元一六〇七年在美國維吉尼亞建立第一個殖民地名為詹姆士城 (Jamestown)，至西元一七三三年止，共建立十三個殖民地❷⑥。英國殖民地所執行的法律為何，依卡爾文案 (Calvin's Case)，英國殖民地應自動適用英國法。

　　然而，美國殖民地並未全然接受英國法律。理由如下❷⑦：㈠對英國法

---

❷⑥　一般雖稱為北美十三州殖民地，惟實際上該十三地與現今十三州有別。英國在北美洲的殖民方式有二：㈠股份有限公司；㈡王室酬庸 (稱 proprietary colony, 業主殖民地或特許殖民地)。殖民地分布在北、中、南三地，共十三區。北部移民以宗教因素為主，為新英格蘭區 (New England)，有⑴西元一六二〇年的普利茅斯 (Plymouth, 位於麻薩諸塞的科德角 Cape Cod)；⑵西元一六二三年的新罕布夏 (New Hampshire)；⑶西元一六三〇年的麻薩諸塞灣 (Massachusetts Bay)；⑷西元一六三六年的羅德島 (Rhode Island) 以及⑸西元一六三六年的康乃狄克 (Connecticut)。南部即稱南部區 (Southern)，以經濟因素為主，有⑴西元一六〇七年的維吉尼亞 (Virginia)；⑵西元一六三四年的馬里蘭 (Maryland)；⑶西元一六七〇年的卡羅萊納 (Carolina)，西元一七一九年分為北卡羅萊納 (North Carolina) 與南卡羅萊納 (South Carolina)；以及⑷西元一七三三年的喬治亞 (Georgia) (為最後成立的殖民地)。中部即中部大西洋區 (Middle Atlantic)，多取自他國的殖民地，有：⑴西元一六六四年的紐約，原為荷蘭殖民地；⑵西元一六八二年的賓夕法尼亞 (Pennsylvania)，人口包括瑞典、丹麥、芬蘭、威爾斯、蘇格蘭、愛爾蘭和法國人；⑶西元一七〇二年的紐澤西 (New Jersey)，先後為荷蘭及瑞典所統治；⑷西元一七〇四年的德拉瓦 (Delaware)，原為瑞典殖民地。其中普利茅斯於西元一六九一年併入麻薩諸塞灣。林立樹，《美國通史》，頁 27～42 (民國八十八年元月)，五南圖書出版公司；張四德，《美國史》，頁 16～22 (二版，民國八十二年)，大安出版社；蔚藍天編譯，《美國史》，頁 53～78 (初版，民國七十五年)，臺灣商務印書館股份有限公司。

❷⑦　William Walsh, A History of Anglo-American Law §§45～47 (2nd ed. 1932), *reprinted in* Bodenheimer et al., *supra* note 2, at 51～56；由嶸，同註 18，頁 490～491；另請參閱漆竹生，同註 1，頁 410～411。

律懷有敵意——因移居美國殖民地的居民（英國人）多曾受到英國的政治或宗教迫害；㈡紛爭傾向於根據《聖經》解決——殖民地居民多為新教徒，如麻薩諸塞及賓夕法尼亞之宗教勢力龐大；㈢維持生存為首要之務——初期殖民地，人們彼此往來不多，與英國的聯繫較為鬆散，他們面臨的主要困境為如何維持生存，而不是對複雜法律的需求；㈣缺乏法律專業人員以適用英國複雜的法律程序；㈤英國法並不全然適合殖民地的條件。他們所適用的法律為：㈠《聖經》中的律法及其公平正義原則；㈡殖民地議會制定的法律，多基於自然法、社會契約的理想概念，多以法典形式表述法律；㈢無其他法律可適用時，才依普通法概念及原則處理糾紛❷❽。換言之，在十七世紀，殖民地人民較偏好成文法的制定與適用。

十八世紀，殖民地居民因生活、經濟改善，而需要較複雜的法律，居民也發現可利用普通法對抗國王專制，而在面臨法屬殖民地路易斯安那(Louisiana)及加拿大的威脅下，普通法成為認同英國政府的表徵❷❾。英國政府也加強了對殖民地的監控。隨之，英國的法律書籍引入殖民地，律師及法官到英國接受訓練。以律師為核心的職業階層逐漸形成，地位及聲譽不斷提高，並於美國獨立運動中發揮了重要功能。

第二項　獨立之後

殖民地對英國當時的統治極為不滿，嗣於西元一七七六年爆發獨立戰爭，同年七月四日發表獨立宣言。西元一七七八年法國承認美國獨立，英國則於西元一七八三年才承認美國的獨立。西元一八〇三年路易斯安那州併入美國版圖，美國與法國結盟，曾經受到英國統治及壓迫的經歷，使美國人將英國法視為遭受奴役及恥辱的象徵。各州於獨立戰爭後相繼制定、通過憲法，均屬成文法典，背離普通法的傳統，許多州甚至通過立法，禁止引用獨立戰爭後的英國法院判決。

隨著政權的鞏固與來自英國的威脅解除，人們的懷舊情緒復甦。除路

---

❷❽　同上。

❷❾　同註 27。

易斯安那州外，許多州原則上仍採普通法，復以同為英語系國家，人民多來自英國，以及早期法律人士均學習英國法，法律教育亦均以英國的普通法為基礎，使得美國最後仍決定採行普通法。

然而，美國境內部分州曾受到大陸法系國家所統治❸⓪，復以適用大陸法或普通法的爭議達半世紀之久，以及美國與英國本質上的諸多差異，使得美國的普通法不同於英國的普通法❸①。

西元一八三〇年之後，開始興起法典化運動，紐約州於一八四七年由大衛菲爾德 (David Dudley Field) 律師倡議，成立法典編纂委員會，至一八六五年，共草擬五部法典，包括民事訴訟、刑事訴訟、刑法、民法及政治法典；其中，民訴法典廢除普通法的訴訟形式，代之以新的程序，稱為《菲爾德法典》(Field Code)❸②。包括紐約，共有三十個州採行該法典❸③；十八州採行刑法典及刑訴法典❸④。其對後來的美國法發展具有相當的影響力。

第三項　內戰結束

西元一八六五年，美國內戰 (Civil War，又稱「南北戰爭」) 結束後，美國經濟迅速發展，州際貿易的頻繁、全國性公司相繼設立；然而，普通法的不確定性及各州法律的衝突，卻形成經貿發展的主要障礙。

此時，美國法發展的重要變革有二❸⑤：一、廢除奴隸制度——明定於

---

❸⓪　如路易斯安那，曾被法國、西班牙所統治，賓夕法尼亞曾被瑞典所統治，加州之於西班牙等。

❸①　美國不依賴鄰近國家，政治結構屬總統制共和國、聯邦政府、多重種族、宗教信仰多為基督教；英國屬君主制、中央集權政府、議會制。漆竹生，同註 1，頁 412～413。另請參閱 Walsh, *supra* note 27。

❸②　Kempin, *supra* note 4, at 113; R. Randall Kelso & Charles Kelso, Study Law: An Introduction 76～77 (1984); David Field, *at* http://en.wikipedia.org/wiki/David_Field（上網日期：民國九十五年六月五日）。

❸③　Kempin, *supra* note 4, at 113～114.

❸④　由嶸，同註 18，頁 492～493; David Field, *supra* note 32.

❸⑤　由嶸，同註 18，頁 494。

聯邦憲法第十三、十四及十五增修條文。惟，真正摒除種族限制，賦予有色人種實際保護者，係至西元一九六〇年代後的民權法才予落實；二、法律的統一──西元一八九二年，為因應內戰結束及經貿發展，由具備律師資格的教授、法官及律師們組成「美國統一州法委員會」（The National Conference of Commissioners on Uniform State Laws，簡稱 NCCUSL）❸❻，起草法典向各州推薦，如統一合夥法、統一買賣法、模範公司法、統一商法等，係較為各州所採用者。

---

❸❻　請參閱 Uniform Law Commissioners, *at* http://www.nccusl.org/

第二章 普通法系國家與國家法源與法律資料來源的美國法來源

　　普通法系國家經由長期的法制發展，自有其重要的法律淵源應予探討。本章將以美國法為例介紹普通法系國家主要法源。再者，因著美國制定法及相關文獻各有特定之名稱，對未接受美國法學教育之讀者，未必知悉其定義及法律效果。是以，本章除說明主要法源之內容，並將介紹美國法律資料來源，俾使讀者瞭解研究美國法學所應或所宜搜尋及參考之文獻。

第一節　普通法系國家的主要法源

　　普通法系國家的主要法源有普通法暨衡平法、制定法以及習慣、學說。本節依序介紹如下。

第一項　普通法暨衡平法

　　「案例法」(case law) 是普通法的重要法源，「前案拘束原則」(stare decisis) 則是法院審理案件的重要原則。此二者為普通法的特點，亦為普通法系國家的特質。

　　所謂「案例法」，指案件判決結果的累積，形成具體的法律內容。前案拘束原則是指，法院在審理案件時，必須遵循先前類似案件的實體判決內容。法院既依「前案拘束原則」作成判決，前後案件之實體判決理由，自有其一貫性，得以一脈相承，形成具體的法律內容。

　　至於「前案拘束原則」之「前案」係指業已判決確定之判決先例 (precedent)。而判決內容除作成判決結果的理由 (ratio decidendi) 外，也可能包含法官個人針對案情所提出、但與判決結果無關的附帶意見 (obiter dictum)；前者為「前案拘束原則」的適用範圍，係法官處理後案所需遵循者；後者則不在該原則適用範圍。法官的附帶意見雖無拘束後案的法律效果，卻常成為重要的理論基礎，甚至成為後案的判決依據。

　　「前案拘束原則」仍為現今普通法系國家所採行，以美國法院為例，無論州法院或聯邦法院均遵循此原則。州法院於審理涉及州內法律的爭訟時，須據上級州法院的判決先例，審理涉及聯邦憲法或聯邦法規之爭訟，則須遵循聯邦法院的判決先例。同理，聯邦法院審理州法律有關的爭訟，

須依據州的判決先例，審理聯邦憲法或法規等爭訟，則遵循聯邦上級法院的判決先例。

衡平法基於公平公正而發展出下列原則❶：

一、衡平法務求不法行為之受害者獲得救濟 (Equity will not suffer a wrong without a remedy.)——普通法重形式，致使受害人無法得到救濟或所得救濟不當，衡平法確保受害人均能得到適當的救濟。

二、衡平法探求實質及當事人意願 (Equity looks to the substance and intent rather than to the form.)——此與普通法之重形式者不同。

三、衡平法以履行債務為當事人的意願 (Equity imputs an intention to fulfill an obligation.)。

四、衡平法遵守法律 (Equity follows the law.)。

五、平等即衡平 (Equality is Equity.)。

六、衡平法幫助警惕者，而非怠於行使權利之人（在自己的權利上睡著了）(Equity aids vigilant, not those who slumber on their rights.)。

七、尋求衡平救濟之人必須自己是清白的 (He who comes into equity must come with clean hands.)。

八、尋求衡平救濟之人必須自己的行為符合衡平原則 (He who seeks equity must do equity.)。

九、有兩項以上同等的衡平原則可適用時，以符合法律者優先適用 (Where there are equal equities, the law will prevail.)。

十、有兩項以上同等的衡平原則可適用時，先發生者優先適用 (Where there are equal equities, the first in time will prevail.)。

普通法與衡平法的區別在於：㈠歷史發展背景不同 (different history)；㈡管轄法院不同——英國以及美國聯邦法院與大多數州法院均已合併普通法法院與衡平法院❷，各法院均可適用普通法或衡平法，且訴訟程序相同，

---

❶　Bruce Altschuler & Celia Sgroi, Understanding Law in a Changing Society 363 (1992).

❷　英國自西元一八七三年已予合併，美國聯邦法院則自西元一九三八年起合併、

判決效力亦同；⑸陪審制度之有無——普通法著重陪審制度，衡平法則不採陪審制度；⑷不同的救濟方式 (different remedies)，普通法著重形式，以賠償損害為其救濟方式，衡平法不重形式，而著重公平公正地解決問題，如：核發禁令 (injunction) 或強制履行契約 (specific performance) 等。

第二項　制定法

制定法為普通法系國家的重要法源。英國雖於諾曼第王朝征服後開始形成普通法的時代，惟，當時威廉公爵便已頒布許多制定法。十三世紀末，議會開始制定法律，更隨著權利的擴大而擴張其立法權。美國於殖民地時代，即已發現法典的重要性，獨立後，聯邦及各州均制定憲法及各種法律。

以美國為例，制定法分聯邦與州，二者均有憲法及法律。而聯邦憲法具有的效力至高無上，任何聯邦法律、州憲法或法律均不得與之抵觸。聯邦法律又以美國法典 (United States Code) 稱之，共有聯邦法律五十編 (Titles)。另有聯邦紀錄簿（Federal Register，簡稱 "FR"）屬行政法令，包括總統宣言、行政部門發布的規章、決議、命令等。聯邦規則法典（Code of Federal Regulation，簡稱 "CFR"）係對行政法的彙編，內容大多與前揭 FR 相同。

第三項　習慣與學說

成為法源的習慣，應符合一定要件：㈠歷史悠久的習慣；㈡須為持續存在的習慣；㈢人們願意遵守的習慣；㈣習慣的內容必須一致、合理、確定；㈤須為強制性習慣❸。

州亦陸續採之，紐約州最早於西元一八四八年為之；目前仍有四州保留衡平法院：阿肯色州 (Arkansas)、德拉瓦州 (Delaware)、密西西比州 (Mississippi) 及田納西州 (Tennessee)。Chancery, *at* http://en.wikipedia.org/wiki/Court_of_chancery（上網日期：民國九十五年六月四日）。

❸　Custom (Law), *at* http://en.wikipedia.org/wiki/Customary_Law: Customary Law, Common Law and Civil Law Systems, *at* http://www.boredofstudies.org/wiki/index.php?title=Customary_Law % 2C_Comon_Law_and_Civil_Law_Systems

習慣之成為法源，其重要性隨著立法的週延而減弱；然而，仍時而為法官判決或律師論辯的重要依據；甚而為立法的依據❹。

學說雖難歸列為具強制力的法源❺，卻常為法官判決或律師辯護時所引用，因此，對法律亦具有相當的影響力。

第二節　美國法律資料來源

美國法律資料來源可分主要資料 (primary sources) 與次要資料 (secondary sources)。主要資料包括憲法、成文法規、司法案例；次要資料如法律整編 (Restatements of Law)、統一法典 (Uniform Laws)、論述 (treatises) 及法學期刊 (law reviews)。

第一項　主要資料

憲法、成文法規、司法判決係主要法律資源。又因分為聯邦與州體系，故前揭資料均可包括聯邦與州體系。

聯邦憲法為首要的法典，除憲法條文外，West 與 Lexis Nexis 兩家出版公司分別將憲法條文做詳細的註釋，前者即 Constitution of the United States Annotated，後者為 United States Code Service, Constitution Volumes。國會圖書館 (The Library of Congress) 亦出版一套《美國聯邦憲法》(The Constitution of the United States of American)，內容包括評釋 (commentary)、歷史背景及案例摘要。

各州均訂有州憲法，州憲法不得與聯邦憲法抵觸，但在該州境內，其效力優於聯邦法規。其內容可見於各州法律評釋 (code/statute annotated) 書

（上網日期：民國九十四年十月二十日）。

❹ Edgar Bodenheimer, John Oakley & Jean Love, An Introduction to the Anglo-American Legal System 13 (4th ed. 2004); Frederick Kempin, Historical Introduction to Anglo-American Law 98 (3rd ed. 1990).

❺ 隱私權 (right of privacy) 雖被視為憲法所保障的基本人權，惟，其係揭櫫於 Warren 與 Brandeis 所著文章中。Samuel Warren & Louis Brandeis, *The Right to Privacy*, 4 Harv. L. Rev. 193 (1880).

籍中。

　　聯邦法規的制訂，在經過兩院通過、總統簽署後成為法律，檔案管理人 (archivist) 將法律依其性質分為公法 (public laws) 與私法 (private laws)❻。後者規範特定私人的權益，或其對政府的主張，或與移民事務有關者；除此，均列入公法範疇，依國會會期依序編號，如 Pub. L. No. 109–1❼。檔案管理人在國會會期結束時，依編號發行 United States Statutes at Large，該套書籍的缺點在於不便就特定領域的法律進行檢索搜尋❽。因此，於西元一九二六年，由美國聯邦眾議院的法律修正委員會 (Office of the Law Revision Counsel) 出版美國聯邦法典（United States Code，簡稱 "U.S.C."），依不同領域的法律訂標題編輯成冊，並依標題字母排序，涵蓋所有公法，共五十編 (50 titles)。U.S.C. 每年均有更新輔助資料，每六年重新發行一次❾。U.S.C. 的發行緩慢，無法因應學界與實務界需要，West 及 Lexis Nexis 兩家出版公司因此各發行一套聯邦法律的註釋。前者為 United States Code Annotated（簡稱 "U.S.C.A."），除條文外，包括歷史沿革、相關實務案例及次要資料，且包括所有 West 出版的參考文獻，附有標題暨鑰匙號數 (topic and key number system)❿。後者為 United States Code Service（簡稱 "U.S.C.S."），亦包含條文、歷史沿革及相關案例等，並可交互提供參照參考資料 (cross reference) ALR。若擬充分瞭解立法背景及沿革，可參考國會資訊服務處 (Congressional Information Service) 發行的 CIS/Index，或 West 發行的 United States Code Congressional and Administrative News。

　　目前的網路電子資料庫有 CIS/Index、Westlaw、Lexis Nexis 及國會圖書館的 Thomas(　網址為 http://www.thomas.loc.gov)，後者可搜尋法案全文

---

❻　United States Code, *at* http://en.wikipedia.org/wiki/United_States_Code（上網日期：民國九十五年六月四日）。

❼　同上。

❽　同註 6。

❾　請參閱註 6 及 Preface of the Code of the Laws of the United States, U.S.C.A. by West Group.

❿　利用此號數，可搜尋所有 West 出版的文獻，包括網路資源 Westlaw 資料庫。

及立法進度。

國際法包括條約、行政協定及習慣國際法。條約與行政協定可見於 United States Treaties and Other International Agreement（簡稱 "UST"）及 Treaties and Other International Acts Series（簡稱 "TIAS"），TIAS 的發行比 UST 略為迅速，但仍舊緩慢。故另有 UST Current Services 及 Consolidated Treaties & International Agreements: Current Document Services 能隨時提供最新的資訊。美國國際法協會 (American Society of International Law) 發行雙月刊的《國際法律資料》(International Legal Materials) 涵蓋許多重要的協定。此外，Bevans' Treaties and Other International Agreements of the United States of America 1776–1949 共十三冊，則提供前揭條約協定的重要歷史背景暨沿革資訊。

美國的慣例國際法可見於《美國國際法期刊》(American Journal of International Law)（季刊）。前揭雙月刊 International Legal Materials 亦有相關文獻的轉載。

各州立法及地方法規可見於 West 及 Lexis Nexis 兩家出版公司提出的紙本出版物及網路資料庫。多數州並不發行立法紀錄，因此，難以追蹤其立法背景暨沿革等。

法院規則係由司法體制依法自行發布者。以聯邦最高法院為例，因國會授權而發布地院及上訴法院的民事、刑事訴訟規則，即聯邦上訴訴訟規則 (Federal Rules of Appellate Procedure)；聯邦民事訴訟規則 (Federal Rules of Civil Procedure)；聯邦刑事訴訟規則 (Federal Rules of Criminal Procedure)；聯邦證據規則 (Federal Rule of Evidence)。其內容可見於《美國聯邦法典》第十八編及二十八編的附錄。

行政規則 (Administrative Regulations) 的制定係由行政部門發布者，以聯邦為例，其制定的權限亦來自國會的授權。憲法雖已賦予總統發布行政命令的權力，但其通常仍得到國會的授權。總統的行政命令權往往進一步授權行政部門制定規則。其內容可見於兩套官方版本，一為行政部門依時間先後編排的行政命令暨規則，即《聯邦紀錄簿》(FR)。國會則另依聯邦

法典五十編或其內容，將前揭行政命令暨規則編輯為《聯邦規則法典》(CFR)，每年重新發行一次。

<h1 style="text-align:center">第二項　次要資料</h1>

法律整編係由美國法律協會（American Law Institute，簡稱 "ALI"）所編纂而成。ALI 成員包括法學教授、法官、律師，他們將傳統普通法的案例篩選、整理並制度化，以條列式說明法律的規則與原則，其中也涵蓋編纂者的見解。因此整編的內容，除普通法的案例外，也包括司法對法律的解釋，以及 ALI 所建議的規範。條列式內容以節 (Section) 稱之（其相當於「條」），每條之後附有 ALI 的評釋，極具參考價值，除供立法及學者論述之參考外，法院亦常引用之。涵蓋的法律領域主要有契約、侵權行為、財產、代理、衝突法、信託 (trusts)、證券 (securities) 及返還利益 (restitution)。

美國律師協會（American Bar Association，簡稱 "ABA"）推動成立美國統一州法委員會 (The National Conference of Commissioners on Uniform State Laws)，目的在制定一套全國適用的法律。

統一法典本身不具任何法律效果，但因其提供了便利、周延的立法參考依據，許多州藉由立法程序採用其法典內容，有時，各州為各自特殊需要而將法典略作修正。目前有一百套以上各個領域的統一法典，其中最具影響力者即統一商事法典（Uniform Commercial Code，簡稱 "U.C.C."），除路易斯安那州外，其餘各州均予以採用。統一法典的解釋理由應一致，不因不同州的採用作不同解釋，因此，設若 ABCD 州均採之，A 州的律師及法官在解釋其內容時，得以 BCD 各州的案例為依據。West 出版公司發行四十五冊《統一法典註解》(Uniform Law Annotated)，內容包含條文、委員評釋、各州採行的不同版本、次要文獻，以及法院解釋的摘要說明。

論述係特定領域的法律評論或摘要，其主要適用對象為執行法律事務者，如法官、律師及學生。常見者為教科書 (textbook) 及活頁裝訂本，以及近年來的光碟版 (CD-ROM)。

法學期刊對於宣示法律的發展居重要地位，所有 ABA 認可的法學院

均有法學期刊的發行；部分學校有多種法學期刊，以特定領域為主，如科技、智財、人權等等。文章大多由法學教授撰寫，極少數為法官或律師；另有「註解」(notes) 或「評論」(comments) 則多由學生撰寫，內容多以近期的立法或司法判決為主。

目前，期刊文獻的檢索有兩種出版物，一為 Index to Legal Periodicals and Books（包括紙本與光碟版），內容分主題、作者名稱索引、案例（引以為註解或評論者）索引、法規索引及書評索引。第二為 Current Law Index，以國會圖書館的標題編輯而成，其又有光碟版稱 Legal Trac。期刊本身除紙本外，West 及 Lexis Nexis 兩家公司的網路資料庫提供全文的檢索及內容。

第二編　本　論

　　本編將介紹美國數項基礎法律，依序為憲法 (Constitutional Law)、契約法 (Contracts)、侵權行為法 (Torts)、民事訴訟程序 (Civil Procedure)、刑法 (Criminal Law)、刑事訴訟程序 (Criminal Procedure) 以及律師職業道德 (Professional Responsibility/Legal Ethics)。

　　美國聯邦憲法❶係世界首部成文憲法，確立了立法、行政、司法三權分立的制度，各項權力範圍暨其制衡效果，以及人民的基本權利等。自西元一七八七年制憲，迄今已兩百多年，歷經多次增修，對於增訂或修改事項則列於增修條文 (Amendments) 中。其內容計有七個條文 (Articles) 及二十七條增修條文。

　　契約法及侵權行為法較具普通法的色彩，主要由各州法律自行規範，聯邦法規僅就以聯邦政府為請求對象之情事予以規範。

　　聯邦與各州均訂有刑法規範，亦均採行「罪刑法定主義」原則。聯邦刑法以州際犯罪為主。本編有關刑法之介紹，將以模範刑法典 (Model Penal Code) 為主。

　　聯邦與各州亦均訂有民事暨刑事訴訟程序規則，於聯邦法院進行訴訟者，依聯邦訴訟規則，於州法院進行訴訟者，依各州之訴訟法。本編以聯邦訴訟規則為主。刑事訴訟程序中有諸多部分與民事訴訟雷同，其餘則多與刑事被告之憲法權益有關。

　　律師職業道德規範係美國各大學法學院必修課程，各州均訂有相關規範，雖不盡相同；惟多係依美國律師協會 (ABA) 所訂之模範法典予以訂定。是以本編將以 ABA 西元一九八五年訂定之律師專業模範規則為主，予以介紹。

---

❶　本文以下凡提及「聯邦憲法」或「憲法」，均指「美國聯邦憲法」，特予指明。

第一章　憲　法

　　西元一七七六年七月四日，美國十三個殖民地代表於賓夕法尼亞州 (Pennsylvania) 費城 (Philadelphia) 發表獨立宣言 (Declaration of Independence)，嗣於西元一七七七年十一月十五日完成「邦聯條款」（Articles of Confederation，或稱「邦聯約法」），該條款於西元一七八一年三月一日得到所有十三州批准 (ratified) 正式生效。

　　獨立之初，各州唯恐中央政府過於強勢，將剝奪各州的主權及個人的自由。是以，邦聯時期（西元一七八一年至一七八六年），各州各自訂定州憲法及各項法令，彰顯其各州主權；相對地，邦聯政府本身卻缺乏權力與經費。依邦聯條款❶：㈠邦聯政府權力薄弱，無法得到尊重，因其對於州及人民鮮有權力。㈡邦聯國會兼為行政機構，卻無權徵稅，而須倚賴州政府提供經費及執行其命令。正如喬治華盛頓 (George Washington) 所言：邦聯政府形同影子而不具實體 (little more than the shadow without the substance)❷。

　　十三州如同十三個獨立的國家，導致弱勢的邦聯政府，在國際上的代表性受到質疑，其言論及地位不受重視；凡此，均有礙於十三州於國際間的發展。十三州遂於西元一七八七年通過、一七八八年批准聯邦憲法 (Federal Constitution)，成立聯邦政府。聯邦憲法的特點為：㈠各州為共同目的而成立聯邦政府。㈡聯邦與州政府的權力劃分——聯邦的權力為列舉式，以憲法明定者為限；各州的權力為概括式，凡憲法未授予聯邦政府者，均屬州政府權力範圍。㈢聯邦及州政府的行政效力，均直接及於轄區內的人民及財產。㈣聯邦及各州均設有執行法律的機關。㈤國家權力的至高性 (supremacy power)。

---

❶　請參閱 Articles of Confederation, *at* http://education.yahoo.com/reference/encyclopedia/entry/ConfederAr;_ylt=AvDpzDMk70MP2CMG0NWDp1FTt8Wf（上網日期：民國九十五年六月十一日）; Comparing the Articles and the Constitution, *at* http://www.usconstitution.net/const conart.html（上網日期：民國九十五年六月十一日）。

❷　引自 Articles of Confederation，同註 1。

聯邦憲法共七條，開宗明義便於前三條文確立三權分立：第一條規範立法權，第二條規範行政權，第三條規範司法權。第四條規範誠信與信賴原則 (Full Faith and Credit) ❸，第五條規範增修憲法的程序 ❹，第六條規範聯邦法律至高性原則 ❺，第七條規範憲法生效要件（經九個州批准）。此外依第五條所定程序，另增訂二十七條增修條文。本章主要依序探討憲法第一條至第三條之立法權、行政權及司法權，有關人權法案 (Bill of Rights) 之第一至第十增修條文，內戰後貫徹人權法案之第十四增修條文。

第一節　立法權

聯邦憲法第一條明定國會 (Congress) 持有立法權 (legislative power)。國會包括參議院 (The Senate) 及眾議院 (The House of Representatives) ❻。

---

❸　本條主要內容如下：㈠在確立各州間彼此信賴尊重其法律、紀錄及司法程序。㈡一州州民享有各州州民所得享有之特權及免責權。㈢各州間依他州的要求有引渡的義務。㈣允許新州加入的條件。以及㈤聯邦政府應確保各州不受侵略並協助各州平定其內亂。

❹　第五條明定憲法增修案的提出方式有二：㈠國會兩院各以三分之二表決提出；㈡由三分之二以上的州的議會提出申請，組成修憲會議提出憲法增修案。憲法增修案的批准生效方式有二：㈠四分之三以上的州的議會批准；㈡前揭修憲會議四分之三的批准。

❺　第六條明定憲法制定前已存在的債務及已訂契約在本憲法下對聯邦政府的效力一如邦聯條款時期，亦即聯邦政府繼受邦聯政府的債務與契約。第六條的另一項重點在於任何州憲法或法律不得違反美國聯邦憲法、法律及條約，此即美國聯邦法律的至高性 (supremacy of law)。

❻　制憲之初，維吉尼亞、賓州等大州主張各州得選出的國會代表人數應依各州人數多寡而定；紐澤西等小州則主張各州的國會代表人數應相同。雙方僵持不下，最後採取折衷方案——即兩院制，眾議院及參議院。眾議院議員，以各州人口數的一定比例產生，州民較多的州可選出較多的議員代表；各州至少有一名議員代表。參議院的成員，則由各州選派兩名代表組成。眾議院符合大州的主張，參議院則符合小州的主張。請參閱蔚藍天編譯，《美國史》，頁 150（初版，民國七十五年）；張四德，《美國史》，頁 47（二版，民國八十二年）。

第一項　國會議員及議事規則

聯邦憲法第一條明定國會的組成及成員的資格，議事規則則由國會自行訂定。

第一款　國會議員

參議院的成員由參議員 (senator) 所組成，參議員的參選資格㈠須為該州州民；㈡須具有美國公民資格九年以上；以及㈢必須年滿三十歲。依憲法第一條第三項，參議員係由各州州議會選出兩名，任期六年。惟第一任期的全體參議員須分為三組，第一組任期僅兩年，第二組為四年，第三組始為六年，第二任期開始均為六年；據此，每兩年參議院有三分之一的參議員進行改選。目的在使參議院能維持新舊成員的平衡。西元一九一三年，國會通過第十七增修條文，將參議員的遴選改由各州州民直接選舉。

參議員的人數共一百名❼，參議院議長 (President of the Senate)，由美國副總統擔任，主持議會議程；但，沒有參與議事表決的權利，惟有在議會正負表決成平數時，始有表決權。參議員就成員之間另選一位「臨時議長」(President Pro Tempo)，俾便於議長無法行使職務時，由臨時議長代為行使。

眾議院則由眾議員 (house representative) 組成，眾議員的參選資格為：㈠須為該州州民；㈡須具美國公民資格七年以上；以及㈢須年滿二十五歲。眾議院議長 (Speaker) 由眾議員間選出。依憲法第一條第二項，眾議員由各州州民直接選舉，名額依各州人數比例計算。美國每十年進行一次全國人口普查，再依一定比例決定各州得選出的眾議員人數。由於美國移民人口的急遽攀升，致使眾議人數快速成長，至西元一九一○年，眾議員人數已達四百三十五人。會議人數過多，導致議事效率不彰，國會遂於西元一九二九年通過「名額分配法」(Reapportionment Act)，將眾議員人數確定為四百三十五名❽，依全國總人數決定多少人可分配一名眾議員，依此比例，

---

❼　美國有五十州，每州兩名，故有一百名。

再由各州人口決定可選出的眾議員人數。不過，各州至少應有一名眾議員。

　　依憲法第一條第二項第三款，人口的計算不包括㈠不納稅的印地安人；㈡五分之二的其他人❾。換言之，包括自由人 (free persons) 及五分之三的其他人；自由人包括納稅的印地安人。由此可見，立憲之初的種族歧視及對奴隸制度的認同。美國內戰（西元一八六一年至一八六五年南北戰爭）結束後，西元一八六八年，國會通過第十四增修條文，其中第二項明定，各州人口總數為全額人數，除了不納稅的印地安人。凡年滿二十一歲的男性公民均包含在內，投票權非因叛亂、犯罪而被剝奪時，該人數應自人口總數中減除。該增修條文雖已承認有色人種之為公民，惟，迄西元一八七〇年第十五增修條文方明定不得因種族或之前的奴役身分剝奪其投票權。至於婦女投票權仍付之闕如，直至西元一九二〇年，第十九增修條文方保護婦女投票權：「美國或各州不得因性別而否定或剝奪美國公民的投票權。」西元一九七一年，第二十六增修條文將公民的年齡由二十一歲降為十八歲。

　　國會議員除須具備憲法所定條件外，不得兼任聯邦政府官員，俾避免利益衝突。

　　聯邦憲法並未限制國會議員的任期，是以議員得無限次連選連任。依憲法第一條第五項第一款，兩院有權決定其成員的(1)當選——孰等候選人勝選之意，例如何等投票得或不得計算；換言之，投票的爭議係由國會決定，而非法院或進行選舉所在的州；(2)報酬——指議員薪資，依西元一九九二年生效的第二十七增修條文，國會通過調整薪資的議案須俟改選後的下一任議員方得適用；及(3)資格——是否具備憲法所定之年齡、公民及住所資格條件；因資格衍生的爭議屬政治議題，法院不得受理。

---

❽　除 435 人外，哥倫比亞特區、薩摩島、關島及維京群島得各選出一名無投票權的眾議院代表，波多黎各得選出一名派駐眾議院的屬地代表 (resident commissioner)（亦無投票權）。List of U.S. state by population, *at* http://en.wikipedia.org/wiki/List_U.S._states_by_population（上網日期：民國九十五年六月十二日）。

❾　指奴隸而言。

　　國會不得任意修改議員資格及任期。西元一九九〇年代初期，部分州有感於國會充斥著政客，其行為甚至有損及其應盡的義務，故著手立法限制議員任期；西元一九九四年聯邦國會亦允諾限制議員任期。以阿肯色州 (Arkansas) 為例，其修改州憲法限制眾議員任期為三任，參議員為兩任。聯邦最高法院於 United States Term Limits, Inc. v. Thornton ❿ 乙案中指出，阿肯色州州憲法有關議員任期暨資格的規定違反聯邦憲法，應屬無效。理由如下：⑴聯邦憲法制定議員資格的本意即在確定全國一致的標準，不容各州自行訂定。⑵基於民主的精神，人民有權決定孰等候選人得代表其民意，而非由州自行決定議員的選任資格。⑶聯邦憲法所定議員資格為唯一應備的條件，聯邦國會及州均不得增訂其資格條件。

　　美國史上，有數次國會議員經選出後，遭議會否決或試圖否決其當選資格者。茲舉二例如下 ⓫：㈠西元一九〇七年參議員（猶他州）利德史穆特 (Reed Smoot) 係主張一夫多妻制的摩門教倡導人之一，並主張政教合一，參議院特權暨選舉委員會 (the Committee of Privilege and Election) 因此建議其不適任；惟參議院以 27 比 43 票未通過該案，並認定 Reed 具憲法所定之參議員資格。㈡西元一九四二年，參議員（北達可塔州）威廉藍瓊 (William Langer)，經參議院特權暨選舉委員會以 13 比 2 認定其行為腐敗拒絕其就任；惟參議院以相關證據均屬傳聞，故以 52 比 30 同意其就任。西元一九六七年，來自紐約州的眾議員亞當鮑威爾 (Adam Clayton Powell) 因行為不當而遭否決其當選資格。嗣經鮑威爾向聯邦地院提起訴訟。國會議員倘因憲法所定資格遭否決，聯邦法院無權審理；惟，若因前揭資格以外之事由遭否決者，聯邦法院有權予以審理。在 Powell v. McCormack ⓬ 案中，聯邦最高法院以憲法已明定眾議員選舉資格，鮑威爾既符合該資格，

---

❿　514 U.S. 779, 115 S.Ct. 1842, 131 L.Ed.2d 881 (1995).

⓫　Expulsion and Censure, United States Senate Expulsion Cases, *at* http://www.senate.gov/artand history/history/common/briefing/Expulsion_Censure.htm（上網日期：民國九十四年六月一日）。

⓬　395 U.S. 486, 89 S.Ct. 1944, 23 L.Ed. 491 (1969).

並經州民投票選出，眾議院否決其當選資格，顯然構成違憲❸。

　　依憲法第一條第五項第二款，兩院得對議員的不當行為 (disorderly behavior) 予以懲罰，必要時，得以三分之二表決通過予以除名（expel 或 expulsion）。西元二〇〇二年七月，眾議院以二百四十比一的票數，將代表俄亥俄州的眾議員詹姆士特拉費肯 (James Traficant) 除名，後者因賄賂、收取回扣、逃稅等十項聯邦罪名被判有罪❹。同年七月，代表紐澤西州的參議員羅伯陶瑞塞利 (Robert Torricelli) 因違法接受贈禮且未申報，而遭參議院紀律委員會公開譴責❺。

第二款　議事規則

　　依憲法第一條第五項第二款，兩院各訂有議事規則，眾議院因人數眾多，議事規則因此較為嚴謹，辯論時間有嚴格的限制，多數議題於委員會時已審慎處理，所以，除非重大議題，始有二至三天的辯論時間，依正反

---

❸　鮑威爾擔任國會議員多年，西元一九六六年又再度連任第九十屆眾議員，眾議院委員會發表報告指出，鮑威爾雖符合憲法所定年齡、戶籍、住所及國籍的要件，但其行為不當，包括在紐約法院不當地主張免責權、挪用公款，及虛報國外貨幣等。委員會指出，鮑威爾確為九十屆眾議員，但他因前揭不當行為而遭罰金、譴責及除名。鮑威爾向聯邦哥倫比亞特區地方法院提起訴訟，要求核發禁令並裁定委員會決議無效。地院駁回原告之訴，上訴法院維持地院決定。斯時第九十屆會期結束，鮑威爾又參與競選並順利選上。委員會決議承認鮑威爾為第九十一屆國會議員，但須付罰金二千五百美元，同時，過去服務年資不予計算。聯邦最高法院判決指出，除名係針對任職期間的不當行為（而非對其就任前的行為）所為懲處；拒絕就任，則使議員自始無法擔任其職務，此非憲法所賦予國會的權力。「除名」與「拒絕就任」不得相提並論。鮑威爾既已符合憲法所定資格，委員會無權排除其就任第九十屆議員。

❹　Thomas Ferraro, Rep. James Traficant Expelled from Congress, July 24, 2002, *available at* http://news.findlaw.com（上網日期：民國九十一年七月三十一日）; http://clerk.house.gov（上網日期：民國九十一年七月三十一日）。

❺　Allison Hayword, Passing the Torch, Sept. 30, 2002, *available at* http://www.nationalreview.com（上網日期：民國九十一年十月八日）。

意見分配時間進行。

　　參議院人數僅一百名，議事規則相對地較為鬆散，辯論時間完全不受限制。也因此，代表少數意見的參議員得以利用冗長的發言來阻撓議事的進行及議案的表決，此即 filibuster ❶。蓋以議案若無法於提出的會期進行

---

❶　Filibuster 乙詞源自於荷蘭語的「剽竊侵犯」(pirate) 等意，在西元一八五〇年代，成為參議員於議會中阻撓法案的用語。西元一八四一年，參議員 Henry Clay 提出一項銀行法案，遭民主黨少數議員杯葛，Clay 主張修正議會規則允許多數意見終結辯論。Thomas Benton 駁斥此建議將破壞參議院無盡辯論的權利。迄西元一九一七年，在 Woodrow Wilson 總統的建議下，參議院制訂第二十二條規則，明定議會辯論可因三分之二多數表決（六十七票）同意而終止，即「辯論終結」(cloture)。西元一九一九年第一次世界大戰束，美國簽署凡爾賽和約 (Treaty of Versailles)，參議院少數反對意見又擬運用 filibuster 阻撓該案的通過，議院首次適用前揭規則通過終結辯論。西元一九七五年，將前揭終結辯論的通過人數，由三分之二（六十七人）修改為五分之三（六十人）。然而長久以來，參議院使用終結辯論的次數有限，通過的次數更為有限，理由有二：㈠通過所需票數（無論六十七人或六十人）過高，㈡ filibuster 是少數意見箝制多數意見的絕佳方式，任何議員均有可能利用該方式阻撓議案的通過，因此，部分議員為免日後自己行使 filibuster 時遭到阻止，也不願阻止他人行使 filibuster。Filibuster 在西元一九五〇年代至六〇年代，更成為南方參議員阻撓人權相關法案的利器。史上最長的個人演講為南卡羅萊納州的 J. Strom Thurmond 參議員以二十四小時十八分鐘的演講阻撓西元一九五七年人權法的通過。路易斯安那的 Huey Long 則以使用 filibuster 著稱。Long 朗誦莎士比亞的作品及 pop-bikkers 的食譜，成功地阻撓一項有利於富人的法案。西元一九三五年六月十二日，Long 為阻止另一項法案通過，又發表了長達十五個半小時的演講，他將聯邦憲法逐條朗讀、分析（他認為總統的新政完全忽視憲法的精神），當他發現同儕們已經打瞌睡時，他要求議長（即副總統）Nance Garner 令所有同儕專心聽他演講，Garner 拒絕並回答：「這麼做將構成人權法案中所謂的『異常殘酷』(unusual cruelty)。」Long 在分析完憲法後，又介紹炒牡蠣的食譜。到六月十三日清晨四點，因故不得不離開片刻，回到議場時，法案已通過。長期以來，filibuster 為人垢病，使得許多重要法案因此擱置，如 Henry Lodge 參議員所言，未經辯論而表決固然危險，然而，辯論卻無法付諸表決更是愚昧 (To vote without debating is perilous, but to debate and never vote is imbecile.)。

表決，則於會期結束時，該議案一併無效，若擬於新的會期再行決議，則須重新提出該議案。如西元二○○三年布希總統提名的數名聯邦上訴法院法官，便遭到民主黨參議員以 filibuster 杯葛，致於會期結束時無法順利進行表決。

第二項　立法權限

聯邦憲法賦予國會的重要立法權限，包括立法權、商務權、徵稅權、預算權、戰事暨防衛權、調查權、言論免責權、彈劾權及同意權的行使。

第一款　立法權

參眾兩院均有立法權，亦均有提案權，可各別提案通過後，再將法案送請另一院進行審議，俟兩院通過，送交總統簽署、公布施行。

國會立法權因法源不同，可分：㈠明示的權力──憲法第一條第一項明定，國會擁有立法權。㈡「必要且合理」條款 (necessary and proper clause)──同條第八項第十八款明定，國會為行使第一款至第十七款之權力，及其他任何屬於聯邦政府的權力，得制定必要且合理的法規以因應之❼。㈢「授權條款」(enabling clause)──明定反奴役之第十三增修條文、平等保護原則之第十四增修條文以及平等投票權之第十五增修條文均分別規定國會得制定必要法規，貫徹前揭增修條文的內容；此即授權條款。

國會立法權限究應拘泥於聯邦憲法明文規範，抑或擴及任何得使國會更有效執行其權力的範圍，頗具爭議。西元一八一九年 McCulloch v.

Henry Lodge, *Obstruction in the Senate*, 157 N. AM. Rev. 523, 527 (1893), *quoted in* John Cornyn, *Our Broken Judicial Confirmation Process and the Need for the Filibuster Reform, at* http://www.cornyn.senate.gov/doc_archive/JCP/Cornyn%20HJLPP.pdf#search='henry%20%26%20senator%20%26%20filibuster%20%26%20debate（上網日期：民國九十四年九月二十日）。

❼ 如憲法第一條第八項第八款，國會為提升科學及實用技術，得立法確保著作人及發明人於有限的期間內，就其著作及發明享有排他性權利。據此，國會分別制定聯邦著作權法 (Title 17) 及聯邦專利法 (Title 35)。

Maryland ❶乙案，聯邦最高法院指出，國會的立法權力不以憲法明文規範者為限。該案源於西元一七九一年，聯邦政府設立第一家中央級的銀行供做儲存政府公債、徵稅及發行貨幣用途。西元一八一六年，國會在麥迪遜 (Madison) 總統的建議下，提案並通過設立第二家聯邦銀行，麥迪遜總統批准設立分行的許可，隨即在美國各地設立分行。多數州反對在其境內設立分行，理由為：㈠聯邦銀行與其州立銀行競爭；㈡許多聯邦銀行的經理腐敗、貪污；以及㈢聯邦政府過分干預州政府，使後者無法發行超出所需的紙幣。馬里蘭州 (Maryland) 因此於西元一八一八年通過立法，要求所有非在該州境內設立的銀行必須每年繳納稅金 (annual tax) 一萬五千美元，違法者，每次須繳五百美元罰金。聯邦銀行巴爾的摩 (Baltimore) 分行的會計 (cashier) James McCulloch 拒絕繳納任何稅金。馬里蘭州對 McCulloch 提起訴訟。馬里蘭州法院判決 McCulloch 違法，應付二千五百美元罰金。州上訴法院維持原判決。McCulloch 上訴至聯邦最高法院。馬里蘭州主張聯邦政府既有權規範州銀行，州政府亦有權規範聯邦銀行，何況聯邦憲法並未賦予國會設立聯邦銀行的權力。McCulloch 則主張憲法第一條第八項第十八款賦予國會制定必要且合理的法規，國家銀行的設立，便是其一。憲法所賦予聯邦政府的權限多為默示，而非明確的規範，再者，州政府不得干預聯邦政府的運作，因此，馬里蘭州無權對聯邦政府徵稅。聯邦最高法院同意 McCulloch 的主張，首席大法官約翰馬歇爾 (John Marshall) 指出，憲法「必要且合理條款」允許國會，為達特定合法目的採取任何合於憲法精神且合理的措施；惟，以該措施係為達到該目的為主，而別無其他目的方可。設立國家銀行正是國會行使下列權力的合理方式：徵收稅金、借貸、規範商務、宣戰暨指揮戰爭、設立軍隊暨海軍。又依憲法第六條第二項，聯邦憲法及法律係國家至高的法律。聯邦法律與州法律相抵觸時，適用聯邦法律；除非聯邦國會逾越其權限，則適用州法律。Marshall 認為徵稅的權力隱含破壞的能力，馬里蘭州對國家銀行徵稅顯然違反聯邦法律「至高性原則」(supremacy principle) ❶。

---

❶　17 U.S. 316, 4 L.Ed. 579 (1819).

第二款　商務權

國會擁有商務權 (commerce power)，相較於各州所持有的州內商務權 (intrastate commerce)，聯邦國會的商務權為州際商務權 (interstate commerce)，包括㈠國際商務，㈡州際商務——舉凡涉及兩個州以上的商業活動均屬之，及㈢與印地安部落 (Indian Tribes) 的商務。涉及商業、勞工等聯邦法規均係據此商務權而為立法。邦聯條款時期，邦聯政府無權立法管理各州行為，各州極力限制其境內及跨境的商業活動，造成交易的困難。州際商務權的目的在藉由全國一致的立法，確保州際商業活動不致因各州立法的差異而受阻。聯邦國會有時也利用此權限達到其特定社會目的 (social agenda)，如禁止種族歧視等。

然而，州際商務的界定卻未必明確，西元一八二四年 Gibbons v. Ogden[20] 為涉及聯邦商務權的首件案例。Robert Livingston 與 Robert Fulton 依紐約州法取得於紐約水域經營汽艇的專屬權利，嗣後授權 Aaron Ogden 於水域經營渡船。Gibbons Thomas 原為 Ogden 的合夥人。嗣後自行依聯邦法取得於紐約州及紐澤西州 (New Jersey) 間經營汽艇的權利（紐約州的紐約市至紐澤西州的伊莉莎白城間）。Ogden 向紐約州衡平法院提起訴訟，禁止 Gibbons 繼續經營汽艇。原告 Ogden 主張，州與聯邦有共同權力立法規範州際事務，是以，其專屬的獨占權應屬有效。被告 Gibbons 則主張，聯邦國會對州際商務有專屬的立法權。紐約州衡平法院採納原告主張，核發禁令，州上訴法院亦維持其見解。Gibbons 因此上訴至聯邦最高法院。首席大法官 John Marshall 指出商務當然包含航海 (navigation)，否則聯邦政府將

---

[19] 此案並未全然平息各州的不滿，迄西元一八二四年 Osborn v. Bank of the United States (22 U.S. 738, 6 L.Ed. 204 (1824)) 方止。Osborn 案中 Ohio 對位於 Ohio 境內的聯邦國家銀行徵稅，聯邦巡迴法院雖核發禁令禁制 Ohio 執行其徵稅，Ohio 稅務官 Osborn 仍對拒繳者強行扣押其財產。聯邦巡迴法院令 Osborn 須返還所扣押的財產。聯邦最高法院以 6 比 1 票維持巡迴法院判決，並指明系爭 Ohio 法律違憲。

[20] 22 U.S. 1, 6 L.Ed. 23 (1824).

無法就美國船舶的定義予以規範。州際商業活動可跨越州界、進入州內，國際的商業活動亦不止於國界，否則該權力將無所適用。倘發生於一州境內，州民與州民間，則仍屬州的權力範圍。然而，本案中，紐約州法與一七九三年聯邦法衝突，依憲法至高性原則，紐約州法無效，下級法院對 Gibbons 的禁令應予廢止。

西元一九三七年 NLRB v. Jones and Laughlin Co. ❷ 乙案中，聯邦最高法院首次引用「影響理論」(affectation doctrine)，支持 NLRA 的合憲性；並指出，任何與州際商務有所關聯的工廠，均應依 NLRA 採行團體協商 (collective bargaining)。西元一九四一年 U.S. v. Darby Lumber ❷ 乙案中，國會制定工時工資，適用對象及於所有涉及州際商務的工廠，包括僅部分產

❷ 301 U.S. 1, 57 S.Ct. 615, 81 L.Ed. 893 (1937). 西元一九三五年國家勞工關係法（National Labor Relations Act of 1935，簡稱 "NLRA"；又稱韋格納法 (Wagner Act)，係以紐約州籍參議員 Robert Wagner 為名）授權國家勞工關係委員會（National Labor Relations Board，簡稱 "NLRB"）阻止任何人從事不正勞工事務「影響商務」(affecting commerce)。NLRA 所謂「商務」，係指州際或國際商務而言；所謂「影響」(affecting)，係指阻礙商務或其自由流通，包括因勞工爭議所致阻礙商務或其流通者。NLRA 明定工人有組成工會及選任代表與資方進行團體協商的權利。本案中資方對參與工會的成員予以差別待遇，包括解僱、脅迫等行為。NLRB 命令資方應中止其不當行為，資方仍不從，NLRB 遂尋求司法途徑以執行其命令。聯邦上訴法院以該命令逾越聯邦權限為由，拒絕 NLRB 的聲請。NLRB 上訴至聯邦最高法院，最高法院廢棄下級法院的判決。

❷ 312 U.S. 100, 61 S.Ct. 451, 85 L.Ed. 609 (1941). 西元一九三八年公平勞工基準法（Fair Labor Standards Act，簡稱 "FLSA"）明定勞工最低工資、最高工時以及逾時的工資。FLSA 對下列行為科以罰金及自由刑：(1)違反工時工資標準；(2)於州際間運送的物品係由未享有合法工資工時待遇的工人所製造者；且(3)資方未依規定將工人的工時工資予以記載歸檔者。FLSA 立法目的在於維護公共政策、避免州際商務成為違反 FLSA 所製商品的場所，而有損輸出商品及輸入商品的州。Darby 係喬治亞州的一名木材製造商，因違反 FLSA 遭到起訴。聯邦地院以 FLSA 違憲為由撤銷前揭起訴罪名，理由為 FLSA 所規範的工時工資涉及地方上製造業，逾越聯邦權限。聯邦政府上訴至聯邦最高法院，最高法院廢棄下級法院判決。

品行銷到州際區域的工廠在內，聯邦最高法院亦引用「影響理論」及 Jones and Laughlin Co. 案認定，此法規並未逾越聯邦憲法賦予國會的權限，是以，係合憲的規範。

Wickard v. Filburn ❷ 乙案中，由於國外小麥產量的增加及進口的限制，美國小麥及麵粉年出口量大幅降低，復以其他穀物的異常增加，市場穀物過剩，鐵路忙於運輸小麥，造成大型穀倉拒絕穀物、鐵路公司限制載貨以避免過量。小麥總產量中有 20% 為自給自足者，因此，國會於西元一九三八年制定聯邦農業調節法 (Agricultural Adjustment Act of 1938)，就小麥的種植設定配額，限制農民種植小麥的數量，藉由降低產量以提升價格。聯邦最高法院亦認定此規定並未逾越聯邦州際商務權，因為當農民種植過多小麥，縱使僅自給自足、未為販售行為，其結果仍將導致其不需購買其他食品，包括他州輸入者，此足以影響州際間的商務。對國會擬提升市場價格活絡交易的目的造成重大影響 (substantial effect)，是以，依「影響理論」，聯邦國會有權立法規範之。

Perez v. U.S. ❷ 乙案中，聯邦國會於消費者借貸保護法 (Consumer Credit Protection Act) 中，訂定禁止借貸交易的暴利行為（即高利貸），並對違法者處以刑罰。聯邦最高法院認定，前揭法規並未逾越州際商務權。理由為：高利貸將使行為人獲取大量資金從事組織型犯罪行為，對州際商務有重大負面影響。

---

❷　317 U.S. 111, 63 S.Ct. 82, 87 L.Ed. 122 (1942). 本案原告 Filburn 係一名位於俄亥俄州蒙哥馬利郡的農民，他在西元一九四一年得到的小麥配額 (guota) 為 223 蒲式耳 (bushel)（按：美國穀物的容量單位，約為 35 公升）。Filburn 卻多種植了 239 蒲式耳，其收成供飼養牲畜、製成麵粉家用及販售。Filburn 因此被課以 117 美元的罰鍰，Filburn 向法院提起訴訟，主張該法違憲、聲請禁止農業部長 Wickard 執行其罰責。

❷　402 U.S. 146, 91 S.Ct. 1357, 28 L.Ed.2d 686 (1971). 本案被告 Perez 借 $3,000 予一家肉店，當肉販告知無力依約每週分期償還借貸時，Perez 以暴力要脅。Perez 因此被依前揭聯邦法規定罪。Perez 主張該法規違憲，因聯邦國會無權規範純屬州內的借貸行為。

　　國會也藉由州際商務權，達到禁止種族歧視的目的，例如：Katzenbach v. McClung㉕，被告係一家餐廳，其所供應的食物多自他州輸入，聯邦最高法院認為聯邦禁止種族歧視的法規亦適用於該餐廳。理由為，餐廳業者的種族歧視將使州際商務的自由流通造成負面影響，因：㈠當餐廳拒絕黑人入內用餐，將因此使得顧客減少，需要的食物供應量亦因此減少，降低州際商務的活動；㈡黑人旅遊時，無法進入餐廳用餐，將使黑人減少旅遊，阻礙州際商務。又 Heart of Atlanta Motel v. United States㉖乙案，聯邦最高法院亦認為一九六四年民權法 (Civil Right Act of 1964) 適用於公共住宿地點，如汽車旅館等，因其涉及州際商務。理由如下：㈠揆諸前揭條款之立法，國會係基於聯邦憲法第十四增修條文平等保護條款 (Equal Protection

---

㉕　379 U.S. 294, 85 S.Ct. 377, 13 L.Ed.2d 290 (1964). Ollie's Barbecue 係位於阿拉巴馬州伯明翰的一家家族式餐廳，餐廳內有 220 個座位，自西元一九二七年營業以來，便拒絕黑人入內用餐，但提供其外帶服務。它共僱用 36 名員工，其中三分之二是黑人。餐廳所在位置在州公路上，距離州際公路有十一條街。西元一九六三年，它在當地約購買了 15 萬元的食物，其中約百分之四十六係牛肉，是由當地供應商自外州購買。聯邦國會於西元一九六四年通過的民權法 (Civil Right Act of 1964)，規範對象包括提供在餐廳內用餐為主的餐廳，且提供服務的對象包括跨州旅遊之人，或其提供食物的來源與州際商務有關者。Ollie's Barbecue 承認其符合前揭要件，但主張國會無權規範其行為。聯邦地院亦質疑，自州際購食物以及種族歧視間的關聯為何，對州際商務有何影響；地院因此依 Ollie's Barbecue 的聲請核發禁令，禁止對該餐廳執行民權法。聯邦最高法院則廢棄下級法院判決，認定國會立法係行使其商務權。

㉖　379 U.S. 241, 85 S.Ct. 348, 13 L.Ed.2d 258 (1964). Heart of Atlanta Motel 擁有 216 間客房供旅客住宿，它的所在位置可通往 75 號及 85 號州際公路，以及 23 號及 42 號州際公路，它除了在州公路上設立招牌，並藉由全國性廣告招攬喬治亞州以外地區的顧客。它承接外州的生意，約有百分之七十五的顧客來自喬治亞州以外的地區。Heart of Atlanta Motel 在西元一九六四年民權法通過前，便已拒絕黑人住宿，並擬持續此做法。聯邦政府遂依民權法對其提起訴訟。無疑地，Heart of Atlanta Motel 的行為違反民權法第 201 (a) 條，然而爭點在於，前揭法條的適用是否違憲，聯邦地院支持其合憲性。Heart of Atlanta Motel 最後上訴至聯邦最高法院。聯邦最高法院維持原判決。

Clause) 以及第一條之州際商務權而訂。㈡聯邦法規第二編 (Title II) 的宗旨在於維護因無法平等進入公共建築物所被剝奪的人性尊嚴；此項宗旨可由國會藉由商務權的行使而達成。對黑人歧視的做法，普遍存在許多供短期住宿的旅館，對黑人的州際旅遊造成質與量的影響。前者因黑人無從依意願選擇住宿亦不確定能否找到住宿，後者因出外的住宿不便，使黑人不願外出旅遊。是以，旅館及汽車旅館業者的種族歧視阻礙了州際旅遊。㈢國會的州際商務權，賦予其立法規範任何涉及兩州以上的商務，且對國家利益有實際且重大關係者 (real & substantial)，包括如本案中汽車旅館業者的種族歧視。㈣對商務有重大負面影響的地方事務，國會亦得立法規範。

　　迄西元一九九五年，聯邦最高法院明確揭示國會有關商務權的行使應符合州際商務的要件，而非漫無限制。西元一九九五年 U.S. v. Lopez❷❼乙案中，聯邦最高法院歸納其過往有關聯邦國會州際商務權的案例，指出州際商務權可規範的事由如下：㈠州際商務管道的運用 (use of channels of interstate commerce)；㈡州際商務保護的機構 (instrumentalities of interstate commerce)；㈢州際商務的人或物的保護及立法，縱令其來自於州內商務 (persons or things in interstate commerce, even though from intrastate commerce)；及㈣與州際商務有重大關聯，包括有重大影響者 (activities having substantial relation to interstate commerce, including activities that substantially affect interstate commerce)。法院進而指出系爭法規並不符合前三項，再者，僅於校區內攜帶槍械，亦難以與州際商務有任何關連，因此，

---

❷❼　514 U.S. 549, 115 S.Ct. 1624, 131 L.Ed.2d 626 (1995). 聯邦國會於西元一九九〇年制定校區禁止槍械法 (Gun-Free School Zone of 1990)，該法明定任何人故意於明知或應知為校區範圍內攜帶槍械者，構成聯邦犯罪。西元一九九二年，一名高三生 Lopez 攜帶一把 0.38 口徑手槍及子彈到位於德州聖安東尼奧的愛迪生高中，校方接獲匿名通報，當面詢問 Lopez。Lopez 承認攜帶手槍，隨即因違反德州法律遭逮捕及起訴。隔天，州的案件遭撤回，而由聯邦政府以 Lopez 違反前揭聯邦法規而對之起訴。Lopez 聲請撤銷起訴，因前揭聯邦法規違憲。聯邦地院駁回聲請，並將其定罪，聯邦上訴法院廢棄原判決。聯邦最高法院以五對四票維持上訴法院的判決。

亦不符合第四項。法院於此案指明，聯邦法律所規範的行為須與州際商務有實際的關連存在 (true nexus must exist)。

聯邦最高法院繼而於西元二〇〇〇年 U.S v. Morrison❷案中，引用 Lopez 案作成聯邦法律違憲的判決。聯邦最高法院指出：任何與州際商務的管道、組織、人事無關的州內暴力犯罪，應屬州的管轄領域。非經濟的暴力行為雖可能對州際商務有若干影響，國會並不因此而對其有立法規範的權力。

第三款　徵稅權

聯邦國會有徵稅的權力 (taxing power)。換言之，聯邦國會有具體的經費收入。

聯邦政府早期稅收係來自於關稅法 (customs law, tariffs)，迄內戰時期，國會才首次徵收「所得稅」(income tax) 支付內戰所需經費。西元一八九五年 Pollock v. Farmers' Loan & Trust Co.❷乙案係聯邦最高法院審理的首宗有關所得稅的案例，最高法院認定國會立法徵收所得稅係屬違憲。Pollock 案中，依西元一八九四年 Wilson-Gorman 關稅法 (1894 Wilson-Gorman Tariffs Act)，以五年為一期，倘五年內的收入、營利及所得逾四千元者，須繳稅百分之二。紐約州的農民貸款暨信託公司 (Farmers' Loan & Trust Co.) 通知股東依法納稅，並將應納稅的股東名單提供予聯邦稅捐部門。Pollock 係麻薩諸塞州民，擁有該公司十股股份，他對該公司提起訴訟禁止其納稅。下級法院判決 Pollock 敗訴，聯邦最高法院以五比四票，廢棄下級法院的判決，認定 Wilson-Gorman Act 違憲。理由為：依聯邦憲法，徵收直接稅 (direct

---

❷　529 U.S. 598, 120 S.Ct. 1740, 146 L.Ed.2d 658 (2000). Morrison 案中，一名維吉尼亞綜合技術學院 (Virginia Polytechnic Institute) 的女學生依學校懲戒制度指控遭到兩名同校的足球隊員強暴，結果，一名未受處分，另一名的處分亦未執行。該名女同學自行退學後，對前揭兩名足球隊員及學校依聯邦法規 (42 U.S.C. § 13981) 提起訴訟。依該法規，任何人因性別引發的暴力犯罪並剝奪他人權利者，應負補償性及懲罰性賠償責任。

❷　157 U.S. 429, 15 S.Ct. 673, 39 L.Ed. 759 (1895).

tax) 必須依各州人口比例為之，Wilson-Gorman 係直接稅，但並未符合前揭憲法規定。據此，遂有西元一九一三年憲法第十六增修條文的訂定。該增修條文明定：國會有權徵收任何收入的所得稅，不需依各州人口比例，亦毋需經由審查或逐項列舉。

國會亦利用徵稅達到其他立法目的，如公平競爭等，聯邦最高法院認為只要確有產生收入的效果，即可。如西元一九〇四年 McCray v. U.S.❸⓿案中，聯邦國會於西元一八八六年制定人造奶油法。依該法，未添加人工色素的人造奶油，每磅須納稅 0.25 分錢，添加與奶油同色的人工色素的人造奶油則每磅須納稅十分錢。McCray 係零售商，購買五十磅添加人工色素的人造奶油，所付印花稅為每磅 0.25 分錢。聯邦政府以 McCray 違反前揭法規應付罰鍰五十元而對之起訴。McCray 主張該法違憲，因其對人造奶油業者有差別待遇。聯邦最高法院指出聯邦國會既有權徵收貨物稅，前揭立法自無違憲之虞。其立法徵收的目的為何、稅率為何，均非法院所得過問。

然而，法院於西元一九二二年至一九五三年間則採較保守的立場。Bailey v. Drexel Furniture Co. ❸❶乙案中，國會於西元一九一九年制定童工稅法 (Child Labor Tax Law of 1919)。依該法，採石場及礦場須僱用十六歲以上的工人；磨粉廠及工廠應僱用十四歲以上的工人，每天不得工作逾八小時，每週不得逾六天。僱用人明知受僱人年齡不符規定而僱用者，對於僱用童工的僱用人所擁有的事業年度盈餘課徵百分之十的聯邦貨物稅。Drexel 公司在付了六千元稅金後，向聯邦地院提起訴訟，要求政府退稅。聯邦最高法院維持下級法院的判決，認定前揭徵稅違憲。理由如下：㈠此項稅賦的徵收，取決於僱用人的主觀認知。㈡揆諸此稅法，其目的係基於社會福利，禁止僱用特定年齡以下的童工。此舉已逾越第十增修條文保留予州的權力的規定。

United States v. Constantine❸❷案中，阿拉巴馬州 (Alabama) 法律禁止販

---

❸⓿　195 U.S. 27, 24 S.Ct. 769, 49 L.Ed. 78 (1904).

❸❶　259 U.S. 20, 42 S.Ct 449, 66 L.Ed. 817 (1922).

❸❷　296 U.S. 287, 56 S.Ct. 223, 80 L.Ed. 233 (1935).

售酒類商品，Constantine 係從事販售麥芽酒的零售商，他在阿拉巴馬州違法販酒。Constantine 雖繳納了一般營業稅二十五美元，但依聯邦法律，違法營業行為應繳納特別貨物稅一千美元，Constantine 並未繳納，因而被定罪。聯邦最高法院指出，系爭法律違憲，蓋以其立法目的，顯然在於禁止及懲罰違反州法律的行為，故而侵犯州的警察權 (police power)。

迄西元一九五三年 United States v. Kahriger ❸ 乙案中，聯邦最高法院則認定聯邦憲法既賦予國會徵稅權，其為行使權力而立法之行為均屬合憲。Kahriger 案係有關西元一九五一年稅務法 (1951 Revenue Act) 所課徵的職業稅 (occupational tax) 的合憲性議題。依稅務法，任何領取賭金者均應繳納稅金，並向稅捐處登記。被告主張此目的在懲罰州內的賭博行為，顯然侵犯了州的警察權。聯邦最高法院指出前揭稅務法雖有遏止賭博的功能，並不因此使其徵稅的行為無效，更何況賭博稅的收入遠高於毒品稅及槍械稅。除非法律本身的目的僅在於懲罰而與徵稅全然無關，否則，法院無權限制國會徵稅權的行使。至於登記則有助於稅務機關徵收稅款。

國會行使其徵稅權須符合下列要件：㈠全國一致性──國會擬徵稅收的項目須於美國各地均一致，不得有差別待遇；至於徵收的比例，則不在此限。㈡直接稅──直接稅係向財產或人直接徵稅的稅收，不問納稅人收入的來源為何。㈢進口稅的限制──國會不得對自他州進口的物品課徵進口稅。

第四款　預算支出權

依憲法第一條第八項第一款，國會有權支付公債 (debts) 並提供聯邦政府防衛及公共福利所需經費，是為預算支出權 (spending power)。預算權亦為國會的獨立權力，但依憲法，不同於其他權力如商務權、徵稅權等，國會並無就預算立法的權限。儘管如此，國會仍得藉提撥預算達成其本身其他憲法權力的行使。因此，有論者謂，預算支出權係國會所持有的最重要的權力 ❸。

---

❸　345 U.S. 22, 73 S.Ct. 510, 97 L.Ed. 754 (1953).

西元一九三六年 United States v. Butler ❸ 乙案中，一九三三年農業調節法 (Agricultural Adjustment Act of 1933) 為平穩農產價格而削減其產量，該法授權農業部長與農民簽約減少產量，農民可因此得到補貼。其經費來源為加工業者。農產品加工稅係對特定產品於首次國內加工時課徵。Hoosac Mills 公司亦因此須繳納棉花加工稅，它的財產管理人 Butler 等主張該法目的在控制農產量故而違憲。聯邦最高法院指出，立法規範農業生產係屬州的權限，國會利用徵稅暨預算支出權達到憲法未授權的事項，係違憲的行為。惟，西元一九三七年，Charles C. Steward Machine Co. v. Davis ❸ 乙案中，聯邦最高法院則認定一九三五年社會福利法 (the Social Security Act of 1935，簡稱 "SSA") 為合憲。該法係有關失業人士及年長者的福利措施。任何僱有八名以上員工的僱主均須支付薪資稅。政府將所得稅款列為一般基金，而非特定用途。任何僱主若捐款予州的失業基金，則可獲得分期納稅的權利，最高可達百分之九十，前提條件為州的失業補助相關法規係符合聯邦 SSA 所定的標準，而對於州失業基金的捐款須直接交付予聯邦政府。該 SSA 隱含著操控州政府立法的情事，故而侵犯憲法所賦予州的權力，本案中 Charles Steward Machine 公司根據聯邦法規第九編 (Title IX) 要求聯邦政府退還已繳稅款。聯邦最高法院以五比四票（由大法官 Cardozo 主筆）指出，SSA 並未違憲，理由如下：SSA 係藉由聯邦與州政府的合作達到社會福利的目的。SSA 既未違背第十增修條文，亦未逾越聯邦權限，故無違憲之虞。Cardozo 進而分析本案與 Butler 案的區別：(1) SSA 的稅收並未指定用途；(2)失業補助法係經由州的立法程序；(3)所謂貸款條件可任由州決定是否採行或廢止；(4)貸款條件的目的，在藉由聯邦與州政府的合作，解決失業問題 ❸。

---

❸　Kathleen Sullivan & Gerald Gunther, Constitutional Law 210 (14th ed. 2001).

❸　297 U.S. 1, 56 S.Ct. 312, 80 L.Ed. 477 (1936).

❸　301 U.S. 548, 57 S.Ct. 883, 81 L.Ed. 1279 (1937).

❸　同年，另一有關 SSA 的案例為 Helvering v. Davis，依 SSA，聯邦政府對特定僱主及受僱人徵收稅金，並提供聯邦老年津貼 (old age benefits)。聯邦最高法

　　聯邦最高法院似無意就國會的預算支出權予以限制，只要其相關制度並未全然逾越聯邦權限即可。Oklahoma v. Civil Service Commission ❸，州公路委員會的一名委員為民主黨在該州的黨部主任。「公務員委員會」(Civil Service Commission) 令該名委員去職，並以此作為國會繼續撥給公路預算的條件。聯邦最高法院指出：聯邦政府固然無權干預州政府官員的地方性政治活動；惟，有權決定聯邦經費的分配與使用，包括訂定提供州政府經費補助應備的條件。

　　South Dakota v. Dole ❸乙案，國會於西元一九八四年通過立法 ❹，對於允許未滿二十一歲者購買或公然持有酒類飲料的州，應扣除百分之五的聯邦公路經費補助。而南達可塔州允許年滿十九歲的年輕人購買酒精濃度3.2% 的酒。國會基於此，拒絕撥款項予該州。南達可塔州向法院提起訴訟要求法院作成「確認判決」(declaratory judgment)，判定前揭立法違反國會預算支出權及聯邦憲法第二十一增修條文。下級法院駁回南達可塔州的聲

院以七比二票認定 SSA 的合憲性。大法官 Cardozo 指出，老年年金 (old-age pensions) 係全國性的議題，倘由各州自行立法，將造成各地政策不一，致無法有效地執行。當經費係用以促進社會福利，則福利的定義應由國會訂定，而非由州自行規定，在該定義非獨斷的前提下，各州均應予遵守。301 U.S. 619, 57 S.Ct. 904, 81 L.Ed. 1307 (1937).

❸　330 U.S. 127, 67 S.Ct. 544, 91 L.Ed. 794 (1947). 依「海契政治活動法」(Hatch Political Activity Act, 53 Stat. 1147, as amended, 54 Stat. 767. 按：相當於現行 5 U.S.C. §§1501～1508.)，聯邦政府官員或任職州政府中受聯邦經費補助的部門者，不得積極從事政治運作或政治選舉。本案中法蘭斯巴黎 (France Paris) 係州公路部門的高級官員，亦為民主黨在該州的黨部主任。其間，民主黨曾在該州舉行一場募款宴會，Paris 向州長提出一些募款建議，但個人並未積極參與該項活動。「公務員委員會」認定 Paris 的行為已構成從事政治活動，違反海契政治活動法，而必須去職。Paris 若未去職，公務員委員會將知會相關聯邦部門停止撥列預算予州公路委員會，金額相當於 Paris 兩年的薪資。Oklahoma 主張此舉違憲而提起訴訟。

❸　483 U.S. 203, 107 S.Ct. 2793, 97 L.Ed.2d 171 (1987).

❹　20 U.S.C. § 158.

請，聯邦最高法院維持其判決。首席大法官 Rehnquist 指出，國會係藉由其預算支出權，間接促使各州統一喝酒年齡。是以，憲法第二十一增修條文是否禁止國會立法直接規範喝酒的年齡並非本案的爭點。Rehnquist 繼而引用 Fullilove v. Klutznick ❹ 指出，國會常藉由預算支出權達到其廣泛的政策、宗旨，令接受聯邦款項之人遵守聯邦的指令。然而國會的權力亦非毫無限制，其限制如下：㈠預算支出權的行使必須與公共福利有關；㈡國會擬加諸的條件必須明確，使州政府得知，以選擇是否接受；㈢所附加的條件必須與全國性的聯邦利益有關；以及㈣憲法其他條款的限制。

第五款　戰爭防衛權

戰爭防衛權 (War and Defense Power) 係國會另一項重要的權力。依憲法第一條第八項，主要有五項權力：㈠宣戰 (to declare war)；㈡設立軍隊 (to raise and support Armies)；㈢設立海軍 (to provide and maintain Navy)；㈣組織、裝備、訓練民軍 (to organize, arm, discipline and call forth the militia)；㈤設立軍事法庭 (to establish military court)。

---

❹ 448 U.S. 448, 100 S.Ct. 2758, 65 L.Ed.2d 902 (1980). 西元一九七七年聯邦國會制定「公共工程僱傭法」(Public Works Employment Act)，編列四十億美元作為聯邦補助款，授權商業部長透過經濟發展部門 (Economic Development Administration) 補助各州或地方政府從事地方公共工程計畫。原則上，申請人必須將補助經費的百分之十用於僱用「少數民族所經營的事業」(minority business enterprise，簡稱 "MBE")。所謂少數民族包括黑人、東方人、印地安人、西班牙人、愛斯基摩人及阿留申島上原住民。建商、承包商及從事冷暖空調的公司向聯邦地院提起訴訟要求確認判決及核發禁令，理由為 MBE 條款違反聯邦憲法第十四增修條款之平等保護條款 (equal protection clause) 及第五增修條文之正當程序條款 (due process clause)。聯邦地院及上訴法院均認定 MBE 合憲。聯邦最高法院亦維持下級法院的判決，首席大法官伯格 (Burger) 指出，面對過去長久以來的種族歧視所造成的傷害，國會有權立法予以補救，此時國會未必須是色盲 (......there is no requirement that Congress act in a wholly 'color-blind' fashion.)。公共工程的補助若無 MBE 條款，少數民族仍將無從獲得工作機會，不啻延續種族的歧視。

　　西元一九一九年 Hamilton v. Kentucky Distilleries ❷案中，聯邦最高法院指明：國會的戰爭權包括彌補戰爭期間所造成的傷害，此項權力並持續至緊急狀況存續期間。不論戰爭中止的結果為何，戰爭權不因停戰而終止。西元一九四八年 Woods v. Miller Co. ❸案中，聯邦最高法院引用 Hamilton 乙案，再度闡明國會的戰爭權。Woods 案涉及西元一九四七年房屋暨租賃法（Housing and Rent Act of 1947，以下簡稱 "Housing Act"），國會據其戰爭權而制定該法。聯邦地院以西元一九四六年十二月三十一日的總統中止敵對狀況公告 (Presidential Proclamation) 雖不等同於停戰，但實際上已開始和平的紀元。國會據戰爭權立法的權力亦因而中止，況且國會並未明確說明 Housing Act 係基於其戰爭權而定，故而 Housing Act 應屬違憲。聯邦最高法院廢棄下級法院的判決指出，國會得利用戰爭權解決任何因戰爭所招致的狀況，如本案中，因二次世界大戰所造成的房屋短缺問題。最高法院亦意識到戰爭對經濟的影響可能是長久性的，若國會凡事擬據其戰爭權處理，將使其戰爭權無限擴張，而吞噬憲法所賦予州的權力，甚至第九暨第十增修條文。然而法院指出：此非本案爭點所在，況且，國會應知所節制。

　　在戰爭或叛亂時期，民事及軍事犯罪均由軍事法庭審理；一旦因平民暴動或敵人入侵，政府宣布戒嚴令 (martial law)，一般法院無法運作，該時期（戒嚴時期）所有犯罪行為均經由軍事審判 (tried by courts-martial)。在戰爭時期，縱令一般法院仍可繼續運作，對於敵方軍人，無論其犯罪行為發生於戰區 (war zone) 或是於非戰區的秘密行動，仍將依戰爭法進行軍事審判。倘一般法院已可恢復運作，戒嚴令便應予終止，依戰爭法執行的軍法審判持續至宣布和平為止。

　　在平時，軍事法庭的管轄權僅及於軍人（無論在美國境內或駐紮於國外均是），而不及於其家屬或軍中文職人員。聯邦最高法院意圖限制軍事法庭的管轄權。蓋以軍事法庭並不賦予被告聯邦憲法所保障的基本權益。軍事法庭並不具有獨立的司法權，軍法官並非終身職，無陪審制；一般法院

---

❷　251 U.S. 146, 40 S.Ct. 106, 64 L.Ed. 194 (1919).

❸　333 U.S. 138, 68 S.Ct. 421, 92 L.Ed. 596 (1948).

並無審理軍事法庭判決的權力。只有極少數的案例會上訴至聯邦最高法院。

　　United States ex rel. Toth v. Quarles❹案中，Toth 在韓戰後榮退，五個月後因一宗韓戰期間所犯的謀殺案，被逮捕並進行軍法審判。聯邦最高法院指出，全美有數百萬公民係退役軍人，倘因過去與軍隊的關連即需受軍法審判，將剝奪許多公民接受一般審判的權利。Reid v. Covert❺案中，Reid 隨同其空軍軍官的先生駐紮在英國境內的基地，Reid 殺害其先生。由於美英兩國訂有行政協定，凡於美國基地犯罪者，將交由美國軍法審判，而非由英國法院審理。Reid 因此受到軍法審判而定罪。聯邦最高法院指出，軍人的配偶既為一般人民，自應交由依聯邦憲法第三條所設法院，並於憲法的保護下接受審判。因此軍事法庭於審理 Reid 時，應賦予其憲法所保障的基本權利。西元一九六〇年，聯邦最高法院於 Kinsella v. Singleton❻乙案中進而明確指出，軍人的平民家屬無論所犯罪行是否死罪 (capital crime)，軍事法庭對其均無管轄權。

　　西元一九六九年 O'Callahan v. Parker❼案中，一名軍人在夏威夷休假，著便服時意圖強暴一名女子而遭軍法審判，聯邦最高法院指出，惟有與軍務有關的犯罪行為方得經由軍法審判，休假外出的軍人不屬執行軍事任務，於該期間所犯罪行應經由一般司法程序的起訴及審判。另案 Relford v. Commandant❽，Relford 在軍事基地強暴數名合法進入基地的平民女子，而遭軍法審判。聯邦最高法院指出，本案不適用 O'Callahan 判決，因本案犯罪地點在軍事基地，屬與軍事有關之犯罪，故而 Relford 應受軍法審判。

　　綜上所述，軍事法庭所管轄的案件，以軍人在軍事基地或軍方所管轄的區域內所犯罪行，或在任何地點所犯罪行與軍事有關者。若軍人在休假

❹　350 U.S. 11, 76 S.Ct. 1, 100 L.Ed. 8 (1955).

❺　354 U.S. 1, 77 S.Ct. 1222, 1 L.Ed.2d 1148 (1957).

❻　361 U.S. 234, 80 S.Ct. 297, 4 L.Ed.2d 268 (1960). 此案涉及駐紮國外（德國）的士兵及其隨行同住的妻子，二人因其三名子女之一死亡，嗣經協商認罪，於軍事法庭以較輕刑度判刑。士兵的妻子繼而就軍事法庭的管轄權提出異議。

❼　395 U.S. 258, 89 S.Ct. 1683, 23 L.Ed.2d 291 (1969).

❽　401 U.S. 355, 91 S.Ct. 649, 28 L.Ed.2d 102 (1971).

期間於營外犯下一般（非軍事）的罪行，則由一般法院審理。

第六款　調查權

國會為行使其立法權、彈劾權、同意權等等，有權行使調查權，此權力源自於聯邦憲法第一條第八項第十八款之「必要且合理」條款❹。倘國會傳喚證人未果或到場卻拒絕回答時，國會得採下列措施：㈠認定證人藐視國會；㈡將此情事轉知檢察總長進行起訴。相對地，證人得引用相關憲法權益拒絕回答：㈠第五增修條文之不予自白的權利；㈡欠缺正當程序；㈢第一增修條文之隱私權及集會結社的自由❺。

第七款　免責權

國會議員享有免責權。依聯邦憲法第一條第六項第一款，議員在出席會議期間（包括往返途中），除因叛國、重罪或危害和平等情事外，不得予以拘提，他們在議會的發言、辯論亦不得在任何場合受到質疑。此條款稱為「言論辯論免責條款」(speech and debate clause)。此條款的目的，在確保議員及其助理，不致因其立法行為 (legislative acts) 而面臨民刑事訴訟❺。

---

❹　McGrain v. Daugherty, 273 U.S. 135, 47 S.Ct. 319, 71 L.Ed. 580 (1927).

❺　Gibson v. Florida Legislative Committee 乙案中，NAACP 成員拒絕提供會員名單給立法委員會，聯邦最高法院認為該證人得拒絕提供，因該名單與國會調查事項並無充分的關聯性 (sufficient nexus)。372 U.S. 539, 83 S.Ct. 889, 9 L.Ed.2d 929 (1963).

❺　如 U.S. v. Johnson，被告 Johnson 係前國會議員，因違反多項聯邦法規而遭起訴，罪名之一為共謀對聯邦政府行使詐欺。此項罪名涉及 Johnson 與其他數名國會議員試圖影響司法部門，使其撤回對借貸公司有關通訊詐欺的起訴案。檢方採用的證據包括 Johnson 在議會中有利於借貸公司的發言，Johnson 因此遭聯邦地院定罪。聯邦第四巡迴上訴法院以違反聯邦憲法言論辯論免責條款為由，廢棄此罪名（另令地院重審），聯邦最高法院維持上訴法院有關廢棄罪名之判決。最高法院指出言論辯論免責條款的主要目的不在避免私人的民事訴訟，而在防止其他權力（行政權及司法權）的干預；任何人均不得質疑其言論的內容及發表言論的動機。383 U.S. 169, 86 S.Ct. 749, 15 L.Ed.2d 681 (1966). 又

此項免責權並不及於收受賄賂❷，而受到保護的言論亦僅限於正式的立法過程 (regular course of the legislative process) 中所提出者。

第八款　同意權及彈劾權

國會另有兩項重要的權力，即同意權的行使及彈劾權。前者訂於聯邦憲法第二條行政權中。

基於制衡的考量，憲法第二條第二項第二款明定，參議院對於總統提名的內閣成員 (如：國務卿 (Secretary of State) 及各部會首長)、外交使節、聯邦法院法官有同意權。亦即，參議院得行使同意權、舉行公聽會，以確定提名人選是否適任。國會亦得立法授權總統任命其他一般官員。另依同款，參議院對總統簽署的國際條約亦有同意權，需有三分之二參議員同意始可。

如 Gravel v. U.S.，參議員 Gravel 在參議院委員會中宣讀五角大廈文件 (the Pentagon Papers)，該文件係國防部有關越戰決策的重要機密文件。Gravel 並擬發行該文件內容。大陪審團傳喚 Gravel 的助理，就 Gravel 有無違反聯邦法規乙事，予以調查。Gravel 以違反聯邦憲法言論辯論免責條款為由，向法院聲請取消前揭傳票。法院駁回該聲請但限制提問內容。聯邦上訴法院維持地院駁回之裁定，並限制大陪審團不得就立法行為及發行文件乙事予以詰問。聯邦最高法院以上訴法院過度限制對議員助理的詰問範圍為由，廢棄其判決。惟，最高法院亦指出，言論辯論免責條款適用對象包括議員本身及其助理，舉凡議員本身之行為可受到該條款保護者，其助理為相同行為亦可受到保護。本案中就 Gravel 於委員會發言，固受到免責權保護；惟，私自發行文件乙事則不在保護範圍。408 U.S. 606, 92 S.Ct. 2614, 33 L.Ed.2d 583 (1972).

❷ 如 U.S. v. Brewster，被告 Brewster 係前參議員，他在任期內曾收受賄賂而從事特定官方事務，Brewster 因此遭起訴。在審判庭期尚未確定前，Brewster 主張基於言論辯論免責條款，他應可免於起訴。聯邦地院同意並據此撤回起訴，此案直接上訴至聯邦最高法院。最高法院廢棄下級法院的裁定，指出言論辯論免責條款固然保護國會議員，使其立法行為及立法動機不受到質疑；惟，倘其行為屬政治性質而非立法性質，則不受該條款保護，如本案議員之收受賄賂並允諾為特定行為。408 U.S. 501, 92 S.Ct. 2531, 33 L.Ed.2d 507 (1972).

　　憲法第一條第三項第六款明定，參議院對所有行政、司法高級官員有彈劾權。並只有參議院有審理的權力。國會進行彈劾，須由眾議院全體表決過半數通過提出彈劾案 (bill of impeachment)，送交參議院進行審理。參議院須以三分之二票數方通過彈劾❺。彈劾對象若為總統，則須由聯邦最高法院首席大法官主持審判的進行，彈劾成立將使其失去總統職位（總統以外之人遭彈劾亦將失去其原有職位）及福利。彈劾成立並不影響一般法律所定的起訴、審判、判決及懲罰等；二者亦無所謂程序上先後順序的問題。憲法第二條第四項明定，總統、副總統及其他所有聯邦政府官員，因叛國、賄賂或其他較重刑案被判刑及彈劾，應去職。

　　歷史上兩次著名的涉及政治立場的彈劾案，一為西元一八〇四年聯邦最高法院大法官 Samuel Chase，以及一八六八年 Andrew Johnson 總統❺。Chase 係聯邦主義者 (Federalist)，在擔任地院法官期間，曾於開庭時公然批判「反聯邦主義者」的政策，因此遭到眾議院的彈劾，繼而由參議院進行審判一個月，以一票之差未通過彈劾案。Johnson 總統原係林肯總統時期的副總統，因林肯總統遇刺而執行總統職務，他的重建計畫 (reconstruction program) 受到國會共和黨議員強烈反對，國會甚至通過兩項法案限制總統權力，雖遭到 Johnson 行使否決權，國會仍以三分之二多數推翻其否決的效力，使法案生效。其中一項立法為任職法 (the Tenure of Office Act)，目的在限制總統對聯邦官員革職的權力。當時國防部長 Edwin Stanton 係共和黨的支持者，Johnson 總統打算撤換 Stanton，卻遭到眾議院的彈劾，參議院最終並未通過彈劾案。此二例隱含的意義為，國會彈劾的事由應限於犯罪行為，而不宜基於政治因素。

　　除 Andrew Johnson 外，另一名遭到彈劾的美國總統為柯林頓（William Clinton 或一般常稱之 Bill Clinton）。西元一九九八年十二月，柯林頓分別因於大陪審團作偽證及妨礙司法而遭眾議院通過彈劾案❺，惟，參議院並

❺　所謂三分之二票數係以出席人數計算而非全體參議員人數為之。
❺　Daniel Hall, Constitutional Law: Cases and Commentary 219 & 223 (1997).
❺　偽證部分，眾議院的票數為 228 比 206；妨礙司法部分，眾議院的票數為 221 比

未通過彈劾。

第二節　行政權

聯邦憲法第二條第一項明定，行政權 (executive power) 由美國總統行使。其參選資格、任期、及其行政權力的行使，依序探討如下。

第一項　總統資格及任期

自西元一七八七年憲法施行至今，美國總統的資格仍依憲法第二條規定，而未予修改。

第一款　資　格

憲法第二條第一項第五款明定，擔任總統的資格為：㈠年滿三十五歲。㈡在美國境內居住十四年以上，目的在因應部分人士多年居住國外，對美國境內事務並不瞭解，自不宜擔任總統、治理國家事務；惟，此並不以連續十四年為限，換言之，即使斷斷續續在美居住，共計達十四年即可。㈢必須生而為美國公民 (natural born citizen)，或於憲法施行時（西元一七八七年）為美國公民。依此要件，歸化的美國公民 (naturalized citizens) 則不得參選總統❺❻，至於憲法施行時為美國公民之規定，係因應憲法施行時，已存在的美國人均非生而為美國公民，因斯時並無美國的存在，而係英國的殖民地。

總統的選舉方式採「選舉人制度」(electoral system) 的間接選舉，亦即，非由全體美國公民選出，而由選舉人 (elector) 選出。選舉人本身除了當然為有投票權的公民外，不得具參議員或眾議員身分，他們的產生方式，早

212。另兩項彈劾事由，瓊絲案的偽證及濫用職權，各以 205 比 229 及 148 比 285 未通過彈劾案。Impeachment, *at* http://en.wikipedia.org/wiki/impeachment（上網日期：民國九十五年六月十二日）。

❺❻ 此議題多次引起討論，尤其於西元二〇〇三年十一月奧地利裔的阿諾史瓦辛格 (Arnold Schwarzenegger) 當選加州州長之際。

期由各州州議會選出，現由各州州民直接選出。依憲法第二條第二項，各州選舉人人數相當於各該州得選出的聯邦參議員人數及聯邦眾議員人數的總和❺❼。依同條第三項，選舉人須於各自所屬的州聚集，投票選出兩名候選人，其中至少一人須與選舉人屬不同的州，各州被選舉人的名冊與票數須送到聯邦國會，由參議院議長在參、眾兩院前主持開票、計票及驗票。得票數最高且過半數者為總統，次高者為副總統。若有二人均過半數，且票數均等，則由眾議院無記名投票選出總統。倘無候選人過半數，則眾議院將從五個最高票數者，選擇其一為總統。惟眾議院為投票時，係以州為單位，每州一票，各州議員須過半數先行決定投票支持的人選。例如：賓州，選舉人共計二十一人，選舉時十二人投甲，九人投乙，則賓州的一票歸甲所有。若無候選人過半數，則以最高票前五名為候選人，由眾議員投票選出，以得票過三分之二者當選。副總統亦以得票最高者當選，但有二人以上票數相同時，由參議院投票決定之，此方式有導致總統與副總統來自不同政黨之虞。

　　西元一八〇四年國會通過第十二增修條文，將總統、副總統分開各別選舉，二者均須得到過半數的選舉人票。副總統候選人未過半數者，由參議院自最高票之二人中依州選出❺❽副總統，須三分之二以上票數。

　　州民選舉選舉人的計票方式係一般過半數之較高得票者。有在選票單上直接列印總統候選人名、政黨名稱或選舉人名三種方式，第一種情形為最普遍者。總統候選人在該州擁有過半數之票數者，則將擁有該州全數之選舉人票數❺❾，除非選舉人未遵照州民意願投票選總統。此種方式可能導致所謂的「少數民選總統」❻〇，以西元二〇〇〇年代表共和黨的布希與民

---

❺❼　西元一九六一年聯邦憲法第二十三增修條文賦予哥倫比亞特區如同州般選出與國會議員同數的選舉人數，該些選舉人亦與州的選舉人行使相同的職務。目前哥倫比亞特區可選出三名選舉人。

❺❽　所謂依州選出，係指一州以一票計算。

❺❾　舉例 A 州有選民五百萬人，選舉人數有四十六人，總統候選人甲得到選民三百萬張票，乙得二百萬；則甲贏得全數四十六張選舉人票。

❻〇　接續註 59 前例，在 A 州，甲得到選民 255 萬張票，乙得到 245 萬張票；甲贏

主黨的高爾，便發生此情況。布希獲得過半數選舉人的票數，但就全國人民的投票票數而言，則以高爾較高❻。

第二款　任　期

　　總統任期為四年，西元一七八七年的聯邦憲法並未明定任期的限制，至西元一九四〇年富蘭克林羅斯福 (Franklin Roosevelt) 連任第三任總統❻，並於一九四四年又連任第四任❻，國會警覺此憲法上的瑕疵，而修改憲法。西元一九五一年通過憲法第二十二增修條文，明定總統只得擔任兩任；任何人繼任總統職務逾二年者，只得競選一任總統，換言之，無人得擔任總統職務逾十年。總統除因任期屆滿卸任外，離開其總統職務 (removal) 的原因有三：㈠死亡——如林肯總統、羅斯福總統、甘迺迪總統等。㈡辭職 (resignation)——自行辭去總統職務，如尼克森總統 (Richard Nixon)，因水門事件 (Watergate scandal) 即將遭彈劾之際❻。近期，柯林頓總統在極可能遭彈劾之際，本亦有人建議其辭職，但其堅持不從，最後國

　　得全數四十六張選舉人票。而在 B 州，選民一百萬人，選舉人數有九人，甲得到選民十萬張票，乙得到九十萬張票；乙贏得全數九張選舉人票。由 AB 二州之選舉結果可知，甲比乙多得三十七張選舉人票，由甲勝出；惟，就選民的票數而言，甲比乙少了七十萬張票。

❻　美國史上共有四位總統為少數民選總統：⑴西元一八二五年之第六任約翰昆西亞當斯 (John Quincy Adams)——其係第二任總統約翰亞當斯 (John Adams) 之子；⑵西元一八七七年之第十九任總統魯瑟福特海耶茲 (Rutherford Hayes)；⑶西元一八八九年之第二十三任總統班傑明哈里遜 (Benjamin Harrison)——其為第九任總統威廉哈里遜 (William Harrison) 的孫子；以及⑷西元二〇〇一年第四十三任總統喬治布希 (George Bush)——為第四十一任總統喬治布希之子。小布希並於西元二〇〇四年連任成功，此次同時贏得選舉人及普選過半數票數。

❻　羅斯福總統於西元一九三三年開始擔任總統。

❻　羅斯福總統於西元一九四五年四月十二日於任內病逝。

❻　尼克森係於眾議院司法委員會通過彈劾案、送交眾議院審議之際辭職，亦即，在眾議院通過彈劾案前便已去職。

會並未通過對其彈劾。㈢彈劾去職——憲法第二條第四項明定，總統、副總統等人因叛國、受賄或其他重大刑案被定罪並彈劾者，應去職。美國史上尚無總統因此事由離開其職務者。

總統在任期內因前揭事由㈡或㈢而離開職務，或其他事由（如：因病）一時無法執行職務時，依憲法第二條第一項第六款，由副總統執行總統職務，國會得立法指定人選，於總統及副總統均無法執行職務時，執行總統職務，直至總統恢復其職務或新任總統選出為止。西元一九六七年通過聯邦憲法第二十五增修條文，第一項即明定，當總統在任內去職、死亡或辭職時，副總統將繼任為總統。第二項明定，當副總統出缺時，由總統提名副總統人選，經參、眾兩院過半數通過確認。

當總統以書面告知參議院臨時議長❻❺及眾議院議長，其本人無法行使其職權，則，總統職權將由副總統以執行總統 (Acting President) 身分行使之（同條第三項）。當總統再度行文前揭臨時議長及議長，告知其已足以行使其總統職權時，副總統將不再執行前揭總統職權。

第四項又規定，副總統及多數主要閣員（或國會立法指定人員）以書面行文參議院臨時議長及眾議院議長，告知總統已無法執行其職權時，由副總統以執行總統身分行使職權。但倘總統另行告知其有能力行使職權，則由總統回復其職權的行使。前揭副總統等人可於四日內再度行文前揭臨時議長及議長，重申總統無法行使職權，此時國會若無會期，須於四十八小時內開會處理此爭議。國會須於收到副總統等人的行文後二十一天內，或（若無會期）於必須開會之日起二十一天內，決定總統是否無法行使職權，若是，則由副總統行使之。反之，若逾前揭期限，或對認定總統無法行使職權者，兩院或其中一院未逾三分之二，則由總統回復職權的行使。

西元一九六七年之憲法第二十五增修條文，並未進一步規範，當總統、副總統均無法行使總統職權時，其繼任人選為何。惟，早於西元一九四七年的「總統繼任法」(Presidential Succession Act of 1947)❻❻則明定，執行總

---

❻❺ 此時不通知議長，乃因議長即副總統之故。

❻❻ 3 U.S.C. § 19. 國會早於西元一七九一年即制定總統繼任法，其順序為副總統、

統職務人員 (act as President)，依次為：副總統、眾議院議長、參議院臨時議長、國務卿 (Secretary of State)、財政部長 (Secretary of the Treasury)、國防部長 (Secretary of Defense)、司法部長 (Attorney General)、內政部長 (Secretary of the Interior)、農業部長 (Secretary of Agriculture)、商業部長 (Secretary of Commerce)、勞工部長 (Secretary of Labor)、衛生暨人類服務部長 (Secretary of Health and Human Services)、住宅暨都市發展部長 (Secretary of Housing and Urban Development)、交通部長 (Secretary of Transportation)、能源部長 (Secretary of Energy)、教育部長 (Secretary of Education)、以及榮民事務部長 (Secretary of Veterans Affairs) 等內閣成員。其中除副總統因憲法第二十五增修條文明定繼任為總統外，其餘人員僅係執行總統職務。

第二項　行政權力

總統的行政權包括任命權 (appointment power)、有限的立法權、赦免權、三軍統帥權、國際事務權及行政特權暨免責權。

第一款　任命權

聯邦憲法第二條第二項第二款賦予總統任命權的行使，包括提名權 (nomination)。總統對於外交使節、內閣成員、聯邦法院法官、檢察官等有提名權，經由參議院同意後，得任命之。同理，除聯邦法官外，總統亦有權免除其職務 (removal power)。

參議院臨時議長及眾議院議長。西元一八八六年總統繼任法則刪除兩院議長，代之以國務卿及各部首長，以其成立先後為序。西元一九四七年總統繼任法則又將眾議院議長及參議院臨時議長依序列於副總統之後，繼而為國務卿及各部首長。爾後，數次修正均因行政部門增訂部會，而將增訂的部會首長增列於執行總統職務的順位中。

第二款　有限之立法權

　　立法權固屬國會所有，總統對於立法事由仍有其適度的權限。依憲法第二條第三項，總統得提出立法建議。對於國會通過的法案，得行使同意權，法案經總統簽署生效；反之，總統亦得行使否決權 (veto power)，使法案無從生效。任何法案經總統否決，國會參、眾兩院得各以三分之二票數通過法案 (overriding veto)，此時，法案便自動生效，不待總統再行同意權。倘國會會期已近結束，總統得以「口袋否決」(pocket veto) 方式否決該法案。所謂「口袋否決」，係指在國會會期不到十天時，對於法案置之不理，則於會期結束時，該法案便不發生任何效力。反之，在會期仍有十天以上，總統未於十日內否決時，則法案自動生效。

　　除此，總統可藉由行政命令 (executive order) 及總統公告 (presidential proclamation) 而制定法規，藉以執行行政功能。是以，其係源於總統其他的行政權力，而非獨立的權力。行政命令及總統公告在經由合法的公告程序後，仍得具有法律上的效果，其中，行政命令更須公告於《聯邦紀錄簿》，以達公示效果。

　　西元一九五二年，Youngstown Sheet & Tube Co. v. Sawyer❻乙案，聯邦最高法院檢視總統制定行政命令的權力。該案中，因鋼鐵工廠勞資雙方就工資及其他條件的歧見，以致無法達成團體協定，聯邦調解部門及工資穩定委員會 (Wage Stabilization Board) 均無法使雙方達成協議，工會決議罷工。鋼鐵係製造武器不可或缺的材料，當時適逢二次世界大戰，杜魯門總統擔心鋼鐵工廠的停工，將危及美國國防，是以，在罷工前數小時，杜魯門總統發布第 10340 號行政命令 (Executive order 10340)，由商業部長接管鋼鐵工廠，確保其持續運作。鋼鐵公司雖遵守前揭命令，但向聯邦地院提起訴訟，要求核發禁令禁止行政命令的執行。地院准予核發禁令，聯邦政府主張憲法賦予總統確保法律執行的行政權力，以及三軍統帥權。聯邦最高法院維持地院見解，指出總統無權制定法律，憲法明定立法權歸國會所

---

❻　343 U.S. 579, 72 S.Ct. 863, 96 L.Ed. 1153 (1952).

有，總統僅得建議法案及否決法案；至於三軍統帥權的行使，縱令擴張戰區 (theater of war) 的定義，亦難謂其權力及於接收私人財產以防止停產之事由，蓋以此屬立法部門而非軍事單位的任務。

第三款　赦免權

依聯邦憲法第二條第二項第一款後段，總統對於聯邦罪犯有暫緩執行 (reprieve) 及赦免 (pardon) 的權力，惟，對於因彈劾受處置者，則無赦免的權力。

赦免可包括完全赦免及減刑 (clemency)。前者使得所有的罪名及刑罰完全免除，如同該罪犯未曾犯罪一般，換言之，其所有權利應予回復。赦免的罪名不得用以加重其日後所犯的罪名，亦不得引以為拒絕律師執業的事由 ❻❽。總統得於赦免同時附加條件，例如赦免外國人，條件為驅逐出境。條件本身不得違憲，如不准被赦免者上教堂或參與政治活動 ❻❾。赦免得對尚未起訴的案件為之。如：Murphy v. Ford ❼⓿ 係有關尼克森總統的赦免案。西元一九七二年位於哥倫比亞特區的民主黨總部水門大廈 (Watergate Building) 遭外人入侵。歷經兩年的調查，結果顯示，係數名共和黨員進入其內從事間諜活動，且尼克森總統亦牽涉在內。眾議院提出罷免案，尼克森總統辭職，由福特繼任總統。西元一九七四年九月八日，福特無條件赦免尼克森任職總統期間所犯的所有罪行。密西根律師 Murphy 向聯邦地院提起訴訟，聲請法院作成確認判決，主張福特總統的赦免逾越其權限且不應於被赦免者尚未被起訴前為之，聯邦地院駁回其主張。聯邦地院引用聯邦最高法院於 Ex parte Garland 乙案中的見解，指出總統的赦免權力除了彈劾案外是無限的 (unlimited)；且其行使的時間不受任何限制，一旦犯罪行為已完成，不論司法程序進行前、進行中或完成後，均可行使赦免。

西元一九七四年九月十七日，福特總統又發布第 4313 號公告，依該公

---

❻❽　Ex parte Garland, 71 U.S. 333, 18 L.Ed. 366 (1867). Hall, *supra* note 54, at 251.

❻❾　Hall, *id.* at 252.

❼⓿　390 F.Supp. 1372 (1975).

告，越戰時期逃避兵役或逃兵者，可藉由兩年的平民服務 (civilian service) 換取特赦，當時有兩萬兩千人獲赦。卡特總統繼而於一九七九年元月二十一日發布第 4483 號公告，擴張福特總統第 4313 號的赦免範圍，對西元一九六四年至一九七三年間逃避兵役者予以赦免。

被赦免者不得要求政府補償其所曾服過的刑期，或赦免前扣押的財產。一旦經赦免，受赦免者喪失拒絕自白的權利，而須被迫供出犯罪行為。國會及法院均不得干預或審理總統的赦免，其決定充其量只受到民意的批判或國會彈劾。

第四款　三軍統帥權

依聯邦憲法第二項第一款前段，總統持有陸海軍及民軍的三軍統帥權 (Commander-in-Chief)，此因立憲之初，美國僅有陸軍及海軍之故，迄今，統帥權包括陸海空軍 (air force) 及海軍陸戰隊 (the marines)。總統藉由下列事由，在未得到國會同意的情況下，出兵作戰[71]：㈠自衛 (self-defense)——早期，Jefferson 總統為遵守三權分立，在敵國已宣戰的情況下，仍因國會尚未宣戰而遲遲不肯出兵。Alexander Hamilton 批評 Jefferson 總統的作法，謂：只要美國非侵略者，美國總統可採取防衛性軍事任務而不需國會同意[72]。嗣後，有多次戰役均以此事由進行。例如：西元一八四六年，美國總統 Polk 派軍隊前往美墨邊界，墨西哥出擊，美國以自衛為由攻打墨西哥。西元一八六三年，Prize Cases 乙案中，聯邦最高法院以五比四票支持總統在未經國會宣戰的情況下出兵的權力。該案因內戰期間，聯邦艦隊 (Union Ships) 依據林肯總統於西元一八六一年四月發布的命令封鎖南方港口、扣押載運貨物到聯邦各州的船舶。聯邦最高法院指出：憲法賦予總統三軍統帥權；據此，縱令國會未宣戰，總統仍應召集民兵、使用陸海軍隊對抗外敵入侵、

[71]　John Nowak & Ronald Rotunda, Constitutional Law 253 (6th ed. 2000). 美國歷經兩百多次戰役，其中僅五次是在國會宣戰的情況下進行。Hall, *supra* note 54, at 271.

[72]　Alexander Hamilton, Works of Alexander Hamilton 746～747 (J. Hamilton ed. 1985), *cited in* Nowak et al., *id.* at 254.

平定對聯邦政府或州政府的叛亂。此為總統的權力，亦為責任所在；至於總統如何行使其權力，法院無從干預。㈡中立 (neutrality)──基於保衛美國僑民及財產而出兵，例如：西元一九〇三年羅斯福總統以此為由出兵到巴拿馬，但其實際目的是為攻打哥倫比亞。㈢集體安全協定 (collective security)──例如北大西洋公約組織 (North Atlantic Treaty Organization)、東京灣協定 (Tonkin Gulf Resolution) 等，前者如西元一九五一年，杜魯門總統出兵攻打德國；後者如西元一九六四年詹森總統出兵越南。

　　總統每每藉由前揭事由出兵，規避國會的戰爭暨防衛權，國會遂於西元一九七三年通過「戰爭權決議」(War Power Resolution)❼❸，依該法，總統得以三軍統帥身分派遣軍隊的情形有三❼❹：㈠國會宣戰 (declaration of war)；㈡特定法規授權；㈢國家緊急情況，因美國或其領土或軍隊遭到攻擊等。除此，總統出兵須注意下列規定❼❺：㈠總統在派兵前必須先知會國會。㈡若非經國會宣戰，則出兵後四十八小時內，須以書面告知眾議院議長及參議院臨時議長下列事項：(1)出兵的理由；(2)憲法及立法上的出兵權限；以及(3)敵對狀態或相關戰事可能的範圍及所需時間❼❻。㈢國會若未在出兵後六十日內宣戰，總統必須召回軍隊。

第五款　國際事務權

　　總統持有處理國際事務 (international affairs) 的權力。在此權力下，總統有權與他國訂定行政協定 (executive agreement)，毋需經由國會授權或同意，惟其內容不得悖於聯邦憲法或法律。如 Reid v. Covert❼❼乙案，由於美英兩國訂有行政協定，凡於美國基地犯罪者，將交由美方軍法審判。被告

---

❼❸　50 U.S.C. §§ 1541～1548. 當時尼克森總統曾行使否決權，但經參眾兩院各以三分之二表決推翻其否決。

❼❹　50 U.S.C. § 1541.

❼❺　50 U.S.C. §§ 1542～1544.

❼❻　50 U.S.C. § 1542.

❼❼　被告 Reid 係軍人的妻子，她在英國的美軍基地殺害其先生。請參閱註 45 暨其本文。

Reid 因此而受到軍法審判並定罪。聯邦最高法院指出：總統基於國際事務權所簽訂的任何協定均不得與聯邦憲法下的其他權力相抵觸，更不得剝奪憲法人權法案所賦予美國公民的基本人權。

至於與國際事務有關的協定與條約的簽署，依憲法第二條第二項第二款前段，國際協定及條約的簽署，須經參議院出席議員三分之二同意，始為批准，是以，總統亦常以行政協定規避國會之同意權的行使。

第六款　行政特權暨免責權

總統基於行政權的必要，而有特權及免責權。然而，不同於國會議員，總統的特權因事務本身，及訴訟性質而異。西元一八〇七年 United States v. Burr❼ 案中，Aaron Burr 因叛國罪接受審判，聯邦最高法院令總統 Thomas Jefferson 交出一封 Burr 寫給他的信件。聯邦最高法院於 United States v. Nixon❼ 乙案中，將總統拒絕揭露機密的行政特權，分為兩種型態：㈠絕對的特權 (absolute privilege)——當機密涉及⑴軍事⑵外交⑶敏感的國家安

---

❼　25 Fed. Cas. 187 (No. 14, 694) (C.C.D.Va. 1807).

❼　418 U.S. 683, 94 S.Ct. 3090, 41 L.Ed.2d 1039 (1974). 西元一九七二年美國總統大選期間民主黨位於哥倫比亞特區的總部水門大廈遭人入侵，經查為尼克森競選（連任）總部的數名工作人員所為。參議院競選委員會調查發現白宮介入該侵入行動並試圖隱瞞。尼克森總統因此授權獨立檢察官進行調查，西元一九七四年三月一日聯邦大陪審團對尼克森的七名同僚起訴，罪名為共謀妨礙司法及其他有關水門大廈入侵案的罪名。尼克森未列名為起訴的共犯。同年四月十八日特別檢察官向聯邦法院聲請核發傳票，令尼克森在九月八日審判開庭前交出其與相關人員特定談話內容的錄音帶及文件。尼克森在四月三十日交出四十次談話內容的抄本，其中包括傳票所要求的二十次談話內容。五月一日，尼克森的律師聲請前揭傳票無效，並主張行政特權暨免責權。地院駁回其聲請，尼克森據此提起上訴。在上訴法院作成判決前，最高法院同意受理該爭點之審理，並於七月二十四日作成決定。尼克森隨即於八小時後聲明將遵守法院判決，並於八月五日交出談話抄本，八月八日宣布將於次日辭職（與判決有關的六十四捲錄音帶中，關鍵性談話係西元一九七二年六月二十三日（即水門事件後第六天）的內容）。

全機密時，總統有絕對的特權拒絕揭露。㈡有限的特權 (qualified privilege)
——當機密涉及總統與其幕僚間的秘密談話，而無前揭㈠之事由，且為刑
事案件所需的特定證據，則總統不得拒絕揭露。

　　至於總統遭起訴時，有無免責權，聯邦最高法院依民刑事訴訟予以區隔：
㈠民事訴訟 (civil cases)——總統因執行職務遭他人提起民事訴訟時，具有
絕對免責權❽。至於總統以外的聯邦官員的免責權，聯邦最高法院指出，若
係單純執行行政事務，其仍享有絕對免責權；否則，僅享有有限的免責權❽。
㈡刑事訴訟無免責權，蓋以刑事司法制度凌駕於總統特權之上 (criminal
justice system overweighs presidential privilege)❽。惟，對總統的刑事起訴會
在彈劾案通過及總統去職後始提出，並採秘密審判方式 (tried in camera)。

　　倘總統係因與其職位無關之行為遭指控或起訴者，則無前揭免責權之
適用。西元一九九七年 Clinton v. Jones ❽乙案中，聯邦最高法院認同第八巡
迴上訴法院的見解：本案無關乎總統行政權的行使，故而無行政免責權之
適用，聯邦法院對本案當然具有管轄權。

---

❽　Nixon v. Fitzgerald, 457 U.S. 731, 102 S.Ct. 2690, 73 L.Ed.2d 349 (1982).
　　Fitzgerald 於西元一九六〇年末於國會小組委員會公開作證，嗣於西元一九七
　　〇年遭到空軍解聘。Fitzgerald 指此係因其作證所遭到的報復，遂以尼克森總
　　統及其他政府官員為被告，主張渠等侵害其第一增修條文的憲法權益。

❽　457 U.S. 800, 102 S.Ct. 2727, 73 L.Ed.2d 396 (1982).

❽　U.S. v. Nixon, *supra* note 79.

❽　520 U.S. 681, 117 S.Ct. 1636, 137 L.Ed.2d 945 (1997). 柯林頓於西元一九九三年
　　就任美國總統。一九九四年，寶拉瓊斯 (Paula Jones) 向聯邦地院提起訴訟，指
　　控 Clinton 總統於西元一九九一年五月（當時擔任阿肯色州 (Arkansas) 州長）
　　曾對 Jones 性騷擾。另一名在當時擔任 Clinton 州長的安全特務亦因共謀而一
　　併列為被告。Clinton 主張基於行政免責權，原告應俟其離開總統職位後，方
　　得提起訴訟。聯邦地院予以採納並中止訴訟程序。原告就此提起上訴。聯邦上
　　訴法院第八巡迴法院指出本案並無行政免責權之適用。72 F.3d 1354 (8th Cir.
　　1996). Clinton 據此上訴至聯邦最高法院。

第三節 司法權

依聯邦憲法第三條，司法權 (judicial power) 歸屬聯邦最高法院 (U.S. Supreme Court) 及國會立法所定之下級法院。

國會於西元一七八九年制定司法法 (Judiciary Act)，設立十三個地方法院 (district courts) 及三個巡迴法院 (circuit courts)，聯邦最高法院大法官 (justices) 六名，六名大法官須負責到巡迴法院聽審 (circuit riding)，嗣於西元一八○二年修改為六個巡迴法院，但大法官人數依舊。西元一八○七年修改為七個大法官、七個巡迴法院，西元一八三七年改為九個大法官、九個巡迴法院。西元一八六三年，國會為表示對林肯總統的尊重，將大法官人數改為十人，巡迴法院亦增為十個。一八六六年，因國會與安德魯詹森 (Andrew Johnson) 總統的對立，而將大法官人數改為七人❽。西元一八六九年，葛倫 (Grant) 總統上任，國會又將大法官人數改為九人。迄今，聯邦最高法院大法官人數仍維持九人❽。

西元一八九一年，國會又增設巡迴上訴法院 (circuit court of appeals)，此時，大法官已不須到各巡迴法院聽審。西元一九一一年，國會廢除舊制巡迴法院。至此，聯邦法院確立為三級法院，由下而上分別為地方法院（目前有九十四個，設立於全國各州境內）❽、巡迴上訴法院（目前共有十三

---

❽ 詹森總統當時行使否決權，但法案依然通過。

❽ 請參閱 Federal Judicial Center, *at* http://www.fjc.gov/history/home.nsf

❽ 除以上以地區設立的聯邦地院，尚有依特定管轄事務設立者，如聯邦請求法院 (U.S. Claims Court)、聯邦國際貿易法庭 (U.S. Court of International Trade)、聯邦稅法法院 (U.S. Tax Court)、破產法庭 (bankruptcy courts)，以及行政法審判庭 (administrative law tribunals)。其中聯邦國際貿易法庭係依憲法第三條所設立者，其餘均由國會依憲法第一條立法設立，故而稱之為立法法院 (legislative courts)（有別於依憲法第三條設立之憲法法院）。法官則稱為第一條法官 (Art. 1 judges)，其選任及任期均不依憲法第三條所定。他們由憲法官選任，任期不一，以破產法官為例，係由所在地區的聯邦上訴巡迴法院任命，任期十四年。28 U.S.C. § 152.

個，包括第一至第十一巡迴上訴法院、聯邦巡迴上訴法院及哥倫比亞特區
巡迴上訴法院）以及最高法院 **❽**。

聯邦法院的法官 **❽**，由總統提名、參議院同意，總統任命之 **❽**，無任
期限制，為終身職。且依憲法第三條第一項規定，其薪資在其任內不得刪
減。聯邦法官雖為終身職，惟其於任內必須能適度地行使其職權，若有不
當，仍可能面臨國會彈劾而有遭罷免之虞；反之，法官若能適格地執行職
務，則無令其退休之法規存在 **❾**。國會為使法官願意退休，而立法使法官

---

❽ 以上均為依憲法第三條設立者，一般稱之為憲法法院 (constitutional courts) 或
稱為「第三條法院」(Art. 3 courts)。

❽ 亦稱為憲法法官 (constitutional judges) 或第三條法官，理由同註 87，另請參閱
註 86。

❽ 聯邦法官雖由總統提名任命，基於三權分立，總統對其並無控制的權力。艾森
豪總統曾謂: 提名、任命鄂爾華倫 (Earl Warren) 為最高法院首席大法官是他所
犯過的最愚蠢的錯誤；杜魯門總統亦指出:「當你將某人置於最高法院後，他
就不再是你的朋友。」Hall, *supra* note 54, at 65. 不過，總統仍得對司法趨勢
有所影響，例如，雷根總統任命了三百七十八位聯邦法官，而布希總統（老布
希）任命了一百九十四位，兩位合計共任命了五百七十二位聯邦法官（當時聯
邦法官共有八百二十八位，目前有八百五十三位），對司法自有重大影響。*Id.*
柯林頓總統任職八年期間亦任命了三百七十三位聯邦法官。Virginia C.
Armstrong, *The Imperial President Bequeaths America an Imperial Judiciary*,
Eagle Forum's Court Watch (March 19, 2001), *at* http://www.eagleforum.org/
court_watch/alerts/2001/3-19-01.shtml（上網日期: 民國九十四年九月二十四日）。

❾ 羅斯福總統在施行新政 (New Deal) 期間，採行多項政策以提升經濟發展，並通
過諸多有關商業活動的行政規範。初期，聯邦最高法院多以違反三權分立為由，
判決新政的法規違憲。如 Panama Refining Co. v. Ryan (293 U.S. 388, 55 S.Ct.
241, 79 L.Ed. 446 (1935)); Schechter Poultry Corp. v. United States (295 U.S. 495,
55 S.Ct. 837, 79 L.Ed. 1570 (1935)); Railroad Retirement Board v. Alton Railroad
(295 U.S. 330, 55 S.Ct. 758, 79 L.Ed. 1468 (1935)); United States v. Butler, 297
U.S. 1, 56 S.Ct. 312, 80 L.Ed. 477 (1936)). 羅斯福總統為排除來自聯邦最高法院
的阻力，使其新政得以順利施行，遂於西元一九三七年二月向國會提出聯邦最
高法院的重組計畫，其主要內容為: 凡大法官年滿七十歲者，總統得另任命一

有下列情事之一者，得申請退休，並繼續領取與任職期間相同的薪資 **❾**：
㈠已連續擔任法官滿十年，且年滿七十歲者；或㈡已連續擔任法官滿十五
年，且年滿六十五歲者 **❾**。

　　聯邦最高法院現有九名大法官，包括一名首席大法官 (Chief Justice) 及
八名陪審大法官 (associate justices)。

　　依憲法第三條第二項，聯邦法院所管轄的事項有：㈠與美國憲法、法律
及條約有關的案件；㈡與大使、外交使節、領事等有關的案件；㈢與海事有
關的案件，及海上管轄權；㈣以美國為爭訟的當事人；㈤涉及兩個以上的州
的爭訟；㈥一州政府與另一州州民間的爭訟；㈦案件中涉及兩個以上的州的
州民 (diversity of citizenship cases)。其中第㈥項，嗣於西元一七九八年憲法
第十一增修條文明定，美國司法權不及於一州州民或一國國民對另一州政

名大法官，以因應法院沈重的工作負擔，提高法院效率。而當時年滿七十歲的
大法官共計六位，國會若通過該法案，羅斯福總統便可立即提名六位大法官，
使大法官名額增加到十五位。當然羅斯福總統的真正目的，不在減輕大法官的
工作負荷，而在藉此提名認同其新政措施的大法官。國會多認為羅斯福總統意
在操控法院 (court-packing) 而否決該法案，但國會亦於同年通過有關法官退休
的立法 (Judiciary Act of 1937, 50 Stat. 24)。在國會審議羅斯福所提法院重組的
法案前，聯邦最高法院已漸趨改變立場，於 West Coast Hotel Co. v. Parrish (300
U.S. 379, 57 S.Ct. 578, 81 L.Ed. 703 (1937)) 及 Charles C. Steward Machine Co.
v. Davis (301 U.S. 548, 57 S.Ct. 883, 81 L.Ed. 1279 (1937)) 中分別認定規範工時
工資的韋格納法及社會福利徵稅制度 (social security tax) 係合憲。往後有關新
政的判決，亦多以其合憲而肯認其效力。最高法院改變立場的原因主要為：㈠
原屬保守派的歐文羅伯茲 (Owen Roberts) 轉而傾向支持新政，其立場的改變係
在 Parrish 乙案於西元一九三六年十二月進行辯論時，時間在羅斯福提出法院
重組之前，故與該法案無涉。㈡大法官陸續退休，亦有去世者，使羅斯福先後
提名任命了八位大法官，並提名任命原陪審大法官哈倫史東 (Harlarn Stone) 為
首席大法官。

❾　28 U.S.C. § 371 (Retirement on salary; retirement in senior status).

❾　此採八○制，年滿六十五歲服務滿十五年、年滿六十六歲服務滿十四年、滿六十
七歲服務滿十三年，以此類推，至年滿七十歲服務滿十年。28 U.S.C. § 371 (c).

府的訴訟。此亦視為明定州政府免於被他州州民訴訟的免責權 (immunity)。

前揭管轄事由中，第㈠有關聯邦憲法、法律之爭訟及㈦涉及不同州州民的訴訟，除聯邦法院外，州法院亦有管轄權，亦即，二者具有共同管轄權 (concurrent jurisdiction)，其餘事項由聯邦法院持有專屬管轄權 (exclusive jurisdiction)。在專屬管轄權的事項中，有關外交使節之爭訟，及兩個以上州政府之爭訟，係以聯邦最高法院為原審法院，具原審管轄權 (original jurisdiction)。

聯邦法院 (federal courts) 受理案件的要件如下：㈠系爭案件必須隸屬聯邦法院的管轄。㈡必須有爭訟的發生──換言之，提出假設性問題要求法院提供意見者，法院將不予受理。㈢非政治議題──基於三權分立，政治屬於行政權，故聯邦法院不予介入❸。

聯邦最高法院對於是否受理上訴案件，其考量因素有二：㈠確立全國一致性原則的必要性；㈡解決上訴法院間的歧見。

任何人擬上訴到聯邦最高法院，必須先向最高法院提出聲請 (petition)，聯邦最高法院就前揭因素考慮是否受理，若有四名大法官同意，即受理上

---

❸ 西元一九七九年美國總統卡特片面與我國斷交，當時以參議員高華德為首的八位參議員、一位前任參議員以及十六位眾議員向聯邦地院 (D.C. 地院) 對卡特提起訴訟，主張卡特總統應得到參眾兩院同意或至少參議院同意方得中止中美條約。原告聲請法院就此作成確認判決並核發禁令，被告主張此係政治議題屬總統的憲法權力，要求法院駁回此案。聯邦地院以外交事務屬總統權限，縱令原告不滿總統的行為，亦仍有充分的立法權限予以抵制。在原告尚未依立法權解決其與總統間之爭議前，司法不得介入，故而以原告不具適格當事人身分駁回原告之訴。Goldwater v. Carter, 1979 U. S. Dist. LEXIS 11893. 嗣因國會通過數項決議，原告復提起更正裁定之聲請。聯邦地院以原告具適格當事人身分提起本件訴訟，並認定被告未經國會同意與我國斷交之行為確係違憲。481 F. Supp. 949 (1979). 聯邦 D. C. 巡迴上訴法院雖同意原告係具適格當事人身分，惟，以被告未經國會同意與我國斷交之行為並未違憲為由，廢棄地院判決。617 F. 2d 697 (1979). 聯邦最高法院又以本案涉及憲法三權分立下，立法權與行政權之權限劃分，本案尚未形成憲法第三條所定之爭議為由，發回更審並指示下級法院應駁回原告之訴。其中大法官 Rehnquist 認為本案係政治議題，司法不得干預。444 U.S. 996, 100 S.Ct. 533, 62 L.Ed.2d 428 (1979).

訴 (petition granted)、發出命令，由下級法院將案件送到最高法院 (writ of certiorari)，若同意受理者未達四人，便不予受理 (petition denied)，不需說明不予受理之理由。

聯邦憲法雖已明定司法權限，然而聯邦法院是否具有司法審查權 (judicial review) 則未臻明確。西元一八〇三年 Marbury v. Madison ❾❹ 案，聯邦最高法院界定聯邦法院的司法權限：在憲法三權分立之下，聯邦法院得行使審查權檢視行政及立法的合憲性 ❾❺。首席大法官 Marshall 指明，

---

❾❹ 5 U.S. 137, 2 L.Ed. 60 (1803). 西元一八〇〇年聯邦黨的約翰亞當斯 (John Adams) 總統競選連任失利，原為聯邦黨控制的國會於改選後又以民主共和黨居多。因原最高法院首席大法官 Oliver Ellsworth 退休，西元一八〇一年元月 Adams 提名任命國務卿約翰馬歇爾 (John Marshall) 為首席大法官，後者並於二月四日宣誓就職；但 Marshall 仍擔任國務卿乙職至三月三日。聯邦黨為保有其對司法的影響力，國會於西元一八〇一年二月十三日通過巡迴法院法 (Circuit Court Act of 1801)，旋即交由 Adams 簽署；該法增列了十六名巡迴法官，使 Adams 得以提名之。國會又於同年二月二十七日通過哥倫比亞特區組織法 (Organic Act of the District of Columbia)，使總統得任命四十二位 D.C. 法官。當時距離 Adams 去職不到一星期。Adams 於三月二日提名四十二位聯邦法官，經參議院於三月三日同意，當天係 Adams 任職的最後一天。法官的任命書經 Adams 及國務卿 Marshall 簽署後送出。任命書的簽發距湯瑪士傑佛遜 (Thomas Jefferson) 總統的就職典禮不到數小時，因此一般稱前揭任命的法官為「午夜法官」(midnight judges)。由於時間不及，Marshall 未能及時將所有任命書寄出，致共有四位法官未收到任命書。Jefferson 指示國務卿詹姆士麥迪遜 (James Madison) 不要將任命書寄出。Marbury 係未收到任命書的四位法官之一。Marbury 於同年以國務卿 Madison 為被告，直接向聯邦最高法院提出聲請，要求法院核發命令 (mandamus)，令國務卿發給任命書。依一七八九年司法法 (Judiciary Act of 1789)，聯邦最高法院得對政府官員發命令書，且對此類案件具有原審管轄權。改選後的國會為遲延訴訟的進行，將最高法院的庭期由原來的二月暨八月改為六月暨十二月，至一八〇二年四月，接近該年度第一庭期時，又將庭期改為每年二月；致使最高法院於西元一八〇二年均未開庭。是以，聯邦最高法院至西元一八〇三年始審理本案。

❾❺ 本案中有關聯邦法院對行政具有審查權乙節，係屬附帶意見，因 Marshall 已指

Marbury 既經由合法任命程序，Jefferson 與國務卿 Madison 拒絕發給任命書係屬不當 (improper) 行為；應予 Marbury 適當的救濟。然而，憲法並未規定，聯邦最高法院對行政官員下達命令乙事具有原審管轄權，故於本案中無權命令 Madison 發給任命書。一七八九年司法法雖賦予聯邦最高法院此等管轄權，惟，該規定顯然與憲法抵觸，應為無效❾❻。Marbury 乙案後仍有論著就司法審查權之有無予以辯論，惟，司法審查權已然確立。西元一九七四年 U.S. v. Nixon 中 Berger 首席大法官又引用 Marbury 乙案見解，指出司法的責任即在闡明法律的意義。

第四節　人權法案

西元一七八七年通過的聯邦憲法內容中，著眼於三權分立及聯邦政府的權限，惟，並未就人民基本權利予以明確規範。西元一七八九年，美國各州共同提出第一至第十增修條文，並於西元一七九一年批准通過，此即所謂「人權法案」(Bill of Rights)。其中第九增修條文旨在宣示美國憲法所列舉的權利，並非人民僅有的權利；第十增修條文則在界定聯邦與州及人民的權力範圍：凡憲法未賦予聯邦政府的權力、且未禁止州行使者，均屬於州政府或人民的權力。第一至第八增修條文列舉憲法所賦予人民的基本權利：如第一增修條文之言論、宗教自由等❾❼。第二增修條文攜帶槍械之自由❾❽。

明法院在本案中不具有管轄權。惟，本案仍確立了聯邦法院對行政的司法審查權。

❾❻　大法官 Marshall 藉此案宣示聯邦法院對行政及立法的審查權，並以聯邦最高法院不具原始管轄權為由，規避行政部門拒絕遵守法院命令的困窘。

❾❼　第一增修條文明定，人民有下列權利：㈠宗教自由 (freedom of religion)；㈡言論自由 (freedom of speech)；㈢新聞自由 (freedom of press)；㈣和平集會的自由 (freedom of peaceable assembly)；㈤請願的自由 (freedom of petition for redress of grievance)。

❾❽　第二增修條文明定，為了保護州的安全，依法成立的民團，其人民攜帶武器的權利不應受到剝奪。西元一八七六年 United States v. Cruikshank 乙案，聯邦最高法院指出憲法第二增修條文並未賦予攜帶槍械的權利，而僅限制聯邦政府干預的權力。92 U.S. 542, 23 L.Ed. 588 (1875). 西元一八八六年 Presser v. Illinois,

第三增修條文保障人民居住的權利與自由 ❾。第四至第六增修條文及第八
增修條文主要為刑事被告之基本權利，如保護人民的人身、財產（動產及
不動產）及文件，使其不受不合法的搜索、扣押，剝奪人民相關權益時的
正當程序 (due process) 的重要性，拒絕自白，公平、公開暨迅速審判，得
到律師的協助，一罪不二罰，以及確保刑事被告不致遭凌虐或過當的懲罰
等。第七增修條文明定民事陪審制度 ❿。

聯邦最高法院引用 Cruikshank 乙案指出，州政府在不與聯邦憲法衝突的情況
下，仍得立法限制具特定條件的人民不得攜帶武器。116 U.S. 252, 6 S.Ct. 580,
29 L.Ed. 615 (1886). 西元一九三九年 U.S. v. Miller，聯邦最高法院指出，憲法
第二增修條文僅賦予民團使用武器的權利，是以，聯邦政府有權制定法律規範
人民攜帶手槍 (handgun) 的行為。307 U.S. 174, 59 S.Ct. 816, 83 L.Ed. 1206
(1939). 西元一九六八年因民權人士馬丁路德金恩遇刺身亡，導致聯邦國會於
同年通過「槍枝管制法」(Gun Control Act of 1968) (18 U.S.C. § 921 et seq.
(1968))。該法嗣於西元一九九三年修正為「手槍管制法」(Handgun Control Act
of 1994)，並於翌年施行。該修正源於西元一九八一年三月，雷根總統遇刺，
當時白宮秘書長布雷迪中彈致終生癱瘓，他因此極力推動手槍管制的立法。西
元一九九九年 U.S. v. Emerson，聯邦地院探討第二增修條文之立憲歷史，指出
該增修條文賦予人民攜帶槍枝的權利，而非限於民團。46 F.Supp. 2d 598 (1999).
聯邦第五巡迴上訴法院雖指出政府得合理地限制人民攜帶槍枝，但顯然亦同意
人民有攜帶槍枝的權利，並認定聯邦法規 (18 U.S.C. § 922 (g) (8)) 違憲。第五
巡迴法院指出，聯邦最高法院於 Miller 乙案中僅就特定槍枝（鋸短的小型槍枝
(sawed-off guns)）為判決，而該類槍枝並非一般人民所攜帶者，與本案係針對
一般人民攜帶之槍枝不同。No. 99–10331 (5ᵗʰ Cir. 2001). 本案雖經上訴至聯邦
最高法院，但最高法院決定不予受理。

❾ 當軍隊要徵用 (quarter) 民宅時，必須遵守下列要件：㈠平時 (in time of peace)
——須先取得屋主的同意；㈡戰時 (in time of war)——依法定程序徵用之。

❿ 第七增修條文係有關民事案件的審理，凡達特定金額且係有關普通法之民事訴
訟救濟者，訴訟當事人即有權利要求陪審團的審判。而任何經由陪審團審判的
事實爭議，均不得再行審理；此即一事不再理原則 (res judicata)。比較民刑事
訴訟之陪審團審判權利，其差異在於，刑事案件中，陪審團審判為刑事被告憲
法上所保障的權利，除非被告放棄，否則當然由陪審團進行審判（例外為，當

本節將依序就下列主要的基本人權予以探討：宗教自由、言論自由以及刑事被告的權利。

第一款　宗教自由

英國人民於西元一六二○年由一群清教徒搭五月花號到達美國普利茅斯建立第二個殖民地，他們遭受宗教迫害，基於追求信仰的自由而離開英國。是以，宗教自由自為憲法所保障的基本人權之一。憲法第一增修條文明定宗教自由（即人民信仰的自由）(free exercise of religion) 以及禁止政府設立宗教 (establishment of religion)，即所謂「禁止設立條款」，確保政教分離 (separation of church and state)。

第一目　信仰自由

聯邦最高法院對於宗教自由與國家或州的公益間的抉擇，由早期的保守立場❶，漸趨開明。在西元一九四○年 Minersville School District v. Gobitis❷乙案中，原告的子女（十二歲的女兒和十歲的兒子就讀公立學校）因其「耶和華見證人」(Jehovah's Witness) 的宗教信仰，而不依校規向國旗敬禮。學校以此為由將其開除，此舉將迫使原告將子女送到私立學校就讀，而造成原告經濟上的負擔。原告提起告訴，主張學校的處分是種經濟上的

犯罪刑度最重本刑為六個月以下者，無陪審團制度。）。反之，民事訴訟中，當事人未要求陪審制度的情況下，未必有陪審團的組成，除非法官依裁量權認定有由陪審團審判事實的必要。換言之，必須當事人主動要求陪審制度，否則原則上將無陪審團。一旦當事人之一方要求陪審制度，另一造不得異議，法官亦不得拒絕。第七增修條文所保護者僅及於此。有關民事陪審制度，請參閱本書本編第四章「民事訴訟程序」。

❶ 如：Reynolds v. United States 案，聯邦最高法院認定聯邦法規之限制多婚制 (polygamy) 並未違反摩門教的宗教自由。98 U.S. 145, 25 L.Ed. 244 (1878). 又如 Jacobson v. Massachusetts 案，聯邦最高法院亦認定，政府強制施打疫苗的作法並未違反受施打者的宗教信仰自由。197 U.S. 11, 25 S.Ct. 358, 49 L.Ed. 643 (1905).

❷ 310 U.S. 586, 60 S.Ct. 1010, 84 L.Ed. 1375 (1940).

處罰，而侵害其憲法上宗教自由的權利。聯邦最高法院以五比四作成有利於被告學校的判決，理由為基於國家的和諧與安全，國民應對國旗敬禮，原告的子女不從，則可自行就讀私立學校而不受此拘束。惟聯邦最高法院於西元一九四三年 W. V. Board of Education v. Barnette ❿ 乙案推翻 Gobitis 案判決，以侵害學生言論自由為由，認定學校行為違憲 ❿。

西元一九九三年 Church of the Lukumi Babalu Aye, Inc. v. Hialeah ❿ 乙案中，聖泰里阿教 (Santeria) ❿ 在佛州海厄利亞市 (Hialeah) 租地進行各式宗教活動，包括殺牲祭祀的祭典。海厄利亞市為此制訂規則禁止在屠宰場以外的地點殺牲，並禁止無謂的殺牲及虐殺動物，違者將處以刑責。海厄利亞市認定聖泰里阿教的殺牲是非屬必要的行為。聖泰里阿教教會主張海厄利亞市違反其宗教信仰的自由。聯邦最高法院認定海厄利亞市確已違反聖泰里阿教的宗教信仰自由，理由為：㈠前揭規範目的僅在阻止宗教祭典的舉行，㈡海厄利亞市並未證明其具有政府利益，以及㈢規範內容過於籠統。

第二目　禁止設立條款

禁止設立條款不僅當然適用於聯邦政府，亦藉由聯邦憲法第十四增修條文適用於州政府。

西元一九四八年 McCollum v. Board of Education ❿，伊利諾州公立學校每週挪出正常教學時間供做非強迫性的宗教課程，學生持有家長簽署的申請書者可出席宗教課程，授課老師係來自當地各不同宗教組織。不願上宗教課程的同學仍於同時段上一般課程(非宗教課程)。聯邦最高法院指出：

---

❿　319 U.S. 624, 63 S.Ct. 1178, 87 L.Ed. 1628 (1943).

❿　此案中被退學的學生的家長指控學校侵害其宗教及言論自由。法院指出本案的爭點無關乎宗教信仰，向國旗敬禮亦與國家的統一無涉。惟，敬禮乙事涉及言論自由；學校強制學生向國旗敬禮，係侵犯學生的言論自由，而屬違憲。

❿　508 U.S. 520, 113 S.Ct. 2217, 124 L.Ed.2d 472 (1993).

❿　此宗教係源自西非,當西班牙人引進黑奴時,不同族裔的黑奴各帶著不同宗教,另結合了西班牙天主教而成為新的宗教。

❿　333 U.S. 203, 68 S.Ct. 461, 92 L.Ed. 649 (1948).

依憲法第一增修條文及第十四增修條文，州政府與宗教應加以區隔，本案
中公立學校（即，州的法定團體）的建築供做宗教課程，由校外宗教團體
對小學生進行宗教課程等，其行為顯然違反禁止設立宗教條款。西元一九
五二年 Zorach v. Clauson ⑩乙案中，紐約市施行一項計畫，公立學校每週在
上課時間撥出一定的時段 (released time)，供學生離開學校到校外參加宗教
課程。未離校者仍在學校上課。參加課程的學生需有家長簽署的申請書，
教會每週將離校但未到教會上宗教課程的名單交給學校。學校既未提供場
所亦未提供任何經費，甚至申請單係由教會提供。聯邦最高法院指出本案
不同於 McCollum 乙案，學校既未提供任何協助予教會，亦未強迫學生參
與宗教課程（亦即學生自願離校參加宗教課程），學校並未違反禁止設立宗
教條款。原告主張若非學校撥出時段讓學生離校，教會的宗教課程將無從
運作。法院指出，政府單位為配合人們宗教信仰的需要，而調整其時間並
不違反憲法規定⑩。

　　至於學校採行的禱告 ⑩、閱讀《聖經》⑪、靜默時刻 ⑫等行為則多經

---

⑩　343 U.S. 306, 72 S.Ct. 679, 96 L.Ed. 954 (1952).

⑩　法院列舉多例說明美國是一個有宗教信仰的國家：開庭時所朗誦的「上帝保佑
美國」、法庭上的宣誓，感恩節之為國定假日等。另如：美國錢幣及紙幣上均
載有「我們信仰上帝」(In God we trust)。

⑩　如：Engel v. Vitale, 370 U.S. 421, 82 S.Ct. 1261, 8 L.Ed.2d 601 (1962). 甚至在畢
業典禮上由神職人員引領祈禱，亦屬違憲。Lee v. Weisman, 505 U.S. 577, 112
S.Ct. 2649, 120 L.Ed.2d 467 (1992). 西元二〇〇〇年聯邦最高法院於 Santa Fe
Indep. Sch. Dist. v. Doe 案中指出縱令足球賽前由學生引領禱告乙事係由學校
讓學生投票決定，學校的做法仍違反禁止設立條款，故而違憲。530 U.S. 290,
120 S.Ct. 2266, 147 L.Ed.2d 295 (2000).

⑪　如：Abington School Dist. v. Schempp, 374 U.S. 203, 83 S.Ct. 1560, 10 L.Ed.2d
844 (1963).

⑫　所謂靜默時刻 (moment of silence) 目的在使學生可在該時間內自行禱告。西元
一九八五年 Wallace v. Jaffree 乙案中，阿拉巴馬州立法授權學校在每天上課開
始時進行一分鐘的靜默時刻供沈思或自行禱告。學校學生家長提起訴訟，指控
該立法違反政教分離故而違憲。聯邦上訴法院與聯邦最高法院均認定前揭立法

聯邦最高法院認定為違反禁止設立條款。

第二款　言論自由

　　言論自由是人民的基本人權，所謂言論，主要為口頭言論以及書面言論，甚至以肢體表現思想的肢體語言；語言的性質包括商業性質的語言。然而言論自由並非絕對的，倘涉及明顯現時的危險、猥褻、毀謗的內容，則不在保護之列。與言論自由有著同等重要性的新聞自由 (freedom of press)，亦為第一增修條文所保護。

第一目　象徵性言論

　　以肢體表現其思想者，聯邦最高法院認定其為「象徵性言論」(symbolic speech)，亦受言論自由的保護。西元一九三一年 Stromberg v. California ⑬ 乙案，加州立法禁止陳列紅旗作為反對政府組織的象徵。聯邦最高法院指出該法令有欠明確，其適用將阻礙基於自由政治辯論的合理使用，故而違憲。此為象徵性言論之濫觴 ⑭。

　　違憲，理由為州政府並未遵守對宗教保持中立的立場。472 U.S. 38, 105 S.Ct. 2479, 86 L.Ed.2d 29 (1985).

⑬　283 U.S. 359, 51 S.Ct. 532, 75 L.Ed. 1117 (1931). 西元一九一九年 Schenck v. United States 乙案係首件與象徵性言論有關的案件，惟法院並未就其是否受第一增修條文保護，予以定奪。此案係因社會黨反對第一次世界大戰，故而散發傳單予受徵召服役者勸阻其前往報到。Schenck 係社會黨總部負責人，政府在該總部搜出宣傳單，並依當時的間諜法 (Espionage Act of 1917, 40 Stat. 217, 219) 對 Schenck 起訴。聯邦最高法院就宣傳單內容已構成明顯現時之危險 (clear and present danger) 為由，認定政府並未侵犯 Schenck 有關聯邦憲法第一及第五增修條文的權利。法院並未就散發傳單乙事予以審理。249 U.S. 47, 39 S.Ct. 247, 63 L.Ed. 470 (1919).

⑭　西元一九四〇年 Thornhill v. Alabama 乙案中，Alabama 州法律規定任何在合法營業的場所前阻止顧客至該場所消費或其他工人前往工作者，構成不法行為。被告 Thornhill 因違反前揭規定而遭 Alabama 起訴並定罪。Thornhill 主張該法違反言論自由。聯邦最高法院指出言論自由包括在公開場所公開討論的自由，

　　西元一九六八年 United States v. O'Brien❶❶❺乙案，聯邦最高法院就政府是否有充分的理由立法限制言論乙事，訂出四項考量因素：㈠政府有無憲法上的權力；㈡該措施能否達到政府的重大目的 (substantial governmental interest)；㈢政府的目的與限制言論自由有無關聯——政府的目的若僅在於限制言論，則構成違憲；以及㈣權衡限制言論自由與政府重大目的的重要性。

　　西元一九六九年 Tinker v. Des Moines❶❶❻乙案，聯邦最高法院指出佩帶臂章係表達內在思想的一種象徵性語言，既為語言，自應屬憲法第一增修條文的保護範圍。學校的措施違反學生的言論自由。

　　西元一九八九年 Texas v. Johnson❶❶❼乙案中，聯邦最高法院以五比四票

在無構成明顯且現時危險的情況下，阻止顧客至該場所消費或其他工人前往工作便屬於公開討論的範圍，而受憲法言論自由的保護。310 U.S. 88, 60 S.Ct. 736, 84 L.Ed. 1093 (1940). 西元一九六六年 Brown v. Louisiana，聯邦最高法院亦認定在隔離的公立圖書館靜坐抗議亦受憲法第一增修條文所保障。383 U.S. 131, 86 S.Ct. 719, 15 L.Ed.2d 637 (1966).

❶❺　391 U.S. 367, 88 S.Ct. 1673, 20 L.Ed.2d 672 (1968). 被告 O'Brien 在法庭前階梯上焚燒他的兵役註冊證書遭起訴並定罪，罪名為違反全球軍事訓練及服役法 (Universal Military Training and Service Act of 1948)。聯邦最高法院認定該法的目的在於徵召及相關行政作業的便利，符合四項因素，故而不構成違憲。

❶❻　393 U.S. 503, 89 S.Ct. 733, 21 L.Ed.2d 731 (1969). 越戰時期，美國境內掀起一連串的反戰運動。西元一九六五年，John Tinker 與 Mary Tinker 係 Des Moines 一所公立學校的學生，他們為反戰團體的成員，他們決定佩帶黑色臂章公開表示其反戰立場。Des Moines 區的公立學校校長們在得知此事後，立即採行一項禁止佩帶臂章的措施並告知學生：㈠學校將要求學生取下臂章，㈡拒絕者不得到校上課，直到同意取下臂章為止。John 和 Mary 仍決定佩帶臂章上學，在拒絕取下後遭學校停學處分。數日後，他們取下臂章重返學校。他們的父親提起訴訟控告學校要求賠償，理由為學校侵害其子女的言論自由。聯邦地院雖承認學生有言論自由權，但拒絕核發禁令，理由為學校係為維持學校紀律而採取合理措施。聯邦上訴法院因正反票數一致而維持地院的判決，原告上訴至聯邦最高法院。最高法院認為學校並未證明學生佩帶臂章的行為對學校的運作和紀律構成任何威脅，而廢棄下級法院的判決。

❶❼　491 U.S. 397, 109 S.Ct. 2533, 105 L.Ed.2d 342 (1989). 德州州法明定，明知將冒

認定：Johnson 焚燒國旗的行為亦為一種表達方式，而受憲法第一增修條文之保護。是以德州州法違憲。此案促使布希總統建議修改憲法，未果；國會另通過法律禁止焚燒國旗。然而，該法律又於 United States v. Eichman ⑱乙案中遭聯邦最高法院以五比四票認定違憲而無效。

第二目　商業性言論

　　言論自由的言論內容亦包括營利目的的「商業性言論」(commercial speech) ⑲。西元一九七六年 Virginia State Board of Pharmacy, et al. v. Virginia Citizens Consumer Council, Inc., et al. ⑳乙案中，維吉尼亞州法律明定，藥劑師不得刊登處方箋用藥的價格廣告，蓋以該行為係非專業之行為。原告係一群需要長期服用處方用藥的州民，他們與另兩家非營利機構提起告訴，主張前揭州法律違反憲法第一及第十四增修條文。聯邦地院認定系

犯他人而仍污辱或不當對待國旗者構成刑責。西元一九八四年，在共和黨全國大會擬提名雷根競選連任的場合，示威群眾中 Johnson 焚燒美國國旗。在場多人對此行為感到極為不悅。Johnson 因其行為被判刑一年及兩千元罰金。Johnson 上訴至德州第五地區法院，經維持原判；又上訴至德州刑事上訴法院，該法院認為 Johnson 的行為應受言論自由的保護，而推翻下級法院見解。德州上訴至聯邦最高法院。

⑱　496 U.S. 310, 110 S.Ct. 2404, 110 L.Ed.2d 287 (1990).

⑲　「商業性言論」乙詞源自西元一九四二年 Valentine v. Chrestensen，該案中被告因散發傳單（該傳單一面印有前海軍潛艇商業展的廣告，另一面則印有抗議市政府拒絕將碼頭設備供做展覽之用）而遭起訴、定罪，理由係違反州有關禁止在街道上散發廣告品的清潔法規。法院於該案中以被告的行為係為個人利益占據街道，而非單純的商業廣告行為，個人是否有此權利，應由國會定奪。316 U.S. 52, 62 S.Ct. 920, 86 L.Ed. 1262 (1942). 早期法院傾向給予商業性言論相當有限的自由，例如 Capital Co. v. Mitchell，涉及法律禁止電子傳播媒體播放香煙廣告。聯邦地院強調商業性言論不若其他言論可得到周延的保護，國會得立法限制其權利，聯邦最高法院亦維持其判決。333 F. Supp. 582 (1971), *aff'd per curiam*, 405 U.S. 1000, 92 S.Ct. 1289, 31 L.Ed.2d 472 (1972).

⑳　425 U.S. 748, 96 S.Ct. 817, 48 L.Ed.2d 346 (1976).

爭規定違憲。被告直接上訴到聯邦最高法院，聯邦最高法院維持原判，理由為：㈠憲法第一增修條文保護藥價資訊的流通，除顧及刊登者散播資訊的權益，也保障使用藥物者取得前揭資訊。㈡藥價廣告係第一增修條文所保護的「商業性言論」。㈢僅為維持藥劑師的專業，並不足以使違憲的行為合理化。此案首次確立言論自由包括「商業性言論自由」。

　　西元一九七七年 Bates v. State Bar of Arizona ❶ 乙案，亞利桑那州法律禁止律師刊登廣告。被告律師創立事務所，擬訂服務對象為中產階級無法符合政府免費法律服務者。他們的服務項目為非訟離婚、變更姓名、個人的破產事件等，為提升業績，他們刊登廣告，列出每項服務的價格。州律師公會理事長提出訴訟，主張兩名律師違法，應各停職一週。律師主張前揭法規違反其言論自由，及反托拉斯法的規定。此案最後上訴到聯邦最高法院，法院認為㈠系爭法規並未違反反托拉斯法規定；㈡系爭法規確已侵害律師刊登廣告的商業性言論自由。

　　商業性言論自由並不適用於專業人士的對話兜攬生意，蓋以此舉將剝奪可能的客戶充分合理的考量及選擇的機會。西元一九七八年 Ohralik v. Ohio State Bar Association ❷ 乙案中，律師 Ohralik 親自遊說兩名交通事故的受害人委託其擔任訴訟代理人。嗣後，兩名受害人反悔，解除 Ohralik 的代理職務，並將此事向律師公會提出告發。律師公會以 Ohralik 違反職業道德規範，予以公開譴責 (public reprimand)，俄亥俄州最高法院則將其懲戒改為無限期停止其執業。Ohralik 上訴到聯邦最高法院。最高法院確定原判決，理由為：㈠律師公會在州的授權下，有權力制止律師基於金錢收入目的，親自向客戶遊說。㈡對於律師親自遊說所做的處分，並不侵害其第一及第十四增修條文的權利。

---

❶　433 U.S. 350, 97 S.Ct. 2691, 53 L.Ed.2d 810 (1977).

❷　436 U.S. 447, 98 S.Ct. 1912, 56L.Ed.2d 444 (1978). 本案中，紐約州基於能源供應不足的考量，西元一九七三年發布禁止鼓勵使用能源的廣告的措施。西元一九七七年，紐約州決定繼續執行前揭禁止措施。Contral Hudson 以該禁止措施違憲為由，提起本件訴訟。

　　商業性言論雖受言論自由的保護，然而，僅以營業為目的的言論不同於其他言論（如政治性言論），故其無從得到周延的憲法保護。聯邦最高法院於 Central Hudson Gas & Electric Co. v. Public Service Commission ❶❷❸乙案中，駁斥 Commission 所稱電力公司鼓勵用電的廣告違背節約能源的政策，並指出 Commission 全面禁止電力公司廣告的規定係違憲因而無效。聯邦最高法院進而提出所謂的「四階法」(four-step test) ❶❷❹：㈠廣告內容的正確性及行為的合法性 ❶❷❺；倘內容正確，但係違法，則㈡政府立法限制其言論的重要目的為何；㈢政府的限制能否有效達成其目的；以及㈣政府的限制是否為最低的限制 (least restriction)——此項標準經法院於 Board of Trustees of the State University of New York v. Fox ❶❷❻修正為「合理妥適」(reasonable fits) 即可。

第三目　不受保護的言論

　　人民固然有言論自由，惟該項權利並非絕對的，當有下列事由時，不在保護之列：㈠挑戰性的言論 (fighting words)；㈡毀謗 (defamation)；㈢猥褻的言論 (obscenity)；㈣毀謗他人的不實言論及窺探他人隱私者 ❶❷❼。

　　聯邦最高法院早於西元一九一九年 Schenck 乙案 ❶❷❽中即指出，當言論㈠產生明顯現時的危險 (clear and present danger)；且㈡造成實質的傷害；則國會有權立法予以規範。Chaplinsky 乙案中，聯邦最高法院亦指出挑戰性言論不受言論自由的保護 ❶❷❾。

---

❶❷❸　447 U.S. 557, 100 S.Ct. 2343, 65 L.Ed.2d 341 (1980).

❶❷❹　亦有稱 "four-pronged test" 或 "four-part test"。 Central Hudson 乙案中，法院先後以 four-part analysis 及 four-step analysis 稱之。

❶❷❺　法院舉例 Pittsburgh Press Co. v. Pittsburgh Commission on Human Rights (413 U.S. 376, 93 S.Ct. 2553, 37 L.Ed.2d 669 (1973)) 乙案，Pittsburgh Press 刊登徵求提供性服務者的廣告違反當地法律。

❶❷❻　492 U.S. 469, 109 S.Ct. 3028, 106 L.Ed.2d 388 (1989).

❶❷❼　Chaplinsky v. New Hampshire, 315 U.S. 568, 62 S.Ct. 766, 86 L.Ed. 1031 (1942).

❶❷❽　同註 113。

至於是否構成挑戰性言論，取決於時間、地點及行為，以認定其是否足以產生明顯現時的危險，或極可能產生即刻的暴力 (genuine likelihood of imminent violence)。Cantwell v. Connecticut ⑬ 乙案中，Cantwell 係耶和華見證人 (Jehovah's Witness) 的信徒。西元一九三八年，他在街道上傳教並播放錄音，內容指出所有的宗教組織尤其是天主教，是撒旦的傀儡。Cantwell 因此以鼓動違反安寧為由遭起訴並判有罪。聯邦最高法院指出，當有明顯現時的暴動危險、干擾公共街道或其他即時公共安全的危險，州政府當然有權管理。惟，法院指出本案並無此情形，故而撤銷 Cantwell 的罪名。

Feiner v. New York ⑬ 乙案，西元一九四九年三月 Feiner 在黑人居多的社區街道上對一群人（約七十五至八十人，其中有黑人、白人）演說。警察到場時，群眾擠滿人行道及部分街道。Feiner 鼓勵群眾參與該晚的一項集會。演說內容提及黑人的權利，主張黑人應團結，並辱罵當時的總統及紐約市長，部分群眾的情緒開始高昂。警察此時上前阻止 Feiner 未果，繼而逮捕他，Feiner 因此被判有罪。理由並非因演說的內容，而係因當時可能造成暴動，警察基於維持社會秩序及保護路人安全而予以逮捕。聯邦最高法院以五比四票，維持原判決，指出雖然任何人均有權利在公共場所發表言論，然而當涉及伴隨其言語的挑動而有即時的騷動之虞，則不得以言論自由為由而免責。

任何猥褻性質的言論亦不予保護。至於認定猥褻的標準 ⑬，聯邦最高

---

⑫ 同註 127。該案中，New Hampshire 法律禁止在公共場所對他人出言攻擊、侮辱。Chaplinsky 在對政府官員激動地批評後遭到逮捕並經判有罪。

⑬ 310 U.S. 296, 60 S.Ct. 900, 84 L.Ed. 1213 (1940).

⑬ 340 U.S. 315, 71 S.Ct. 303, 95 L.Ed. 295 (1951).

⑬ 西元一九六四年大法官 Potter Stewart 曾說過色情的標準不易界定：我無意在此界定何種內容構成色情；……。但只要我親自目睹其內容就自能判斷 (I shall not today attempt further to define the kinds of material I understand to be embraced within that shorthand description; .... But I know it when I see it, ...). Jacobellis v. Ohio, 378 U.S. 184, 197, 84 S.Ct. 1676, 1683, 12 L.Ed.2d 793, 803～804 (1964).

法院於 Roth v. United States ❸指出，猥褻係指：依社區標準 (community standards)，內容整體而言 (as a whole) 為㈠色情 (prurient interest)；且㈡對社會不具任何重要性 (lacks social importance)。法院嗣後試圖釐清所謂社區係指全國而言，而非區域性。惟，西元一九七三年 Miller v. California ❹，聯邦最高法院又改以當時社區內一般民眾為標準，謂猥褻係指言論之整體內容為：㈠色情；㈡明顯地冒犯大眾 (patently offensive)；且㈢欠缺任何價值，如，文學、藝術、科學、政治等。

美國聯邦政府或州政府之剝奪人民的言論自由，必須有充分的、且足以凌駕言論自由之重要性的聯邦或州利益存在 (compelling state interest)。而言論自由包括發表言論與沈默的自由（不發表言論）(freedom from compelling speech)。

西元一九五二年 Adler v. Board of Education ❺乙案，紐約州於一九四九年制定法律明定，教師教導或主張以暴力顛覆政府者不適任為老師；教育委員會經公告並舉行公聽會後將列出屬於從事該活動之組織名稱，凡教師為名單上之組織成員者將構成不適任之表見證據。聯邦最高法院認定前揭州法律並不違反憲法第一增修條文言論自由及第五增修條文之正當程序規定。惟，嗣於西元一九六七年 Keyishian v. Board of Regents ❻乙案中，聯邦最高法院認定要求教師宣誓非共產黨員的規定是違憲的，因其內容並不明確。

第四目　新聞自由

新聞自由亦為聯邦憲法第一增修條文所保護。Near v. Minnesota ❼乙案中，明尼蘇達州 (Minnesota) 法律賦予法院對惡意、醜聞或毀謗性的報章雜

---

❸　354 U.S. 476, 77 S.Ct. 1304, 1 L.Ed.2d 1498 (1957).

❹　413 U.S. 15, 93 S.Ct. 2607, 37 L.Ed.2d 419 (1973).

❺　342 U.S. 485, 72 S.Ct. 380, 96 L.Ed. 517 (1952).

❻　385 U.S. 589, 87 S.Ct. 675, 17 L.Ed.2d 629 (1967). 此案係因紐約州的政策為禁止任何煽動顛覆政府的言論及行為，並以立法及行政規則明定煽動等行為為不法，且為解聘不適任教師之事由，教師必須簽署切結書表明自己非共產黨員。

❼　283 U.S. 697, 51 S.Ct. 625, 75 L.Ed. 1357 (1931).

誌核發禁令的權力。Near 係《週六報》(The Saturday Press) 發行人，該報有一篇文章暗喻政府官員反猶太人。該州地院禁止其出刊，至州最高法院均維持該決定。聯邦最高法院以五比四票判決州法院的事前禁制 (prior restraint) 侵犯新聞自由，並指出只有在極少數的情況下可准予事前禁制。例如㈠國防安全，㈡阻止暴力顛覆政府，以及㈢猥褻刊物。至於發行後，發行人自須就可能衍生的責任(包括訴訟)負責。西元一九七一年 New York Times Co. v. United States ❶乙案，涉及國防部研究越戰的決策的機密文件，《紐約時報》、《華盛頓郵報》(Washington Post) 及其他報社，陸續收到前揭文件，報社決定刊載其內容，斯時，越戰仍在進行中。聯邦政府要求法院核發禁令，禁止報社發行 ❶。聯邦最高法院以六比三票拒絕禁令的發給。六位法官中有兩位主張無論任何理由，事前禁制是絕對不允許的；四位法官則以事前禁制並非絕對禁止，但政府須舉證證明其須剝奪新聞自由的合理性，本案中，聯邦政府未能盡其舉證責任，故不得事前禁止之。三位反對的法官，則認為本案已有充分的理由構成事前禁制。

第三款　刑事被告的權利

人權法案中第四、第五、第六及第八增修條文均規範與刑事被告有關的基本權利。

依憲法第四增修條文，執法人員於搜索、扣押人或物時，必須符合下列要件：㈠無搜索狀或逮捕令——有合理事由 (probable cause) 懷疑被搜索者或被逮捕者有不法行為等；或為現行犯。㈡有搜索狀或逮捕令——搜索狀或逮捕令的取得，亦必須具備合理事由，告發人必須宣誓 (oath) 或確認 (affirmation)，搜索狀或逮捕令上必須明確記載搜索的地點，以及逮捕或扣

---

❶　403 U.S. 713, 91 S.Ct. 2140, 29 L.Ed.2d 822 (1971). 此案又稱五角大廈文件案 "Pentagon Papers Case"。請參閱 Gravel v. U.S., *supra* note 51.

❶　聯邦政府分別向位於紐約南區的聯邦地院及 D. C. 聯邦地院要求禁止《紐約時報》及《華盛頓郵報》發行。兩處地院均拒絕核發禁令。但聯邦第二巡迴法院同意核發；D. C. 巡迴法院仍拒絕。

押的人或物。違反前揭要件所取得的證據或證詞將不得作為呈堂供證
(inadmissibility)❶，即所謂「證據排除法則」(exclusionary rule)❶。

依憲法第五增修條文，人民的權利如下：㈠經大陪審團起訴 (grand jury
indictment)——任何人涉及死刑或其他不名譽的罪行，須經由大陪審團起
訴，除非是軍人在戰時或公共危險時，於陸海軍基地所犯罪者。所謂大陪
審團，以聯邦法院為例，係指十六人至二十三人所組成的陪審團。㈡一罪
不二罰 (against double jeopardy)——任何人不得因同一犯罪行為面臨兩次
以上的處罰，包括同一案件審判兩次，審判的始點可為⑴陪審員宣誓入座
或⑵首件證據引進時。後者適用於無陪審團審理的案件。是以，當審判錯
誤時，如，應判有罪卻為無罪判決，除非有特殊情況，否則不得再令被告
面臨另一次的審判。反之，若被告因錯誤而被判有罪，基於被告獲得公平
審判的權利，自得重新進行審判。㈢保持緘默的權利——被告得拒絕提供
不利於己的證詞或證據，亦即，拒絕自白 (against self-incrimination)。㈣生
命、自由、財產的剝奪必須經由正當程序 (due process)，並給予合理補償
(just compensation)。

憲法第六增修條文有關保護刑事被告的規定如下：㈠迅速暨公開的審
判 (speedy and public trial)——⑴任何被告在定罪前均推定為無辜的。是以，
早日進行並結束審判，俾確定被告是否有罪；若應為無罪，自可使被告早
日回復其生活。同時社會也期待刑事案件得以及早確定、回復社會安寧。
⑵公開審判的目的，在藉由公眾的旁聽及監督，使審判得以公正地進行，
確保被告的權益及司法的公正。㈡公平的審判 (fair trial or impartial trial)
——司法制度必須給予被告公平的審判，法官或陪審團的偏頗，都將因無
法賦予被告公平的審判，導致重新審判 (new trial) 或被告的無罪開釋。為確
保被告受公平審判的權益，被告得要求更換審判地點 (change of venue)，俾
使遴選組成的陪審團不致有偏頗之虞。法院亦得限制媒體過度渲染的報導，
然而，此議題往往流於憲法第一增修條文「新聞自由」與被告「公平審判」

---

❶　相當於我國法的不具證據能力。

❶　有關證據排除法則，請參閱本編第六章「刑事訴訟程序」。

之權利的爭論。㈢與證人對質 (confrontation with witness against him)——為使被告得充分為自己的行為辯護，憲法賦予其與做不利於他的證詞之證人予以對質的權利。㈣律師的協助 (assistance of counsel)——被告有權聘請律師為其辯護。在被告未主動放棄此項權利的情況下，沒有律師為被告辯護，或律師未盡責地為被告辯護 (inadequate assistance)，均構成違反被告的憲法權益，而致重新審判。然而，被告未必知曉憲法所賦予的權利，是以，聯邦最高法院在 Miranda v. Arizona ⓬乙案中，明白指出，執法人員於逮捕嫌犯時，應告知其有聘請律師的權利。

憲法第八增修條文則規定，不得有過當的保釋金 (no excessive bail)、不

⓬ 384 U.S. 436, 86 S.Ct. 1602, 16 L.Ed.2d 694 (1966). 西元一九六三年，Miranda 在家中被警方逮捕。在警局裏經由受害人指認而被留置訊問，兩小時後，他在自白書 (written confession) 上簽名，自白書上並有下列文字「此份自白書的作成係出於自願而未受任何脅迫，我充分瞭解自己法律上的權利，以及我所做的任何陳述，都可作為不利於我的證據。」經大陪審團作成起訴的決定，而進入審判程序，此時 Miranda 才開始得到律師的協助。律師要求不得將自白書列為審判時的證據，但為法官所拒。律師主張 Miranda 自始至終未被告知得保持緘默及聘請律師，因此，他的憲法權益已受到侵害。此案上訴到亞利桑納州 (Arizona) 最高法院，均維持 Miranda 有罪的判決。Arizona 最高法院認為 Miranda 的憲法權益並未受到剝奪，因為 Miranda 並未要求保持緘默或委請律師，倘若 Miranda 做此要求而遭否決，方才構成權利的侵害。Miranda 又上訴到聯邦最高法院，聯邦最高法院廢棄 Arizona 最高法院的判決，認定 Miranda 的憲法權益被剝奪，而予無罪釋放。理由為：並非所有的人民都知道憲法所賦予的權利為何，因此，執法人員於逮捕嫌犯時，應主動告知其權益。倘被告在被告知權利後，仍繼續供稱其犯罪行為或拒絕聘請律師，則視為被告自行放棄其權利。此案確立了西元一九六六年以後迄今，執法人員於逮捕嫌犯後應主動提示憲法權益的重要法則。即所謂「Miranda 警告」(Miranda Warning)：「你有權保持緘默，任何你所做的陳述；都將成為呈堂供證；你有權聘請律師，若無力聘請律師，政府將提供一名為你辯論。」(You have the right to remain silent, anything you say can be used against you in court; you have the right to the presence of an attorney, and if you cannot afford an attorney, one will be provided for you.)

得有過當的罰金 (no excessive fine)、不得有殘酷異常的處罰 (no cruel and unusual punishment)。

　　保釋金的裁奪必須考量被告經濟能力、有無潛逃之虞等因素。保釋金過高將使被告因無力支付致無法保釋，等同不當剝奪人身自由。保釋金過低，亦恐被告棄保潛逃，致無法彰顯正義。其金額的訂定，不得不慎。

第五節　平等保護原則

　　美國南北戰爭（內戰）（Civil war，西元一八六一年至一八六五年），源於南方的蓄奴制度與北方主張解放黑奴的對立。西元一八五七年 Scott v. Sandford❶❹❸亦發揮了些許影響。Dred Scott 係一名美國軍官的黑奴，住在密蘇里州 (Missouri)，該州承認蓄奴為合法的制度。Scott 隨著主人先後到無蓄奴制度的伊利諾州 (Illinois) 及威斯康辛州 (Wisconsin)，在那段期間，他以自由的身分生活。之後，又隨主人回到密蘇里州。他的主人死後，Scott 於西元一八四六年提起訴訟，要求法院恢復其自由的身分。此案上訴到聯邦最高法院，當時首席大法官羅傑坦尼 (Roger Taney) 本身來自馬里蘭州 (Maryland)，亦曾蓄奴。最高法院以七比二票宣示 Scott 無權提起訴訟，理由為：唯有美國公民方得提起訴訟，美國公民必須生而為美國人或為移民歸化的美國人；奴隸或奴隸的子孫不得為美國公民。是以，Scott 仍為奴隸，無權向聯邦法院提起訴訟。最高法院進而指出，國會無權立法干預新進美國的州的奴隸制度，並認定西元一八二〇年的密蘇里協議 (Missouri Compromise) 無效❶❹❹，蓋以依憲法第五增修條文所定「剝奪人民財產，須

❶❹❸　60 U.S. 393, 15 L.Ed. 691 (1857).

❶❹❹　「密蘇里協議」禁止緯度三十六度以北的地區施行奴隸制度。此源於西元一七八七年國會曾通過一項立法——「西北條例」(Northwest Ordinance of 1787)，以俄亥俄河 (Ohio River) 為分界，以北禁止蓄奴、以南則可。迄西元一八一九年加入聯邦的各州均遵守此條例。阿拉巴馬州在成為第二十二州時，使得南北蓄奴與反蓄奴各占十一州。而當施行蓄奴的密蘇里擬加入聯邦時，它的區域跨越了俄亥俄河北部，南北爭議因此而起，無論密蘇里歸南或北均將使蓄奴與反蓄奴州數失衡。眾議院提出法案俾限制密蘇里成為蓄奴的州，參議院則另訂法

經由正當程序」，前揭協議違反第五增修條文。

內戰結束後，三個相關的重要憲法增修條文陸續施行，分別為第十三、十四暨十五增修條文。西元一八六五年的第十三增修條文禁止奴役制度，及西元一八七〇年第十五增修條文明定，公民投票權不得因種族、膚色及先前的奴役身分而遭剝奪。除此，最重要者，當屬第十四增修條文。第十四增修條文明定美國公民 (U.S. citizen) 的定義及州政府應確保之州民的權益。所謂人民的權益，除原人權法案所揭示之權利外，又以平等保護原則為最。平等保護原則在確保原則上政府不得將人民予以區隔施以不同的待遇，如種族、性別、年齡等，茲以前二者探討平等保護原則之適用。

第一項 種族因素

憲法第十三增修條文雖廢除了美國境內的奴役制度，南方各州卻試圖立法限制黑人權利，諸如使其無法離開原來被奴役的農場或棉花田、禁止其訴訟或作證等，該等立法稱為「黑人法令」(Black Codes)。第十四增修條文旨在廢止「黑人法令」[145]。

案使密蘇里得以於加入聯邦後蓄奴；致該會期結束時未能通過任何決議。西元一八二〇年新會期開始，此時北方未蓄奴的緬因 (Maine) 擬加入聯邦，使南北方又可達平衡。當時參議員 Jesse Thomas 提出一項協議法案，內容如下：㈠同意密蘇里蓄奴並以此條件成為聯邦的州；㈡緬因則以自由州 (free state) 身分加入聯邦；㈢以緯度三十六度三十分為界，以北為自由州、以南為蓄奴州。此即密蘇里協議。此協議為西元一八五四年「堪薩斯－內布拉斯加法」(Kansas-Nebraska Act) 所廢除——該法以緯度四十度為界，將全區分為堪薩斯區（緯度四十度以南）及內布拉斯加區（緯度四十度以北）各區自行決定是否蓄奴。西元一八五六年聯邦最高法院於 Dred Scott 乙案中亦認定密蘇里協議違憲而無效。

[145] 探討「黑人法令」，最早可溯至北方各州工人們的憂慮，他們憂心於被解放的奴隸及南方的奴隸工人對其可能造成的競爭，這股存在於白種人的「黑人恐懼／厭惡症」(negrophobia) 的偏執，促使中西部各州或地方於十九世紀初紛紛立法限制黑人各項權利，如擁有財產、訂定契約、在特定州定居等。內戰後，西元一八六五年，第十三增修條文的施行，使得南方各州仿內戰前北方各州的立法，

　　依憲法第十四增修條文第一項，凡在美國出生或歸化美國者，均為美國及其所居住的州的公民。

　　美國聯邦最高法院於 Strauder v. West Virginia ⑭⑥乙案中指出：憲法第十四增修條文賦予有色人種公民權及公民應享有的權利，並禁止各州剝奪該些權利。西維吉尼亞法律僅以膚色為由剝奪有色人種擔任陪審員的權利，顯然違反第十四增修條文之禁止歧視的規定。大法官 Strong 強調：第十四增修條文之目的，在確保長久以來世代為奴隸之人在解放後，能享有多數人一向擁有的人權 (...securing to a race recently emancipated, which had been held in slavery through many generations, all the civil rights that the superior race enjoy, ...)。嗣於 Yick Wo v. Hopkins ⑭⑦乙案，亦認定加州舊金山執行法令時造成對中國人的歧視故而違憲 ⑭⑧。該案中，被告 Yick Wo 已經營洗衣

自行訂定「黑人法令」。

⑭⑥ 100 U.S. 303, 25 L.Ed. 664 (1879). 此案被告 Strauder 係黑人，以謀殺罪名遭定罪，並經該州最高法院上訴庭維持原判。依西維吉尼亞法律，陪審員的資格為：年滿二十一歲的白人，且為本州公民……。是以，在遴選本案陪審員過程，黑人被排除在外。Strauder 聲請將本案移至聯邦法院遭拒。聯邦最高法院判決，允許本案移至聯邦法院，並判定前揭西維吉尼亞法律違憲。

⑭⑦ 118 U.S. 356, 6 S.Ct. 1064, 30 L.Ed. 220 (1886).

⑭⑧ 西元一八二〇年以降，中國人開始移民加州，迄一八八〇年，人數逾七萬五千人，約占加州總人口百分之十，其中百分之四十的人口聚集於舊金山區。白人及西班牙人對於中國人潮的湧入頗感不悅。州及地方政府開始立法予以其差別待遇。例如首項反中國人的立法為外國礦工執照稅法，對中國礦工加諸特別的限制。甚至於西元一八七七年，將反中國人的規範納入加州的新州憲法中。中國人在種種法令限制下，只得從事少數行業，如製造雪茄、製鞋業、成衣業，以及洗衣店。本案係因舊金山市頒布法令規定在木造建築物內從事洗衣業者，須取得管理委員會 (Board of Supervisors) 的許可，對於在磚造或石造建築物從事洗衣業則無此規定。當時舊金山市有 320 家洗衣店，其中百分之九十五位於木造建築物中，而中國人又占了其中三分之二。委員會在受理審理申請案時，所有非中國人的洗衣店中，只有一家未得到許可，而中國人經營的洗衣店無一取得許可。

店多年，在申請許可遭拒後仍繼續營業，因而以違反法令遭逮捕並判處有罪。Yick Wo 向加州最高法院聲請人身保護令遭拒。另一案 Wo Lee 則上訴至聯邦第二巡迴上訴法院。兩案又上訴至聯邦最高法院。聯邦最高法院並未就舊金山市的法令是否違憲予以討論，而係依數據資料，認定該市於執行法令的過程對中國人造成差別待遇。經查被告經營洗衣店完全符合相關法令，諸如防火設施、公共安全設施等，卻無法取得許可，而相對地，與其狀況相同的非中國人洗衣店均取得許可，准否業者營業僅繫於委員會的主觀意識，其對中國人的差別待遇毋庸置疑，是以，違反第十四增修條文所賦予人民的平等保護權利。

第一款　隔離平等政策

平等保護並非意謂人民之間不得以膚色予以區隔，西元一八九六年的 Plessy v. Ferguson ❿ 便為具代表性的案例。該案中，Plessy 是一名鞋匠，有八分之一黑人血統，根據當時路易斯安那州 (Louisiana) 法律，Plessy 仍被視為黑人。該州「隔離車廂法」(Separate Car Act) 規定火車車廂分為「白種人」車廂 (white car) 及「有色人種」車廂 (colored car)，有色人種只得乘坐 colored car，倘違法乘坐白種人車廂，將處以刑罰，判處徒刑。西元一八九二年，Plessy 不從車長警告，而乘坐白種人車廂致遭逮捕入獄。Plessy 主張前揭「隔離車廂法」違反聯邦憲法第十三暨十四增修條文。路州地院認為，州政府有權力就其僅在州內行駛的交通工具，規範隔離政策。Plessy 上訴到州最高法院，法院認為系爭法令並不違反十三、十四增修條文。Plessy 又上訴到聯邦最高法院。聯邦最高法院大法官以八比一的票數維持 Plessy 有罪的判決，理由為：㈠憲法第十三增修條文係反奴役規定，與本案無涉。㈡第十四增修條文的目的，在使法律之前人人平等，此不包括天生、自然的區別，如膚色、種族等。是以，將人民以膚色予以區隔並不違憲，但其所受待遇必須相同，不得有差別待遇。唯一的反對意見，卻是來自南方德州的大法官約翰哈倫 (John Harlan)，他提出以下發人省思的見解：「我們的

❿ 163 U.S. 537, 16 S.Ct. 1138, 41 L.Ed. 256 (1896).

憲法是色盲 (color-blind)，它既不知道也無法容忍就公民做不同的分類；……本案判決使人相信，州非但可立法侵害有色人種的公民權益，更可立法廢除第十四增修條文所賦予人民的權利。」

Plessy 乙案的重要性，在於確立「隔離平等」政策 (separate but equal)。許多公共設備均分別設有供白人及有色人種使用者，所有設備條件均相同，嚴格限制有色人種使用專屬白人的公共設備，如餐廳、戲院、公立學校。爾後五十八年期間，有色人種的小孩與白人小孩分別到不同的學校上學，這些分屬白人及有色人種的學校，設備相同、師資也相同。

西元一九五四年 Brown v. Board of Education ❿ 乙案，聯邦最高法院推翻長期以來的「隔離平等」政策指出，將人民分類區隔，具有潛在的不平等，使人民自覺卑微 (a sense of inferiority)，是以，隔離平等政策違反聯邦憲法第十四增修條文之「平等保護原則」(equal protection)。

第二款　可疑的分類

基於平等保護原則，因種族因素賦予不同待遇者，法院將視其為「可

---

❿　347 U.S. 483, 74 S.Ct. 686, 98 L.Ed. 873 (1954). 此判決係合併來自四州一特區（德拉瓦州 Delaware，堪薩斯州 Kansas，南卡羅萊納州 South Carolina，維吉尼亞州 Virginia，及華府哥倫比亞特區 Washington, D.C.）的五件案例，其涉及近兩百名原告，均係由「全國有色人種促進協會」（National Association for the Advancement of Colored People，簡稱 "NAACP"）所協助提起的訴訟案件。原告均為黑人學童，依各州或特區法令，原告不得於鄰近的公立學校就讀，而須至路途遙遠，專為有色人種設立的學校就讀。供白人學童就讀的學校，無論質或量均遠高於有色人種的學校。後者常未提供校車，致學童須長途跋涉就學。聯邦最高法院於本案中，一致認定「隔離平等」法令係違憲，並確定 Plessy 案判決不得適用於任何公共設施。Brown 乙案固然有其劃時代的意義，惟此並非最早針對教育設施的「隔離平等」措施提起訴訟者。最早的案例為西元一八四九年 Roberts v. Boston，該案亦涉及學校之分為白人學童與有色人種學童。麻州法院認定，根據州憲法 Boston 有權令有色人種的學童就讀於其設立的學校，並禁止其至其他學校（如白人學校）就讀。Roberts v. Boston, 59 Mass. 198 (1849).

疑的分類」(suspect classification)，須以嚴格的審查標準 (strict scrutiny) 審理其合憲性；當然倘能通過其標準，則仍非違憲。西元一九四四年 Korematsu v. United States ❶乙案，聯邦最高法院在採行嚴格審查標準審理軍方措施後，認定並無違憲。該案源於二次大戰期間，羅斯福總統在美日開戰（西元一九四一年）後頒布一項行政命令，為防止間諜及任何破壞行動，軍方得在美國境內劃定軍事區域，禁止人民自由進入，任何人擬進入、停留或離開，均須遵守軍方所訂的限制。本案中的西岸計畫 (West Coast Program)，係針對日裔美人而設，依該計畫，日裔美人不得進入所設的軍事區域──西岸地區，而住在該區的日裔美人必須限制留在重劃區域中。計畫中還包括宵禁等措施。住在西岸地區的被告 Korematsu 因違反軍事命令未停留在重劃區域，而遭聯邦地院定罪。聯邦最高法院指出，本案因美日戰爭，為確保美國免於遭受間諜及破壞行動，有必要防範不忠於美國的日裔人士採行前揭行為。而在當時軍方無從辨別日裔美人的忠誠度，只得就全體日裔人士予以區隔，並無不當，故而並未違反第十四增修條文。西元一九八四年，Korematsu v. United States ❷乙案，Korematsu 針對當年（西元一九四四年）的罪名向聯邦地院聲請「更正令」(writ of coram nobis)，希冀撤銷其罪名。更正令的發給係針對法院自己的判決，因事實的錯誤致有誤判而為。聯邦地院以斯時聯邦政府並未檢附所有的證據暨資訊，導致地院當年的判決有誤，故核發「更正令」。聯邦地院在附帶意見中亦提及，西元一九四四年的 Korematsu 判決於今日在適用上極為限縮。

第二項 性別因素

除種族的因素外，性別、年齡亦常為分類因素 ❸，然而法院並不擬視此等分類為可疑的分類，故僅施以傳統理性標準 (traditional rationality standard) 認定其是否違反平等保護原則。

---

❶ 323 U.S. 214, 65 S.Ct. 193, 89 L.Ed. 194 (1944).

❷ 584 F.Supp. 1406 (1984).

❸ 又如：外國人、非婚生子女、殘障、經濟能力，甚至年齡，都可能為分類因素。

第一款　傳統理性標準

　　早期，法院認為婦女之遭受歧視待遇並不受聯邦憲法第十四增修條文保護。聯邦最高法院於西元一八七三年 Bradwell v. State ❶乙案指出，憲法第十四增修條文所保障的權利及免責權，僅賦予男性公民，婦女應扮演妻子和母親的角色，而無權從事任何專門職業或一般職業，是以 Bradwell 擬於伊利諾州從事執業律師而遭該州拒絕乙事並未違憲。隔年，Minor v. Haporsett ❶乙案，聯邦最高法院對於婦女主張在州選舉中有投票權乙事，仍持相同見解，認為婦女雖為第十四增修條文所規範的公民，惟並不享有從事政治活動或職業的權利，而該些權利係專屬於男性公民。至西元一九二〇年通過憲法第十九增修條文，方確立婦女投票權。

　　在第十四增修條文施行百年後，聯邦最高法院方才認定性別歧視係違反憲法第十四增修條文。西元一九七一年 Reed v. Reed ❶乙案，兩造係分居的夫婦，在未成年的養子去世後，留有價值不足一千元的財產。因生前未立有遺囑，其養母、養父先後依愛德荷州 (Idaho) 遺囑認證法 (Probate Code) 聲請遺囑認證法院指定其為遺產管理人。法院依 Probate Code 之規定父親優於母親為管理人，而裁定以養父為管理人。養母上訴，Idaho 地方法院廢棄下級法院裁定，指出 Idaho 的 Probate Code 僅以性別而未依當事人之能力予以規範，係違反第十四增修條文。惟，Idaho 最高法院則不以為然，而認定 Idaho 的 Probate Code 並未違憲，因此廢棄地方法院的判決。養母 Reed 上訴至聯邦最高法院。聯邦最高法院拒絕將性別的分類視為「可疑的分類」(suspect classification)。惟在採用「傳統理性標準」的情況下，指出 Probate Code 之推定男性優於女性的規範，係違反第十四增修條文。

　　United States v. Virginia ❶乙案，則因維吉尼亞州的州立軍事學校

---

❶　83 U.S. 130, 21 L.Ed. 442 (1873).

❶　88 U.S. 162, 22 L.Ed. 627 (1874).

❶　404 U.S. 71, 92 S.Ct. 251, 30 L.Ed.2d 225 (1971).

❶　518 U.S. 515, 116 S.Ct. 2264, 135 L.Ed.2d 735 (1996).

（Virginia Military Institute，簡稱 "VMI"）僅限收男生，而引發性別歧視的議題。聯邦政府以 VMI 限收男生的做法違憲而提起訴訟，聯邦最高法院指出，基於平等保護原則，VMI 不得僅招收男生。

第二款 男性之性別歧視待遇

性別的差別待遇，亦有不利於男性者。Orr v. Orr❶乙案中，依阿拉巴馬州 (Alabama) 法律，法院得加諸先生給付離婚贍養費的責任，但妻子無此義務。聯邦最高法院認定前揭法律違憲。理由為，Alabama 法律的目的雖在保障有經濟需求者並補償妻子在過去婚姻中所受到的差別待遇，然而其措施卻構成違憲。法院已存在有聽證會，藉由聽證會可實際瞭解男女雙方的經濟情況。倘妻子一方經濟能力較強，既不需法律保障其經濟需求，其於婚姻關係中亦鮮有受差別待遇，反之，先生方為經濟需求者。在 Alabama 法律下，將造成對先生的差別待遇，而不當地保護經濟能力較強的妻子。是以，Alabama 法律係違憲，除非刪除對男女給付贍養費的責任之別。

Mississippi University for Women v. Hogan❷乙案中，Hogan 係一名持有執照的男性護士，他在密西西比州 (Mississippi) 可倫坡市 (Columbus) 的一所醫院中擔任護士督導。Hogan 擬向位於當地的被告 Mississippi University for Women（以下簡稱 "MUW"）申請就讀其護理學院俾取得護理學士學位，MUW 以其係男性為由拒絕其入學申請，僅提供其旁聽課程的機會。MUW 設立於西元一八八四年，係 Mississippi 州立大學，亦為全國最古老的女子大學，其護理學院成立於西元一九七一年。Hogan 向聯邦地院提起訴訟，主張 MUW 拒收男生的政策係違憲。聯邦地院判決 MUW 並未違憲。聯邦第五巡迴法院則廢棄地院判決，認為 MUW 拒收男生違反平等保護原則。MUW 上訴至聯邦最高法院，聯邦最高法院以五比四票維持第五巡迴法院的判決，指出：MUW 僅招收女生的政策，意在彌補長久

---

❶ 440 U.S. 268, 99 S.Ct. 1102, 59 L.Ed.2d 306 (1979).

❷ 458 U.S. 718, 102 S.Ct. 3331, 73 L.Ed.2d 1090 (1982).

以來婦女所遭受的不平等待遇，然而此舉將造成公眾存有護士係專屬於婦女工作的刻板印象；再者，MUW 並未說明，何以性別的區隔，足以達到補償過去婦女所遭受的不平等待遇❶⓪。

第三款　本質上的差異

聯邦最高法院向來拒絕以「可疑的分類」(suspect classification) 來認定性別區分是否違憲。法院也認為，在某些情況下，性別的差異確實產生實際的影響。在 Michael v. Superior Court ❶❻❶乙案，依加州法定強姦法 (statutory rape law)，從事性行為的男性將因女性未滿十八歲而構成法定強姦罪 (除非對方是他的妻子)。此法並未規範女性會因男性未滿十八歲而犯同樣罪名。該案中，從事性行為的兩造均未滿十八歲，男方 Michael 因此被判法定強姦罪。聯邦最高法院以五比四票認定州法律並未違憲。首席大法官 Rehnquist 採「傳統理性標準」指出，第十四增修條文並未要求將事實的差異視為同等。加州法律的規範，其適用係關乎性別事實的差異性，故而並未違憲❶❻❷。目前各州均定有法定強姦罪，多數州採中性立法，不再就行為人及被害人之性別設限❶❻❸。

---

❶⓪　因此案判決，MUW 護理學院接受男性申請人申請就讀，於西元一九八八年的董事會中，雖宣稱允許任何符合資格的申請人就讀，惟，仍強調提供優秀女性就讀的機會。MUW, *at* http://en.wikipedia.org/wiki/Mississippi_University _for_Women（上網日期：民國九十四年十月二十二日）。

❶❻❶　450 U.S 464, 101 S.Ct. 1200, 67 L.Ed.2d 437 (1981).

❶❻❷　大法官 Rehnquist 並指出下列理由支持系爭加州法律的合憲性：㈠加州法律的目的在防止未婚之未成年少女懷孕，此目的對州確實有重大利害關係 (strong interest)。㈡縱令未成年少女未懷孕，性行為亦將對其造成生理上的傷害。㈢未成年少女懷孕所衍生的傷害及種種負面影響均落入少女一方，男方因此所受傷害極為有限；是以，加州選擇處罰男方並無不當。㈣若如被告所主張，須將處罰措施及於未成年少女，則少有願暴露該等情事者，徒增加州法律執行之不可能性。㈤未成年男子對未成年少女於性行為中所造成的傷害無異於成年人。

❶❻❸　請參閱本編第五章「刑法」。

第三項 平權措施

二十世紀末期，部分國家為彌補長久以來遭受歧視的族群而施予其較優惠的待遇，相反地，長期享受優越待遇的族群無法享受前揭優惠待遇。多數國家稱其為「平權措施」(affirmation action)，亦有稱之為「反歧視」（reverse discrimination 或 adverse discrimination），或「積極性差別待遇」(positive discrimination)[164]。聯邦憲法第十四增修條文施行後，美國境內許多學校基於對有色人種（或少數民族）的保護，於招生名額中，列一定比例的保障名額予少數民族 (minority)，致引起爭議。如 Regents of the University of California v. Bakke[165]，Bakk 係白人，於西元一九七二年向十一所醫學院申請就讀，均被拒。Bakk 雖符合學校規定，但因少數民族的保障名額致其被拒。Bakk 提起告訴，主張學校的政策是反歧視政策 (adverse discrimination)，聯邦最高法院指出，平等保護原則適用於所有人民，學校的保障名額政策對白人構成不公平，違反第十四增修條文，應予廢除。

---

[164] Reverse discrimination, *at* http://en.wikipedia.org/wiki/Reverse_discrimination（上網日期：民國九十四年十月二十二日）。Duncan 教授認為「反歧視」乙詞係反對平權措施之白種人所用以攻擊平權措施的用語。John C. Duncan, *Two "Wrongs" Do/Can Make a Right: Remembering Mathematics, Physics, & Various Legal Analogies (Two Negatives Make a Positive; Are Remedies Wrong?) The Law Has Made Him Equal, But Man Has Not*, 43 Brandeis L. J. 511 (2005).

[165] 438 U.S. 265, 98 S.Ct. 2733, 57 L.Ed.2d. 750 (1978).

第二章　契約法

契約法 (Contracts) 的主要法源為普通法及州法律。州法律的制定，由各州自行為之，但多依據美國「統一商事法典」(Uniform Commercial Code，簡稱 U.C.C.)。除此，美國契約法律整編 (Restatement of Contracts)❶ 亦為法院判決的重要依據。

契約的真諦在於「對價」(quid pro quo)，給予一物以取得另一物的觀念 (something for something, giving one valuable thing for another)。

美國法上契約的構成要件為要約 (offer)、承諾 (acceptance) 及約因 (consideration)。其中，約因的存在，即在強調「對價」的重要性。我國法雖亦重視契約的對價關係，卻未有「約因」要件。我國法契約的構成要件僅為要約及承諾。

要約與承諾的內容必須一致，方足以符合雙方意思的一致 (meeting of minds) 或共同的同意 (mutual assent)，而成立有效的契約。

契約依不同的因素，各有不同的態樣，如：㈠明示與默示契約；㈡準契約與契約；㈢單邊與雙邊契約；㈣無效、得撤銷及缺乏強制力的契約。茲說明如下：

一、明示契約 (express contract) 與默示契約 (implied contract)——前者不論口頭或書面，雙方有明確的意思表示願意成立契約；後者則欠缺前揭明白的表示，惟其行為暨客觀事實，足以認定契約行為的存在。

二、契約與準契約 (quasi contract)——相對於符合構成要件的契約，準契約係欠缺構成要件的行為，惟基於衡平原則，當一方自他方取得利益致後者遭受損失，則法律賦予雙方的行為具準契約的效果，使前者必須就所得利益的價值給付後者。

三、單邊契約與雙邊契約——單邊契約 (unilateral contract) 係指以一方的允諾 (promise)，交換另一方的行為，後者在完成約定的行為時，視為承諾，契約成立。雙邊契約 (bilateral contract) 則係以一方的允諾交換另一方的允諾，當後者以允諾作為回應時，視為承諾，契約成立，至

---

❶ 包括第一整編 (Restatement (First) of Contracts) (1932) 與第二整編 (Restatement (Second) of Contracts) (1981)。

於約定的行為何時完成，則非其成立之要件。

四、無效 (void)、得撤銷 (voidable contract) 及缺乏強制力的契約 (unenforceable contract)——此係依契約的效果予以分類。契約無效指契約欠缺構成要件，或契約的標的有違法律的規定所致。得撤銷的契約，係指至少當事人中有一造，有權利選擇承認契約效力而予履行，或撤回其允諾或否定其效力致契約無效❷。如，契約因當事人之一造於訂約時尚無行為能力，或其他如：因詐欺、脅迫、錯誤等，均是。缺乏強制力的契約，契約符合構成要件，惟因違反法定要件，如「防止詐欺條例」(Statute of Frauds)，致缺乏強制的效果❸；是以，一方拒絕履行契約時，另一方無從要求損害賠償或強制其履行。

本文以下將依次介紹當事人的行為能力、契約構成要件（要約、承諾暨約因）、防止詐欺條例、錯誤、契約的解釋、條件、第三受益人以及違約暨救濟。

第一節　當事人的行為能力

契約當事人必須具有訂定契約的行為能力 (capacity) 或資格 (competency)，原則上，當事人必須年滿十八歲、心智健全，且於訂約時意識清楚。反之，無行為能力人所為的契約，為得撤銷的契約。

第一項　未成年人

未成年者 (infants or minors)，早期指未滿二十一歲者，目前則指未滿十八歲者。未成年人所訂定的契約係得撤銷的契約❹，未成年人得隨時（無論成年或未成年）否認 (disaffirm) 契約的效力，一旦否認，契約便不發生效力。未成年人亦得於成年後（不得於成年前）承認 (ratify) 契約，使其發生效力。然而，倘未成年人由其法定代理人代為訂定契約，未成年人不得

---

❷　Restatement (Second) of Contracts § 7.

❸　Restatement (Second) of Contracts § 8.

❹　Restatement (Second) of Contracts § 14.

於成年後予以撤銷。例如：Shields v. Gross ❺ 乙案，原告布魯克雪德絲 (Brooke Shields) 在十歲時已是一名模特兒，西元一九七五年透過其經紀公司與被告有數次的合作，其中一項工作，是由《花花公子》雜誌贊助拍攝一系列的裸照刊登在《Sugar & Spice》雜誌上。拍攝前，原告的母親（亦為其法定代理人）同意 ❻ 被告就拍攝的照片做其他用途。系爭照片除刊登於原訂的雜誌及其他刊物外，亦被放大逾真人尺寸，置於第五街的店面櫥窗；並刊登於《閣樓》雜誌以及其他廣告中。原告亦曾取得被告的同意，將照片收錄於描述其個人成長的自傳中。至西元一九八〇年，原告得知當年（西元一九七五年）的照片又將被刊登於法國的雜誌及其他刊物，原告遂擬買回該些照片的底片。西元一九八一年，原告提起本件訴訟，要求損害賠償、懲罰性賠償，以及禁止被告繼續利用一九七五年的照片。法院指出，任何人固得因個人的照片被公開而主張隱私權的侵害，然而，倘行為人已於事前取得其書面同意，則不在此限。依普通法，未成年人雖得於成年後撤銷其未成年時的契約，無論係其本人或法定代理人所為，然而法律得就此立法限制之，紐約州法律即是。是以，原告不得否認當年母親所為的書面同意，而被告使用照片並未逾越前揭同意的範圍。原告損害賠償之訴應予駁回，至於禁令部分，只得禁止被告刊登於色情刊物，其餘均不得禁止之 ❼。

---

❺　58 N.Y.2d 338, 448 N.E.2d 108 (1983).

❻　書面同意的內容為：被告可無限地利用該些照片，刊登於刊物或廣告等，毋須得到原告的同意或事先審閱。

❼　此案並非單純的契約效力問題，而係涉及侵害隱私的爭議。Jasen 法官於本案中持反對意見，指出：保護兒童的重要性高於商業利益。本案原告的目的不在於否認過去契約履行的效果，而僅在於制止被告未來的行為，使不再侵害其隱私，就此而言，對被告並不致造成任何損失。Jasen 法官進而指出，依多數意見對紐約州法律的詮釋，則一個小孩子須因其父母為其所訂的契約，而一輩子遭受隱私侵害，生活在困窘、羞辱及憂慮中，如此的見解難以令人接受。再者，揆諸長久以來普通法對未成年人的充分保護並賦予其否認契約的權利，則紐約州法律在未明文廢止此權利的情況下，於適用上，自不得悖離普通法的精神。

　　未成年人購買日常必需品，雖亦屬契約行為，然而，基於衡平原則，此類契約視為「準契約」，未成年人即使成年，亦不得否認之，而須就所得利益之合理價值支付對方。

　　未成年人以不實陳述 (misrepresentation) 使對方誤信其已成年而訂定契約之情事，並不影響該契約係「得撤銷」之效果；是以，未成年人仍得隨時否認或於成年後承認該契約。惟，倘未成年人於成年後擬承認契約效力，而對方拒絕履行時，前者無從主張衡平救濟。蓋依衡平原則，主張衡平救濟之人必須遵守衡平原則，即須有「潔淨之手」(clean hands)；是以，未成年人既已先行謊稱欺騙對方，自不符合「潔淨之手」，法院將拒絕其要求「強制履行」的主張。倘未成年人否認契約效力造成對造損失，對造得以「詐欺」為由，要求損害賠償。甚至，對造得以未成年人之詐欺為由，先行撤銷其允諾，否認契約之效力。

第二項　心智不足

　　心智不足而與人訂定契約者，倘無監護人，其效果同未成年人所訂的契約效果，亦即得撤銷之契約 ❽；倘已有監護人，其所訂契約無效。因酒醉或藥物中毒致意識不清者 (intoxicated person)，其所為之契約之效力亦與心智不足之人所為之契約同。

　　至於訂立契約時是否為心智不足或意識不清，依下列事由認定之 ❾：㈠行為當時是否瞭解契約的性質、效果；㈡有無能力履行該契約；以及㈢對造是否知悉他的心智狀態。倘對造無從知悉，則心智不足之人於清醒後撤銷契約時，須返還所得約因。

　　　是以，已年滿十七歲的原告應得否認其母親於一九七五年所為的書面同意，禁
　　止被告繼續使用系爭照片。

❽　Restatement (Second) of Contracts § 15.

❾　同上。

第二節　要　約

要約 (offer) 係指一方（即要約人 "offeror"）表達願與他方（即被要約人 "offeree"）進行交易的意願。要約可向特定對象為之，亦可向一般大眾同時或各別提出。要約的提出，未必為明白的意思表示 (express offer)；要約人客觀行為的認定，亦足以說明要約的存在，此即默示的要約 (implied in fact)。至於有效要約的要件及與其他行為之區別，分述如下。

第一項　要　件

有效要約的要件為：㈠內容明確❿——要約的內容是否明確，因其交易標的而異，主要有價金、數量、品質、履行的時間等。倘要約的內容未臻明確，必要時，法律可彌補其不足，甚至，因被要約人的承諾，填補要約內容的不足。㈡到達被要約人——要約效力的發生採到達主義，亦即，須到達被要約人時，始生效果。被要約人必須收到要約，知道要約的存在，方得以決定是否接受要約。是以，倘被要約人未收到要約，縱其亦表達願與要約人進行交易的意願，其意思表示並非承諾。

第二項　與其他行為的區別

其他行為如個人意願的表達、提供意見、要約的誘引、拍賣及事前協商等，雖非要約之行為，於實務認定上卻常有爭議。

個人意願的表達，例如，甲拿著一只手錶告訴乙：「我想要賣這支手錶。」乙回答：「好，我願意以二十六美金買下它。」甲的說詞雖表達其賣錶的意願，但並未說明錶的價格及是否願意賣給乙。因此，甲的說詞僅為單純意願的表達，乙的回應自不構成承諾⓫。又如 Owen v. Tunison⓬乙案中，原告 Owen 寫信詢問被告 Tunison：「閣下願意將位於 Bradley 路的土地以六

---

❿　Restatement (Second) of Contracts § 33.

⓫　充其量可將其視為要約。

⓬　131 Me. 42, 158 A. 926 (1932).

千美元賣給我嗎?」Tunison 回覆:「除非是以一萬六千元現金支付,否則我不可能賣那塊地。」原告的詢問或被告的回覆,均非屬要約。法院指出,被告的回覆充其量僅足以構成要約的誘引。

　　單純提供意見亦不具要約之效果,如:醫生甲告訴得感冒的乙:「一般人感冒時,只要好好休息兩三天就會痊癒。」乙回家休息三天後並未痊癒,乙不得主張甲違約。

　　要約的誘引 (invitation to offer),係指一方的行為引誘另一方對其提出要約,最常引起爭議者為廣告。例如西元一九四一年 Craft v. Elder & Johnston Co.❸,被告於地方上刊登報紙廣告:「週四特價品,縫衣機每部二十六美元。」原告 Craft 如期到店購買電動縫衣機,被告拒絕出售。Craft 提起告訴,主張被告的廣告為要約,當原告前往購買時,即為承諾,契約成立。被告拒絕出售,即構成違約。法院則作成有利於被告的判決指出,被告的廣告僅為要約的誘引,原告前往購買的行為始為要約,被告為被要約人,自得決定是否接受要約而為承諾,亦當然有權利拒絕要約。惟,西元一九五七年 Lefkowitze v. Great Minneapolis Surplus Store❹乙案,被告刊登廣告,列出特賣商品數則,載明打折前後金額,並標明:「先到先賣」(first comes, first served)。原告依報載時間,一早到店裏,購買特價一美元的貂皮大衣 (原價一百三十八美元),被告拒絕,原告提起告訴,主張被告違約。法院比較本案與前揭 Craft 乙案的差異,強調本案廣告內容不僅價格、項目明確,且販售條件亦明定先到先賣。其已非單純要約的誘引,而為要約,是原告第一個到店購買商品的行為,構成承諾、契約成立。被告拒絕販售的行為自構成違約。

　　拍賣究竟為要約,抑或要約的誘引,因其所訂條件而異。「保留的拍賣」(auction with reserve)❺,指拍賣人對於投標者提出的價格未必接受,換言之,若不滿意,縱令為會場中所提的最高價格,拍賣人仍得拒絕。此類拍

❸　38 N.E.2d 416, 34 Ohio L.A. 605 (1941).

❹　251 Minn. 188, 86 N.W.2d 689 (1957).

❺　Restatement (Second) of Contracts § 28.

賣，性質上為要約的誘引，投標者的喊價為要約，因此，拍賣人不滿意價格，得不予承諾。反之，「無保留的拍賣」(auction without reserve)❶❻，指拍賣人必須將拍賣品賣給會場中出價最高者，不論其是否滿意其價格，此時，拍賣的行為為要約，出價人的出價為承諾、契約成立，拍賣人不得拒絕出售，否則構成違約。

事前協商 (preliminary negotiation) 指當事人有意進行交易，惟先就相關議題進行討論，因此，並不屬於要約，更無「承諾」可言❶❼。最常見者為詢價或議價。例如 A 發 e-mail 給 B 公司：「我要買十箱 A4 影印紙，請問一箱的價格。」B 回 e-mail：「本公司 A4 影印紙因紙質不同分為兩種，甲種一箱十包六十美元，乙種一箱十包八十美元。無論甲種或乙種，一次買十箱可打九折。」A 隨即 e-mail 給 B 公司：「我要買甲種十箱，請於一週內送貨。地址……。貨款於到貨時付現。」B 公司回 e-mail：「抱歉，現在甲種影印紙缺貨，須一個月後才有貨。」A 告 B 公司違約。A 的詢價及 B 公司的回信，並無任何法律上效果，充其量，僅為事前的協調，當 A 向 B 公司訂貨時，始為要約，B 公司有權利決定是否接受要約，而為承諾。當 B 公司拒絕時，A 無從告其違約，因為契約並未成立。惟，Fairmount Glass Works v. Crunden-Martin Woodenware Co.❶❽乙案中，肯塔基州 (Kentucky) 上訴法

---

❶❻　同上。

❶❼　Restatement (Second) of Contracts § 26.

❶❽　106 Ky. 659, 51 S.W. 196 (1899). 本案原告 Crunden-Martin 就具有金屬螺蓋的玻璃罐 (mason jar) 向被告 Fairmount Glass 詢價，被告於四月二十三日回函：每一箱裝一打罐子，倘立即接受，價格如下，一品脫的罐子 4.5 元、四分之一加侖為 5 元、半加侖 6.5 元；運送地點為伊利諾州西聖路易，運送日期在五月十五日之前，於六十天內承兌或於十天內付現金可有百分之二的折扣。其中並指出，因代理人或交通因素致延誤等情事，非其能控管。原告收到回函後，即刻於四月二十四日發電報：就貴公司所報價的各類罐子，我們要各訂十車載的量。被告又以電報回覆：所有貨物已售罄，無法接受閣下的訂單。原告因此提起訴訟，主張被告違約。原告主張其於二十四日發電報訂貨時，契約已成立，被告則主張，當時契約仍未成立，故有拒絕其訂單的權利。下級法院判決契約

院維持下級法院判決，指出被告四月二十三日的回函並非單純的告知價格，而係明確告知交易的條件、履行地點，足以構成有效的要約。至於貨物的量，所謂十車載量相當於一萬二千打，而非如被告所言貨物量不確定致使契約無效。被告四月二十三日的回函既為有效要約，則原告四月二十四日電報中明確的意思表示，自為承諾，契約因此成立，被告拒絕接受訂單的行為，構成違約。

法院對於預約 (reservations) 是否具有法律上的效果，有不同的見解。西元一九八一年 Wells v. Holiday Inns, Inc.**[19]**乙案中，聯邦地院（密蘇里西區）指出，被告 Holiday Inns 在接受預訂房間並表明願保留房間至預訂日期的晚上六點的同時，雙方便已成立契約。原告在當天三點多鐘到達，被告卻無房間可供原告住宿，已構成違約的行為。另案西元一九九五年之 Glass Service Co. v. State Farm Mutual Auto. Insurance Co.**[20]**，明尼蘇達州上訴法院 (Court of Appeals of Minnesota) 指出，契約的成立，須兩造於行為時均有意圖受合約拘束 (legally bound)，本案中無論車主的預約或原告的同意排定期間，雙方均無意受其拘束，是以，雙方並未成立契約。然而，法院亦強調，本案不同於旅館的預約。或足以說明，同為預約，並非當然成立契約或無契約，其關鍵仍在於契約的要件及當事人意圖，倘預約須給付訂金 (deposit)，則應可視為契約。反之，若無訂金的給付，則在無明確證據證明雙方具有成立契約意圖的情況下，難以認定有契約的存在。

第三項　法律效果

要約的法律效果為：給予被要約人承諾的權力 (power of acceptance)。

成立，原告勝訴。被告不服遂提起上訴。

[19] 522 F. Supp. 1023 (1981).

[20] 530 N.W.2d 867 (1995). 此案係因被告保險公司提供修車廠名單給投保客戶，供其修車參考，原告 Glass Service 不在名單上。原告主張被告的行為阻擾其已成立的契約；車主已預約修車時間，但因被告提供的名單，而改將車子交由名單上的業者修理。惟，構成阻擾契約的成立 (interfere with contract)，先決條件需原告與其預約的客戶間已成立契約。

該權力的終止，因要約是否得撤回而異。不得撤回的要約無權力終止之虞；得撤回的要約因下列事由致失其效力，承諾的權力因此終止 ❷：㈠被要約人拒絕 ❷(rejection) 或提出反要約 ❷(counter-offer)；㈡逾指定時限 ❷(lapse of time specified by the offeror)；㈢要約人撤回要約 ❷(revocation by the offeror)；以及㈣任一造死亡或喪失行為能力 ❷。茲分述如下。

第一款　被要約人拒絕或提出反要約

被要約人拒絕要約時，使原要約喪失其效果，被要約人不得事後反悔又要求為承諾。當被要約人不滿意要約的內容，而加以修改，即反要約。反要約，相當於拒絕原要約，此時，反要約成為新的要約，原被要約人成為要約人，原要約人成為被要約人。惟，倘被要約人於承諾時，所增加的內容無礙於原要約的履行，則非反要約，而契約仍成立。例如, Rhode Island Dep't of Transportation v. Providence & Worcester R. R.❷乙案中，被告 P&W 在羅德島東省擁有一片土地，土地上設有鐵道供火車行經。依羅德島法律，任何人擬出售州內的鐵路財產時，須先向州政府提出要約，州政府得於三十天內決定是否承購。P&W 先向案外人 Promet 提出要約，售價為十萬美元，其契約是否成立取決於州是否承購。又依契約，Promet 要求 P&W 須將土地上的鐵道移除。P&W 又依法向州政府提出要約，價金亦為十萬美元，州政府接受其要約，並指明州政府承購的情況下，契約書上買方之為 Promet，及移除鐵道乙事，並不適用。P&W 嗣後決定將土地賣予 Promet，州政府提起告訴，主張 P&W 違約。P&W 則主張州政府的承諾係附條件的承諾 (conditional acceptance)，因此無效。法院判決州政府的承諾並非附條

---

❷　Restatement (Second) of Contracts § 36.

❷　Restatement (Second) of Contracts § 38.

❷　Restatement (Second) of Contracts § 39.

❷　Restatement (Second) of Contracts § 41.

❷　Restatement (Second) of Contracts § 42.

❷　Restatement (Second) of Contracts § 48.

❷　674 A.2d 1239 (1996).

件的承諾，故而有效。有關買方名稱應為州政府，確係符合實際需要。至於州政府指稱移除鐵道不當乙事，係免除 P&W 移除鐵道的責任。另案 Price v. Oklahoma College of Osteopathic Medicine & Surgery [28]，被告 Oklahoma College 發一封信函予其教員原告 Price，該封信係一年期續聘的要約，並載明其年薪。Price 在信件上簽名，簽名上方有下列記載：我接受續聘以及上述所載的條件暨義務。Price 又自行在簽名下方寫道：薪資不符現行及過去員工政策所確保的額度，且無適當的評鑑程序。校方因此以 Price 的回覆不構成承諾，而終止其續聘。Price 告學校違約，法院判決 Price 勝訴。法院指出，Price 簽名下方的陳述，僅係表達其對要約內容（薪資部分）的不滿，如同一個人說：閣下所提的要約並不公平，我不滿意，但我願意接受。

第二款　逾指定時限

要約人提出要約的同時，指定被要約人得為承諾的期間，被要約人逾期未為承諾者，被要約人喪失承諾的權力，要約亦失效；倘要約人未指定得承諾的期限，則以「合理期間」(reasonable time) 為準，所謂合理期間，將因個案情事而異 [29]。惟，若當事人係面對面 (face to face) 交談，則在未指定承諾期限的情況下，承諾的權力於談話結束時一併終止 [30]。例如西元一九五五年 Akers v. J. B. Sedberry, Inc.[31] 乙案，原告 Akers 與 Whitsitt 於九月二十九日當面向被告公司董事長提出口頭辭呈時，後者隨即拒絕，並進而討論公司業務，至會面結束時，均未再提及辭職乙事。被告卻於十月二日各別發函予兩位原告，同意其辭職。原告因此提起訴訟，主張被告違反僱傭契約。被告主張該同意辭職的信函，係因原告於九月二十九日所為的

---

[28] 733 P.2d 1357 (1986).

[29] 我國民法第一百五十七條之合理期間及第一百五十八條之指定期間亦有相同規範。

[30] 我國民法第一百五十六條有關對話意思表示亦採相同規範。

[31] 39 Tenn. App. 633, 286 S.W.2d 617 (1955), *cert. denied* Tenn. S.Ct. (1956).

要約而為承諾。法院判決，認定被告違約，並指明其為所謂的承諾時，並無要約的存在。法院分別引用 Williston 及 Corbin 兩位教授個別的著述及美國法律第一整編指出，要約中止而喪失承諾權力的事由為：㈠被要約人拒絕；㈡被要約人未於指定期限或合理期間內為承諾者。法院又進一步引用 Corbin 著述及第一整編指出，合理期間係依據個案認定，並可能涉及交易習慣。而面對面的談話過程中所提要約，若未指定承諾期限，則其效力隨談話結束而中止。

第三款　要約人撤回要約

要約人撤回要約，則要約失效，被要約人亦喪失承諾的權力。要約人撤回要約，必須符合下列要件❷：㈠撤回須在承諾之前為之；㈡撤回的通知必須到達被要約人；㈢撤回於被要約人收到通知時發生效果。

撤回的通知，倘要約人已另有行為，致使契約的履行不可能，而被要約人亦就前揭情事得到可靠的訊息，則構成間接通知的效果 ❸。例如 Dickinson v. Dodds❹乙案，被告 Dodds 向原告 Dickinson 提出一項出售房子的要約，內容包括房子座落的地點、價金，以及要約效力終止的時間（西元一八七四年六月十二日上午九點）。六月十一日中午，Dickinson 得知 Dodds 已另向 Allan 提出要約，或甚至可能已同意出售予 Allan；Dickinson 前往 Dodds 住處將書面承諾交予其家人，隔日（十二日）上午七點，又先後由其代理人及其本人將書面承諾的複本交予 Dodds，Dodds 告知其代理人及本人，已將房子售予他人。Dickinson 遂提起訴訟。原審法院指出，要約人擬撤回要約，須直接告知被要約人，本案 Dodds 既未告知被要約人，要約於 Dickinson 承諾時有效存在，故契約成立，判決令 Dodds 須履行該契約。上

---

❷　依美國法，原則上，要約人得於被要約人承諾前，隨時撤回要約。我國民法第一百五十四條則規定原則上，要約人因要約而受拘束。除非預先聲明不受拘束，或依情形、事件性質可認定當事人無受拘束之意思者，則不受拘束。

❸　Restatement (Second) of Contracts § 43.

❹　2 Ch. Div. 463 (1876).

訴法院則指出，要約的撤回並不以明示為必要，反之，契約的成立，應以承諾當時要約是否繼續存在為前提。倘被要約人已明知要約人無意與其訂定契約，其法律上的效果，無異於要約人直接告知要約的撤回。Dickinson 到 Dodds 住處遞送書面承諾，及隔日兩次送交複本，均係因其明知 Dodds 無意訂定契約，而試圖促使契約成立的作為。被要約人的明知等同於撤回要約的通知已到達，是以，Dickinson 為承諾時，要約已不存在，自無契約的成立。筆者以為本案既已約定要約效力終止時間，宜視其為確定的要約 (firm offer)，亦即，在期間內要約人不得撤回要約，據此，原告（被要約人）Dickinson 於期間屆至前為承諾，理當具有契約成立的法律效果。

有關前揭㈡要件「撤回的通知必須到達被要約人」乙節，倘為對公眾提出的要約（如：懸賞廣告），則以公告為已足 **㉟**。例如 Shuey v. United States **㊱** 乙案，西元一八六五年四月二十日聯邦政府於報紙刊登懸賞廣告，凡提供有關 John Surratt 訊息者，可得二萬五千美元。同年十一月二十四日，當時的總統 Andrew Johnson 又發布公告撤回前揭懸賞廣告。原告不知懸賞已撤回，仍於一八六六年四月將所知訊息提供予美國駐羅馬領事（該領事亦不知懸賞撤回乙事），Surratt 嗣遭教皇政府 (Papal government) 逮捕。Shuey 因此獲得一萬元獎賞，惟 Shuey 要求前揭二萬五千元懸賞金，因此提起訴訟。聯邦最高法院指出，對大眾提出的要約，得以相同的方式撤回要約，除非行為人已信賴該要約而有所行為。本案系爭要約業於西元一八六五年十一月撤回，Shuey 至隔年四月方提供訊息，斯時要約已不復存在，故 Shuey 不得要求懸賞之報酬。然而，法院亦有以案情與 Shuey 乙案不符，而未適用其原則者。如 Long v. Chronicle Publishing Co. **㊲** 乙案，被告刊登一則比賽的廣告，惟於比賽結束前一週，又公告改變比賽規則。倘依原規則，原告可得第二名的獎項，依新規則，原告得第三名獎項。法院指出，被告的新規則並不適用。因本案中，參與者並非廣泛大眾，而係極為有限

㉟ Restatement (Second) of Contracts § 46.

㊱ 92 U.S. 73, 23 L.Ed. 697 (1875).

㊲ 228 P. 873 (1924).

的少數人，被告應個別通知其新規則，不得以公告為之。

第四款　任一造死亡或喪失行為能力

無論要約人或被要約人，任何一造死亡或喪失行為能力，都將使承諾的權力喪失 ❸。倘係因被要約人死亡等，致承諾權力喪失，對要約人而言，較無公平性之爭議 ❸。然而，若係要約人死亡等事由，無論被要約人是否知悉，承諾權力均予中止，則其公平性較值得商榷。因其破壞了擬承諾該要約之被要約人的合理期待。是以，在適用上不得過度擴張，一般僅適用於自然人個人的行為，若為公司、組織或政府，則無前揭規則之適用 ❹。

在少數要約人為自然人的案件中，法院仍肯定契約的效力。如西元一九七一年 Swift & Co. v. Smigel ❹ 乙案，Joseph Smigel 向原告 Swift 提出要約，就原告 Swift 賣給 Pine Haven 公司的貨物價款擔保。在 Swift 未能承諾前，Joseph 經法院宣告為無行為能力人 ❹，Swift 在不知情的情況下，運貨至 Pine Haven 公司，Joseph 於西元一九六七年十一月過世。Pine Haven 於同年十二月聲請宣告破產。Swift 向 Joseph 的兒子（即 Joseph 的遺產管理人）要求給付價款遭拒，遂提起訴訟，要求賠償「期待利益」(expectation damages)，下級法院判決被告勝訴。Swift 上訴，法院認定 Swift 與 Joseph 的契約有效。法院於判決中，對要約因要約人被宣告無行為能力而無效乙節予以嚴厲批評；並指出，倘被要約人於行為時，並不知道要約人已成為無

---

❸ Restatement (Second) of Contracts § 48. 不同於我國民法第九十五條第二項：表意人於發出通知後死亡、喪失行為能力或行為能力受限制者，其意思表示不因之失其效力。

❸ 按，於要約有效期間內，被要約人原本亦可能拒絕承諾，致契約無從成立，此與被要約人之死亡等致承諾權力喪失，契約未成立，對要約人而言，結果並無二致。亦即，對要約人並無不公平之情事。

❹ Melvin Eisenberg, *Symposium: The Revocation of Offers*, 2004 Wis. L. Rev. 271, 305 (2004).

❹ 115 N.J.Super. 391, 279 A.2d 895 (1971) *aff'd* 60 N.J. 348, 289 A.2d 793 (1972).

❹ 相當於我國法之禁治產人。

行為能力人，則應肯定其契約效果，至於補償金額應以信賴賠償金 (reliance) 為限，而不得以期待利益的賠償金計算。

　　然而，儘管如此，多數案例中，法院仍以要約人的死亡或喪失行為能力認定承諾的權力喪失❸。主要理由為，以自然人為要約人者，多僅因該特定要約人得履行之行為，或僅對其本人有實益，倘要求其遺產管理人或監護人履行契約，可能無從履行或並無實益❹。論者 Craswell 認為：雖然多數要約人均不希望所為的要約於身後仍然有效；惟，為了提高雙方的期待利益，要約人可能向被要約人提供某種擔保，確保要約不因要約人的死亡而失效❺。Craswell 並指出許多案例中，法院之所以認定要約因要約人死亡或喪失行為能力而失效，係因該些案例中，被要約人並未信賴要約的存在❻。然而，縱令法院認定要約仍存在，且因被要約人的承諾而生效，原告所得要求的賠償亦僅及於信賴所產生的損害，而不及於期待利

---

❸　請參閱 Eisenberg, *supra* note 40, at 307 n. 102. 例如：Beal v. Beal 乙案中，被告 Cecelia Beal 的先生 Calvin 和原告 Carlton Beal 係堂兄弟。Cecelia 與 Calvin 和 Carlton 訂了一份選擇權契約，雙方以一百元作為約因，Carlton 得於約定期間內決定是否購買 Cecelia 與 Calvin 所共同擁有的一塊土地，價金約定為二萬八千美金。該契約經過兩次的展期，第二次係於西元一九七五年，雙方以完全相同的條款，同意選擇權契約延至西元一九七九年二月。Calvin 嗣於西元一九七七年去世。Carlton 於西元一九七八年通知 Cecelia 擬購買土地的決定及履約的期限。Cecelia 拒絕，Carlton 遂提起告訴，要求強制履行契約。馬里蘭州上訴法院認定本案並無契約存在，理由有二：㈠選擇權契約本身僅以一百元為約因，不符合對價，故該契約無效，是以兩造僅存在單純的土地販售的要約。㈡當 Calvin 死亡時，因係要約人一造死亡，故要約效力中止，承諾權力亦隨之終止。291 Md. 224, 434 A.2d 1015 (1981).

❹　Eisenberg, *supra* note 40, at 307; Richard Craswell, *Offer, Acceptance, and Efficient Reliance*, 148 Stan. L. Rev. 481, 515～516 (1996).

❺　Craswell, *id.* 是以，法院不宜貿然以要約人死亡或喪失行為能力而認定要約失效，倘該要約令被要約人產生信賴（此時，該要約亦多有利於要約人者），則應認定要約仍屬有效。

❻　Craswell, *supra* note 44, at 516.

益**❹**。此亦可證諸於前揭 Swift 乙案。

第四項　不得撤回的要約

不得撤回的要約 (irrevocable offer)，即要約人不得自行撤回要約，以中止被要約人承諾的權力。

不得撤回的要約主要有下列數種：㈠約因已給付者 (consideration has been given)；㈡允諾禁反言 (promissory estoppel) **❹**；㈢確定的（或不得更改的）要約 (firm offer) **❹**；㈣開始履行的單邊契約 (beginning of performance of unilateral contract) **❺**；㈤未保留的拍賣 (auction without reserve) **❺**。

第三節　承　諾

承諾，係指被要約人表達其願意接受要約內容的行為。有效的承諾構成契約的成立。承諾本身必須明確 (unequivocal)、不附帶條件 (unconditional) 且不附加限制 (unqualified) **❺**。承諾權力的效力僅及於被要約人，是以，僅被要約人得為承諾 **❺**。

---

❹　請參閱 Eisenberg, *supra* note 40, at 307.

❹　Restatement (Second) of Contracts § 87.

❹　依普通法，即使要約人允諾不撤回要約，仍得撤回；除非被要約人給付約因或已信賴要約而有所行為。然而 U.C.C. 則規定雙方當事人得有確定的要約，縱令無約因的給付。惟 U.C.C. § 2–205 之適用前提為：要約人須為商人 (merchant)、要約係以書面為之，內容包含要約不予撤回之事項，且不予撤回的期限不得逾三個月。

❺　Restatement (Second) of Contracts § 45 ⑴.

❺　相對於「保留的拍賣」，「未保留的拍賣」程序中，拍賣係要約的行為，出價最高者為承諾而當然得標，拍賣人不得中途撤回要約。

❺　承諾本身不明確，將難以認定其係對特定要約所為者；任何附加條件或限制之承諾，均將視為拒絕要約，而另為新的要約。我國民法第一百六十條第二項亦有相關規定。

❺　Restatement (Second) of Contracts § 52.

第一項　承諾的提出暨效果

承諾提出的方式，因要約所擬訂定者為單邊契約或雙邊契約而異。

單邊契約中，承諾的方式為履行要約所要求的行為，包括作為與不作為。依傳統普通法，倘行為人尚未知悉要約的存在，即已開始行為，縱使完成，亦將使其行為無法構成有效的承諾。其意旨為，要約必須到達被要約人始生效力，使被要約人有承諾的權力，要約既未到達被要約人，即無從使對方擁有承諾的權力，其行為雖符合要約的內容，主觀上卻非為履行承諾而為，故然。例如，A 刊登懸賞廣告尋找愛犬，凡找到 A 所走失的愛犬（特徵……），可獲贈美金三百元以表謝意。B 發現一隻狗，狗牌上有主人姓名、電話，經朋友告知有懸賞廣告，而將狗送到 A 住處，並要求報酬。A 得拒絕之，因當 B 發現狗時，並不知道有懸賞廣告。近代則採不同規則，對於單邊契約的承諾，於完成行為前知悉有要約的存在即可❺❹。循前例，B 的行為當然構成承諾，縱令 B 到 A 家門口才遇到 A 的鄰居 C，告知有懸賞廣告，B 的行為仍為承諾。此意旨在防止要約人的不當得利 (unjust enrichment)。

雙邊契約中，承諾，以允諾的提出為已足❺❺。例如：A 向 B 提出一項買賣的要約，B 答覆他的意願即可，而毋須實際進行交易。答覆的方式，亦即承諾的提出，採發信主義 (dispatch rule or mail box rule)。一旦載有承諾的信發出，縱令要約人尚未收到，承諾即已生效。依傳統普通法，承諾發出的方式為要約人所指定的方式或要約的傳達方式 (authorized means or the way the offer was made)。U.C.C. 則進一步採取更合理的方式，即只要為合理的方式 (reasonable means) 即可。

單邊或雙邊契約的區別，關係契約的成立方式，影響其契約的效果，例如，西元一九三四年 Davis v. Jacoby❺❻乙案。案中，一名老先生寫信給他的姪女：「我年事已高，需要有人幫忙處理事務，妳和妳先生若願意過來照

---

❺❹　Restatement (Second) of Contracts §§ 50⑵ & 51.

❺❺　Restatement (Second) of Contracts § 50⑶.

❺❻　1 Cal.2d 370, 34 P.2d 1026 (1934).

顧，我和我太太死後，願將所有財產留給你們，請儘速回覆 (let me hear from you as soon as possible)」。姪女在四月十四日收到信後隨即回覆：「我們將在四月二十五日前到達。」老先生在四月二十二日自殺身亡。姪女與其先生仍依約到達，照顧老太太直到老太太死亡（同年五月三十日）。老先生及其太太並未預立遺囑將財產留給姪女及姪女婿。後者提起訴訟，主張其基於與老先生間的契約，而應擁有全部遺產。被告（遺產管理人）主張系爭契約係單邊契約，原告須履行約定行為方為承諾，僅口頭或書面的承諾並不足以成立單邊契約；再者，要約人或被要約人的死亡，將使要約中止其效力。本案中，老先生於四月二十二日死亡時，要約即已中止，原告至四月底才開始照顧老太太，此時，已非承諾之行為，自無契約之存在。原告則主張系爭契約為雙邊契約，故承諾以口頭或書面均可，原告於二十二日前已回信，為有效的承諾，契約便已成立。法院採原告的主張，認定系爭契約為雙邊契約，判決原告勝訴。另案 Klockner v. Green ❺ 中，原告 Richard 與 Frances Klockner 係父女，他們與 Edyth 分別為繼子與繼孫女的關係。在 Edyth 生前，原告父女對其極盡為人子女應盡的照護。Edyth 與其律師商討重擬遺囑將財產留給原告父女乙事，並向原告父女提及：若渠等仍願意如過往照護她，她願將所有財產留給他們。Edyth 又再度通知其律師，後者擬好遺囑（將財產留給原告父女）寄予 Edyth，但並未正式簽署，因 Edyth 認為訂立遺囑是不祥徵兆。迄 Edyth 過世（西元一九六六年）仍未簽署，而當時仍存在的有效遺囑係西元一九四〇年 Edyth 與其先生共同立的遺囑。依該份遺囑，原告父女無法得到任何財產，因此提起本件訴訟。原告父女於原審法院中亦表明縱令 Edyth 未答應留財產予他們，他們仍會照護她。原審法院及上訴法院據此以及「防止詐欺條例」而判決原告敗訴。紐澤西州最高法院廢棄下級法院判決，認定原告與 Edyth 間存在有效的契約。理由為：㈠原告父女與 Edyth 討論過後，仍繼續照護 Edyth 的行為已含有接受 Edyth 要約的意思，縱令原告表明沒有 Edyth 的要約，仍會照護她，此不足以否定其接受要約的意圖。㈡防止詐欺條例並不適用於一造已履行的

---

❺　54 N.J. 230, 254 A.2d 782 (1969).

口頭契約。

第二項　沈默之視為承諾

沈默 (silence) 有時被視為承諾，主要情形如下 ❺❽：㈠接受服務 (acceptance of service)；㈡交易前例 (course of previous dealings)；㈢要約的內容指明沈默即承諾。

接受服務之為承諾的要件有二：⑴被要約人有充分的機會拒絕；⑵一般人相信該項服務是需要報酬的。則當被要約人接受服務仍保持沈默，將視為其同意該要約。如 Lowsville Tin & Stove Co. v. Lay ❺❾乙案中，被告 Lay 經營一家雜貨店，她的先生另經營一家電器行。Lay 先生向原告訂了一批貨，並指定送貨到 Lay 太太的雜貨店。Lay 太太接獲通知貨物已運到鐵路倉庫時，令車夫前往領貨，並將其送到 Lay 先生的電器行。原告要求 Lay 太太付款遭拒，遂提起訴訟。法院判決原告勝訴，指出被告既未拒絕收受貨物，更進而支配貨物的運送，自須承擔給付價款的責任。

交易前例，係指當事人過往交易方式即如此，不需明示的承諾，則依其先例。如 Ammons v. Wilson & Co. ❻⓿乙案，原告 Ammons 向被告 Wilson 公司的推銷員下訂單購買奶油。逾兩週，Wilson 公司仍未運貨予原告。依往例，Wilson 公司於接獲訂單後未予回覆即於一週內交貨。法院指出依兩造間的交易前例及模式，沈默等同於承諾。是以，倘被告 Wilson 公司不接受訂單，應通知原告其立場，否則構成違約。反之，若非交易前例，沈默不視為承諾。Vogt v. Madden ❻❶乙案中，原告 Vogt 與被告 Madden 分別於西元一九七九年、一九八〇年訂定契約，由 Vogt 在 Madden 的土地上種植

---

❺❽　Restatement (Second) of Contracts § 69 ⑴. 我國民法第一百六十一條明定依習慣或事件性質，承諾無須通知者，在相當時間內有可認為承諾之事實時，其契約為成立；又要約人要約當時預先聲明承諾無須通知者亦同。

❺❾　251 Ky. 584, 65 S.W.2d 1002 (1933).

❻⓿　176 Miss. 645, 170 So. 227 (1936).

❻❶　110 Idaho 6, 713 P.2d 442 (1985).

農作物。西元一九八〇年，雙方又會見，Vogt 談及西元一九八一年的種植計畫，被告當時未置可否 ❷。當 Vogt 開始西元一九八一年的種植計畫，被告 Madden 告知已將土地租予他人種植，Vogt 遂提起訴訟。原審法院陪審團作成原告勝訴的審判，被告須賠償一萬八千多元予原告。Idaho 上訴法院廢棄下級法院有關一九八一年違約的賠償金部分。理由為：雙方並未就西元一九八一年的種植計畫訂定契約。依其過往交易，均訂有契約，是以被告於原告提及一九八一年種植計畫時，所保持的沈默不得視為承諾。

倘要約人已明白指定沈默即承諾，則沈默亦將視為承諾。

第四節　約　因

約因的重點，在於契約對價關係的重要性，對價的欠缺或不足，原則上均無法成立有效的契約。

西元一八九一年 Hamer v. Sidway ❸ 乙案，叔叔告訴他的侄子，只要他在二十一歲以前，不抽煙、不喝酒，沒有任何不良嗜好，他願給侄子五千元美金。侄子確實做到叔叔的要求。叔叔後來死亡，但未留下五千元給他。侄子向叔叔的遺囑執行人提起告訴，要求根據他與叔叔的契約得到五千元美金。被告主張：此契約中雖有要約與承諾，惟欠缺約因，因為侄子在此契約中並無任何損失，反而得到健康的身體；倘又可得到一筆錢，相對於叔叔做此要約並未得到任何利益，此項「契約」欠缺「對價」。法院認為，犧牲法律所賦予或法律所未禁止的權益，即為法律上的損失 (legal detriment)，本案中，抽煙、喝酒非法律所禁止的行為，侄子為遵守約定而未為之，即屬法律上的損失；至於叔叔本身是否得到任何利益，則在所不問。是以，本案契約有效，原告可得到五千元美金。

Cardozo 法官於西元一九二七年於 Allegheny College v. National Chautauqua County Bank ❹ 乙案中以下列三項要素，說明約因的考量標準：

---

❷　此部分事實，雙方有爭議，惟陪審團採信原告的說詞。

❸　124 N.Y. 538, 27 N.E. 256 (1891).

❹　246 N.Y. 369, 159 N.E. 173 (1927). 此案源於 Mary Yates Johnston 應允原告

㈠事實顯示被要約人遭受法律上的損失 (offeree suffers a legal detriment)；
㈡法律上的損失導致允諾的做成，亦即，為使法律上的損失發生，而做成允諾 (detriment must induce the promise)；㈢允諾誘使法律上的損失發生 (the promise must induce the detriment)。

第一項　欠缺約因或無效約因

如前所言，欠缺約因、約因不足或無效，均將使契約歸於無效。欠缺約因如贈與，無效的約因如過去的或道德的約因。

第一款　欠缺約因

贈與的允諾 (gift promise) 中，被允諾人 (promisee) 或被要約人並未遭受任何損失，不符約因要件，是以，欠缺約因，縱使為附條件的贈與 (conditional gift) 亦不視為約因。例如 Kirksey v. Kirksey❻❺乙案，被告得知其兄長過世的消息，寫信給其兄嫂：「很遺憾我的兄長過世，我願意協助妳和姪子們的生活，我願提供房子給你們住，照顧你們，但你必須和姪子們到我這裏來 (you have to come to see me first)。」其兄嫂處置了地上權屬於政府的房子（她原本有機會購得該地上權，但為去找小叔而放棄），兄嫂帶著子女們，長途跋涉到被告的住處。被告原提供不錯的住所給兄嫂，但兩年後，便將其置於較差的木造房子。最後，被告要求其兄嫂、姪子、姪女等搬離住處，拒絕再提供任何資助。其兄嫂遂提起本件訴訟。被告主張，此

Allegheny College 於死後自其財產中捐贈五千美元予該校，條件為原告須以該五千美元設立「Mary Yates Johnston 紀念獎學金」。Johnston 於生前即已先捐贈其中的一千美元，原告亦依約定設立獎學金，惟，嗣後 Johnston 撤回其允諾。Johnston 去世後，原告對 Johnston 的遺囑執行人提起本件訴訟，要求給付四千美元。Cardozo 指出本案雖屬贈與之允諾，惟，原告 Allegheny College 依約定設立以 Johnston 為名的獎學金乙節已構成充分的約因，使 Johnston 須受自己的允諾的拘束，不得撤回。Cardozo 另附帶提及爾後類似案例應可適用「允諾禁反言」。

❻❺　8 Ala. 131 (1845).

為贈與，欠缺約因，故為無效的契約，法院採被告的主張。法院指出，被告要求原告須到其住處找他，此係附條件的贈與，而非有效的約因，因此判決原告敗訴❻❻。

第二款　無效約因

　　無效的約因，如過去的約因或道德的約因 (past or moral consideration)。如 Mills v. Wyman❻❼乙案，被告 Wyman 的兒子（二十五歲）出遊在外病倒，經原告 Mills 幫忙、救助、照料始復原，被告知道後，寫信告訴原告願支付原告照顧其兒子的所有醫療費及其他花費。嗣後，被告拒絕給付，原告告其違反契約。法院判決被告勝訴，指出，本案原告為照顧被告的兒子，固然有「損失」，但其損失的發生，在被告提出允諾之前，屬於「過去的約因」，不符「損失必須因允諾而發生」的原則，被告亦係基於道義而做允諾，故亦屬「道德約因」，無論何者，均非有效的約因，因此，本案並無有效的契約❻❽。

　　是以，倘債務人允諾償還時效已消滅的債務，亦屬道德約因而無效。然而，基於公平原則，法院就道德約因，已改變其立場，而認定契約於要約人所受利益範圍內為有效，如前揭時效消滅的債務及要約人受有利益、被要約人受有損失之情事。例如 Webb v. McGowin❻❾乙案中，原告是一名工人，負責在建築工地將卸下的建材集中運送，出事當天，他正在工地二樓將木頭丟下樓。當他要將木頭往下丟擲時，發現 McGowin 正走到建材要丟置的地點，原告為避免傷到 McGowin，企圖改變方向，結果連人帶木頭摔到地面，造成終生癱瘓。McGowin 感謝原告的救助，答應提供原告終生的生活費，以每兩週給付十五美元的方式為之。McGowin 後來死亡，遺囑

❻❻　依美國契約法律整編，予以被允諾人 (promisee) 的利益係一項贈與或允諾人並未有不當得利 (unjust enrichment) 之情事者，該允諾不具拘束力。Restatement (Second) of Contracts § 86⑵⒜.

❻❼　20 Mass. 207 (1825).

❻❽　法院指出倘被告兒子尚未成年，則基於被告對兒子有法定扶養義務，本案判決將會不同。

❻❾　27 Ala.App. 82, 168 So. 196 (1935).

執行人給付一段時間後，拒絕給付。原告提起告訴。被告主張 McGowin 的允諾欠缺約因，充其量僅有道德約因，係無效的約因，法院判決原告勝訴，指出本案確係道德約因，然而權衡 McGowin 所得到的利益係生命，並非單純經濟上的利益，相對於原告的損失——終生癱瘓；足以使 McGowin 之道義上的責任成為有效的約因。

同理，有關時效消滅的債務，倘債務人自行允諾給付，則其允諾將使其不得再行主張時效消滅，而應依允諾給付之，俾避免不公平 (injustice)❼⓿。另案 Harrington v. Taylor❼❶，被告毆打太太，致後者躲到原告家中，被告又到原告家中擬毆打他太太，遭到後者以斧頭將其擊昏進而要砍其頭部，原告為阻止該事故，而去搶斧頭，卻因此遭斧頭砍傷手部致殘廢，但因此救了被告一命。被告口頭允諾賠償其傷害，但僅付了小額賠償金後便中止，原告遂提起訴訟。法院判決本案契約不成立，理由為：原告所為係基於人道立場的自發性行為，不足以成立有效的約因使其得以求償。筆者則以為，無論依 Webb 案或美國契約法律整編❼❷，本案原告所受傷害及被告所得到的利益，均足以成立有效約因。

約因的不足 (inadequacy of consideration) 亦使契約無效。惟約因是否足夠，應取決於訂定的時點，而非契約履行完成的時點。例如 Tuckwiller v. Tuckwiller❼❸乙案，Flora Morrison 告訴原告，倘後者願辭去工作，服侍她到死亡為止，她願將所有財產留給原告。原告答應，辭去工作，細心照顧 Flora，數週後，Flora 病逝，其間 Flora 因病未來得及更改遺囑。原告要求遺囑執行人將 Flora 所有財產移轉給她而被拒。原告提起訴訟，被告主張，本案中契約欠缺足夠的約因，相較於 Flora 龐大的財產，原告只提供了數週的服務，不符合對價關係❼❹。法院判決原告勝訴，指出，依訂約當時，原告與

---

❼⓿　Restatement (Second) of Contracts § 86 (1).

❼❶　225 N.C. 690, 36 S.E.2d 227 (1945).

❼❷　Restatement (Second) of Contracts § 86 (1).

❼❸　413 S.W.2d 274 (1967).

❼❹　Restatement (Second) of Contracts § 86 (2) (b).

Flora 均無法預見 Flora 可存活多久，倘 Flora 再活三十年，原告亦得侍奉她三十年方可得到其全部財產。因此，以服務另一人一輩子換取所有的財產，是一項符合對價的約因。其中，雙方都各承擔了風險，一為服務許久才可得到財產，另一為得到短暫的服務，而須給付所有的財產。

第二項　允諾的禁反言

禁反言者，對於已做過的陳述，事後不得再自行推翻其陳述，此為重要的衡平原則之一。「允諾禁反言」(promissory estoppel)，則指已做成的允諾，事後不得反悔。此適用於欠缺約因的特定情形。

允諾禁反言的適用，必須符合下列要件：㈠合理的信賴 (justifiable reliance)——被允諾人之信賴允諾人是合理的，一般人站在被允諾人的立場，均會產生此種信賴。㈡不執行將導致不公平的發生 (injustice would result without enforcement)——所謂的不公平，係指會有重大經濟損失 (substantial economic loss)。符合此二要件，縱使欠缺約因，法院仍基於衡平原則，強制允諾人履行其允諾，或賠償未履行所造成的被允諾人的損失。如 Wheeler v. White ❼❺乙案，原告擁有一塊土地，上有一棟房子價值五萬八千元。被告建議原告拆掉房子改建購物中心，被告一再慫恿，並允諾為其籌措七萬元興建購物中心。雙方並寫了書面協議。原告拆掉房子後，被告拒絕借錢或幫忙籌措經費。原告提起告訴，主張被告違約。被告主張，他們之間的約定，未談及利息，亦未令原告有任何損失，被告更未有任何利益的取得，因此欠缺約因，自非有效的契約。法院判決原告勝訴，指出，本案確如被告所主張，欠缺約因，然而，被告積極的態度使原告信賴其允諾，更將價值五萬八千元的房子拆掉，倘若被告不需信守承諾，將使原告損失五萬八千元，此乃重大的經濟損失，基於允諾禁反言原則，被告應遵守其允諾，否則須負損害賠償責任。

又如 Pitts v. McGraw-Edison Co. ❼❻案原告從事廠商代理工作，原告與

---

❼❺　9 Tex. Sup. J. 105, 398 S.W. 2d 93 (1965).

❼❻　329 F.2d 412 (6th Cir. 1964).

被告間的代理契約約定，任何一方有權隨時中止契約，原告得同時代理其他業者，惟原告從未如此做。在長時間合作關係後，被告告知原告，因後者年事已高宜退休，被告擬另與他人從事代理契約，惟日後將於每筆交易中撥百分之十的佣金予原告，以酬謝其長時期的貢獻。爾後五年內，被告確實依其允諾支付每筆買賣的百分之十佣金予原告。惟，五年後便停止支付。原告主張，被告違約及允諾禁反言。法院判決被告勝訴，指出，本案欠缺約因，毋庸置疑，原告之信賴被告的允諾縱使合理，原告並不致因被告拒絕履行而遭受任何損失（因原告原已於五年前退休），是以，本案無法適用允諾禁反言。

第三項　不法交易

不法交易 (illegal bargaining) 係指從事違反法律或法律所禁止的行為，此等行為不生法律上的效果。如：㈠違反公共政策 (public policy)——如賭博等。㈡限制商業的行為 (restraint of trade)——如獨占 (monopoly)。㈢高利貸 (usury)——涉及高利貸的契約，如借貸契約中，利息的訂定高於一般合理的利率，例外如買賣分期付款契約中的「加速條款」(acceleration clause)❼。㈣阻撓司法的契約 (contract tending to interfere with the course of justice)——例如行賄法官、陪審員或證人等。

第五節　防止詐欺條例

防止詐欺條例，源自英國西元一六七七年所制定的同名條例，其意旨在藉由特定形式的契約訂定，防止詐欺行為的發生。然而，有時卻成為契

---

❼　所謂加速條款，係指，買方於按期繳交分期付款時，倘有一期未如期繳納，即視為在此之後的期數一併到期，買方若無力繳納，即視為違約。買賣標的物之所有權原本即由賣方持有，此時，更可向買方取回標的物。分期付款的金額，本亦考量賣方所需的利潤，及買方的付款能力，例如：一部車總價六十萬，分期付款，一月一期，每期約一萬元，倘買方已付款十五萬，第十六期因故無法給付，則所餘四十五萬元，視為均已到期，形同高利貸，對買方而言，是項沈重的負擔。

約當事人拒絕履行契約的藉口。U.C.C. 亦採行，列入於條款中。

第一項　適用條例的契約

　　適用防止詐欺條例的契約，依傳統普通法主要有 ❼⃝❽⃝：㈠遺囑執行人或遺產管理人承擔死者生前的義務 (executor-administrator answers for a duty of his decedent)——如死者生前債務等。㈡擔保 (suretyship)——為他人的債務或義務的擔保 (a contract to answer for the debtor duty of another)，如：A 欠 B 一筆錢，C 願意向 B 擔保 A 的債務償還，C 與 B 之間須有擔保契約的存在，且 A 必須知情。㈢與不動產有關的契約 (land contract)——有關土地利益 (any interest in land) 的買賣，包括不動產買賣及租賃交易。㈣一年期以上的契約——凡契約自簽訂後 (from making) 無法於一年內完成者，均屬之。能否於一年內完成，取決於訂約當時。例如，A 答應照顧 B 至其死亡，以取得 B 所有財產，此契約並不適用本條例，因為 B 可能在一年內死亡。同理，A 受僱於 B，為終身僱傭契約，此亦不受制於本條例，因 A 可能在一年內死亡。換言之，必須於訂約當時，相當確定不可能於一年內履行完成者。例如：A 與 B 於二月一日訂約，訂定一年期的僱傭契約，A 將於四月一日開始工作，此契約無法於二月一日起算一年內完成，依防止詐欺條例，須以書面為之，否則不具強制力。

　　除此，U.C.C. 又明定特定交易之適用防止詐欺條例，如㈠ U.C.C. § 2–201——商品出售價值逾美金五百元者屬之。㈡ U.C.C. § 8–319——有價證券的買賣無論價格多少，均屬之。㈢ U.C.C. § 1–206——商品、有價證券以外之動產買賣逾五千元者，屬之，如無體財產 (intangible property)。㈣ U.C.C. § 9–203 ⑴ ⒜——非由債權人持有的動產、伐木等證券利益的投資暨維護契約。

---

❽⃝　防止詐欺條例，早期亦及於約因的給付作為婚約的訂定，例如：A 告訴 B：若妳願意和我結婚，我將給妳一百萬美金。亦即，有關一百萬元給付的部分，須以書面約定之。此規定現已廢除。

第二項　法律效果

依防止詐欺條例，前揭第一項之各契約，均須以書面為之，違反此要件者，契約仍為有效契約；惟缺乏強制的效果，亦即，倘契約當事人之一造拒絕履行，另一造無法告其違約，主張強制其履行或違約之損害賠償。

違反防止詐欺條例，性質上屬於「確認的抗辯」(affirmative defense)，當被告因違約遭起訴時，被告必須自行提出「違反防止詐欺條例」的抗辯，倘被告疏忽而未提出，法院將仍就契約效力予以認定，倘契約要件符合，仍將要求被告履行契約，或賠償原告的損害。

然而，基於衡平原則，防止詐欺條例於適用上有下列例外情事：㈠已履行完成的契約 (completely executed)──條例僅適用於未履行的契約 (executory contract)，倘雙方已履行完成，任一造不得以違反本條例為由，要求回復原狀、返還價金、標的物等。㈡兩項以上的債權債務關係存在，債務人償還一筆錢，未指明那一項債權債務，則認定上會將其視為償還屬本條例適用的契約。㈢嗣後的備忘紀錄 (subsequent signing of a memorandum)──契約訂定後，另簽署備忘紀錄，倘紀錄符合下列要件，當可使契約具備完善的效力：⑴書面文件；⑵經雙方簽署；⑶文件內容顯示(a)契約的標的；(b)契約訂立時間；以及(c)未履行的允諾的主要條件暨事項。㈣衡平禁反言 (equitable estoppel)──基於衡平原則，法院對於已部分履行 (partial performance) 的契約，傾向於認定其有效且具強制力。其要件為⑴契約已履行一部分，且確係依該契約而為者；⑵法院將為有利於要求強制履行的一造的判決。㈤有關 U.C.C. 中商品的買賣，有下列情事之一，亦認定契約具強制力：⑴價金已給付並經收受；⑵商品已寄送並經收受；或⑶被告已自行承認買賣契約的訂定。

第六節　錯　誤

契約的訂立倘因錯誤所致，則該契約為效力未定、得撤銷的契約，倘因解釋上的錯誤，則可能因雙方意思表示不一致，而使契約無效。

錯誤 (mistake) 的發生，可能於一造或兩造，無論何者，均使契約成為效力未定，得撤銷的契約。

錯誤的類型有四：共同的錯誤 (mutual mistake)、一方的錯誤 (unilateral mistake)、抄寫的錯誤 (mistake in transcription) 及誤解 (misunderstanding)。

第一項　共同的錯誤

共同的錯誤，係指契約當事人對契約標的或客觀條件有共同認知上的錯誤，致使契約成為得撤銷的契約，亦即，因錯誤致受不利影響的一造得撤銷契約。惟，必須符合下列要件 **❼**：㈠基礎的認知 (basic assumption)——錯誤的內容須為契約訂定的基礎。㈡重大影響 (material effect)——對約定交易的履行有重大影響。㈢撤銷契約的權利 (the right to rescind the contract)——撤銷契約的權利屬於受不利影響的一造 (adversely affected party)；以及㈣錯誤的風險 (risk of mistake)——擬撤銷契約的一造，必須毋須承擔錯誤的風險。

所謂承擔錯誤的風險，係指因其過失或其他事由，致須由其承擔錯誤所造成的不利結果而言，主要有下列三種情形 **❽**：㈠契約中雙方約定由特定一造承擔錯誤風險；㈡訂定契約時，一造明知對契約相關事實認知有限；或㈢法院考量客觀環境，認定宜由其中某一造承擔錯誤風險。

Dover Pool & Racquet Club, Inc. v. Brooking **❾**乙案中，兩造訂定買賣土地的契約，買方希冀開發土地，建造一所非營利的休閒場所，包括游泳池、網球場等。雙方不知市府地區規劃委員會已公告將就土地座落的地區部分變更用途、不得建蓋任何遊樂設施乙事舉行公聽會。法院判決買方得撤銷契約。雙方對土地的用途均有錯誤的認知，此影響契約甚鉅；因買方無法依其訂約的意圖使用該土地，對其有極不利的影響；再者，前揭錯誤均非雙方所能預期，故雙方不須承擔錯誤的風險。據此，買方有權撤銷契約。

---

❼ Restatement (Second) of Contracts § 152.

❽ Restatement (Second) of Contracts § 154.

❾ 366 Mass. 629, 322 N.E.2d 168 (1975).

第二項　一方的錯誤

僅一方認知的錯誤，往往即為受不利影響的一造，其得否撤銷契約，有較嚴格的條件❷：㈠認知的錯誤係契約訂定的基礎；㈡錯誤對契約的效力有重大影響；㈢撤銷契約的權利——此權利仍歸受不利影響的一造；㈣風險的承擔——有權撤銷契約的一造，須毋庸承擔錯誤的風險；及㈤(1)契約的執行是不公正的 (unconscienable)；或(2)對造明知他方有認知上的錯誤或錯誤係由對造所造成。例如 Drennan v. Star Paving Co.❸乙案中，原告 Star Paving Co. 係承包商，它先向下游承包商詢價以便參加大型工程的投標。被告 Drennan 係被詢價的下游承包商之一，Drennan 告知原告，其負責的工程部分需 7,131.5 美元。原告根據 Drennan 的報價參與投標而得標。Drennan 嗣後發現錯誤，告知原告需 15,000 美元方得施工。原告要求 Drennan 履行契約，並另向其他業者詢價，所得最低價格為 10,948.6 美元。原告在 Drennan 拒絕履行契約後，對其提起告訴。法院判決原告勝訴，指出，本案係一方的錯誤，而錯誤係因 Drennan 所致，故應由渠等承擔錯誤風險。既然如此，Drennan 便無權要求撤銷契約，契約有效。Drennan 既違約便應給付原告的損失——3,817 美元。

第三項　抄寫的錯誤

抄寫所致的錯誤，須符合下列要件，始可撤銷：㈠契約尚未履行；㈡錯誤是重大的 (vital or substantial)；及㈢錯誤係因抄寫或計算所致。然而縱令契約的一造當事人已履行部分契約，倘書寫錯誤的一造得以證明訂約當時雙方的確切約定，法院將允許其依當初約定內容予以修訂。如 Columbian Nat'l Life Ins. Co. v. Black❹，聯邦第十巡迴上訴法院指出年金保險契約在

---

❷　Restatement (Second) of Contracts § 153.

❸　51 Cal.2d 409, 333 P.2d 757 (1958).

❹　35 F.2d 571 (10th Cir. 1929). 此案係因保險公司在年金保單背面將一般壽險保單價值 (ordinary life policy value) 的 3,040 元誤植為一萬元。要保人係依一般

保險公司接受要保人申請時已成立，即使保險公司在契約成立二十年後始發現錯誤，仍得予以修訂。又如 Travelers Ins. Co. v. Bailey ❽乙案中，佛蒙特州 (Vermont) 最高法院亦指出保險公司既已證明三十年前雙方訂約時的真正約定，且要保人應可知曉不可能有該等錯誤的保險契約，自應允許保險公司修改保單內容。

第四項　誤　解

　　誤解的發生，係因雙方對契約內容的解釋不一致所致，至解釋的結果，可能兩造均合理，或僅一造合理，此將影響契約的效力。

　　兩造對契約內容的解釋不一致，且僅其中一造解釋合理，則法院將依提出合理解釋的一造的意圖為判決。例如：Embry v. Hargadine-Mckittrick Dry Goods Co. ❻乙案，原告 Embry 受僱於被告公司，約期將至十二月三十一日止。十二月二十三日，Embry 詢問被告老闆有關續約的問題，並說倘不續約，他必須開始另找工作。被告回答：「不用擔心，你沒問題。」(Don't worry, you'll be all right.) 原告答：「好！我知道了。」❼Embry 繼續工作，但並未簽訂書面契約。至隔年二月，被告通知 Embry 遭解聘，自三月一日起

壽險保單價值支付保費。保險公司於二十年後始發現保單上的錯誤，故而要求修正。

❽　124 Vt. 114, 197 A.2d 813 (1964). 本案被告要保人於十九歲 (西元一九三一年) 時向原告保險公司申請保險，保險的約定為保險金五千美元，被告年滿六十五歲後，保險公司將逐年支付五百美元至十年屆滿。保單於同年核發，被告便如期依約定付保費。原告保險公司雖保留雙方的約定內容但並未持有保單，而被告亦未親自持有保單，迄西元一九六一年中才首次拿到保單。保單上記載保險金的支付為每月五百元，一百個月屆滿。他人告知被告，保險公司不曾有過如此的給付方式。被告遂持單詢問保險公司，保險公司此時方知當年保單有誤。保險公司遂提起訴訟要求修訂保單內容。依佛蒙特州法律，原告須證明其原始正確的契約約定係毋庸置疑 (beyond reasonable doubt)。

❻　127 Mo. App. 383, 105 S.W. 777 (1907).

❼　有關對話內容，雙方說詞不一，惟法院採原告 Embry 說詞。

生效。Embry 遂提起告訴，主張被告違約。被告主張他們之間並無契約存在，自可隨時解聘。之前所說「不用擔心，你沒問題」是指他安慰原告另找工作沒問題；原告則認為，被告的意思是願意繼續聘用他，請他不用擔心。法院判決原告勝訴，指出一般人均會如原告作相同的解釋，而被告的主張並不合理。

　　兩造對契約內容的解釋不一致，但均合理 (equally reasonable)——此時，因雙方欠缺共同一致的意思表示，而使契約無效。例如著名的 Raffles v. Wichelhaus ❽❽。案中兩造從事一項棉花買賣，原告 Raffles 與被告 Wichelhaus 各為賣方及買方。除約定數量、金額外，並指定以名為 " Peerless" 的貨輪運送，自 Bombay 城出發送到利物浦 (Liverpool)，由原告在該地交貨予被告。雙方不知 Bombay 有兩艘名為 Peerless 的船，一艘將於十月出航，另一艘將於十二月出航。被告買方需要的是十月出航的，原告賣方以為是十二月出航。被告在十月未收到貨物，迄十二月，原告通知被告擬送交貨物遭被告拒絕。雙方的解釋均屬合理，在雙方意思不一致的情況下，契約無效。又如 Oswald v. Allen ❽❾乙案，原告 Oswald（瑞士人）係錢幣收藏家，被告 Allen 收藏有瑞士錢幣。Allen 將所收藏的瑞士錢幣集冊 (Swiss Coin Collection) 以及「稀世錢幣集冊」(Rarity Coin Collection) 中的瑞士錢幣拿給 Oswald 鑑賞。結束後，雙方決定以五萬元買賣瑞士錢幣。惟 Oswald 以為將購買到 Allen 所有的瑞士錢幣，Allen 則僅意指出售瑞士錢幣集冊、而不包括稀世錢幣集冊中的瑞士錢幣。法院引用 Raffles 案判決，指出雙方既對交易標的有誤解，欠缺共同一致的意思，本案契約不成立。

第七節　契約的解釋

　　契約的解釋，影響當事人權益甚鉅，甚至使契約無效等。解釋契約的方式有二：㈠首要法則 (primary rule) 及㈡第二法則 (secondary rule)。

---

❽❽　2 Hurl. & C. 906 (1864).

❽❾　417 F.2d 43 (2d Cir. 1969).

第一項　首要暨第二法則

首要法則係解釋契約最基本、原始的方式，它以❾⓪㈠文字的一般、普通的意義 (common/normal meaning) 為之。㈡以整體契約解釋之 (interpreted as a whole)，換言之，不得斷章取義。以及㈢考量訂約時的客觀環境 (surrounding circumstances)。例如 Frigaliment Importing Co. v. B. N. S. Intern. Sales Corp.❾① 乙案，原告 Frigaliment（瑞士公司）向被告 B. N. S. 訂購「新鮮冷凍雞肉」(fresh frozen chicken) 共兩次，並經被告確認，契約訂定日期均載為西元一九五七年五月七日。雙方就雞隻的等級及重量均予明定，俟貨送抵瑞士，原告發現部分雞隻並非可供烤炸用的嫩雞，而係供燉煮用的雞，被告因此將已運到鹿特丹 (Rotterdam) 的第二批貨停下來。原告遂提起告訴，主張被告違反明示擔保責任。原告主張所有擬訂購的雞為可供烤、炸用的嫩雞，被告主張雙方約定的雞指符合契約中所定品質、重量的禽類均是。雙方對「雞」的定義不同。法院判決指出，依字典及農業部法規的定義，「雞」確實可泛指多數的禽類，包括被告所運送者。倘原告意指特定雞種，應於契約中明定，或證明雙方有此約定，原告既未能證明，本案被告運送燉煮用的雞並未違反擔保責任❾②。又如 Lawson v. Martin Timber Co.❾③ 乙案中，雙方約定被告 Martin 公司在為期兩年的期間內可砍伐原告 Lawson 土地上的樹木，倘在該期間內發生水患，Martin 將有多一年的時間砍伐樹木。在該兩年期間，確實有一年半的期間面臨水患，但證據顯示，Martin 可在剩餘的期間砍伐完成。本案中，Martin 在第三年的期間（西元一九五一年七月）又到 Lawson 土地上砍伐樹木。原告提起訴訟，要求被告

---

❾⓪　Restatement (Second) of Contracts § 202.

❾①　190 F.Supp. 116 (1960).

❾②　本案法官 Friendly 嗣於 Dadourian Export Corp. v. United States 中指出，本案似以雙方意思不一致為由較為妥適。惟此應取決於原告是否已檢具足夠證據，證明雞隻之為「烤、炸用嫩雞」亦為合理的一般解釋。291 F.2d 178, 187 n. 4 (2d Cir. 1961).

❾③　238 La. 467, 115 So. 2d 821 (1959).

賠償一九五一年七月所砍伐的樹木。法院於原聽審程序中認為不需考量雙方的意思，因契約已明白約定遇水患，將多延長一年，故被告可於第三年進行砍伐。惟復審時，則以契約的解釋，應以整體觀之，揆諸其內容可知，契約因水患延長一年，係指水患致使被告無法砍伐樹木之故，是以，縱令有水患發生，若被告仍得於兩年內砍伐完成，則不得延長至第三年。

　　當適用首要法則的解釋產生兩種以上矛盾的結果，則將進一步採第二法則。第二法則包括多種原則，例如：㈠採合理的解釋 (reasonable meaning) ❹。㈡特別約定條款 (special clause) 優於一般條款 ❺。㈢傾向契約成立的解釋 ❻。㈣衝突的解釋結果，一有利於起草人，另一不利於起草人，但有利於對造時，採後者的解釋 ❼；蓋以契約既由起草人提起，其當然已周延地考量自身權益。㈤契約中有矛盾的解釋，係因其印刷內容與手寫內容差異所致，法院將採手寫內容 ❽。理由為，手寫內容係因雙方當事人特別約定而書寫，其效果當為兩造所預期者。㈥考量公平及社會利益 (fairness and public interest) ❾，契約的解釋仍應考量公平性與社會利益。

　　除此，習慣 (usage) ❿或當地風俗習慣，亦為解釋的重要依據，前提是，雙方當事人均瞭解習慣的內容、特性及效果。如：Flower City Painting Contractors, Inc. v. Gumina ⓫乙案，被告 Gumina 係一家承包商，它在西元一九七三年三月承攬了市政府的一項花園公寓計畫，該計畫係由聯邦經費資助，依聯邦住宅暨都市發展部門的法規，Gumina 須僱用少數民族的下游承包商。本案中，原告 Flower 係剛成立的公司，員工由少數民族組成，被告與其訂立契約，由 Flower 公司負責油漆工程，契約中逐項列出油漆不同

---

❹　Restatement (Second) of Contracts § 203 (a).

❺　Restatement (Second) of Contracts § 203 (c).

❻　Restatement (Second) of Contracts § 203 (b).

❼　"...against draftman...." Restatement (Second) of Contracts § 206.

❽　Restatement (Second) of Contracts § 203 (d).

❾　Restatement (Second) of Contracts §§ 207 & 208.

❿　Restatement (Second) of Contracts § 220.

⓫　591 F.2d 162 (2d Cir. 1979).

房間的各種價格。Flower 主張油漆工程僅限於契約所列房間，不包括未列的走道、洗衣間、儲藏室、外圍等部分，除非另外付費。被告指出，未列出的部分(以下簡稱系爭部分)當然包含在油漆工程內，遂撤回契約，Flower 提起本件訴訟。法院判決本案契約不成立，因依交易習慣，油漆工程係如被告所言，包括系爭部分，惟原告係新成立的公司，不諳前揭習慣。法院進而引用 Raffles 案，判決以雙方意思不一致，故契約不成立。

第二項　口頭證據法則

　　口頭證據法則 (parol evidence rule)❿係指一旦簽訂書面契約，在訂約同時 (contemporaneous) 或之前 (prior to) 所進行的協議或協定，無論口頭或書面，均不得據以變更書面契約的允諾。例如 Mitchill v. Lath❿乙案，被告 Lath 擬出售其擁有的農場，原告 Mitchill 前往看過後，雖對農場滿意，但對對街土地上的一座冰庫 (對街土地係由另一位案外人所有) 不滿意。Lath 口頭答應在西元一九二四年春天拆除該座冰庫。Mitchill 因此與 Lath 簽訂書面買賣契約，約定價金及一般買賣契約的事項，但並未提及拆除冰庫乙事。本案係 Mitchill 告 Lath 聲請法院強制 Lath 拆除冰庫。下級法院作成有利於原告的判決，被告上訴。紐約上訴法院廢棄下級法院判決，理由為，依「口頭證據法則」，書面契約一旦簽訂，其之前或同時的其他約定不得據以變更書面契約內容，是以，訂定前拆除冰庫的口頭約定無效❿。

　　U.C.C. § 2–202 亦僅認同交易的過程、交易習慣等可用以解釋或輔助契約的內容，但不得變更其內容。

　　換言之，前揭協議或協定內容的功能如下：㈠確定書面契約是否成立；㈡書面內容是否為契約的全部或一部內容；㈢書面契約的意義；㈣確定契

---

❿　Restatement (Second) of Contracts § 213.

❿　247 N.Y. 377, 160 N.E. 646 (1928).

❿　法院指出，系爭約定之成為有效契約必須符合三要件：㈠系爭約定本質上須附屬於書面契約；㈡其內容未與書面契約相抵觸者；以及㈢系爭約定係一般人不會將其置於契約書中者。

約是否有不法、詐欺、脅迫、錯誤等影響契約效力的情形存在；㈤確定契約的法律效果及救濟方式（強制履行或損害賠償）。

第八節　條　件

條件者，謂特定的行為或事由，其發生將影響契約的效力。契約訂定時，雙方當事人可訂定契約生效或解除效力的條件，前者為停止條件 (condition precedent)，後者為「解除條件」(condition subsequent)。茲探討其態樣暨成就如下。

第一項　條件的態樣

條件的態樣因考量的因素不同而異。例如，以當事人是否自行約定，及是否明白約定，而分㈠自願條件 (voluntary condition)，即當事人自行約定，不待法律或法院強制規範。自願約定又因是否明示，而分(1)明示的約定 (explicitly agreed) 及(2)默示的約定 (implicitly agreed)，係由事實認定之 (implied-in-fact)。㈡擬制的條件 (constructive condition)——雙方當事人並未約定任何條件，惟法院基於公平性，而認定其間依法有條件的存在。

條件因其發生的時間暨效果，又可分㈠停止條件——條件發生在契約履行之前，係契約生效條件[105]。㈡解除條件——條件發生在契約履行之後，係解除契約的條件[106]。㈢同時履行的條件 (concurrent condition)——此為停止條件的一種，係指兩造當事人同時履行契約之謂，例如買賣契約中兩造，

---

[105] Restatement (Second) of Contracts § 224. 例如 Lach v. Cahill 乙案中，原告 Lach 與 Cahill 訂了一份契約，雙方約定由 Lach 以 18,000 元購買 Cahill 的房子，Lach 付了一千元訂金。雙方並約定買賣將依 Lach 是否申請到 12,000 元貸款而定。Lach 在向數家銀行申請貸款遭拒後，通知 Cahill，並要求退還一千元訂金，Cahill 拒絕。Lach 遂提起訴訟。原審法院及上訴法院均判決 Lach 勝訴，法院指出，本案雙方約定由 Lach 向銀行申請到一萬二千元的貸款係履行契約的停止條件，是以 Lach 既已盡力仍未能申請到貸款，條件不成就，Lach 毋須履行契約，並得要求返還訂金。138 Conn. 418, 85 A. 2d 481 (1951).

[106] Restatement (Second) of Contracts § 230.

一方繳交價金，另一方交付標的物。

　　契約當事人究係約定條件或允諾，常構成當事人間的爭議。倘約定內容未臻明確，則法院傾向於認定其為允諾而非條件，尤以當條件的成就將使一造權益喪失為然。例如 Howard v. Federal Crop Insurance Corp. ❿乙案，原告 Howard 等人係種植煙草的農民，向被告「聯邦穀物保險公司」(Federal Crop Insurance Corp.，以下簡稱 "FCIC") 投保因氣候造成的損害或其他災害。本案中因大雨造成 Howard 六處農田嚴重損失。Howard 等人適時告知FCIC，然而，為避免土壤流失，Howard 將受損害的農田犁平播種黑麥。俟FCIC 調查員到現場發現農田已犁平，而無從調查其損害。FCIC 以 Howard 違反保險契約中規定「田地在調查前不得破壞跡象」為由，拒絕理賠。Howard 等人遂提起告訴。FCIC 主張前揭規定係理賠的停止條件，Howard 既未遵守該規定，條件不成就，故毋需理賠。Howard 主張該規定非條件，而僅為「允諾」(promise)。聯邦地院准予 FCIC 有關「即席判決」(summary judgement) 的聲請，Howard 上訴。聯邦上訴法院指出，當約定內容究係「停止條件」或「允諾」有疑義時，法院將認定其為「允諾」。法院進而指出，除非契約明確約定，否則不得視為停止條件。是以 FCIC 不得以條件不成就為由拒絕理賠。但 Howard 犁平田地的行為，將構成違約（違反允諾），FCIC得以此為由，就其對調查造成的困難及理賠的難以估算，要求 Howard 負擔其 (FCIC) 損失。 另案 Harmon Cable Communications v. Scope Cable Television ⓿，係一項有線電視系統的買賣交易，雙方約定交易完成時，倘有收視戶減少之情事，賣方將彌補買方的損失，惟買方須於發現後三十日內告知，最遲不得逾成交後一年半。交易完成時，確實有收視戶減少之情事，惟買方 Harmon 未依約定於期限內通知被告（賣方 Scope）。Scope 因此主張 Harmon 未遵守通知期限的條件，故毋須賠償其損失，Harmon 遂提起告訴。法院引用 Howard 案指出，契約既未明指以通知期限的約定為條件，宜視其為允諾。被告不得主張停止條件未成就而拒絕賠償，被告僅得以原

---

❿　540 F.2d 695 (4th Cir. 1976).

⓿　237 Neb. 871, 468 N.W.2d 350 (1991).

告違反允諾對被告所造成的損害，請求賠償。反之，倘契約約定明確，則將視為條件。Merritt Hill Vineyards, Inc. v. Windy Heights Vineyard, Inc. [109] 乙案與股票買賣有關。原告 Merritt 付一萬五千元訂金予被告 Windy。雙方約定，倘 Merritt 未依約購買股票，被告不需返還訂金。不過前提條件，須 Windy 已依約定投保並取得抵押的確認書。原告於成交之際，發現 Windy 既未投保亦未取得抵押確認書，遂拒絕完成交易，並要求返還訂金，Windy 拒絕。原告遂提起訴訟，要求返還訂金以及損害賠償。法院指出，有關 Windy 須先投保並取得抵押確認書之約定，確已明定係 Windy 得保留訂金的條件，是以，原告得要求返還訂金。至於損害賠償部分，不在雙方約定範圍，法院判決原告無法就此部分求償。

第二項　條件的免除與成就

條件的成就 (satisfaction of condition) 與否，原則上，以特定人士是否認定其已成就為準，如契約當事人或所指定之人（如：專業技師、工程師等）。由契約當事人之一造認定條件是否成就時，應基於誠信，並以合理客觀的標準為之；其認定條件不成就時，必須具體說明，專業人士的認定亦須合於誠信。

條件的成就與否，未必取決於客觀標準。如 Fursmidt v. Hotel Abbey Holiday Corp. [110] 案，原告 Fursmidt 與被告 Abbey Holiday 訂約，由前者提供被告的客人燙洗衣服務，為期三年，原告並須每月付三百二十五元予被告，作為取得在被告旅館營業的權利金。雙方並約定，原告提供服務必須符合被告的要求標準，此全然由被告認定之。嗣經被告通知原告中止契約，理由為被告不滿意原告提供的服務。原告因此以違約為由提起訴訟，被告反訴，主張因原告提供的服務所致的損害賠償。原審法院判決原告勝訴，被告上訴。紐約上訴法院廢棄原判決，理由為，條件的成就與否，可能取決於㈠工作上的妥適性、實用性或可銷售性，抑或㈡喜好、鑑賞力、敏感度

---

[109]　61 N.Y.2d 106, 460 N.E.2d 1077 (1984).

[110]　200 N.Y.S.2d 256 (1960).

或判斷力。本案取決於㈡，亦即非以客觀標準，而係以一造忠實的判斷為準。然而，縱令依當事人主觀認定，亦不得悖於誠信。例如 Forman v. Benson❶乙案，當事人訂定一項買賣契約，價金十年付清。賣方 Benson 因對買方 Forman 的信用存疑，故於買方要約上附加下列條款：須經由賣方認同買方的信用報告 (credit report) ……。Benson 接受 Forman 的要約，嗣以不滿意 Forman 的信用為由，拒絕移轉土地予 Forman。Forman 遂提起訴訟。法院判決原告勝訴指出，揆諸契約內容，條件是否成就，取決於賣方主觀認定。惟，由被告 Benson 曾試圖重新商議價金及利息乙事，可知其拒絕履行係因 Forman 信用以外之事由，故而有悖誠信。又如 McCartney v. Badovinac ❷乙案中，一位婦人的鑽石失竊，她的先生懷疑是被告 McCartney 的太太所為。McCartney 遂僱用原告 Badovinac 調查真正的竊賊，倘調查結果令 McCartney 滿意，他將支付五百美元予原告。原告調查結果顯示被告的太太確實偷了鑽石。McCartney 以不滿意調查結果為由，拒絕付五百美元予原告。法院指出，被告主張「不滿意」，僅係拒絕付款的託詞，本案判決原告勝訴。

　　條件成就的阻撓，倘當事人不當阻撓條件的成就，其嗣後不得主張條件未成就。例如 Barron v. Cain ❸乙案，被告八十五歲，雙方同意倘原告照顧被告至其死亡，原告將於被告死亡之時，得到豐富的財產以為報酬。連續七年，被告經常酗酒、辱罵、虐待原告。最後被告還拿著致命武器攻擊原告，迫使他離開。原告向法院提起告訴，主張被告應依約定給付報酬。被告主張本案契約的停止條件是，原告必須待候被告至後者過世，但原告並未完成該條件。法院判決原告勝訴指出，原告之所以未完成條件的約定內容，係因被告的不當行為所致，因此，被告不得主張其未成就。

　　另案 Godbum v. Meserve ❹，原告夫婦認識老太太二十年，他們同意在

❶　112 Ill. App.3d 1070, 446 N.E.2d 535 (1983).

❷　62 Colo. 76, 160 P. 190 (1916).

❸　216 N.C. 282, 4 S.E.2d 618 (1939).

❹　37 A.2d 235 (Conn. 1944).

老太太有生之年照顧她，後者則會將所有財產留給原告夫婦。三年多以後，原告夫婦無法忍受老太太的跋扈，而搬離老太太住處。老太太撤銷原訂遺產留給原告的遺囑，俟老太太過世，原告夫婦控告其遺囑執行人違約。法院判決被告勝訴，理由為，原告並未完成契約中的條件，之前，原告夫婦已認識被告二十年，應知道被告不易相處，不得以此為理由，主張被告的個性使其無法完成條件。

　　條件的免除 (excuse of condition)，係指特定事由，致免除債務人履行約定的條件，主要事由為：㈠禁反言 (estoppel)；㈡不當得利 ❶❶❺；其他如違反公序或給付不能亦是。

　　禁反言之適用，係因一造當事人並未全然告知對方條件未成就的理由，如，有六項理由，但僅告知其中兩項，對方信賴其所言，履行該兩項。此時，前者不得主張另有四項理由。換言之，禁反言之適用，免除債務人履行另四項事由 ❶❶❻。

　　倘條件的不成就，將導致權益的喪失及不當得利時，法院即可能權衡其公平性，而免除其條件。例如 Holiday Inns of America v. Knight ❶❶❼乙案，原告 Holiday Inns 與被告 Knight 間訂有一份選擇權契約，約定：㈠自西元一九六三年至一九六八年四月一日止，Holiday Inns 得行使選擇權購買 Knight 的土地，土地的價金為 198,633 美元，㈡ Holiday Inns 須於每年七月一日前（自一九六四年始）給付 Knight 一萬元，否則選擇權消滅。雙方於西元一九六三年九月三十日簽訂契約，Holiday Inns 亦同時給付一萬元予 Knight。Holiday Inns 依約逐年支付一萬元予被告。西元一九六六年六月三十日，Holiday Inns 寄支票予被告，被告於七月二日收到後退回，並告知給付已逾約定日期，故選擇權消滅。原告主張契約仍有效，遂提起本訴訟，地院判決被告勝訴，原告上訴。加州最高法院廢棄地院判決，指出：原告

---

❶❶❺　Restatement (Second) of Contracts § 229; John Calamari & Joseph Perillo, Contracts 502 (3rd ed. 1987).

❶❶❻　Restatement (Second) of Contracts § 248.

❶❶❼　70 Cal.2d 327, 450 P.2d 42 (1969).

逐年支付一萬元以維持其選擇權，共付三萬元，其間被告並未有任何對價的損失。原告一九六六年的支付雖逾一天，被告並未因此受到任何損失；相較於被告，倘選擇權因此消滅，原告既未就所支付的金額得到任何對價，卻因此蒙受損失——選擇權的喪失。是以，系爭契約仍為有效，方為公允。又如 Burne v. Franklin Life Inc. Co.❶❶❽乙案，Burne 先生向被告 Franklin 壽險公司投保，保單金額一萬五千元，倘因事故死亡者，另多付一萬五千元，但須死亡發生於事故後九十天內。Burne 先生因車禍治療長達四年半後死亡。Franklin 公司在給付保單面額的一萬五千元後，拒付另一項一萬五千元，理由為死亡未發生在事故後九十天內。Burne 太太提起本件訴訟，法院指出，前揭條件係源於一九四〇年代醫療狀況，能否治癒或可於事故發生當時預見；現今醫療漸趨發達，基於道德及法律觀點，縱令只得延長短暫的生命，醫生仍須盡力救助患者。是以，難以於事故當時預測生命存續的長短。以系爭九十日為給付保險金的條件實有違壽險的目的暨公共政策 (public policy)，故而九十日的限制不具強制力。另案 Great American Ins. Co. v. C. G. Tat Construction Co. ❶❶❾，Great American 與 Tat 保險契約中明定要保人 Tat 須於事故發生後儘速通知 Great American，後者將為其提供辯護及負賠償責任。系爭交通事故發生時，Tat 相信其員工未介入事件的肇事，故未通知 Great American，Great American 因此拒絕辯護與賠償。法院指出，通知的規定，在確保保險公司的辯護能力，是以倘疏於通知無損於保險公司的辯護能力，保險公司不得以不符通知規定為由，拒絕履行其義務。只有在疏於通知導致保險公司無從蒐證，致無以辯護時，方得以不符通知規定，免除其義務。又如 Royal-Globe Insurance Co. v. Craven ❶❷⓿乙案，本案涉及「未保險汽車駕車人」(uninsured motorist) 保單，依保單規定，被保險人若遭到肇事逃逸的事故，須於事故發生後二十四小時內通知保險公司。Craven 係被保險人，因車禍事故隨即被送往醫院，在加護病房裏二十二小時，嗣後

---

❶❶❽　451 Pa. 218, 301 A.2d 799 (1973).

❶❶❾　303 N.C. 387, 279 N.E.2d 769 (1981).

❶❷⓿　411 Mass. 629, 585 N.E.2d 315 (1992).

數天仍在緊急救護狀態。Royal-Globe 以 Craven 未遵守二十四小時通知規定拒絕給付保險金。Craven 遂提起告訴，法院指出 Craven 在事故發生後數天均處於緊急救護狀態，係不爭的事實，要求 Craven 須於事故後二十四小時通知 Royal-Globe 確屬不合理，是以，本案中有關保險金給付的條件應予免除。

第九節　第三受益人

第三受益人 (third party beneficiary) 係指雖非契約當事人，惟，契約的履行將使第三人蒙受利益，此第三人即第三受益人。

第一項　態　樣

第三受益人，因是否為契約當事人所意指為契約履行的受益對象，可分為意定受益人 (intended beneficiary) 與附帶受益人 (incidental beneficiary)。意定第三受益人又因契約之目的而可分為 ⓺㈠債權受益人 (creditor beneficiary) 及㈡受贈受益人 (donee beneficiary)。

債權受益人所涉及的契約行為，當事人中一造允諾解除對造對第三人的債務。此類契約係因對造欠第三人債務，而由允諾人代為清償。例如 Lawrence v. Fox ⓻乙案，Lawrence 借給 Holley 三百美元，嗣後，Fox 向 Holley 借三百美元。由於 Holley 須於隔天還三百美元予 Lawrence，因此要求 Fox 於隔天償還債務，並將三百美元交付給 Lawrence，俾解除 Holley 與 Lawrence 之間的債權債務關係。當允諾人 Fox 拒絕給付 Lawrence 三百美元時，Lawrence 雖非契約當事人，亦得對 Fox 直接提起訴訟。Fox 主張其與 Lawrence 間並無契約關係、毋需對其為給付。法院判決 Lawrence 有權要求 Fox 給付三百美元。而 Holley 的地位相當於擔保人，其目的在減少多重的訴訟。

受贈受益人，係因被允諾人擬贈與第三人特定事物，允諾人同意依約

⓺　Restatement (Second) of Contracts § 302 (1).

⓻　20 N.Y. 268 (1859).

給付第三人。此制度的目的，係考量契約中，當允諾人拒絕履行時，被允諾人雖無損失（反而不需支出），允諾人卻可能有不當得利。因此，循此制度，第三受益人得直接對允諾人提起訴訟。最早的案件為英國 Dutton v. Poole ❶乙案，被告為阻止其父親賣掉財產而答應將付給被告的姊姊一千英鎊。被告嗣後拒絕給付，他的姊姊因此提起訴訟。被告主張原告非契約當事人 (privity)，無權要求給付。法院以被允諾人與原告關係密切（父女）為由，認定原告有權要求被告給付 ❷。又如：Seaver v. Ransom ❸乙案，原告的姨媽擬將名下房子贈與她，但因病無法更改遺囑，而原遺囑的內容是將房子給她先生。姨媽要求她的先生，必須立遺囑給予其外甥女與房子等值的現金；並在其先生應允後，簽了該份遺囑。姨媽與姨丈相繼辭世，後者亦未更改其個人的遺囑，原告對姨丈遺囑執行人提起告訴，要求給付與房子等值的現金。法院基於受贈受益人，判決原告勝訴。

　　惟，被允諾人 (promisee) 得於允諾人 (promisor) 為贈與前撤回其贈與。如：Salesky v. Hat Corp. of American ❹乙案，Salesky 先生與被告 Hat Corp. 訂定一項契約，內容包括前者將於被告公司服務至西元一九六九年十月三十一日，退休金的給付以及倘（第七項）Salesky 先生於任內或退休後死亡，公司將付與 Salesky 太太（即原告）六年或至其死亡為止每年一萬元。該契約經由公司股東會通過，兩年後，公司董事會通過決議，授權修改契約第七項內容，將給付對象由 Salesky 太太改為 Salesky 的姊姊。此修改並未通知 Salesky 太太。嗣後，Salesky 先生過世，Salesky 太太要求 Hat 公司依原訂內容給付每年一萬元，遭拒，因而提起訴訟。原告主張，受贈受益人於契約當事人完成契約時便享有受贈的權利。法院判決被告勝訴，指出本案中被允諾人 Salesky 先生在原契約訂定後一直對「贈品」有控管的權力，

---

❶　83 Eng. Rep. 523 (K.B. 1677), *aff'd* 83 Eng. Rep. 156 (Ex. Ch. 1679).

❷　英國法院較傾向保守立場，於 Dutton 後，多數案件中，仍採以當事人間具契約關係為要求給付的先決要件。Calamari et al., *supra* note 115, at 691～692.

❸　224 N.Y. 233, 120 N.E. 639 (1918).

❹　244 N.Y.S.2d 965 (1963).

他可隨時與公司修改贈與的內容，此時 Salesky 太太便不可能享有受贈的權利。

除此，保險契約的受益人若非要保人，亦屬受贈受益人。

除前揭意定受益人外，另有「附帶受益人」❷，顧名思義，此類第三受益人並非契約當事人所意圖使其受益者，只是契約的履行，使其附帶得到利益，例如：A 與 B 訂立契約，打算在 C 住家附近建立大型購物中心，一旦完成，可帶動附近房地產業，或商店的商機，C 預估他的房價可增加四倍；嗣後 A、B 因故終止契約，C 無權對 A 或 B 提起告訴，因其並非 A、B 訂立契約時，意圖使其受益的對象。又如：A 向 B 車行指定 C 製造的汽車，倘 A 日後解除契約，C 不得告 A，因 C 充其量僅為附帶受益人❷。Martinez v. Socoma Companies, Inc.❷乙案，被告 Socoma 與其他數家公司與聯邦政府（勞工部）簽約，由聯邦政府資助，被告等公司將設立工廠，訓練並僱用弱勢族群，為期至少十二個月，被告等公司均未依約履行其義務。Martinez 等多人均屬弱勢族群，遂提起「集體訴訟」(class action)，主張被告等公司之違約造成渠等損害，應負賠償責任。加州地院以原告非適格當事人而駁回其訴，原告上訴，加州上級法院維持原判決。原告主張渠等係意定第三受益人，故為適格當事人，此為本案之爭點。法院指出，原告僅係「附帶第三受益人」，因而非適格當事人，理由如下：具適格當事人資格，須為意定第三受益人。本案契約既未免除政府對原告的義務，亦未顯示政府擬贈與原告，換言之，原告並非意定受益人中之債權受益人，或受贈受益人。原告固然可能因被告履行契約而受益，然而，受僱人接受工作訓練並服勞務，此非單純的贈與，原告充其量僅為附帶受益人，無權就被告的違約行為提起訴訟。

---

❷　Restatement (Second) of Contracts § 302 (2).

❷　Restatement (Second) of Contracts § 315.

❷　11 Cal.3d 394, 521 P.2d 841 (1974).

第二項　法律效果

第三受益人的法律效果，即允諾人為主債務人 (primary debtor) 而被允諾人為從債務人 (secondary debtor)，其地位等同保證人。第三受益人對允諾人得提起告訴❿；此時，所有允諾人得對被允諾人主張的抗辯，均得向第三受益人主張⓫。

第十節　違約暨救濟

違約 (repudiation) 即違反契約 (breach of contract)；可分為預期違約 (anticipatory breach) 及到期違約（一般稱之 breach of contract）。其救濟方式雖不盡相同，主要仍為撤銷契約、損害賠償及衡平救濟。

第一項　預期違約暨救濟

預期違約指雙邊契約中，行為人在約定履行契約的時候未到之前，表明不擬履行。例如：西元一九九三年一月十日，A 和 B 訂定契約建築一棟房子，預訂於同年九月一日開工。七月十日，A 通知 B 不擬履行契約，此即預期違約。然而，預期違約的情形，未必如此明確，故而常使另一造陷於不明確的狀態，甚至須賴訴訟予以釐清。例如：A 是名聲樂家，B 聘她於西元一九九三年十月一日至十日在紐約歌劇院表演，雙方於同年四月一日即簽訂契約。A 於七月一日接受訪問時表示：我太累了，打算從現在起休息半年。B 得否告她預期違約，恐有爭議。設若 A 因此出國，並再三強調半年後才回國，便極可能構成預期違約⓬。

為確定對造是否預期違約，並保護自身權益，另一造當事人可採取下列措施以為救濟：㈠提起訴訟，主張損害賠償 (immediate action for damages)；㈡撤銷契約 (recision of contract)。

---

❿　Restatement (Second) of Contracts § 304.

⓫　Restatement (Second) of Contracts § 309 ⑴ & ⑵.

⓬　Restatement (Second) of Contracts § 250.

提起訴訟主張損害賠償，其目的有二：(1)即刻處置爭議；(2)確定是否有預期違約。例如 Hochater v. De La Tour, Movie Co. [133] 乙案中，被告預先告訴原告，將不如期履行契約，原告遂提起告訴。被告辯解，訴訟提起時，預定履行日期尚未屆至，故無違約之事實存在。法院判決原告勝訴，指出原告倘無權就「預期違約」提起訴訟，則原告僅得撤銷契約，或持續等待準備履行契約，對原告極不公平。Unique Systems, Inc. v. Zotos International, Inc. [134] 乙案中，Unique 及 Lilja 與 Zotos 公司訂約，由 Lilja 開發、製造一萬五千組髮膠賣給 Zotos，再由 Zotos 販售。雙方約定自西元一九七四年開始交貨。嗣後，Zotos 公司擔心市場銷路，要求 Lilja 須先做市場調查才願意進行銷售。Unique 公司與 Lilja 遂提起訴訟，主張 Zotos 公司預期違約。法院判決原告勝訴，並指出倘契約當事人以契約以外的事由作為履約的條件，已足以構成預期違約。惟，倘當事人僅要求修改契約內容，則不構成預期違約。如 Thermos Electron Corp. v. Schiavone Construction Co. [135] 乙案，Schiavone 公司（以下簡稱 S&S）向市政府承租土地擬設工廠，收購垃圾焚化產生電力，出售電力資源。嗣後 S&S 與 Thermos 公司訂約，由 S&S 公司將前揭企劃案售予 Thermos 公司，價金一百萬美金，分期依約定的事項完成給付。由於約定事項因故延誤，Thermos 要求修改契約內容，S&S 拒絕並另與他公司訂約完成交易。Thermos 控告 S&S 違約，S&S 主張 Thermos 係預期違約。法院判決 Thermos 公司勝訴，理由為 Thermos 建議修改契約乙事並不構成預期違約。反之，S&S 與他公司另行訂約出售乙事構成違約。

提起訴訟固然有前揭功能，惟，因尚未屆履行期間，原告不易證明因被告預期違約所造成的損害 [136]。是以，倘預期違約的事實十分明確，被違

---

[133]　118 Eng. Rep. 922 (Q.B. 1853).

[134]　622 F.2d 373 (8th Cir. 1980).

[135]　958 F.2d 1158 (1st Cir. 1992).

[136]　原告得主張之損害賠償態樣與違約訴訟中相同（請參閱本節第二項），惟證明不易。

約人可採「撤銷契約」的方式，以終止兩造間的契約關係。Wholesale Sand & Gravel, Inc. v. Decker ⑬ 乙案，Decker 與 Wholesale 公司訂約，由 Wholesale 公司負責 Decker 位於 Bowdoin 土地上的挖土工程，包括鋪石子路。雙方未約定工程完成日期，但約定 Decker 須於九十日內付款。Wholesale 公司以為將有九十天的期間完成工程，該公司董事長 Goodenow 告訴 Decker 可於一週內完成車道的鋪石子工程，但因車道上滿是泥漿，致 Wholesale 無法施工，試了兩星期後，決定等泥漿乾硬後再施工。Decker 曾兩次催促 Goodenow，Goodenow 均答以將快完成，最後一次約定會面時，Goodenow 亦爽約，Decker 遂中止契約，另由他人完成工程。Wholesale 告 Decker 違約，並要求損害賠償。Decker 主張 Wholesale 違約在先。下級法院判決被告 Decker 勝訴，Wholesale 上訴。上級法院維持原判，理由為，法院雖認同履約的期限為九十天，但 Wholesale 在第二週便將工程用機器全部運回，Goodenow 在 Decker 兩次詢問進度時均僅口頭上虛應，而未重返工作地點，甚至第二次面臨契約中止的壓力而未出面，凡此，均足以認定 Wholesale 公司係「預期違約」，故 Decker 得中止契約。

　　倘若被違約人未提起訴訟，亦未撤銷契約，則將視為其仍等待契約的履行 (awaiting for performance)。則，當違約的一造於履行期間屆至，而仍擬履行契約，即預期違約的回復 (cure of anticipatory breach)，原被違約的一造不得仍主張其違約而拒絕履行。例如 Taylor v. Johnston ⑬ 乙案，法院廢棄原判決指出，原告提起訴訟當時，尚未逾越契約約定履行的期間，故原告所得主張者為預期違約。然而，揆諸本案，被告通知不再提供服務，固已構成預期違約，惟，原告 Taylor 並未選擇即時提起告訴或撤銷契約，而係

---

⑬　630 A.2d 710 (1993).

⑬　15 Cal.3d 130, 539 P.2d 425 (1975). Taylor 與 Johnston 訂約，由 Johnston 提供種馬為 Taylor 的馬隻進行交配。嗣後，Johnston 通知 Taylor 不再提供服務，Taylor 堅持契約的履行，並將馬匹運到 Johnston 的馬匹所在；雙方並為履行的時間數次調整，由於仍無法順利進行，Taylor 遂提起訴訟，主張被告違約。原審法院判決原告 Taylor 勝訴，Johnston 上訴。

仍認定契約的效力、積極促成契約的完成。被告配合從事安排，此便視為被告已撤回「預期違約」。換言之，「預期違約」已不存在。是以，原告提起訴訟當時並無「違約」或「預期違約」之情事。

第二項　違約暨救濟

契約當事人一造於契約履行期間屆至而拒絕履行時，構成違約。此時，另一造的救濟有㈠撤銷契約；㈡確認契約的效力 (affirm the contract)。

撤銷契約，目的在確定雙方契約關係的終止，此係被違約人在不擬要求違約人負任何民事責任的情況下，所採行的方式。

被違約人一旦確認契約的效力，他可進一步採行民事救濟程序，即要求損害賠償 (damages) 或衡平救濟 (equitable relief)。此就此二救濟方式分述如下。

第一款　損害賠償

損害賠償又因其是否具補償性質而分：㈠補償性損害賠償 (compensatory damages) 及㈡非補償性損害賠償 (non-compensatory damages)。

原告固得就其因被告之違約所受損害要求賠償；惟，原告於知悉被告違約之際，亦應盡減免損害之責。

第一目　補償性損害賠償

補償性損害賠償，目的在補償被違約人的損失，依被違約人所要求的補償性質，可分⓭：㈠期待利益 (expectation)；㈡信賴賠償金 (reliance)；㈢返還利益 (restitution)；除此，另有㈣事先約定的違約金條款 (liquidated damages clause)⓮。

一、期待利益

其意旨，在於將原告（被違約人）置於契約履行完成的前提假設下，

⓭　Restatement (Second) of Contracts § 344.

⓮　Restatement (Second) of Contracts § 356.

估算原告可獲得的利潤，以此作為損害賠償金；惟，須考量原告因未履行契約所省下的成本❶。其公式為：被告履行契約所應產生的價值 (the loss of value of defendant's performance) 扣除省下來的成本 (costs saved)。例如：A 與 B 訂約建造房子一棟，預估成本三萬美元，B 將付 A 四萬美元，因此，A 的期待利益是四萬美元，倘 B 違約，A 求償所得期待利益為四萬美元，扣除省下的成本三萬美元，實際損害賠償金額應為一萬美元。例如 Hawkins v. McGee❷乙案，George Hawkins 因小時遭電擊，致右手拇指及食指間留有疤痕。他的父親 Charles 一直想讓兒子動手術去除疤痕。有數位醫生勸 Hawkins 的父親不需動手術，被告 McGee 醫生則多次遊說 Hawkins 父子，願意為其動手術；在 McGee 的保證下，Hawkins 決定動手術。他們的談話包括 McGee 之一再強調將使 George Hawkins 的右手恢復為百分之百完美的手 (perfect hand)。McGee 並說手術後僅須住院三、四天。手術過程，係將右手上的疤痕切除，再植上取自 George 胸前的皮膚。手術後，George 因傷口時而出血，甚至感染細菌，而在醫院住了多天。手術結果，使得 George Hawkins 右手畸形及另兩根指頭因疤痕無法張開，甚至會長毛。Hawkins 因此告 McGee 違反擔保責任 (breach of warranty)，要求損害賠償。陪審團的審判有利於原告，並判定高於五百美元的賠償。原審法院令 Hawkins 同意放棄逾五百美元的部分，Hawkins 拒絕。法院因此廢棄審判。原告提起異議，新罕布夏 (New Hampshire) 最高法院裁定重審 (new trial)，指出本案有關損害賠償的認定，應為「百分之百完美的手」的價值扣除目前手的實際狀況的價值，另可包括雙方所約定的附加價值。但原告因手術所受的痛苦不得求償，因其係履行契約所必然須受的損失。

　　期待利益涉及對契約所得利益的估算，為避免原告的不當得利，期待利益的價值必須相當明確，例如契約的價金；反之，不確定的 (uncertain)、揣測性 (speculative) 的金額，不得據以主張期待利益。例如：Chicago Coliseum Club v. Dempsey❸乙案，其中原告主張的「期待利益」為，若拳

---

❶　Restatement (Second) of Contracts § 347.

❷　84 N.H. 114, 146 A. 641 (1929).

賽可舉行，估計將有三千萬美元收入，扣除一千四百萬美元的成本，他應得到一千六百萬美元。法院雖判決原告勝訴，但損害賠償部分僅得就簽約後的費用求償。因原告主張的期待利益並不明確，不宜予以期待利益的損害賠償。

　　然而，所謂明確並非指絕對的明確。如 Ashland Management Inc. v. Janien⓾乙案，被告 Ashland 公司係投資顧問公司，長期利用電腦程式分析、運算財務資訊等。Ashland 與原告 Janien 訂約，由後者另行設立第二代的投資運算模式。契約中約定，Janien 倘因故離職，Ashland 將付他五萬美元，或每年利用其第二代運算模式所完成之交易毛利的百分之十五。嗣後 Ashland 中止與 Janien 的契約。Janien 因此提起訴訟，主張被告違約，並要求賠償其所損失的利潤。法院判決原告勝訴，理由為損失利潤的額度雖須明確，但非絕對明確，倘損失的利潤足以藉由可信的資訊予以估算，而非不當的揣測，自已符合「明確」的定義。又如：Rombola v. Cosindas⓾乙案，麻州最高法院指出，馬匹 Mangy 的參賽紀錄顯示，其具有相當潛力贏得比

⓭　265 Ill.App. 542 (1932). 本案被告 Dempsey 是重量級拳擊冠軍，原告公司與他訂約，請他參加拳賽，除定額的報酬外，還包括門票收入及其他衍生利潤的一定比例。參賽前，原告通知 Dempsey 應該開始安排訓練行程，Dempsey 回應，他們之間並無契約存在，拒絕參加比賽。原告提起訴訟主張被告違約，要求賠償項目包括：㈠期待利益；㈡簽約前的費用；㈢為促使被告履行契約的費用；以及㈣簽約後的費用。

⓮　82 N.Y.2d 395, 624 N.E.2d 1007 (1993).

⓯　351 Mass. 382, 220 N.E.2d 919 (1966). 原告 Rombola 與被告 Cosindas 訂約，由前者代為飼養訓練其馬隻 Mangy 甚至參加比賽，收入所得百分之七十五歸 Rombola、百分之二十五歸 Cosindas，契約期間為西元一九六二年十一月八日至一九六三年十二月一日。其間，Rombola 參加數十場比賽，西元一九六二年時，勝負均有，但於西元一九六三年，Mangy 表現優異。同年秋天，Rombola 又擬參加一項賽馬，行程將於十二月一日結束；惟，在此之前，Cosindas 將 Mangy 帶走，致 Rombola 無法參與比賽。Rombola 提起訴訟，主張 Cosindas 違約，並要求期待利益的賠償。下級法院判決被告勝訴，Rombola 上訴。麻州最高法院廢棄原判決。

賽；因此，原告 Rombola 得主張其期待利益。至於被告 Cosindas 主張比賽未必獲勝，但勝負原本即為任何事業均有的風險。

作者 Fuller 及 Eisenberg 認為倘期待利益的確定性可達百分之五十，原告便可依其期待利益求償[146]。如 Cheplin v. Hicks[147]乙案，Cheplin 參與女演員全國性選拔賽，由各地選出共五十名最後入圍者，渠等將有機會與主辦人 Hicks 面試，入選為十二名優勝者。Cheplin 獲選為五十名入圍者之一，但 Hicks 並未與其面談，致喪失獲勝的機會，Cheplin 遂提出告訴，主張其期待利益。法院判決原告勝訴，並得就喪失機會的損失求償。又如 Van Gulik v. Resource Development Council for Alaska[148]乙案，原告 Van Gulik 參與一項樂透比賽，主辦單位將參賽者的名單由箱子中抽出，最後抽出者可獲一萬美元獎金。在最後剩三名的階段，被告同時抽出另兩名參賽者，發現錯誤時，主辦單位全部重新抽選。Gulik 因此提起訴訟，主張其期待利益，法院判決原告勝訴，令原告可選擇得到五千美元的賠償金（此為被告違約時，原告期待的機會（百分之五十）之損失），或和另一人重新抽籤的機會。

二、信賴賠償金

信賴的損失，係指一造基於契約的存在，而從事履行契約的準備工作，以致在契約履行前已有費用的支出；倘另一造拒絕履行契約，將使被違約人蒙受損失。是以，信賴賠償金係以回復原告至未訂定契約前的狀態為目的[149]：計算原告基於信賴契約所投入的花費 (expenditures made in preparation for performance)。例如：Security Stove and Manufacture Co. v. The American Railway Express Co.[150]乙案。原告 Security Stove 係煤氣爐製造業者，打算到大西洋城參展，遂與被告運輸公司訂約，於參展日（西元一九二六年十月）前，將兩部新型的煤氣爐由 Kansas 運送到參展地點。煤氣爐

---

[146] Lon Fuller & Melvin Eisenberg, Basic Contract Law 305 (7th ed. 2001).

[147] 2 K.B. 786 (1911).

[148] 695 P.2d 1071 (1985).

[149] Restatement (Second) of Contracts § 349.

[150] 227 Mo. App. 175, 51 S.W.2d 572 (1932).

及其組件分裝於二十一只箱子，訂約後，原告派兩名員工到大西洋城準備參展事宜，包括租參展攤位等。約定運送日期屆至，有一只箱子未送到，該箱的組件為控制瓦斯流量的裝置，係煤氣爐最重要的部分。原告無法及時在當地取得相同組件，致失去參展的機會。原告對被告提起訴訟，主張由於被告的違約，使其喪失許多參展可帶來的商機，因此被告應賠償其喪失期待利益的損失。此外，為準備參展，兩名員工前往大西洋城的住宿差旅費、租借參展場地等費用，均因信賴兩造間運送契約的訂定而產生；被告必須負擔原告信賴的損失。法院判決被告確應賠償原告信賴賠償金，惟原告所稱期待利益，均屬其一造所猜測，並無確切客觀證據足以佐證，故無法成立。

　　信賴賠償金，以當事人於契約訂定後，因信賴契約所致的損失為主，契約訂定前的費用不予計入。如 Westside Galvanizing Service, Inc. v. Georgia-Pacific Corp. ❶乙案，Georgia-Pacific 擬在其製紙工廠設置薄片的過濾用細鐵紗設備，它向 Southeastern 訂購供應鋼鐵，Southeastern 則另與 Westside 訂約，由後者負責將鋼鐵加工防銹再運送予 Georgia-Pacific，出貨單則送交 Southeastern 收取費用。Southeastern 遲未付款，Westside 遂停止運送。Georgia-Pacific 通知 Westside 請其繼續運送，費用將由 Georgia-Pacific 負擔。最後 Georgia-Pacific 及 Southeastern 均未付款。Westside 提起訴訟，要求 Georgia-Pacific 給付全部費用。法院雖判決 Westside 勝訴，惟僅得就 Georgia-Pacific 承諾負擔後的費用求償，被告承諾之前的費用，不在此案信賴賠償金的範圍。然而，英國法院在 Anglia Television Ltd. v. Reed ❷乙案中，卻採行不同見解。該案涉及 Anglia 公司擬籌拍一部電視影集，內容描述一名美國人娶一名英國女子的劇情。Anglia 便僱用導演、場務、設計師等投入龐大費用，並決定由 Robert Reed 擔任男主角。雙方簽訂契約，依約定 Reed 須到英國拍攝該片，嗣因機票訂位等問題，Reed 決定不演。Anglia 試圖尋找其他替代人選未果，遂放棄本部片子的拍

---

❶　921 F.2d 735 (8ᵗʰ Cir. 1990).

❷　3 All. E. R. 690 (1971).

攝計畫，並控告 Reed 違約，要求給付其所有損失，包括訂約前已僱用導演等的支出。法院判決 Anglia 勝訴。理由為，Reed 應可預期其違約將對 Anglia 造成嚴重損害，故對於 Anglia 訂約前後的損失，均應予以賠償。相對於英國法院，美國法院惟有以「允諾禁反言」為由的判決，方得令被告就原告於無契約狀況下所投入的費用予以負責。惟，其前提仍以原告的損失係因信賴被告的允諾所致方可。前揭 Anglia 案中，Anglia 訂約前的費用並非因信賴 Reed 所致，其判決的妥適性，實有待商榷。

以「允諾禁反言」判決原告得求償信賴賠償金者，例如：Walters v. Marathon Oil Co.❸乙案，被告 Marathon 公司係石油供應商，原告 Walters 夫婦擬開設一家加油站兼飲食店。Walters 遂與 Marathon 公司進行協商石油的供應，Marathon 公司同意供應石油，雙方就細節部分繼續協商。Walters 於西元一九七九年二月買下一間加油站，著手裝修，與 Marathon 的協議進行順利。嗣由 Walters 簽署了契約交給 Marathon，Marathon 以公司暫緩受理新經銷商的申請案為由，拒絕簽約。Walters 遂提起本件訴訟。法院以「允諾禁反言」判決原告勝訴，法院甚至基於衡平原則，認定 Walters 得主張其期待利益的損失，即每加侖六分的利潤乘以第一年 Marathon 應供應的三十七萬加侖，得二萬二千二百元。

三、返還利益

返還利益係就被告所得利益或財產所增加的利益，估算其價值，返還原告，目的在防止被告因原告的履行而不當得利❹。如 Osteen v. Johnson❺乙案，原告 Osteen 付二千五百元予被告 Johnson，約定由後者為 Osteen 的女兒 Linda 做為期一年的宣傳，包括錄製音樂帶、發行並寄到全國廣播電臺播放、廣告等。錄製的音樂帶將製成兩捲錄音帶，倘第一捲發行成功，Johnson 必須進而發行第二捲錄音帶。Johnson 依約定製作第一捲錄音帶共一千捲，其中 340 捲寄給電臺播音員，200 捲寄給原告，Johnson 保留 460

---

❸ 642 F.2d 1098 (7ᵗʰ Cir. 1981).

❹ 請參閱 Restatement (Second) of Contracts §§ 370～375.

❺ 473 P.2d 184 (1970).

捲，並陸續寄出作為廣告 Linda 之用，包括商業雜誌等。Linda 也因此得到不錯的評價，而具有一定的知名度。本案起因於 Osteen 主張㈠ Johnson 在第一捲錄音帶的一首作曲植入另一位作者的名字，而實際上該首係 Linda 自己作的歌曲，㈡ Johnson 未依約為 Linda 宣傳一年，㈢ Johnson 未發行第二捲錄音帶。原審法官判決原告勝訴，可得到一元的名義上賠償金，並令被告交出母帶及已錄製的錄音帶予 Osteen。Osteen 上訴，主張賠償金額不足，且原審法院錯誤地認定 Johnson 已具體地履行其契約。法院指出，原告並未舉證證明其損害為何，是以，唯一得主張者為「返還利益」，然而，此項主張的前提需被告的違約情事重大方可。法院進而就原告所主張的違約事由逐一認定：㈠ Johnson 於其中一首歌曲植入他位作者的名字——法院同意被告的主張，謂此有助於提升播音員播放該歌曲的意願。㈡ Johnson 未依約履行為期一年的宣傳——法院指 Osteen 提起訴訟時，一年尚未屆滿，因而不構成本案違約之事由。㈢未發行第二捲錄音帶——法院指出，第一捲錄音帶的發行確實達到相當程度的成功，Johnson 應依約發行第二捲，否則構成重大的違約。就本案而言，Johnson 所得到利益，即 Osteen 所給付的二千五百元美金，此即 Osteen 得求償的「返還利益」，然而，相對地，Johnson 亦履行了部分契約，因此，就此部分使 Osteen 得到多少利益，應自前揭二千五百元中扣除，方為 Osteen 實際可得到的賠償金額。又如 United States v. Algernon Blair, Inc. ❶❺❻ 乙案，承包商 Blair 公司向聯邦政府承攬一項海軍醫院的建設工程。Coastal 公司係下游承包商，Blair 與其訂約，由 Coastal 負責鋼鐵的架設及提供部分設備予 Blair 公司。Coastal 開始履行契約，自行租賃起重機在工地進行架設。Blair 以契約不包含起重機租金為由，拒絕支付該項費用，Coastal 因此於完成百分之二十八的工程後停止施工。Blair 另與其他下游承包商訂約完成 Coastal 未完成的工程。Coastal 以聯邦政府為名對 Blair 及其保證人（聯邦忠實暨擔保公司 U.S. Fidelity and Guaranty Company）提起訴訟要求賠償。聯邦地院雖認定 Blair 拒絕支付起重機費用係重大違約，但於核定賠償金，估算 Coastal 就所施工程的報酬扣

❶❺❻ 479 F.2d 638 (4ᵗʰ Cir. 1973).

除 Blair 已給付的部分，應可得求償三萬七千元；惟，若 Coastal 完成工程將損失約三萬七千元，故而不予 Coastal 任何賠償。聯邦上訴法院（第四巡迴法院）亦同意 Blair 的行為構成違約，惟認定 Coastal 應有權要求以「返還利益」賠償其損失，亦即被告須給付因 Coastal 之履約部分所得的利益❶❺❼。

此所得利益的價值估算，可能超乎契約的價金。例如：Knapp v. Teyssier❶❺❽乙案。原告 Teyssier 是一名建築承包商，受僱於被告 Knapp 規劃其樓層及計算樓層的載重量與空間（第一部分的工作），俾使 Knapp 得重新裝修大樓。雙方並就報酬予以約定。俟原告完成工作，雙方進而約定，由原告依被告指示設計並監督房子的裝修（第二部分的工作）。前後兩項工作的報酬為全部工程費用的百分之十五。工程進行中，原告無故遭解僱。原告告其違約，並主張返還被告因原告部分履行所得利益。陪審團作成有利於原告的審判，並依原告主張的求償金額判賠一千六百九十元五分（包括樓層規劃與估算部分的一千兩百元及設計與監督部分的四百九十元五分）扣除已付之八百元。被告上訴，主張賠償金額應限於雙方約定之百分之十五，即四百九十元五分。法院維持原判決，指出當契約當事人因對造違約致無法完成契約時，得請求返還其已履行部分使對造得到的利益。第一部分的工作，被告的專家證人亦認定一般合理報酬為二千五百元，原告只主張一千二百元；第二部分工作，原告已完成的部分使被告獲利為四百九十元五分❶❺❾。故而原審法院判決的賠償金額無誤。

四、違約金條款

---

❶❺❼　第四巡迴法院引用其他巡迴法院的判決指出，被允諾人因允諾人違約受損害時，得要求允諾人返還因允諾人之履行契約所得的利益。並進而引用 Fuller & Perdue 的文章說明：「返還利益」在確保社會的公正性，當 A 導致 B 失去一物，而又將該物占為己有，此時 A 與 B 間的不平等，不是一物，而是二物。Fuller & Perdue, *The Reliance Interest in Contract Damages*, 46 Yale L. J. 52, 56 n. 6 (1936), *quoted in* 479 F.2d at 641.

❶❺❽　96 Pa. Super. 193 (1929).

❶❺❾　此案中全部工程的百分之十五亦為四百九十元五分，惟判決之四百九十元五分係針對原告於第二部分工作所完成的部分，對被告產生的利益價值。

違約金條款，係雙方當事人於契約中，先行約定任一方違約時，應負擔的賠償金額，此為法律所允許。依衡平原則，契約當事人預先約定違約罰金並不具執行力，其目的在避免不公平的交易，此衡平原則亦為法院所採納❿。然而，預訂違約金確有其優點存在，它可免除當事人於爭訟中耗損時間、金錢去證明自己實際上的損失，復以，違約金的額度既已確定，雙方交易的損失便可較為底定⓫。其缺點則在於違約金的額度與實際損失可能有極大的落差，如，額度過高或過低⓬。是以，法院雖逐漸認同違約金在契約法上的效果；惟，法院仍採行下列標準檢視違約金，俾決定其效力：㈠當事人訂定違約金的意圖，係基於損害賠償抑或懲罰性質的罰金；㈡違約造成的損害必須無從確定或難以量化；㈢違約金的額度必須合理⓭。違約金的訂定由早期常見於工程建設及商品買賣，以至於今已及於各種商品、服務的交易。惟其不得為懲罰性罰金 (penalty)，額度是否合理，將依下列情況認定之⓮：㈠依訂約當時是否合理以為斷；或㈡比較實際損害，判斷是否合理。只要其中一項所得結論為合理的賠償，法院即做如是認定。例如 Southwest Engineering Co. v. U.S.⓯乙案，原告 Southwest 承攬政府的工程共四項，訂了四項契約，每一項契約均訂有完工日期及違約金條款。工程未依限完工者，每遲延一天須付特定的違約金，其中一項工程為每日一百元，其餘為每日五十美元違約金。原告因四項工程均落後，以致違約金累計至八千五百元，被告因此自給付款項中扣除。原告提起訴訟，主張違約金的訂定不合理。法院判決被告勝訴⓰，指出雙方事先約定的違約賠

---

❿　Calamari et al., *supra* note 115, at 639. Mark Johnson & Craighton Boatles, *Liquidated Damages*, *at* http://www.nacm.org/bcmag/bcarchives/2002/march/legal-jargon.html（上網日期：民國九十四年十一月二十一日）。

⓫　Johnson et al., *id.*

⓬　Johnson et al., *supra* note 160.

⓭　Calamari et al., *supra* note 115, at 640～643; Johnson et al., *supra* note 160.

⓮　U.C.C. § 2–718; Restatement (Second) of Contracts § 356 (1).

⓯　341 F.2d 998 (8ᵗʰ Cir. 1965).

⓰　法院引述聯邦最高法院於 Priebe & Sons, Inc. v. United States (332 U.S. 407,

償金，究係為具執行力的違約金抑或不具執行力的懲罰金，應視其是否具備下列條件：㈠金額的訂定係合理預訂違約時的公平補償；以及㈡違約所造成的損害，係難以確切估算者。前揭條件是否符合，係以契約訂定當時予以認定，而非違約事由發生之際。法院並指出，違約金的訂定，使兩造均承擔特定風險，受損害的一造須承擔損害高於違約金的風險，就多的部分無從索賠；違約的一造須承擔違約金高於損害的風險，就多的部分不得拒絕給付。本案依訂約時估算違約金的額度，應屬合理。

第二目　非補償性損害賠償

非補償性損害賠償，顧名思義，不以補償被違約人之損害為目的，其或基於原告未能證明其損害，或基於懲罰行為人之意。非補償性損害賠償有二：㈠名義上損害賠償 (nominal damages) **⑯** 與㈡懲罰性損害賠償 (punitive damage) **⑱** 。

一、名義上損害賠償

名義上損害賠償的目的在彰顯暨維持公平正義，然而，原告（被違約人）並未因被告的違約遭受損失，故判決被告負擔的損害賠償，為僅具象徵意義的數元美金。

二、懲罰性損害賠償

懲罰性損害賠償，顧名思義，此係懲罰違約一造的行為。原則上，單純的違約行為，並不足以構成懲罰性損害賠償的事由；而須該違約行為亦造成侵權行為方予適用。例如，因違反瑕疵擔保責任，致買受人受到生命、身體或財產上的傷害或損害。如 United States Naval Institute v. Charter

411～412, 68 S.Ct. 123, 126, 92 L.Ed. 32, 38～39 (1947).) 乙案中的見解：今日，法院已不再排斥契約中的違約金條款。凡其約定符合下列情況，則具有其效果：基於公平且合理的意圖，預訂公平的補償金彌補違約所致的損失。……對於難以確定或估算的違約損害案例，違約金的約定自有其相當之重要性。至於違約當時實際損害為何，在所不問。341 F.2d at 1002.

⑯ Restatement (Second) of Contracts § 346 (2).

⑱ Restatement (Second) of Contracts § 355.

Communications, Inc.❿乙案，此案係有關授權發行《獵殺紅色十月》(The Hunt for Red October) 乙書的平裝本，原告 Naval 與被告約定後者自西元一九八五年十月開始販售，但被告於九月便已印製書本，並運送到零售部門，自九月十五日開始販售。原告曾聲請禁令未果，遂提起本案，主張被告違約並侵害著作權，要求損害賠償。法院指出，被告確係違約，損害賠償金額，以原告因被告違約致減少的銷售量為估算標準。至於懲罰性賠償，於契約法中原則上不予適用，除非違約的同時導致侵權的結果。惟，法院亦於部分案例中較廣義地適用懲罰性損害賠償，如被告之違約係非善意 (not in good faith)，或重大惡意者❿。近代保護消費者的議題日漸受到重視，因此，當業者違反擔保責任 (breach of warranty)，造成嚴重的損害，法院基於懲罰及遏止類似情形發生，便可能判決業者除負擔補償性損害賠償外，另須付懲罰性損害賠償予受害人。負擔懲罰性損害賠償的前提為，受害人受有損害（尤其是身體上的傷害最為常見），換言之，須有補償性損害賠償，若僅有名義上損害賠償（亦即，被違約人並未受有任何損害），則不可能令被告負擔懲罰性損害賠償。

第三目　損害的減免

在違約的情況下，被違約的一造，亦有一項重要的義務，即損害的減免 (mitigation of damages)❿。當一造已告知對造擬違約時，後者若仍繼續準備，甚至開始履行契約，致增加其損失者，違約人就該部分不負賠償責任。首件有關於此的案例為 Clark v. Marsiglia❿，該案中原告 Marsiglia 為被告修補圖畫，共分兩批畫，原告主張第一批畫須七十五元，第二批為一百五十六元。被告主張在原告開始修補第二批畫前，被告已通知他不要做，惟原告仍完成工作，故毋須就該部分予以負責。下級法院仍判決原告得就

---

❿　936 F.2d 692 (2d Cir. 1991).

❿　Calamari et al., *supra* note 115, at 589～590.

❿　Restatement (Second) of Contracts § 350(1).

❿　1 Denio 317 (N.Y. 1845).

全額求償。被告上訴，法院廢棄原判決指出，被告違約中止契約，固然應對原告因此所受損害負賠償責任，惟原告於得知被告違約後，仍繼續履行的部分，則不得求償，否則無異加重對被告違約的懲罰。又如 Rockingham County v. Luten Bridge Co. ❼乙案中，原告與被告訂定契約蓋一座橋，被告嗣後通知原告不擬履行契約，原告仍繼續建造至完成。原告提起訴訟要求損害賠償，法院判決被告勝訴，指出原告有義務減輕其損失，原告在得知被告不履行契約時，即應停止工程，俾減輕其個人損失。

惟，被違約人僅須盡一般努力 (reasonable effort) 即可，毋庸為減輕損害而採取任何對己不利的措施❼。例如被告向原告訂做機器一部，原告便向其他零件商訂購零件，嗣後被告通知不擬購買，此時，原告雖應停止製造機器，但訂購零件部分，原告毋須中止與零件商的契約，因該等行為將使原告亦成為違約人。如 Bank One, Texas N. A. v. Taylor❼乙案，被告銀行不當凍結原告 Taylor 的帳戶，致使其無法繼續參與鑿油井的工作。Taylor 遂提起訴訟，要求被告賠償。被告主張 Taylor 可運用其他資產，包括個人首飾、現金等，支付鑿井所需費用。法院判決 Taylor 勝訴，指出被違約人毋須犧牲重大權益，以減少因被告違約所受的損害。被告既主張 Taylor 未盡減免損害義務，則應證明原告怠於減輕損害，致使被告應負損害賠償加重。另一著名案例為 Shirley MaClaine Parker v. Twentieth Century-Fox Film Corp. ❼。該案中，原告 Shirley MaClaine 是一名具歌舞才華的女演員，被告 Fox 公司為製片公司。西元一九六五年，Fox 公司與 Shirley 訂定一份契約，約定由 Shirley 擔任《Bloomer Girl》乙片的女主角，片酬為每週 53,571.42 元，共十四週，合計七十五萬美元，開拍日期為一九六六年五月二十三日。Fox 公司於約定日期前通知 Shirley 停拍《Bloomer Girl》的決定，惟將另拍一部《Big Country, Big Man》的西部片，請 Shirley 擔任女主角。Fox 給

---

❼ 35 F.2d 301 (4ᵗʰ Cir. 1929).

❼ Restatement (Second) of Contracts § 350 ⑵.

❼ 970 F.2d 16 (5ᵗʰ Cir. 1992).

❼ 3 Cal.3d 176, 474 P.2d 689 (1970).

Shirley 一週的時間決定是否接受這項新的要約，Shirley 並未回覆，要約失效。Shirley 繼而提起訴訟，主張 Fox 違約，要求七十五萬美元的賠償。被告承認違約，但主張 Shirley 並未盡到減輕損害的義務，因 Shirley 拒絕《Big Country, Big Man》乙片的要約。Shirley 聲請確認判決獲准，地院判決 Shirley 可獲七十五萬美元的賠償。Fox 上訴，法院維持原判決，理由為：㈠僱用人不當解僱受僱人時，應負損害賠償之額度為雙方約定的薪資，扣除受僱人以合理努力應可得到的其他工作的薪資❿。㈡主張應扣除的部分，應由被告證明之，被告並應證明前後工作性質及層級均相仿，倘前後工作不同，後者層級亦較低，被告不得據以為減免之事由。法院比較《Bloomer Girl》與《Big Country, Big Man》：㈠前者為歌舞片，可使 Shirley 發揮其舞蹈及演戲的才華，後者為西部劇情，Shirley 的舞蹈才華無從發揮；㈡《Bloomer Girl》原訂於加州洛杉磯拍攝，《Big Country, Big Man》將遠赴澳洲拍攝。此外，就契約內容，第一份契約賦予 Shirley 決定導演及劇本的權利，第二份契約中則無。法院據此認定前後契約既不相同，且後者對 Shirley 而言係較為不利，因對導演及劇本無權決定。是以，Shirley 無義務接受《Big Country, Big Man》契約以減輕被告對其所造成的損害。

第二款　衡平救濟

衡平救濟，為要求賠償金以外的另一種救濟方式，可分為兩種❿：㈠強制履行 (specific performance) 及㈡禁止命令 (injunction)。強制履行係令允諾人履行其允諾之意。禁令係由法院令一造當事人不得從事特定行為之謂，常見於競業禁止條款。

法院考量裁定強制履行或禁令的要件有三❿：㈠損害賠償不足以彌補其損失 (inadequacy of damages)；㈡契約的確定性 (definiteness)——契約的約定內容必須明確，俾使法院得據以作成明確的裁定；㈢執行上無困難 (no

---

❿　扣除的部分，即被違約人應盡力減免其損失的部分。

❿　Restatement (Second) of Contracts § 357.

❿　Restatement (Second) of Contracts §§ 359, 362 & 366.

difficulty of enforcement)——法院須確定契約的履行暨監督並無困難。如 Northern Delaware Industrial Development Corp. v. E. W. Bliss Co. ⑱乙案，被告建商工程進度落後，無法如期配合工廠的建造，原告提起訴訟，要求法院強制被告以下列方式履行契約：增僱三百名工人從事夜間建造工作，俾早期完工，減少原告損失。法院判決指出，依契約內容，雙方僅約定被告應採兩班制進行建設工程，並未約定工人人數，原告要求被告增僱三百名工人乙節，並不合理，執行上亦有困難。因此，本案之救濟不宜採「強制履行」，而宜由原告就其損害向被告要求損害賠償。又如 London Bucket Co. v. Stewart ⑱乙案，當事人約定，由被告 Stewart 為原告的汽車旅館裝置暖氣設備。原告對於 Stewart 的施工品質非常不滿，因此提起訴訟，聲請法院命令 Stewart 提供符合雙方約定的設備等。原審法院判決原告勝訴，強制 Stewart 履行。惟，上訴法院廢棄下級法院判決，指出：㈠原告並未證明損害賠償不足以彌補 Stewart 所造成的損害；㈡法院無力監督建設工程的履行。

　　法院核發禁令，必須考量⑱：㈠所禁止的行為是否為當事人特有、唯一的專長；㈡當事人有無其他謀生的能力；㈢當事人是否願意遵守約定原則。倘為當事人謀生的專長，法院將不同意令當事人不得為特定行為。反之，則可。如 Walgreen Co. v. Sara Creek Property Co. ⑱乙案，自西元一九五一年起，Walgreen 向 Sara Creek 公司承租位於 Southgate Mall 的場地經營藥局，系爭租約係於一九七一年續訂的租約，為期三十年六個月，雙方約定 Sara Creek 不得另租店舖與他人從事藥劑事業。西元一九九○年，Sara Creek 最大的一個承租客戶面臨結束營業，Sara Creek 重新裝設該處為廉價商店，由 Phar-Mor 公司經營，該商店占地約十萬平方呎，其中藥局部分占一萬兩千平方呎，與 Walgreen 的藥局僅一、兩百呎之距。Walgreen 提起訴訟，主張 Sara Creek 違約，並聲請法院禁止 Sara Creek 出租場地予 Phar-Mor

---

⑱　245 A.2d 431 (1968).

⑱　314 Ky. 832, 237 S.W.2d 509 (1951).

⑱　Restatement (Second) of Contracts § 367.

⑱　966 F.2d 273 (7ᵗʰ Cir. 1992).

公司。聯邦地院判決 Sara Creek 違反與 Walgreen 的契約，並禁止 Sara Creek 於與 Walgreen 租約到期前出租場地予 Phar-Mor 公司。聯邦上訴法院維持原判決，指出，本案 Sara Creek 的違約，將使 Walgreen 遭致嚴重的損失，該損失難以準確估算，反之，禁令的採行，既不致損及未可預見的第三人，亦無執行上的困難（如法院的監督）。

第十一節　被告的抗辯

契約當事人的一造因拒絕履行契約，而被告違約時，他可主張的抗辯主要如下：㈠欠缺有效的契約 (no valid contract) ❿；㈡無法履行契約 (impossibility or impracticability)；㈢訂立契約的目的無法達成 (frustration of purpose)；以及㈣時效 (statute of limitations)。茲就無法履行契約、契約目的無法達成及時效分述之。

第一項　無法履行契約

無法履行契約，係指因客觀因素致使被告無法履行契約而言❿，其性質與我國法之「不可歸責於己之給付不能」相同。例如：被告僱請原告油漆其所擁有的一棟房子，但因地震致房子全毀，被告因此無法履行前揭契約。縱令原告主張被告違約，法院亦將認定被告不須負損害賠償責任❿。

---

❿ 欠缺有效的契約，亦即契約無效，例如：契約當事人欠缺行為能力，或欠缺構成有效契約的要件，要約、承諾或約因；欠缺的原因，包括確實不存在及雖存在但無效的情況。請參閱本章第一節至第四節，不再贅述。

❿ Restatement (Second) of Contracts § 261.

❿ 早於西元一八六三年英國 Taylor v. Caldwell 乙案中，法院便已判決契約當事人可因此毋庸履行契約。該案中，兩造間之租約約定由被告分別於六月十七日等四天提供其所擁有之大廳予原告舉行四場大型音樂會，由原告每天各付一百英鎊予被告。孰料，於六月十七日之前，一場大火使大廳付之一炬。法院判決火災並非當事人於訂約時可預知，兩造訂約時雖未予以約定，亦應視為默許的違約事由。是以，本案兩造均不需履行契約，被告亦毋須因大廳燒毀，致使原告無法舉行音樂會乙事負賠償責任。3 Best & S. 826 (1863).

如 Transatlantic Financing Corp. v. United States ❿乙案中，原告 Transatlantic 公司與聯邦政府訂定契約，由前者自德州港口載運小麥至伊朗。在前揭契約簽訂前，埃及政府宣稱具有蘇伊士運河的主權，並將其占為己有，嗣因以色列、英、法先後侵入蘇伊士運河水域，致埃及於十一月二日封鎖該運河的交通。原告擬航經該運河，卻因運河的封鎖，被迫更改路徑，經過好望角，於十二月三十日到達伊朗港口。Transatlantic 因此多花費了四萬四千美元。本案係 Transatlantic 基於「返還利益」要求美國政府給付前揭四萬四千美元。原告主張，一般均以蘇伊士運河為航運途徑，當埃及政府封鎖蘇伊士運河時，便造成本案契約之無法履行，是以，原告為將小麥運到伊朗，變更航程所增加的費用應由美國聯邦政府負擔。聯邦地院判決被告勝訴，上訴法院維持原判決，亦即，原告須自行承擔前揭費用。法院首先指出，舉凡契約的履行已然不切實際 (impracticable) 時，便已構成契約的無法履行，例如須以過高或不合理的費用達成。是否採行「無法履行」理論，須先確認契約的履行，其社會利益以及商業上的欠缺實益，孰者為重，倘後者重於前者，則適用前揭理論。上訴法院進而指出，應依下列三階法認定是否合於前揭理論：㈠意外事件 (contingency) 的發生；㈡意外事件所造成的風險未經契約或無法由交易習慣分配由任一造承擔；以及㈢意外事件的發生致使契約的履行屬商業上的不切實際。據此，法院指出，埃及政府之封鎖蘇伊士運河確係意外事件，然而，系爭契約僅約定航運的起始點，而未約定航運途徑，亦即雙方並未指定以蘇伊士運河為航行途徑；再者，由航運習慣可知，業者常以好望角為另一航程，是以，縱令雙方默許以蘇伊士運河為航程，亦不足以認定由被允諾人（聯邦政府）承擔意外事件的損失，反之，在訂約前，埃及政府既已宣布主控蘇伊士運河，原告 Transatlantic 應可預見可能須變更航道。既然如此，則原告應可事先藉由保險制度分擔其可能的風險及損失，不致使契約的履行不切實際。

　　買賣契約中，賣方得否依 U.C.C. § 2–615 主張因能源價格的劇增而構成契約無法履行乙節，法院傾向於否定見解 ❿。如 Eastern Air Lines, Inc. v.

---

❿　363 F.2d 312 (D.C. Cir. 1966).

Gulf Oil Corp.❽乙案，法院判決原告 Eastern 勝訴，理由為雙方於近次契約簽訂之前，能源危機已發生，所謂石油價格的飆漲為 Gulf 可預見；再者，Gulf 並未證明石油的漲價如何造成其履約的不切實際。惟，仍應視個案而定。如 Aluminum Co. of America v. Essex Group ❾乙案，法院指出，本案足以顯示雙方於約定非人力部分的價金時係因認知上的錯誤所致，且 Aluminum 已證明履約將導致商業上的不切實際及挫折；是以，判決 Aluminum 勝訴，雙方應就非人力部分的價金重新調整。

第二項　契約目的無法達成

　　訂立契約的目的無法達成，係指被告為達到其特殊目的而訂定契約，倘嗣後其目的無法因契約的履行而達成時，被告得拒絕履行，惟，前提要件為：訂定契約當時，對造當事人知悉其目的所在 ❿。例如著名的 Krell v. Henry⓭乙案，原告 Krell 擁有一棟公寓，位於馬路旁，王室宣布國王愛德華七世將於西元一九〇二年六月二十六日加冕並遊行，行經原告公寓座落的街道。被告 Henry 得知國王遊行的消息，便向原告租借公寓三樓，租借日期為六月二十六日及二十七日兩天共七十五英鎊，目的在利用該陽臺一睹國王風采。原告知道被告的目的，答應租借兩天。嗣後，王室又宣布因

---

❽　請參閱 Fuller et al., *supra* note 146, at 776.

❾　415 F.Supp. 429 (1975). 該案中被告 Gulf 與原告 Eastern 之間維持數十年的石油供應關係，嗣因能源危機，Gulf 要求 Eastern 提高石油買賣價格否則停止供應石油。Gulf 於本案中的主張事由之一，為履行契約的不切實際。

❿　499 F.Supp. 53 (1980). 此案中, Aluminum 與 Essex 兩家公司於西元一九六七年十二月簽訂契約，由 Aluminum 將 Essex 提供的礬土鎔化成鋁，契約至西元一九八三年年底屆至，但 Essex 可選擇延至西元一九八八年。雙方約定價金分兩部分估算，一為人力部分，另一為非人力部分，主要為電力的供應。西元一九七三年因石油輸出國家組織 (OPEC) 提高石油價格，以及無法預期的控制污染的成本，致使 Aluminum 將於後續十年的履約期間虧損七千五百萬美元。

⓫　Restatement (Second) of Contracts § 265.

⓭　2 K.B. 740 (1903).

國王身體欠安而取消出巡計畫。被告遂告知原告不擬租借公寓。原告提起訴訟，控告被告違約。被告以其訂約目的無法達成作為抗辯。法院同意被告的主張，而判決被告勝訴。原告上訴。上級法院維持原判決指出，Henry 之所以承租原告的公寓，係為觀看國王遊行，國王遊行既已取消，Henry 承租公寓的目的便已不存在，雙方自不須履行契約。美國法院亦採相同見解。

　　然而，如前所言，該目的須於訂約當時為當事人所知悉者。如 Power Engineering & Manufacturing, Ltd. v. Krug International ⓭乙案，Tripod Laing 與伊拉克航空訂約，由前者提供一套航空醫學實驗設備，其中包括一部訓練飛行員用的人體實驗離心機，Tripod Laing 與被告 Krug 訂約由後者供應離心機。Krug 又與原告 Power Engineering 訂約，由 Power Engineering 裝設變速箱，訂價十四萬九千七百元。Power Engineering 依約定於八月初完成變速箱，Krug 於八月七日請 Power Engineering 運送該變速箱。八月六日波斯灣戰爭開始，聯合國立刻封鎖所有對伊拉克的航運。隔天 Tripod Laing 通知 Krug 暫停離心機的製造。Krug 遂又通知 Power Engineering 暫停運送變速箱。此案中，Power Engineering 並不知 Krug 的買主係 Tripod Laing，更不知 Tripod Laing 係為伊拉克航空製造實驗設備。Power Engineering 提起訴訟，要求 Krug 給付約定價金。Krug 主張契約的履行不切實際。法院判決原告 Power Engineering 勝訴指出，本案 Power Engineering 與 Krug 係美國境內契約的履行，並不受波斯灣封鎖的影響。再者，Power Engineering 並不知悉 Krug 的買方與伊拉克的關聯，自不得令 Power Engineering 承擔意外事件的風險。反之，如 Chase Precast Corp. v. John Paonessa Co.⓮乙案，被告 Paonessa 向州政府公路部門承包一項公路重建工程，工程內容包括將分隔島的草坪改為水泥的路欄。Paonessa 又另發包予原告 Chase 負責製造水泥路欄。嗣經州政府通知 Paonessa 刪除契約中有關中央路欄的工程，Paonessa 遂以書面通知 Chase 中止製造水泥路欄。Chase 接到通知隨即中止，斯時，已約完成約定的一半數量並交付予 Paonessa，Paonessa 亦交付

⓭　501 N.W.2d 490 (1993).

⓮　409 Mass. 371, 566 N.E.2d 603 (1991).

款項予 Chase。此案係 Chase 要求 Paonessa 給付未完成部分的期待利益。原審法院以契約無法履行為由，判決被告 Paonessa 勝訴。Chase 上訴，麻州上級法院則以契約目的無法達成為由，維持原判決。理由為，Paonessa 之所以中止與 Chase 的契約履行，係因州政府不再繼續水泥路欄的建設，換言之，Paonessa 已不需 Chase 的水泥路欄以履行與州政府的契約。Chase 知道系爭契約與州政府有關，Paonessa 與 Chase 的契約中雖未明定州政府可能因工程不再需要為由，刪除部分工程，惟 Chase 曾與州政府從事交易，明瞭州政府的政策。法院指出，Chase 既知道水泥路欄係 Paonessa 為履行與州政府的契約而訂，亦知道州政府有廢除工程的可能。Paonessa 因州政府刪除路欄工程而中止與 Chase 的契約，係以約定目的無法達成為由，故毋須對 Chase 負賠償責任。

第三項　時　效

時效，指被違約的一造，未於法定期間內提起訴訟，將喪失就該特定事由提起訴訟的權利。聯邦法規及各州法規就不同事由各訂有不同的時效，當事人不得不慎，以免喪失權益。在訴訟程序中，原告逾時效而仍提起訴訟，倘被告未主張時效已過，法院將不會逕作成有利於被告的判決。換言之，時效的抗辯須由被告主動提出，適用於被告承認違約的事由，但以已逾提起訴訟的時效為由，不須負違約的責任。

第三章　侵權行為法

　　侵權行為的外文 torts 源自拉丁文 "tortus"，有扭轉、行為偏差 (twisted)
之意，法文 "tort" 則有傷害 (injury) 或錯誤 (wrong) 之意。早期，英美並不
認同以 torts 為一獨立的法學領域，英國至西元一八五九年始有第一本以
torts 為名的法學論著，而美國的重要期刊至西元一八七一年仍不認同以
torts 為法學刊物的名稱❶。嗣經實務案例及法學論著的使用，torts 乙詞方
漸被認同。

　　本章除概述外，將依序探討侵權行為的類型，故意、過失、嚴格的過
失責任暨行為人的抗辯，以及不以故意過失，而以被害人權益考量的毀謗
及隱私權的侵犯等。

第一節　概　　述

　　侵權行為法的目的主要有❷：㈠以和平的方式調解當事人間的權利；
㈡制止「不當的行為」(wrongful conduct)；㈢促進社會上負責任的行為
(socially responsible behavior)；以及㈣以彌補其傷害的方式，回復受害者至
其原始的狀況 (to restore the injured parties to their original condition)。

　　至於決定侵權行為應負責任的因素如下❸：㈠彌補損害的需要 (need
for compensation)，亦即「有損害便有補償」的原則。㈡歷史沿革 (historical
development)——每一時期的社會背景暨道德標準亦決定侵權行為的認定
暨責任有無。㈢被告行為的道德觀 (moral aspect of defendant's conduct)——
被告行為是否符合道德標準固有其重要性，但並非絕對的需要，侵權責任
主要取決於公共政策 (public policy) 而非道德律 (private morals)，故又稱之
人為的道德 (artificial morality)，其因著法律變更而異。㈣行政的便利

---

❶　W. Page Keeton, Dan Dobbs, Robert Keeton & David Owen, Prosser and Keeton
　　on Torts 1 (5th ed. 1994). 作者喬比謝普 (Joel Bishop) 曾擬於西元一八五三年撰
　　寫有關侵權行為的書籍，但他所洽詢過的書商均告知，縱使該書由最著名且權
　　威的作者撰寫，每年的銷售量仍難超過十二本。Joel Bishop, Non-Contract Law
　　2 (1889), *cited in* Keeton et al., *id.*

❷　Keeton et al., *supra* note 1, at 4～8.

❸　Keeton et al., *supra* note 1, at 20～26.

(convenience of administration)——此係就法院審理案件之便利而言。所謂便利，指認定證據之難易、案件之氾濫等。例如有關當事人主觀意識、心理創傷等均不易認定，受理此類案件亦有造成濫行訴訟之虞。是以，法院在決定是否受理特定案件時，須考量審理該些案件的能力及當事人舉證的能力。㈤當事人承擔或分擔損失的能力 (capacity to bear or distribute loss)——是否加諸行為人侵權責任，亦須考量：⑴行為人有無承擔損失的能力，包括損害發生後造成的損失，及損害發生前防止損害發生的能力。以及⑵是否僅由社會大眾中少部分人承擔損害發生的結果。倘若行為人有能力承擔損失，則可加諸其侵權責任，若無此能力，而損害僅發生於極少數的人們時，則不加諸行為人侵權責任。㈥制止與懲罰 (prevention and punishment)——懲罰行為人不當的行為，藉以制止同樣行為再度發生。

第一項　侵權行為法與契約法之比較

　　侵權行為法與契約法均屬於民事領域，二者有其共同之處：㈠行為人均負民事責任 (civil liability)，被害人擬尋求救濟，須依法提起民事訴訟 (civil action)。㈡救濟方式包括損害賠償（補償性及非補償性）及衡平救濟。不過，因侵權行為法與契約法之差異，侵權行為訴訟中要求的損害賠償，不若契約訴訟之分為期待利益、信賴賠償金、返還被告所得利益，以及約定的違約金。至於懲罰性損害賠償於契約訴訟中則少見。衡平救濟之於侵權行為訴訟以禁止行為人繼續其不當行為居多，契約訴訟則以強制違約一方履行契約為常見。

　　二者主要的差異在於，侵權行為責任源於法定義務 (legal duty)，亦即作為與不作為的義務係因法律而定。契約的作為與不作為所負責任，則因當事人間自行約定而成，屬雙方協議 (agreement)。

　　侵權行為法與契約法的競合 (overlap)，發生於當契約當事人違反擔保責任 (breach of warranty)，致使對造遭受傷害或損失，此時行為人不但違反契約法上的擔保責任，亦因其不當行為對受害人構成傷害或損害，亦即侵權行為，故須負侵權行為責任。須注意的是，依契約法提起訴訟，必須受

害人與對造間有契約關係 (contractual relationship, privity)，倘若因契約標的物的瑕疵受到損害者，為契約當事人以外之第三人，則宜依侵權行為法提起訴訟。

第二項　侵權行為法與刑法之比較

侵權行為法與刑法唯一的共同點,在於二者均規範行為人的不當行為;二者所負責任均源於法定義務。

差異在於：㈠侵權行為訴訟為民事訴訟，由受害人提起訴訟；刑法的訴訟為刑事訴訟 (criminal action)，主要由檢察官代表政府提起訴訟，而若為重罪，需經由大陪審團 (grand jury) 決定是否起訴。㈡侵權行為法所保護者為私人的利益 (private interest)；刑法則以保護公共利益 (public interest) 為主。㈢侵權行為法的法律效果，為回復受害人至原始狀態，回復的方式為損害賠償的給付，除此，並提供衡平救濟，制止行為人繼續其不當行為；刑法的救濟效果，係藉由公權力制止其行為，並兼具懲罰、教育行為人的效果，其方式包括財產刑（罰金）、自由刑（拘役、徒刑），以及生命刑（死刑），至於罰金的部分乃歸屬國庫，不同於侵權行為法之損害賠償係歸屬受害人。㈣同一件不當行為，極可能同時有民事侵權訴訟及刑事訴訟，二者分屬不同程序、不同法院，無論那一訴訟程序先完成判決，該判決不得引以為另一訴訟程序的證據。例如：民事訴訟程序終結，法院判決被告須負民事責任，檢方不得於刑事訴訟中以該判決作為被告應被判有罪的證據及理由。蓋以民刑事訴訟之採證及所要求之證據力標準不同。

侵權行為雖以彌補受害人之損害為主，而非懲罰行為人，惟，倘行為人係故意 (willful) 且造成受害人重大損害，則法院得依受害人聲請或逕依裁量，令行為人另負懲罰性損害賠償的責任，亦含有懲罰行為人之目的。當然，懲罰性損害賠償，以有補償性損害賠償存在為前提。

第二節　故意的侵權行為

故意的侵權行為，主要分人身的侵犯 (interference with person) 以及財

產的侵害 (interference with property)。前者又分下列訴因 (cause of action)：
㈠毆打 (battery)；㈡施暴 (assault)；㈢不當監禁 (false imprisonment)；㈣精
神傷害（mental distress，或 emotional distress）。後者可分㈠不動產的侵害；
㈡動產的侵害；以及㈢強占 (conversion)。本節將依序探討故意的意義、故
意的侵權行為態樣以及被告的抗辯。

第一項　故　意

　　故意係指行為人行為當時的意圖 (intent)，除證明被告實際上確有前揭
意圖 (actual intent) 外，倘原告得以證明，被告於行為當時，確知其行為將
造成特定之結果（如：battery 之「肢體接觸」），亦為已足。主要案例為西
元一九五五年 Garratt v. Dailey 乙案❹，該案中，事件發生時，被告 Dailey
年僅五歲九個月，他到原告姊姊家中後院，原告 Garratt 也正好到她姊姊家，
原告、被告及原告的姊姊三人均在後院。當原告要往椅子坐下時，被告移
開椅子，致原告摔到地上，造成臀部受傷。原告對被告提起訴訟，主張「毆
打」訴因。被告在原審法院主張，事件當時，他不知道原告要坐椅子，他
只想拉椅子過來自己坐，當他發現原告要坐下時，急忙將椅子推回原告的
位子，但因力氣不夠來不及推回，致使原告摔倒。原審法院採取被告的說
詞，並認定被告行為當時並無意圖傷害或冒犯原告，因此本案不成立。原
告上訴。上級法院則指出，不論行為人的年齡或心智是否健全，其於行為
當時，確知 (knowledge with substantial certainty) 其行為將產生的結果，便
足以構成其「意圖」，原審法院並未就此予以審理，故發回原審法院就此爭
點予以釐清❺。本案之以「確知其行為將發生特定侵權行為結果」認定行
為人之「意圖」，成為爾後類似案件的重要判決依據，如行為人為未成年人
或心智障礙者之案例。此原則之主要目的，當在使受害人得到補償而非懲
罰行為人，且藉由加諸行為人賠償責任，以促使其法定代理人或監護人盡

----

❹　46 Wn.2d 197, 279 P.2d 1091 (1955).

❺　原審法院經審理後，改判原告勝訴，被告須負賠償責任。49 Wash.2d 499, 304
　　P.2d 681 (1956).

其監護責任。

　　設若行為人意圖攻擊 A，卻導致 B 受傷害時，B 將難以證明行為人有致 B 傷害之意圖；是以，「意圖的轉換」(transferred intent) 原則因應而生。所謂「意圖的轉換」，係指行為人確有意圖攻擊 A，卻導致 B 受傷，行為人攻擊 A 的意圖轉換為攻擊 B 的意圖。例如 Talmage v. Smith❻乙案，原告與其他數名小孩在屋頂上玩耍，被告見狀，恐發生危險，命其下來；該些小孩不從，被告拿起一支棍子朝其中兩名小孩丟過去，卻擊中在一旁的原告，致使其一眼失明。法院指出，若被告沒有任何攻擊小孩的意圖，本案便不成立，但若被告有意圖攻擊任一名小孩，縱使受害者非行為人意圖攻擊的對象，亦因「意圖的轉換」視為被告對受害者有攻擊的意圖，本案被告因此須對原告負損害賠償責任。同理，另一案 White v. Davis❼，被告 White 與 Tipton 兩人在街道上爭辯，被告掏出手槍，Tipton 見狀立即跳上機車騎走，White 仍朝 Tipton 射擊，當時 Tipton 騎到接近原告 Davis 所在的地方，原告正與其兄長在街道旁洗車子，子彈射中原告腹部。法院亦適用「意圖的轉換」，判決原告勝訴。

　　「意圖的轉換」適用於受害對象的轉換外，亦擴及於侵權行為態樣的轉換，例如，原意圖毆打受害人，結果構成「施暴」或「精神傷害」等訴因。以前揭 White 乙案為例，Tipton 雖未被射中，但當時，他已意識到遭受攻擊的危險，他亦可依「施暴」的訴因，對 White 提起訴訟。另如 Corn v. Sheppard❽乙案，被告 Sheppard 在市區鄰近郊外擁有三十畝的農場，西元一九二八年八月十三日童軍教練與 Sheppard 接洽，詢問能否讓童子軍在其農場紮營，Sheppard 同意。兩位童子軍 Corn 與 Popkin 便於隔天在 Sheppard 的農場紮營，晚上由於太熱又渴，無法入眠，Corn 與 Popkin 便擬到屋子旁的抽水機取水，當時天色很暗，當他們經過農場的院子時看到一個人，他們正要和他說話時，對方（即 Sheppard）開槍射中 Corn。事後，

---

❻　101 Mich. 370, 59 N.W. 656 (1894).

❼　18 B.R. 246 (Bkrtcy. Va. 1982).

❽　179 Minn. 490, 229 N.W. 869 (1930).

Sheppard 立刻將 Corn 送醫。Corn 因子彈貫穿腸子達七、八處，需切除，醫生切除約三十吋的腸子。本案係 Corn 的父親為 Corn 提起訴訟。被告主張農場常遭野狗入侵，當天晚上，他又看到兩隻狗，因此回屋子準備手槍，開槍時係因一隻狗朝他撲過來，他並未看到 Corn 與 Popkin。原審法院判決原告勝訴，被告上訴，明尼蘇達州最高法院維持原判，理由為：㈠狗係動產，槍殺狗係不法的行為，除非基於防衛他人或其他動物的需要。被告於本案並未證明有此必要性。㈡槍枝係危險的武器，任何人以不當的目的故意開槍，則須因此對遭到傷害之人負損害賠償責任。無論其於開槍時是否知悉他的存在。本案的特點在於損害動產（即本案中的狗）❾的意圖得轉換為傷害人身的意圖❿。

第二項　人身的侵犯

茲將毆打、施暴、不當監禁及精神傷害分述如下。

第一款　毆　打

「毆打」（以下以 battery 稱之）之構成要件，隨實務見解而逐步放寬。其要件為：一、被告之故意；二、被告之作為；以及三、肢體接觸 (physical contact)。

被告的故意，早期以造成傷害 (to cause harm) 之故意為必要，惟於 Baldinger v. Banks❶乙案中，法院指出，被告縱無造成原告傷害之意圖，被告確有冒犯 (to offered) 原告之意圖，便足以符合 battery 的要件。另一案 Whitley v. Anderson❷乙案中，原告與被告兩人在櫥櫃室發生爭吵，被告推了原告一把，致使原告撞到櫃子而受傷。在 battery 的訴訟中，被告主張無

❾　對動產的侵害 (trespass to chattels)。

❿　即毆打 (battery)。

⓫　201 N.Y.S. 629 (1960). 該案中，被告為一名六歲男孩，和其他男孩在一起玩耍，原告（四歲女童）行經，與其中一名男孩開始爭吵，被告便說：「我會處理芭芭拉。」(I'll take care of Barbara.)，接著走向原告，推了她一下，原告因此跌倒，致其右手肘跌斷。被告主張其無傷原告之意圖。

⓬　37 Colo.App. 486, 551 P.2d 1083 (1976).

意傷害原告，惟法院亦認定有冒犯之意圖即可。另於 Vosburg v. Putney ⑬ 乙案，法院指出，被告是否有傷害或冒犯原告的意圖在所不問，只需其有造成肢體上的接觸之意圖為已足 (bring out such a physical contact)。

　　第三個要件為「肢體接觸」，此要件不以受害人受任何傷害為必要，僅須有任何「接觸」即可，而此「接觸」以間接接觸為已足，毋須被告與受害人有直接接觸。換言之，被告藉由任何外力接觸到與原告身體相連的事物即可。例如 Fisher v. Carrousel Motor Hotel ⑭ 乙案，原告 Fisher 是一名黑人，參加一場學術研討會，舉辦地點在被告飯店的會議中心。午餐採自助式，Fisher 與其他與會人員端著盤子在餐廳排隊取菜。被告一名員工走向 Fisher，搶走他手中的盤子，對他說道：「本餐廳不服侍黑鬼。」令 Fisher 十分困窘，他以 battery 為訴因控告飯店，原審陪審團審判結果為 Fisher 勝訴，法官另逕行為被告勝訴的判決。Fisher 上訴，上訴法院指出，「肢體接觸」不需有傷害的發生，接觸亦不以行為人與受害者的直接接觸為限。以本案為例，當行為人接觸受害人手上的盤子時，已構成「接觸」，亦即，舉凡與受害人相連的事物均是，如接觸到受害者的椅子、手上拿的書等。因此本案應判受害人勝訴，下級法院應依原陪審團之審判為判決。又如 Van Eaton v. Thon ⑮ 乙案中，原告 Eaton 和其友人騎馬行經被告 Thon 的前院，Thon 叫囂要求她們離開其土地，原告回應該路段係依法可使用的道路，她們有通行權 (right-of-way)。Thon 向 Eaton 騎的馬揮了一拳，致使馬匹失去控制。Eaton 在控告 Thon 的訴因中包括 battery 乙項。法院指出，Thon 對 Eaton 騎著的馬揮拳，已構成對 Eaton 的人身接觸，符合 battery 的要件。

　　又，使受害人與任何事物接觸亦是。如前揭 Garratt 乙案 ⑯，Garrat 摔

⑬　80 Wis. 523, 50 N.W. 403 (1891). 此案係因被告（十二歲）在教室裏伸出腳，輕輕踢了一下坐在走道另一邊座位的原告（十四歲）的腿。原告當時並未有任何感覺，但數月後，該部位開始產生劇痛，最後造成原告終生行動不便，被告當時並無傷害或冒犯原告的意圖。惟本案仍構成 "battery"，原告勝訴。

⑭　424 S.W.2d 627, 11 Tex. Sup. J. 143 (1967).

⑮　764 S.W.2d 674 (1988).

⑯　同註 4。

到地上時構成肢體接觸。又如 Mink v. U. of Chicago[17]，原告到被告的教學醫院檢查懷孕狀況，被告醫生開立 DES（防流產藥劑）予原告，被告醫生並未告知原告該藥仍在臨床試驗階段。將近二十年後，藥界才宣布該藥 (DES) 有不良副作用，將使服用 DES 的孕婦所生下的女孩子容易罹患癌症，但對服用 DES 的孕婦本身並無任何副作用。當年的孕婦，即本案原告，控告醫院及醫生，訴因之一為 battery。法院判決原告勝訴，法院指出，醫生開立處方箋時，尚未構成「接觸」，但當原告依據處方取得藥物服用，藥吞下當時構成「接觸」。又如 Richardson v. Hennly[18]乙案，原告主張被告 Hennly 明知她對煙斗過敏，仍故意朝著她抽煙斗 (pipe smoke)，構成 battery、精神傷害等多項訴因。Hennly 主張煙斗的煙係微量，不足以構成 battery。法院則指出，任何不當的接觸，無論直接或間接，均足以構成 battery。是以倘 Hennly 係故意朝 Richardson 吐煙，亦足以構成 battery。

　　疾病的傳染，亦可能構成 battery。如 Doe v. Johnson[19]乙案，原告與被告 Johnson 從事性行為後，方知 Johnson 係 HIV 感染者，原告遂提起告訴。訴因之一為 battery。法院指出 Johnson 明知或可得而知可能傳染愛滋病予原告，亦明知原告不知其為 HIV 感染者，縱令從事性行為乙事為原告所同意，Johnson 就 HIV 傳染乙事負 battery 之侵權責任。惟，倘行為人無意使原告感染疾病則 battery 不成立。如 Funeral Services by Gregory v. Bluefield Community Hospital[20]，法院指出，被告並無意圖使 Gregory 受到病毒的感染，且 Gregory 於過去兩年內四次檢測，均呈陰性反應（依醫學上而言，凡暴露於 HIV 病毒者，鮮有於六個月後仍未發病者），故而 Gregory 並未感染 HIV 病毒。本案 battery 不成立。又如 Brzoska v. Olson[21]乙案，Raymond

[17]　460 F.Supp. 713 (1978).

[18]　209 Ga.App. 868, 434 S.E.2d 772 (1993).

[19]　817 F.Supp. 1382 (1993).

[20]　186 W.Va. 424, 413 S.E.2d 79 (1991). 此案中，原告 Gregory 係殯葬業者，他在為一名死者處理防腐措施後，才接獲被告醫院通知，該死者係 HIV 感染者。Gregory 於近乎兩年後才提起訴訟，主張被告的行為構成 battery 等訴因。

[21]　668 A.2d 1355 (1995).

Owens 係一名牙醫，執業近三十年，於西元一九九一年三月一日死於愛滋病。Owens 於西元一九八九年得知本身係 HIV 陽性患者，在此之前他已知係愛滋病帶原者；迄西元一九九一年二月，Owens 方接受醫生建議停止執業。衛生單位就 Owens 於西元一九八九年以後曾治療過的患者追蹤檢測，並就其執業時的過程、衛生處理予以調查。前揭患者們無一感染 HIV。唯仍有多位患者（共三十八位）對 Owens 的遺產管理人 Olson 提起本件訴訟，訴因之一為 battery。法院指出，Owens 於治療牙科患者時，其衛生措施高於一般標準，其無意圖使其病患感染 HIV，而事實上，亦無人感染，是以本案 battery 不成立。

至於被告的行為，必須是積極的作為，僅消極的不作為，不足以構成 battery 的訴因。

Battery 訴因的成立，目的在保護人性的尊嚴 (personal dignity)，亦即對自主性的尊重，任何人在未同意被碰觸的情況下，被他人接觸時，縱使未受任何傷害，亦構成 battery。此訴因既以受害者的人性尊嚴為考量重點，行為人究係善意或惡意，均不足以影響構成要件的成立。例如 Clayton v. New Dreamland Roller Skating Rink❷乙案，原告和先生到被告開設的室內溜冰場溜冰，原告不慎在溜冰場內摔斷手肘，被告員工見狀前來幫忙，原告拒絕並告訴他不要碰她，原告的先生亦在旁阻止，被告員工未予理會，仍將原告手肘固定好送醫。嗣後，原告據 battery 訴因對被告提起告訴。證據顯示，由於被告急救處理得當，使原告手肘復原良好。法院指出，當原告拒絕救助時，被告員工應尊重她的意願，該員工不顧原告的意願執意採取急救措施，足以構成 battery 的訴因。因此本案原告勝訴。然而，本案原告並未因被告員工的行為受到任何傷害，因此原告所得賠償金額為美金一元的象徵性賠償金。由本案可知，任何人均不得以善意為由，不尊重他人的尊嚴及自主性。

不過，battery 的構成要件具備，亦未必成立，除後述被告的抗辯外，社會習慣 (social usage) 亦為一般大眾所能容忍及接受者。例如：看到朋友，

---

❷　14 N.J. Super. 390, 82 A.2d 458 (1951).

拍拍肩膀打招呼、大眾運輸工具上的擦身而過均是，不過，須以行為人非藉故惡意所為者為限。

第二款　施　暴

「施暴」（以下以 assault 稱之）乙詞未必能確切涵蓋此訴因之意義，茲就其構成要件說明之：㈠被告的意圖；㈡被告具備執行 battery 的能力；㈢被告的外在行為；㈣原告意識到將立即遭受 battery (apprehension of immediate battery)。

被告的意圖，可包含兩種情況：㈠意圖毆打受害人；或㈡意圖使受害人以為即將遭受毆打。意圖的態樣與 battery 同，包括㈠確實的意圖 (actual intent)；㈡確知行為結果；以及㈢意圖的轉換。

被告必須具備執行 battery 的能力，設若被告因病在床，雖對受害人出言恐嚇要毆打他，亦因其當時並無此能力而不構成此訴因。不過，若被告唆使在一旁的朋友毆打受害人，則仍可構成此訴因。

被告的外在行為，須為具體積極的行為，足以構成 battery 始可。原則上，僅言語上的威脅難以成立。然而，附帶條件的威脅 (conditional threat)，便可能構成 assault。首見於英國 Read v. Coker❷❸乙案，原告與被告合夥開設染織廠，嗣因經營上的問題，被告要求原告退出，並解除其在工廠的工作。原告數次前往理論未果。最後一次，當原告再度前往工廠，七、八個工人邊捲袖子邊朝他走過來，其中一名說道：「若你不立刻離開，我們會給你顏色瞧瞧。」原告因此逃離工廠。原告遂以 assault 對被告提起告訴。法院判決原告勝訴，指出，該些員工雖未對原告採取實際攻擊行為，然而，任何人處於原告的立場都瞭解，若原告不即時離開，將立刻遭受 battery，因此，已非單純的威脅。又如 Allen v. Hannaford❷❹乙案中，被告 Hannaford 擁有一棟公寓，原告 Allen 承租其中一間。一年後，Allen 擬搬到他處，當搬運人員進行搬運時，Hannaford 手持手槍出現，告訴 Allen，若搬運任何傢

---

❷❸　13 C.B. 850, 138 Eng. Rep. 1437 (1853).

❷❹　138 Wash. 423, 244 P. 700 (1926).

俱，將開槍射殺他們。Hannaford 便持槍枝對著 Allen 的臉威脅將射殺她。Allen 提起告訴，主張 Hannaford 的行為構成 assault，要求損害賠償。Hannaford 主張 Allen 積欠房租，因此對 Allen 的財產有質權，得禁止其搬走，且她的手槍並無子彈。法院指出，前揭質權不及於住家的生活用傢俱，但質權並非本案爭點。當 Hannaford 以手槍近距離對著 Allen 的臉威脅射殺時，已足以使 Allen 相信 Hannaford 有能力傷害她，並意識到生命遭受威脅，至於手槍並無子彈乙事，並不為 Allen 所知悉。是以本案 assault 成立。另 Holcombe v. Whitaker❷⑤乙案，法院亦指出單純的言語威脅，雖不足以構成 assault，但當不當的要求，伴隨著暴力的方式表現，便已構成 assault，而非單純的言語威脅。

原告的意識（或知悉，awareness）係 assault 的要件之一，亦為其與 battery 的差異之一。Battery 必然發生「肢體接觸」的結果，無論受害人於當時是否知悉均是，例如：行為人趁受害人睡覺時打了幾下，受害人醒來仍不自知，此時，行為人的行為仍構成 battery。Assault 則以受害人的意識遭即刻攻擊為其結果，但無肢體接觸的發生。

Assault 訴因的成立，目的在確保社會的安寧 (social peace) 及精神層面的人性尊嚴 (mental peace of personal dignity)。是以，不以受害人實際上受到傷害為其要件。

第三款　精神傷害

不同於前揭 battery、assault 及後述之不當監禁，早期，精神傷害 (mental

---

❷⑤　294 Ala. 430, 318 So. 2d 289 (1975). 該案原告 Whitaker 與被告 Holcombe 婚後查覺 Holcombe 仍有另一椿有效婚姻存在，Whitaker 要 Holcombe 撤銷彼此間的婚姻，或與其另一名妻子離婚，Holcombe 均不從。嗣後多次威脅 Whitaker，若提起訴訟，將置其於死地。Holcombe 曾半夜電話騷擾、潛入 Whitaker 住處將其衣服浸泡碘酒。在 Whitaker 換門鎖後，Holcombe 在門外用力敲門、叫喊：若 Whitaker 告上法院，將殺了她。Whitaker 於本案提起數項訴因，其一為 assault。被告主張，他並沒有外在實際的攻擊行為。原審法院判決原告勝訴，上訴後，法院仍維持原判。

distress, emotional distress) 並非獨立的訴因，受害人擬主張精神上的傷害，必須先證明其他訴因的存在，方得一併主張。故稱之為「寄生的賠償」理論 (parasitic damages theory) ❷。

法院不願承認精神傷害為獨立訴因的原因為：一、不易證明或估算損害賠償 (difficult to prove or measure damages)。二、精神痛苦太過於抽象、無形，其層次亦因人而異，無法預見 (emotional consequences are intangible, peculiar, vary to such an extent with the individual concerned, that they cannot be anticipated)。三、為此不確定的訴訟敞開大門 (to open a wide door)，任何人均可能因他人不好的態度心裏不舒服，便提起訴訟，甚至虛構情節等；凡此，將使法院必須處理接踵而至、難以解決的案件。然而，如 Williams Prosser 教授所言：估算失去一條腿所承受的身體上的痛苦 (physical pain)，其困難度未必低於精神上的痛苦。而精神上的痛苦程度，亦不因其無形而輕於身體上的痛苦。法院實不應考量其自身的案件負荷及審理難易，而拒絕承認「精神傷害」為獨立訴因 ❷。

「精神傷害」至西元一九三〇年始逐漸為法院所承認為獨立的訴因，在此之前的案例，多與大眾運輸及旅店 (innkeepers) 有關，成立訴因的原因，係基於運輸業、旅店業等與顧客間的契約關係 (privity) 所涵蓋的默示擔保責任 ❷。

惟，西元一九三〇年之前，確有數件罕見案例，法院例外允許「精神傷害」為獨立訴因。首件重要案例為英國的 Wilkinson v. Downton ❷ 乙案，被告 Downton 告訴原告 Wilkinson 她的先生發生車禍、兩腿遭撞斷，正躺在某個路口，原告急忙抱著兩個枕頭坐上車子，打算到該路口帶她先生回家，到了現場，並未看到她先生。嗣後才知是被告惡作劇。原告因一時的

---

❷　或稱為「依附的賠償」(peg damages) 理論。

❷　Keeton et al., *supra* note 1, at 54～56.

❷　Keeton et al., *supra* note 1, at 60.

❷　2 Q.B.D. 57 (1897). 該案中原告的先生搭火車去看賽馬，事故當天晚上他平安地搭火車回家。

驚嚇，健康狀況出現嚴重問題，頭髮變白，有數週呈現無能力狀態。法院於此案首度認定，被告雖無積極的行動，仍須為其言語上的惡作劇負損害賠償責任❸。又如 Nickerson v. Holges ❸乙案，法院指出，被告明知原告 Nickerson 的精神狀況，仍為惡作劇，導致其精神受到傷害，應對 Nickerson 的傷害負損害賠償責任。

西元一九三○年後，法院便逐漸承認「精神傷害」為獨立訴因。至於其構成要件包括❸：㈠被告的意圖——故意造成受害人嚴重的、精神上的傷害 (severe emotional distress)；㈡被告的行為是偏激、無理的 (extreme and outrageous)；㈢受害人確實受到嚴重的精神傷害；以及㈣因果關係 (causation)——原告的精神傷害，確係被告的行為所致。

「精神傷害」的訴因，仍須建立於客觀的標準 (objective standard)；是

---

❸　初期，法院仍儘可能以其他訴因為精神傷害成立的依據。例如：Great Atlantic & Pacific Tea Co. v. Roch 乙案，原告 Roch 向被告 A&P 訂購一條麵包，送貨員送到時，提醒 Roch 先行打開確認貨品，Roch 打開包裝，赫然發現裏面包著一隻死狀嚇人的老鼠，Roch 因此驚嚇、暈眩倒地，撞擊地板導致部分神經受損，精神方面的傷害正持續中。Roch 遂提起訴訟，要求 A&P 公司賠償其所受傷害。原審法院判決原告勝訴。A&P 公司上訴，上訴法院維持原判，理由為，A&P 公司須為員工的過失行為負責，是以，本案中 A&P 公司的員工因過失，誤將死老鼠送交 Roch，致 Roch 因驚嚇而受傷害，A&P 公司自應負損害賠償責任。法院附帶意見提及，倘 A&P 公司的員工非因過失，而係因個人的惡作劇，則 A&P 公司不須負責。法院並未就若為員工惡作劇，該名員工應否負責乙事予以說明。160 Md. 189, 153 A. 22 (1931).

❸　146 La. 735, 84 So. 37 (1920). 此案中原告 Carrie Nickerson 係受僱於化妝品公司，從事化妝品業務，一名算命人士告知 Nickerson 被告 Smith 家地下藏有 Nickerson 祖先埋藏的寶藏。Nickerson 遂偕同數人至 Smith 家挖寶，為時數個月，Smith 並不反對該等作為，鎮上的居民都知道此事。Smith 的女兒與其他數名被告計畫一場惡作劇，埋藏一甕砂土在地下。Nickerson 果然挖掘到該甕並存放在銀行，嗣於眾人觀看下開啟甕子，Nickerson 發現其中均為砂土。原告覺得非常窘困，一則受到了刺激，另一則懷疑有人偷走其寶藏。精神上顯然受到極大傷害。嗣後知道是被告所為，而提起「精神傷害」的告訴。

❸　Restatement (Second) of Torts § 46.

以，被告的行為是否足以造成受害人精神傷害，應以一般人 (reasonable person) 處在原告情況下，是否會因行為人的行為受到精神傷害而定。倘若僅因受害人個人情緒較為敏感而受到精神傷害，則非本訴因所擬保護之範圍。然而，法院例外於下列情事時，認定被告須為受害人敏感的情緒反應負責：㈠受害人為孕婦、年長者或小孩；㈡行為人事前知悉受害人的敏感情緒狀態 (susceptible condition)。例如：前揭 Nickerson ❸乙案及 Delta Finance Co. v. Ganakas ❹。Delta Finance 案中，法院指出，Ruthland 明知 France 年僅十一歲，其言行足以對其構成精神傷害 ❺。又如 Drejza v. Vaccaro ❻乙案，法院指出，執勤警員之言行應考量受害人剛經歷暴力創傷，其心理較為敏感，被告不當的問話足以構成精神傷害。

　　倘若被告的行為並未逾越一般社會所能容忍的程度，而原告仍擬主張精神傷害，則須證明被告知其特殊情形，否則訴因無法成立。例如 Slocum v. Food Fair Stores of Florida ❼乙案，原告 Slocum 到被告的商店購買東西，

---

❸　同註 31。

❹　93 Ga. App. 297, 91 S.E.2d 383 (1956). 原告 France Ganakas 年十一歲；她的母親向被告買了一部電視機，被告派 Ruthland 等人到其住處收款或取回電視機。被告明知 France 的母親因工作不在家，而僅有十一歲的 France 在家中。Ruthland 數次從前後門威脅 France 開門，讓他們進去搬電視機，否則找警察來抓她去坐牢。France 因此受到驚嚇，不敢出門上課。

❺　另如 Korbin v. Berlin 乙案，原告 Wendy Korbin 係一名六歲女孩，一日，被告 Berlin 故意對 Wendy 說：「妳知道妳母親搶了別人丈夫嗎？妳知道上帝會懲罰他們嗎？……」Wendy 因此遭受精神傷害、驚嚇。原審判決本案訴因不成立。上訴法院則指出 Berlin 的言語係故意，且足以對年僅六歲的 Wendy 造成驚嚇、羞辱。177 So. 2d 551 (1965).

❻　650 A.2d 1308 (1994). 該案原告 Drejza 遭前男友強暴而報警，由警方將其帶到警局做筆錄，被告 Vaccaro 係負責詢問的警員，過程中多次以不當的言語，如：「是妳自己讓他進妳的屋子」、「他畢竟是妳的前男友」、「D.C. 的法官都是黑人，妳知道他們會怎麼看妳嗎？」……等等。使 Drejza 感到羞辱。Drejza 遂控告 Vaccaro 對其造成精神傷害。

❼　100 So. 2d 396 (1958).

當她向一名店員詢價時，該名店員態度惡劣地回答：「要知道價錢自己去想辦法，妳這討厭鬼。」Slocum 因此而加重其心臟疾病。Slocum 遂提起訴訟，主張被告店員的行為造成其精神傷害。法院指出，構成精神傷害之前提為行為人的行為超乎一般社會所能容忍的程度，以及，究竟該行為係造成一般的精神傷害或嚴重的精神傷害，須為後者方足以成其訴因。本案尚未達此標準，故而不成立。又如 Harris v. Johns ❸乙案，原告 Harris 因先天語言障礙，致有口吃的情況，他受僱於被告通用汽車公司，被告 Johns 是他的主管，Johns 在擔任其主管五個月期間，常故意模仿 Harris 口吃及說話時頭部顫動的樣子。Harris 提起訴訟，主張 Johns 的行為對他構成精神傷害。原審法院雖判決 Harris 勝訴，令被告負補償性損害賠償及懲罰性損害賠償。特別上訴法院及上訴法院則改判被告勝訴。理由為，Harris 雖因 Johns 的嘲弄感到困窘，然尚不足以構成嚴重的精神傷害 ❸。另案 Jones v. Clinton ❹中，原告 Jones 主張被告 Clinton 在州長任內對她提出從事性行為的建議乙節，法院亦認為該等行為仍不足以構成精神傷害。又如被告房東，數次向房客催討逾期未繳的房租，並告知若仍不繳納，則必須搬走。原告因擔憂而受到精神傷害。法院認為，催繳房租係房東應有的權利，繳納房租係房客的義務，房東在催繳的過程中，倘無不當行為，自不須負損害賠償責任。

當第三人目睹被告的行為，致受到精神傷害時，得否基於「意圖的轉換」而要求被告負損害賠償責任？一般而言，法院持否定見解，蓋因「精神傷害」原本即無法預見者。第三人是否為被告施予侵權行為之受害人的家屬，將影響此類案件的判決結果；除此，被告行為時，須知道第三人在場，則法院得以被告應確知其行為將導致第三人精神傷害為由，而認定第三人的訴因成立。如 Taylor v. Vallelunga ❹乙案，法院認定原告目睹她的父

---

❸　281 Md. 560, 380 A.2d 611 (1977).

❸　筆者則以為行為人明知受害人的缺陷或殘障，而當面嘲諷，實足以對受害人構成精神傷害，遑論其行為之不道德。

❹　990 F.Supp. 657 (1998).

❹　171 Cal. App. 2d 107, 339 P.2d. 910 (1959).

親遭毆打，尚不足以構成「精神傷害」，因原告並未證明被告是否知悉其在場。少數案例係涉及無親屬關係的第三人，法院允許訴因成立的前提，須被告的行為含有暴力的性質（但不以實際有暴力行為為限）；且導致該第三人受身體上的傷害。例如：Hill v. Kimball ❷ 乙案，被告 Kimball 係原告 Hill 夫婦的房東，原告太太有孕在身，此為被告所悉，一日被告在原告家的前院與兩名黑人起衝突，叫囂毆打以致流血，當時原告太太正站在近處，因目睹過程，驚嚇並導致流產。原告對被告提起訴訟，主張「侵害」(trespass)。法院指出，被告明知原告太太在場以及其身體狀況，倘被告與黑人間的衝突，僅造成原告太太受到驚嚇，則後者仍難以求償，然而，本案中，原告太太因驚嚇致受到身體的傷害（即流產），此正如同被告開槍打黑人，而卻擊中原告太太是同等道理，故而本案成立，被告須負損害賠償責任。另案 Rogers v. Williard ❸ 乙案，被告 Williard 進入原告 Rogers 的田地，與另一人起爭執，當時原告 Rogers 懷有八個月身孕並在場；此為被告所知悉，被告甚至威脅與對方打鬥並掏出手槍。原告驚嚇過度，須每日接受醫生看診；數日後，仍提早分娩，但胎兒已死亡，醫生斷定胎兒於分娩前已死亡。上級法院判定原告因驚嚇所致身體的傷害，被告應負損害賠償責任。

「精神傷害」與 Assault 於適用上，亦有混淆之情事發生，茲就二者之差異予以釐清：除了被告意圖不同外，㈠被告的行為——前者被告的行為須為偏激、無理的；後者被告的行為須有構成 battery 的可能。㈡前者原告未必意識到即刻的攻擊；後者原告須有此意識。㈢前者原告須遭受嚴重的精神傷害；後者原告毋須有任何實際的傷害存在。

第四款　不當監禁

「不當監禁」訴因的立法目的，在於確保人們遷徙移動的自由。其構成要件為 ❹：㈠被告有監禁他人的意圖；㈡拘禁——於被告所設的監禁範

---

❷　76 Tex. 210, 13 S.W. 59 (1890).

❸　144 Ark. 587, 223 S.W. 15 (1920).

❹　Restatement (Second) of Torts § 35.

圍 (within the foundries fixed by the defendant)；㈢被告的行為；㈣原告的知悉拘禁；㈤拘禁係違背原告的意願 (against plaintiff's will)。茲分述如下。

　　被告的意圖須為拘禁原告或任何第三人，後者為有關「意圖的轉換」的適用。換言之，被告原擬拘禁之人未必為原告，但因事實的錯誤，以致拘禁了原告。

　　拘禁於被告所設範圍內，該範圍可能有形或無形（如：威脅方式），固定或移動（如：車子），但無論如何，必須是完整的。所謂完整，係指並無安全暨合理 (safe and reasonable) 的方式可逃脫；或縱令有之，並非原告所知悉者而言。如 Davis & Allcott Co. v. Boozer❹⑤乙案，原告 Boozer 受僱於被告 Davis 公司，一天，Boozer 因身體不適，向其主管 Whittle 要求離開工廠回家。Whittle 不准，Boozer 在喝了蘇打後，仍覺不適，最後暈倒。Boozer 嗣後提起訴訟，主張 Whittle 拒絕讓她因不適回家乙事構成不當監禁，因工廠的門禁須得到 Whittle 的同意開鎖方可離去。原審法院判決 Boozer 勝訴。被告上訴，上級法院廢棄原判決指出，被告工廠除該大門外，員工們都知道，由工廠通往辦公室另有一道門隨時開放，休息用餐時亦由該門出入。是以，Boozer 若於當天擬離去，可經由該門，Whittle 拒絕其離開乙事，不足以構成不當監禁。

　　然而，法律不要求原告做無謂的犧牲，若逃脫拘禁的方式有任何危險性存在，原告不須貿然去做。Sindle v. New York City Transit Authority❹⑥乙

---

❹⑤　215 Ala. 116, 110 So. 28 (1926).

❹⑥　33 N.Y.2d 293, 307 N.E.2d 245 (1973). 此案原告 Sindle（十四歲）與其他學童搭乘被告的校車，因當天係學期結束的日子，學生們在車上喧嚷，甚至破壞車上的燈、窗戶、天花板及廣告看板。被告駕駛告訴學生將把他們載到警局，途中部分學生安全地由窗戶跳出去。Sindle 頭、肩及腿部已伸出車外，也打算跳出去，碰巧車子右轉，右後輪撞到欄杆，以致 Sindle 跳出去或摔出去，又因車子右後輪打轉，輾過 Sindle，使 Sindle 受到嚴重傷害。Sindle 及其父親提起訴訟，主張被告過失及不當監禁。原審法院判決原告勝訴，被告須賠償 Sindle 五百美元精神損失、七千五百美元身體傷害，並賠償父親七百五十元的服務損失及五千七百九十七元的醫藥費。被告上訴。

案，上級法院指出，被告司機的行為是否構成不當監禁，抑或基於保護學生及財產（車子）的正當行為，應由陪審團重新認定，又從行駛中的汽車中跳車，係危險的方式，若非具有重大事由，則屬當然過失。本案中陪審團於重審中認定被告的行為構成不當監禁，應負損害賠償責任；惟，被告對原告跳車時所受的傷害不須負賠償責任。

　　被告構成拘禁的行為可包含下列態樣：㈠有形的屏障 (physical barriers)，如房子、車子等❹。㈡肢體暴力 (physical force)，如：毆打對方等。㈢肢體暴力的威脅 (threat of physical force)──以毆打對方作為要脅，使其就範；此以原告合理地相信威脅的存在為已足，原告毋須為脫逃而置自己於危險狀態。㈣脅迫 (duress)──例如以第三人的安危做要脅，使原告就範。㈤執法權力的主張 (legal force)──被告主張持有執法的權力❹。㈥

---

❹　如：Whittaker v. Sandford 乙案，原告 Whittaker 和她的先生係以被告 Sandford 為首的一個宗教團體的成員。該宗教駐在 Maine 及 Jaffa 等處。原告係加入 Jaffa 該處的團體。原告嗣擬脫離該宗教，偕同四名子女返回美國，被告 Sandford 建議原告等搭乘他的遊艇，原告恐 Sandford 留置他們而拒絕，Sandford 再三保證絕無此事。抵美後，Sandford 拒絕提供小船讓原告搭乘上岸，並告訴原告，能否離開由她先生決定，她的先生則推說由 Sandford 決定，原告因此被留置在遊艇約莫一個月。其間，原告雖曾數次上岸，但均在有人伴隨的情況下，最後因警方的協助及取得人身保護令 (habeas corpus)，而得以偕同四名子女上岸。原告提起本件訴訟，主張 Sandford 不當監禁，法院指出，Sandford 拒絕提供小船的行為確已構成不當監禁，Sandford 雖推說由原告先生決定其是否得上岸，但有權力控制遊艇之人為 Sandford。故本案 Sandford 須給付原告一千一百元損害賠償。110 Me. 77, 85 A. 399 (1912).

❹　如：Enright v. Groves 乙案，被告 Groves 係一名警員，他發現一隻狗在街上遊蕩未拴住，違反市規。該狗係原告 Enright 家的狗，Groves 上前詢問 Enright，並請其出示駕照，Enright 提供其姓名及地址，但拒絕交出駕照。Groves 將 Enright 送至警局，Enright 因違反市政法規遭定罪。Enright 提起訴訟，主張 Groves 逮捕她構成不當監禁。法院指出，Groves 並未說明為何堅持 Enright 出示駕照，Enright 既已提供姓名及地址應為已足。Enright 拒絕出示駕照並不構成任何罪行。Groves 之行為構成不當監禁。39 Colo.App. 39, 56 P.2d 851 (1977).

拒絕釋放 (refuse to release)——合法的拘禁因拘禁事由消滅而應予釋放，被告仍拒絕釋放時，則構成不當監禁 ❹。

「不當監禁」既為確保活動的自由，倘被拘禁者在拘禁過程，並無移動的意願，不知被拘禁，或縱令知道被拘禁亦無反對的意願，自不構成「不當監禁」。原告知悉自己被拘禁的事實，且該拘禁係違背其意願時，即表示其活動的自由受到侵害。然而，對於心智不成熟或不健全者，縱有拘禁的事實，亦未必能夠認知自己已被監禁。倘因被監禁而受任何損害，亦因無法認知自己被拘禁的事實，且無從證明拘禁係違背其意願，而不符合前揭二要件，致不成立「不當監禁」。惟，在少數案例中，因涉及小孩或心智不健全者，法院例外地認定「不當監禁」的成立。例如：Robalina v. Armstrong ❺ 乙案，原告係四歲女童，為非婚生子女，與母親同住，母親擁有其監護權，她的父親在未告知其母親的情況下，將她帶走。Commonwealth v. Nickerson ❺ 乙案，九歲男童與持有監護權的父親同住，被告從學校擄走男童將其交給母親。Barker v. Washburn ❺ 乙案，Sultiff 係無行為能力人 (incompetent)，由原告監護看管，原告曾允許 Sultiff 與被告同住數年，嗣將

---

❹　例如：Big Town Nursing Home, Inc. v. Newman 乙案，西元一九六八年九月十九日，原告 Newman 六十七歲，他的侄子將他帶到被告看護之家，付一個月的看護費並簽了一份入院的文件，其中一項載明，院方不得在違反原告的意願下，迫使其留在院中。Newman 在住了三天後，便擬於九月二十二日離開，惟至十一月十一日止，其間，被告禁止 Newman 使用電話，將其與心智異常的人監禁在同一區，Newman 曾數次想脫逃未果，要求離開亦遭拒，最後於十一月十一日順利逃離。Newman 對被告提起訴訟，主張不當監禁。原審法院判決原告勝訴，被告須負擔二萬五千美元損害賠償（包括補償性及懲罰性）。被告上訴，原告接受法院的建議，同意將賠償金減為一萬三千美元。上訴法院維持原判，指出欠缺合法事由而拘禁一個人的身體自由，即構成不當監禁。本案 Newman 即是在無任何合法事由（如法定程序剝奪其自由等）的情況下，遭到被告監禁。是以，不當監禁應予成立。461 S.W.2d 195 (1970).

❺　15 Barb. 247 (N.Y. 1852).

❺　87 Mass. 518 (1861).

❺　200 N.Y. 280, 93 N.E. 958 (1911).

Sultiff 帶回交由第三人看管。被告曾兩次在未告知原告的情況下，將 Sultiff 帶走。雙方主要的爭議在擁有 Sultiff，使其從事農場工作。前揭三件案例中，被拘禁者均無認知拘禁的能力，但均有監護人。法院認為此類案例，應探討監護人有無意願令行為人將無行為能力人帶離他的監護範圍，若無，則視為被拘禁者無此意願。在前揭三案件中，法院認定四歲女童的母親、九歲男童的父親及 Sultiff 的監護人均未同意所監護的對象被帶走，亦即違背其意願，是以，視為違背被拘禁者的意願，而構成「不當監禁」。

　　然而，澄清嫌疑的留置，縱令原告心有不悅，仍不構成不當監禁。如 Hardy v. LaBelle's Distributing Co. ❸ 乙案，原告為被告公司的臨時僱員，她擔任珠寶部門的售貨員。另一名僱員告訴經理，她看到原告偷一只手錶。隔日，珠寶部門的副理告訴原告，新進員工必須熟悉一下工作環境，而帶著原告走到經理室關起門，接著，就偷錶一事進行詢問。屋內除副理、經理，另有其他人員包括警察在場。原告否認偷竊並同意接受測謊。測謊結果顯示原告未說謊，整個過程約四十五分鐘，經理向她道歉，自稱目擊偷竊的員工也向她道歉。原告憤而辭職，並向被告公司提出告訴，主張「不當監禁」。法院判決被告勝訴，並指出，原告進到經理室後，自始至終並未要求離開，被告亦未告知不得離開。原告亦承認在知道被指控偷竊時，也希望澄清該不實的指控。換言之，留在經理室澄清嫌疑 (stay to clear suspicion) 係其個人意願，自不構成「不當監禁」。另案 Dupler v. Seubert ❹ 乙案，原告受僱於被告，事件當天下午四點三十分，原告被叫到被告辦公室，被告告訴她有關行竊乙事，雙方發生爭執。到了五點，原告的先生來載她，被告令她自行辭職，否則將予革職。原告說：「你既已將我開除，我要離開。」被告員工之一嚇阻她不得離開。半小時後才允許其離開。原告因此告被告「不當監禁」。法院判決，前半小時因偷竊乙事，雙方的爭執不構成「不當監禁」，但當原告擬離開而被被告強制留在辦公室半小時，則已構成「不當監禁」。

---

❸　　203 Mont. 263, 661 P.2d 35 (1983).

❹　　69 Wis.2d 373, 230 N.W.2d 626 (1975).

澄清嫌疑的留置，固不構成「不當監禁」，惟，若嫌疑的產生係因被告或其員工的過失所致，則仍構成不當監禁。例如 Jacques v. Childs Dining Hall Co. ❺ 乙案，原告和她的阿姨到被告餐廳用餐，結束後，原告付帳，與阿姨打算離開餐廳，在門口處被經理攔阻，指稱渠等尚未結帳。雙方爭執約半小時，經理才發現原告確已付過帳，是櫃檯收費員的疏失錯置單號所致。原告對被告提起告訴，主張「不當監禁」，法院以原告被誤會未付帳，係因被告員工的過失所致，故仍構成不當監禁。

又於 Herd v. Weardale Steel, Coal & Coke Co., Ltd. ❻ 乙案中，原告係一名礦工，依公司規定，每天上午九點半搭坐升降梯到地底下工作，下午四點才上來，其間用餐等均在地底下。升降梯在工作時間的作用，是載送礦物到地面。一日原告因不滿分配到的工作而拒絕，甚至當場表示要辭掉工作。原告要求搭坐升降機到地面而遭拒絕。升降梯在下午一點十分時閒置未用，但被告仍拒絕讓原告搭乘，直到一點三十分才讓原告回到地面。原告對被告提起告訴，主張不當監禁。法院指出，原告在工作之初便知道其性質，且知道工作時須在地面下近六個半小時，以及升降機的特定作用。因此，原告不得以此作為不當監禁的理由。

針對商店常面臨的「順手牽羊」問題，商店所有人得在下列要件下行使其自助 (self help) 的權利：㈠有合理事由相信竊案發生 (reasonable ground to believe that a theft has occurred)；㈡以合理的方式留置對方 (detention in a reasonable manner)──不得使用致命武器；㈢留置期間須限於調查所需的合理時間 (detention limited to a reasonable period of time to make an investigation)。

第三項　財產權的侵害

財產權的侵害，係指對占有權的侵害 (right of exclusive possession)，可分為不動產的侵害 (trespass to land)、動產的侵害 (trespass to chattels) 以及動產的強占 (conversion)。茲分述如下。

---

❺　244 Mass. 438, 138 N.E. 843 (1923).

❻　1915 A.C. 67, 84 L.J.K.B. 121 (H.L.).

第一款　不動產的侵害

不動產侵害的構成要素如下：一、被告的意圖；二、被告的行為；三、原告須為適格當事人。

被告須有意圖進入原告或他人所占有的不動產，至於是否有不法入侵他人土地之意圖，則在所不問。是以，縱使被告係因誤認不動產之所有權人亦非合法抗辯。例如：被告以為自己擁有該土地之占有權、誤認取得占有人或得行使同意權之人的同意、或自認有特權進入該土地或停留在該土地等情事。相反地，若行為人無此意圖，則不足以成立此要件。例如第三人脅迫行為人進入原告的土地，此侵權人應為該第三人，而非實際進入原告土地之人。

被告的行為態樣，包括㈠進入原告的土地。㈡使得他人或物 (object) 入侵原告的土地，例如將第三人推入，或脅迫其進入原告的土地、放任狗進入原告的庭院等。㈢停留在原告的土地，此係指被告先前有權進入原告的土地，但在合法事由不存在時（如原告要求離開等），被告仍不離開，即是。㈣被告未將置於原告土地上之物移開，此亦指原先合法放置，在合法事由不存在後，被告未將其移開之情事。如 Rogers v. Board of Road Commissioners for Kent County ❺⓻乙案，原告控告被告 Kent 郡的道路委員會侵害其不動產。本案係因被告於事故發生兩年前，在原告農場外沿著道路設立避雪垣 (snow fence)，其中，有一部設立在原告的農場內，並設有錨柱 (anchor post)。當時，被告係取得原告先生同意而架設，但被告允諾在雪季結束、不需該些設施時，將予拆除。嗣後，被告雖拆除所有的設施，但仍留有一支錨柱在原告農場。原告先生在農場駕駛割草機時，撞及錨柱，致拋出摔倒在地，造成嚴重傷害以致死亡。原審法院以事故本身無關乎被告的侵害不動產，且政府享有免責權為由，駁回原告之訴。上級法院則廢棄下級法院判決，指出被告未撤離原先經同意放置之物品，足以構成不動產之侵害。

原告須為適格之當事人。適格之當事人須為實際占有土地之人 (actual

---

❺⓻　319 Mich. 661, 30 N.W.2d 358 (1947).

possessor) 或在土地無人占有的情況則以土地所有權人為有權占有之人。設若 A 為房子所有人，倘 A 自行居住其中，則 A 便同時為所有權人及占有人；若 A 將房子出租予 B，則占有人為 B，而非 A；若房子閒置無人居住，則仍以 A 為占有人。

傳統普通法中，此訴因不以原告實際受損害為其成立之要件，換言之，縱令其未受任何損害，前揭要件成立時，被告便須負「不動產侵害」的責任。然而，當時係以入侵者為人或有形的物為限。隨著工業的發展，侵害不動產的占有權不再限於前揭人或物，亦可包括無法以肉眼辨識的物體 (invisible object)，如氣體等，後者往往對占有人的土地構成嚴重傷害，傳統普通法的觀念，便有欠妥適。在 Martin v. Reynolds Metals Co.❺❽ 乙案中，被告鑄鋁工廠散發出氣體及氟化物分子，造成原告養殖的牲畜無法適應，以及土質的變化致造成植物的損害。法院指出，過往案例中既已認同行為人所引發的震動所造成土地占有人的傷害，為不動產侵害；而分子移動所造成的傷害並不亞於前者，自應認同其亦為不動產侵害。另案 Borland v. Sanders Lead Co.❺❾，法院更直指因被告工廠的氣體所造成的污染可構成不動產侵害，但須符合下列要件：㈠被告的故意行為；㈡該行為造成對他人排他性占有權的侵害；㈢被告可合理地預見其行為將造成侵害的結果；以及㈣對財產構成實質上的損害。嗣於 Bradley v. American Smelting and Refining Co.❻⓿ 乙案，原告主張被告鎔鑄工廠釋放的各種氣體（如：二氧化硫等），對其構成不動產侵害。法院引用 Martin 及 Borland 案例，認同不動產侵害可包括肉眼無法辨識之物，如化學物質等，但原告須證明因此遭受實質上的財產損害。

不動產的侵害不以地面上的侵害為限，它也包括地面的上空及地底下 (above and beneath the land)，最早期，大法官 Coke 指出不動產所有人的權利及於到達天堂之處 (upward unto heaven)❻❶，然而，當時並未預見爾後航

---

❺❽ 221 Or. 86, 342 P.2d 790 (1959).

❺❾ 369 So. 2d 523 (Ala. 1979).

❻⓿ 104 Wn.2d 677, 709 P.2d 782 (1985).

空飛行器的發明。美國侵權行為法律整編第二輯第一百五十九條，就航空飛行經他人土地時如何構成不動產侵害，規定如下❷：㈠進入土地上可直接到達的上空 (immediate reaches of the air space next to the land) 以及㈡對他人之使用其土地造成實質的干擾 (to interfere substantially with the others use and enjoyment of his land)。飛航所引起的爭議，如 Hinman v. Pacific Air Transport ❸ 乙案，原告們主張被告航空公司每天多次飛越其住家上空，構成不動產的侵害，原告要求損害賠償以及聲請法院禁止其行為。法院指出，任何人對於其土地上方的權利，僅及於其所利用的範圍，該範圍以外的部分屬於這個世界。本案中，原告並未舉證證明被告公司的飛行對其土地的利用造成侵害。故而原告敗訴。

Herrin v. Sutherland ❹ 乙案中，被告站在原告土地的鄰近地區，朝著原告土地另一邊的鄰近沼澤開槍獵殺野鴨，子彈穿越原告的土地上空射向沼澤地。原告對被告提起告訴，主張不動產的侵害。被告主張，他並未在原告的土地上，且子彈僅於空中飛過，未造成原告任何傷害。法院引用 Blackstone 及 Frederick Pollock 的見解指出，土地上空的特定範圍內，就如同土地本身，不容受到侵害，至於其距離的界定，固然因航空器的發明而須審慎評估，但本案中，被告使用獵槍射擊，其不僅對財產，亦可能對人身造成傷害，倘令占有人於受到傷害或損害才可提起告訴，並不合理。是以，本案原告雖未遭受任何實際損害，仍應成立不動產的侵害。至於地面以下的不動產侵害，如 North Jellico Coal Co. v. Helton ❺ 乙案，原告 Helton 和她先生將位於三十九畝的土地下的礦產賣給被告，並予其使用道路的權

---

❶ "Cujus est Solum, ejus est usque ad coelum et ad inferos." (Whose is the soil, his it is also unto the sky and the depths.) Coke, Littleton, 4a, *quoted in* Victor Schwartz, Kathryn Kelly & David Partlett, Prosser, Wade and Schwartz's Torts 68 (10th ed. 2000).

❷ Restatement (Second) of Torts § 159.

❸ 84 F.2d 755 (9th Cir. 1936).

❹ 74 Mont. 587, 241 P. 328 (1925).

❺ 187 Ky. 394, 219 S.W. 185 (1920).

利，俾開採及運送礦產。Helton 在該地鄰近另有一片土地。被告在開採過程，將大量的土石堆積在 Helton 另一片土地上，並由地下開採到另一片土地下的礦產。Helton 因此提起訴訟，主張被告堆積土石及由地下開採其鄰地礦產的行為，構成不動產侵害。原審法院及上級法院均認定被告的兩項行為構成不動產侵害 **❻❻**。

縱令行為人係得到屋主允許進入屋內，倘其行為逾越當時允許進入的目的或範圍，仍將構成不動產的侵害。例如 Copeland v. Hubbard Broadcasting, Inc.**❻❼**乙案，原告 Copeland 請獸醫 Dr. Ulland 到他家為貓看病，Dr. Ulland 事先告知 Copeland 將帶一名學生 Johnson 前來，該名學生有興趣從事獸醫工作。然而，事實是 Johnson 係被告 KSTP 電臺的工作人員。而 KSTP 打算製作兩名都會獸醫的調查報告節目。Johnson 進屋後，拍攝下 Dr. Ulland 的醫治貓隻過程。Copeland 於電臺播放出其家中情景時方知曉，遂提起訴訟控告電臺與 Johnson 對其不動產之侵害。原審法院以 Johnson 並未逾越 Copeland 所同意的地域範圍 (geographic boundaries)，故同意被告的聲請，作成即席判決。上級法院則以所謂「逾越同意的範圍」不以地域為限，進入的目的為何亦屬之。本案 Copeland 允許 Johnson 進入，係基於後者擬見習的目的；是以，Johnson 應 KSTP 製作節目之需而進入拍攝，顯然逾越 Copeland 同意的範圍，足以構成不動產之侵害，因而廢棄下級法院之即席判決。

一旦有不動產侵害的發生，其損害的結果毋需為可預見。如 Baker v. Shymkiv**❻❽**乙案，原告 Baker 與其先生開車即將到家門時，發現被告夫婦在 Baker 家門前車道挖掘一條溝橫跨其車道，且已完成正準備離去。Baker 的先生與被告先生因此發生爭吵，Baker 太太入屋打電話報警，約三分鐘出來時，Baker 先生已臉朝下撲倒在地，經送醫不治死亡。Baker 太太遂對被告提起訴訟，主張不動產侵害等訴因。原審法院雖認定被告行為構成不動產

---

❻❻ 上級法院僅就礦產部分的損害賠償金額，令原審法院重新審理。

❻❼ 526 N.W.2d 402 (1995).

❻❽ 6 Ohio St. 3d 151, 451 N.E.2d 811 (1983).

侵害，但告知陪審團，賠償額度應視被告行為當時能否預見其傷害之結果而定。陪審團因此判定損害賠償僅三百元及懲罰性賠償一千元。上訴法院指出，因故意的侵權行為所造成的傷害，其求償不以傷害之結果為行為人所得預見為必要，最高法院同意上訴法院之見解。

當不動產占有人的占有權與憲法所保障的言論自由發生衝突時，應如何定奪？在 Pruneyard Shopping Center v. Robins❻❾乙案中，被告 Pruneyard 係一大型購物中心，原告為一群高中生，為反對聯合國的一項決議，擬向總統及國會提出建言，而在中心廣場旁設立一攤位，向購物人潮尋求簽署聯名。其過程平和，未有任何喧嘩或造成顧客不滿的舉動，不久，被告保全人員即出面要求原告離開。原告離開後，提起本訴訟，主張被告侵害其「言論自由」。被告則主張其侵害不動產之占有權。加州地院認為，原告有其他充分的場合可行使其言論自由，而判其敗訴。上訴法院維持原判。加州最高法院則廢棄原判決指出，加州憲法保障州民言論自由及向政府請願的權利，在前揭憲法架構下，購物中心所有人應提供學生行使言論自由及請願的場所。此舉並不侵犯聯邦賦予購物中心所有人的財產權保障。被告上訴至聯邦最高法院，聯邦最高法院維持加州最高法院判決：㈠加州憲法允許言論自由及請願權，致使購物中心所有人須提供場所乙節，並不構成聯邦憲法第五增修條文之「徵用」(taking)，按，依憲法規定政府之徵用人民財產須予合理補償。㈡加州最高法院之詮釋加州憲法暨拒絕所有人之行使其財產權係合理有據，故未違反「正當程序」(due process)。㈢加州最高法院之詮釋，亦未侵害購物中心所有人的言論自由，因任何人在看到請願內容，理當瞭解其與購物中心無涉。

Dilworth v. Riner❼❶乙案，原告 Dilworth 等十八名黑人提起本件訴訟。依西元一九六四年民權法，公共場所不得有種族歧視。Dilworth 等人進入被告餐廳，侍者告訴他們，必須到另一處供有色人種用餐的部門；Dilworth 等人拒絕，因此而遭到逮捕，並因違反密西西比州法律遭起訴，罪名包括

---

❻❾　447 U.S. 74, 100 S.Ct. 2035, 64 L.Ed.2d 741 (1980).

❼❶　343 F.2d 226 (5th Cir. 1965).

不動產的侵害。Dilworth 等人向聯邦地院聲請核發禁令，禁止前揭州法院司法程序的進行。下級法院以尊重州法院為由拒絕核發禁令。聯邦上訴法院則以民權法既已確保有色人種不受歧視，包括公眾場所如餐廳等，原告當然有權利留在被告餐廳，並拒絕到另一處用餐。其行為不構成對被告不動產的侵害。倘州法律之適用，有違前揭民權法，當然得排除其適用。據此，聯邦第五巡迴上訴法院廢棄下級法院的裁定。

不動產的侵害與「私人擾亂」(private nuisance)，偶有所混淆。依 Borland case❼，法院指出，二者所保護的法益並不相同，前者於人或物（無論肉眼得否辨識，若為「物」須有實質損害發生）入侵土地時構成；後者則於占有人對於其不動產的使用及享用 (use & enjoyment) 受干擾時構成，如噪音等。

第二款　動產的侵害

動產侵害的構成要件如下：㈠被告的意圖；㈡被告的行為；㈢實際損害 (actual damage)；以及㈣原告須為適格當事人。

被告的行為態樣包括❼：㈠使占有人失去占有❼；㈡使用他人占有之物或干預 (intermeddle) 他人的占有❼；㈢損壞他人占有之物。

實際損害包括不當行為對動產所造成的損害，以及占有人因無法使用動產所導致的損失。如：Glidden v. Szybiak❼乙案，原告 Glidden 是年僅四歲的女孩，一日，當她到鄰近商店買糖果，在店門口看到被告 Szybiak 的狗。原告上前逗狗玩，並爬上狗背上拉牠的耳朵，狗瞬時咬她，並咬到鼻子，原告歷經手術後已無大礙，但近看仍留有傷痕。原告提起訴訟，控告被告過失。被告則主張原告的行為構成動產侵害。法院雖確認狗係「動產」，但以被告並未證明狗因原告的行為受到任何傷害，故而其主張不成立。又如

---

❼　同註 59。

❼　Restatement (Second) of Torts § 218.

❼　Restatement (Second) of Torts § 221.

❼　Restatement (Second) of Torts § 217.

❼　95 N.H. 318, 63 A.2d 233 (1949).

Koepnick v. Sears Roebuck & Co. ❼乙案，原告 Koepnick 自 Sears 購物後到停車場，遭 Sears 警衛攔下，後者懷疑原告偷了店內商品（螺絲鉗）。約莫十五分鐘後，警察到場，原告與其發生爭執並受傷，警察將他銬上手銬，並呼叫其他警員到場搜索原告及其卡車；原告前後被留置了四十五分鐘，但並未發現任何失竊物品。原告對 Sears 提起告訴，主張不當監禁與動產侵害。原審法院陪審團就動產侵害部分，決定 Sears 應負損害賠償一百美元及懲罰性賠償二萬五千美元。法院就此同意 Sears 所提重新審判的聲請。原告因此上訴至上級法院，上級法院確定下級法院判決指出：動產侵害的訴因須原告動產受到損害，或原告無法使用其動產達相當的時間。本案中，原告的卡車及其內物品並未因搜索而遭致任何損害，況搜索的行為係由警方所為而非 Sears，至於搜索的時間共約兩分鐘，原告在等待搜索的全部時間約十五分鐘，該時間尚難以估算對原告造成任何傷害或損害。既無實際損害，縱令陪審團決定動產侵害成立，亦應僅給予原告名義上的損害賠償，而不應給予懲罰性損害賠償❼。

　　Compu Serve, Inc. v. Cyber Promotions, Inc. ❼乙案，原告 CompuServe 公司係美國提供線上商業電腦服務的數家主要公司之一，它藉由自己架設的全國電腦網路提供電腦傳輸服務，為擴大接受資訊的範圍，原告亦提供訂閱的客戶連結到網際網路的其他資源，包括收發電子郵件。被告 Cyber Promotions 及其董事長 Wallace 係從事其本身及客戶散發廣告文宣之業務，渠等利用網際網路散發大量電子郵件，收件人中有多人係原告的客戶。原告曾要求被告停止發廣告電子郵件給原告的客戶，並採行措施制止被告的郵件進入它的網路設備，但均無法制止被告行為。原告更收到許多客戶的抱怨，要求原告設法制止，否則停止訂閱。原告遂提起訴訟，主張被告侵害其動產，並聲請法院核發暫時禁令。法院同意原告所主張動產侵害，

---

❼　158 Ariz. 322, 762 P.2d 609 (1988).

❼　然而，動產侵害之構成要件本應包括實際損害，換言之，倘原告未能證明其實際損害則此訴因不成立。Arizona 上訴法院之判決似有謬誤。

❼　962 F.Supp. 1015 (1997).

包括對原告應得到利益的損害。法院指出，被告寄發大量電子郵件到原告網站，增加了原告網站的負荷量，而原告的客戶為避免收到該類郵件，選擇中止訂閱原告網站，造成原告損失，包括其商譽等。是以，法院同意核發禁令，令被告在判決確定前，不得散發郵件予原告客戶。

至於適格之原告，仍應為實際占有動產之人或所有權人方得依此訴因提起訴訟。

第三款　強　占

強占與動產的侵害，均為對動產占有權的不當侵害，二者主要差異在於侵害程度之輕重及行為態樣之區別。

強占構成要件亦與動產侵害頗為近似❼⑨：㈠被告的意圖；㈡被告的行為——支配或控制他人占有的動產；㈢嚴重侵害占有人對其動產行使控制的權利；以及㈣原告須為適格當事人。如 Pearson v. Dodd❽⓪乙案，原告 Dodd 係聯邦參議員，被告 Pearson 及 Anderson 係報紙專欄作家。西元一九六五年六、七月間，Dodd 的兩名離職員工得到當時另兩名現職員工的協助，數次進入 Dodd 辦公室拿走他的檔案，影印後再將原本放回，並將影本交給被告 Anderson。Anderson 與 Pearson 明知資料來源，仍利用該些資料發表數篇文章。Dodd 對被告提起訴訟，主張侵犯隱私權及強占。被告上訴，上訴法院指出，本案就實物本身，雖曾被取出，惟，隔日又放回，無損於原告占有的權利，至於該些文件亦未見具有任何經濟價值，如文學、發明，或任何經濟價值。原告既無任何財產上的權益受損，強占之訴因無從成立。

被告強占行為的態樣主要有下列數種❽①：

㈠不當取得占有 (unjustly acquiring possession)——例如以詐欺或脅迫

---

❼⑨　Restatement (Second) of Torts § 222 (A).

❽⓪　410 F.2d 701 (D.C. Cir. 1969), *cert. denied*, 395 U.S. 947, 89 S.Ct. 2021, 23 L.Ed.2d 465 (1969).

❽①　Keeton et al., *supra* note 1, at 92～102.

方式等。至於贓物之善意購買人 (bona fide purchaser) 仍應負責任❷。

　　㈡動產的移動 (removing the chattel)——亦即未經占有人同意，移動動產的位置。如：Borg & Powers Furniture Co. v. Reiling❸乙案，原告 Borg 公司出售傢俱予 Gabriel，Gabriel 向被告 Reiling 購買房子，並將前揭傢俱搬入房子。嗣因工作調動，Gabriel 通知 Borg 公司將傢俱搬回，並通知 Reiling 拋棄其買賣契約。Gabriel 給 Reiling 兩付房子的鑰匙，另交一付予鄰居 Brand 太太，以應 Borg 公司進入屋子搬傢俱之需。Reiling 向 Brand 太太取得鑰匙，Brand 太太並目睹當天下午有人進出房子搬運傢俱。數天後，Borg 公司與 Reiling 聯繫，Reiling 聲稱不知傢俱在何處。Borg 公司遂對 Gabriel 與 Reiling 提起訴訟，主張強占。惟於審判中，撤回對 Gabriel 的告訴。法院指出，被告搬走傢俱並拒絕透露其所在位置，適足以構成強占。倘若行為人僅稍微移動其位置，對動產的侵害為短暫、無害的，且行為人並無控制動產或剝奪所有人之占有的權利，則不構成強占。例如，國內常見因停放機車不易，A 為將車子停放好而移動空位兩側的機車，倘若移動過程未對機車造成任何損害，則不構成強占。

　　㈢移轉占有 (transferring possession)——行為人雖未將他人之動產占為已有，卻將其占有移轉予第三人。常見如：餐廳侍者誤將客人 A 寄放的衣服拿給客人 B 等情事。

　　㈣拒絕交付占有 (withholding possession)——此見於原始占有為合法，但於合法事由消滅時，拒絕交付占有之情事。例如：遺失物的拾得人 (finder of lost property) 於所有人要求交付時，拒絕為之。惟，強占的構成，須所有人合理行使其要求而被拒始成立：⑴所有人於合理的時間與地點請求之；⑵所有人以合理的行為為之；⑶所有人係有權提出請求之人。

　　㈤毀損或變更 (destruction or alteration)——例如，乾洗店處理不當致大衣縮水，使所有人無法穿。

---

❷　Schwartz et al., *supra* note 61, at 84. 惟，此為紐約及其他州所反對。請參閱 Keeton et al., *supra* note 1, at 93～94.

❸　213 Minn. 539, 7 N.W.2d 310 (1942).

㈥使用動產 (using the chattel)——被告使用動產，致其占有人無法使用其動產。

此外，行為人使用動產的方式，逾越動產所有人所同意的範圍時，亦構成強占。如：Swish Mfg. Southeast v. Manhattan Fire & Marine Insurance Co.❽乙案，原告 Swish 公司向被告 Manhattan 公司投保，標的包括飛機本身，期間為西元一九七六年元月六日至十月十七日。同年夏天，Aylin 向 Swish 公司以每小時二百十五元美金承租飛機，租約上載明，不得利用飛機載運貨物或從事不法行為。十月十四日，Aylin 飛至 Bahamas，準備自該地走私大麻到美國，Bahamas 查知並扣押飛機及違禁品。Swish 公司只得自行設法取回飛機，包括給付 Bahamas 罰金及飛機維修費用。被告公司拒絕支付保險金，依保險契約，任何因寄託、租約、買賣等關係而合法占有之人，以強占、侵占等行為造成動產之損害等，保險公司不負責任。Swish 遂對被告 Manhattan 公司提起訴訟。原審法院判決原告勝訴。Manhattan 公司上訴，上訴法院廢棄原判決，法院引用侵權行為整編第二百二十八條指出，行為人經授權以特定目的使用動產，倘其使用逾越權限致使權利人使用動產之權利受到嚴重侵害時，構成強占。本案 Aylin 利用飛機載運大麻，顯然逾越其與 Swish 公司約定的用途，故而構成強占，則依保險契約，被告 Manhattan 公司不須理賠。

對動產占有人之控制權利的嚴重侵害為何，可取決於下列事由：㈠行為人控制或支配他人動產的範圍及時間長短；㈡行為人有無主張權利的意圖；㈢行為人行為所造成的侵犯程度；㈣行為人是否為善意；㈤對動產所造成的損害；㈥對占有人所造成的不方便及費用。

無論何種態樣，強占與動產侵害之標的均須為動產。人類的身體或器官是否為財產而有遭強占之虞？茲就下列二案例說明之。Moore v. Regents of the University of California❾乙案中，原告 Moore 於西元一九六六年接受被告醫生 Golde 的建議切除脾臟。爾後，至西元一九八三年間，Moore 依

---

❽ 675 F.2d 1218 (11th Cir. 1982).

❾ 51 Cal.3d 120, 793 P.2d 479 (1990).

Golde 指示，多次回診接受追蹤檢查。其間 Golde 利用 Moore 的脾臟組織進行研究，於西元一九七五年確立 T 淋巴細胞之細胞系 (cell line)，一九八一年申請專利，並於一九八四年取得該細胞系及數種製造淋巴腺方法的專利。被告 UCLA 及 Golde 與遺傳研究中心合作，將該等專利開發為商業用途。UCLA 與 Golde 分別得到相當可觀的利潤。Moore 得知此事遂提起訴訟，訴因之一為強占，Moore 主張 Golde 未經其同意，逕行利用切除的脾臟組織進行研究乙事構成強占。加州最高法院認定本案並不構成強占，理由如下：構成強占之先決條件，須原告對該標的物具有所有權或占有的權利。病人對於因病切除的器官組織並無財產權益，故而被告 Golde 利用切除脾臟組織的行為不構成強占。另案 Whaley v. County of Tuscola ❽ 涉及病理師於解剖遺體過程逕行摘除死者的眼角膜或眼球等。本案由一群死者的家屬提起，主張市政府的人員未經渠等同意，甚至在渠等已表明反對的情況下，摘除死者的眼角膜或眼球。被告之一 Herrera 係被告病理師 Hines 的助手，並自行擁有一家眼球庫及組織中心，他將摘除的眼角膜、眼球等置於其中心，再行出售。原告主張的訴因之一為市政府違反聯邦憲法第十四增修條文「依法律正當程序剝奪人民的財產」的規定。下級法院以原告對其家屬之遺體並無財產權益為由，駁回原告之訴。聯邦第六巡迴法院廢棄下級法院判決指出，此訴因之癥結所在，為死者的遺體是否為其家屬的財產、抑或具有任何法律上之利益。法院復依密西根州及俄亥俄州法認定，本案所謂財產的侵害並非指對死者遺體的損害，而係指家屬對死者遺體處置的權利受到侵害。換言之，所謂財產係指家屬對死者遺體處置的權利，而非指死者遺體即為其家屬之財產。故而原告得主張憲法第十四增修條文「正當程序」條款之適用。

　　被告基於強占所應負的責任為動產的價值 (full value of the chattel)，其估算係以強占發生的時間及地點為準。此即所謂的「強迫性販售」(forced sale)。法院亦可能就惡意之強占，令被告負懲罰性賠償責任，又倘被告行為係極為不當者 (outrageous)，亦可能須對原告所受精神傷害負賠償責任。

---

❽　58 F.3d 1111 (6th Cir. 1995), *cat. denied*, 1995 U.S. LEXIS 7737.

如：La Porte v. Associated Independents, Inc.**❽**乙案，原告 Porte 飼養的一隻
兩歲純種貛臘腸狗 Heidi 遭被告員工丟擲垃圾桶致死亡。當時，Porte 在屋
內準備早餐，Heidi 拴在院子，被告垃圾收集公司的員工前來收集垃圾，
Heidi 離垃圾桶有相當的距離，該名員工倒完垃圾，將垃圾桶往 Heidi 丟擲。
Porte 在屋內目睹此一景，並聽到 Heidi 嗥叫，Porte 趕到屋外，發現 Heidi 受
傷，被告員工大笑離去。Heidi 因遭垃圾桶撞擊而死亡。Porte 對被告提起
訴訟，主張強占。原審法院判決兩千元損害賠償及一千元懲罰性損害賠償。
被告上訴，上訴法院以損害賠償部分有重審之必要，而廢棄原判決。原告
因此上訴至佛州最高法院，最高法院廢棄上訴法院判決，而指示維持下級
法院判決。理由為：㈠當行為人全然漠視他人或他人之財產、權利而為不
當之行為，該行為人應就其惡意之行為，負懲罰性損害賠償責任。㈡人們
與其飼養的狗存在著真實的情感，是以，任何人惡意地傷害動物，足以構
成對其主人精神的創傷，此情感上的價值，亦為強占訴因中得求償之部分。

　　強占的成立，不以行為人實際占有特定動產為限，僅占有其象徵性的
物品亦足以構成。例如 Russell Vaughn Ford, Inc. v. Rouse **❽**乙案，原告擬以
擁有的舊車乙部與被告公司換購一部新車。原告將自己的汽車鑰匙交給被
告員工試車，原告則另檢視合適的新車。原告最後決定不擬換購，而要求
被告員工交還其舊車鑰匙，被告員工互相推諉，拒絕交出鑰匙。原告遂報
警，俟警察到達，被告員工始交出鑰匙，並譏笑說：「你是個軟弱的人，我
們只是想看你哭罷了。」原告遂提起訴訟主張強占。陪審團判結果，原告勝
訴。被告因此上訴，並主張縱使強占成立，亦應限於鑰匙本身而不及於汽
車。被告並主張，事件當時，原告另有備用鑰匙在家中，可電請其在家中
的妻子送鑰匙過來即可；再者，當時汽車停在一旁，被告員工並未有任何
實質行為支配或控制汽車。法院指出，強占的構成，不以被告實際使用該
動產為限，倘被告的行為排除原告的占有權利即為已足。法院引用 Compton
v. Sims **❽**乙案指出，當行為人無正當理由拒絕交付動產，即構成強占，原

---

❽　163 So. 2d 267 (1964).

❽　281 Ala. 567, 206 So. 2d 371 (1968).

告毋須盡其所能以取回動產；而本案中被告員工拒絕交付汽車鑰匙，致使原告無法開走汽車，本案被告拒絕交付鑰匙，即構成對該部汽車的強占。

第四項　被告的抗辯

被告的主要抗辯有：㈠同意 (consent)；㈡自衛行為 (self-defense)；㈢防衛他人 (defense of others)；㈣防衛財產 (defense of property)；㈤緊急必要措施 (necessity)；㈥執行法律 (authority of law)；以及㈦紀律 (discipline)。

第一款　同　意

所謂同意，指原告（受害人）於行為前已予同意行為人之行為，致使其侵權行為合理化而言。

同意可分明示及默示的同意。明示的同意，常見者，如：醫療行為中，患者在被告知治療方法、效果暨後遺症後，所為的同意即屬告知後同意 (informed consent)。惟，若實際行為與告知的行為有差異時，則非屬合法之告知後同意。例如 Moher v. Williams [90] 乙案，原告因右耳不舒服而求助於耳科醫師（即本案被告），被告於檢查後告知其耳疾情況，原告同意進行手術。原告並要求其家庭醫師於手術時能在旁陪她。手術進行前，原告因施打麻醉劑而無意識，被告發現左耳情況實較為嚴重，右耳反而未嚴重到需要手術的程度。被告當下決定就左耳進行手術，右耳則無。手術後，原告甦醒過來，被告知手術情形，手術十分成功。然而，原告仍對被告提起 battery 的訴訟。陪審團判決原告勝訴，並得到一萬四千三百二十二元五角的賠償金。被告要求法院不理會審判結果逕作成判決，法院拒絕，但認為賠償金額過高，應重新審判 (new trial)。原被告均上訴。被告的主張：原告原本即同意手術的進行，進行時，原告的家庭醫師在場，並未反對被告對左耳動手術；縱令原告未同意左耳手術，被告的手術並非有任何不良企圖，

---

[89]　209 Ala. 287, 96 So. 185 (1923). Compton 案中，被告拒絕交付棉花的儲貨單據，致使該案原告無法取得棉花的占有，因而構成被告對棉花的強占。

[90]　95 Minn. 261, 104 N.W. 12 (1905).

手術過程並無任何過失，實難以構成 battery。法院一一駁斥其主張：原告所同意者為右耳手術，被告卻為左耳動手術，與告知後同意之要件不符；原告的家庭醫師在一旁，僅為安撫原告緊張的情緒，而非其代理人，無權代為手術之同意；assault & battery 的意旨，在確保對人性尊嚴暨其自主性的尊重，當行為人罔顧他人的自主性，專斷自為，縱使為善意，仍成立前揭訴因。是以，本案被告雖非惡意，其行為仍構成 battery。醫師僅於緊急狀況，如患者生命垂危又無意識，且無家屬可代行使同意權時，方得不待同意遂行必要之治療。本案中，原告左耳情況仍不致喪命，與前揭情況不符，自不得遂行手術。至於原告可得的賠償，應考量其所受損害的程度及性質、手術結果對她的助益，以及被告的善意 (good faith)❾❶。

同意未必以明示為必要，默示的同意亦具有同等的法律效果，亦即，使不當的行為合法化。默示的同意可分為「事實上的默示」(implied by fact)

❾❶　本案經二次審判，仍判原告勝訴，所得賠償金額為三十九元。另案 Bailey v. Belinfante，西元一九七一年一月六日，原告 Bailey 到被告 Belinfante 開設的牙醫診所看診，當時簽署一份同意書，同意被告所可能施以的任何治療。被告在確定原告應拔除十一顆牙齒後，原告於一月二十一日赴診所進行拔牙；當時又簽了一份同意書，同意拔牙及被告認為必要的其他相關治療。在被告檢視過後發現所有牙齒（二十七顆）均須拔除，並以此告知原告，原告回答「你是醫生」(you're a doctor)。被告遂將二十七顆牙齒全部拔除。原告醒來發現牙齒全被拔光。原告雖承認手術非常成功，但仍針對 16 顆牙齒的拔除提起訴訟，主張 Battery 及醫療過失。除了兩份同意書外，原審法院採納被告的證詞，以原告所謂「你是醫生」是為同意的表示，而為有利於被告的「指示審判」(directed verdict)（此為法院指示陪審團作成特定審判，請參閱本書本編第四章「民事訴訟程序」。）原告上訴主張，他對於和被告手術前的談話完全沒有記憶，更不記得見到被告，因他當時已服用了藥物，意識不清楚。上級法院認為原告與被告就前揭談話的證詞不一，此涉及事實的認定，宜由陪審團認定，不宜遂由法院作成「指示審判」。至於兩份同意書，陪審團亦可能只認定適用於手術外的其餘治療行為，而非如本案同一件手術過程，故應由陪審團認定之。換言之，倘陪審團認定原告未給予有效的同意，則被告仍須對拔除 16 顆牙齒部分負責任。135 Ga. App. 574, 218 S.E.2d 289 (1975).

及「法律上的默示」(implied by law)。

事實上的默許，以在合理的情況下，一般人應會明示拒絕而未為者視為同意 (silence and inaction may manifest consent where a reasonable person would speak if be objected)。如 O'Brien v. Cunard S. S. Co.❷乙案，原告 O'Brien 乘坐被告輪船，由皇后城 (Queenstown) 到波士頓 (Boston)。當時，Boston 採取嚴格的隔離措施，須持有醫護人員簽發的證明，載明已注射疫苗者，方得進入波士頓，否則須先隔離，注射疫苗後始得進入。被告船上提供醫生為需注射疫苗者提供服務。當天，數百位乘客排成一列，由醫生檢查是否已注射疫苗，已注射者發給證明，未注射者，由醫生注射後發給證明。原告也在排列中，醫生檢查未發現有注射的痕記，原告雖表明已注射過，仍舉起手臂讓醫生注射，並取得證明。本案，原告對被告提起訴訟，主張過失及 assault 等侵權行為，並聲稱該注射導致其注射處潰爛，全身起水泡。原審法院判決被告勝訴，原告提起異議。法院維持原判指出，原告當時與其他人一起排隊，並無任何證據顯示原告不願接受注射或不願取得證明。是以，被告為其注射疫苗的行為並無不當。該案中，法院雖未說明，但可知，法院認定原告之行為係「默示之同意」。

惟，倘一般人不致將沈默視為同意時，則不作此解釋 (silence does not operate as consent where no reasonable person will so interpret)，例如，競技遊戲、運動比賽過程的碰觸等，合於運動規則者，屬默許之範圍；惟若蓄意藉比賽過程傷害其他參與活動之人，則非得主張默許。如 Hackbart v. Cincinnati Bengals, Inc.❸乙案，丹佛野馬隊 (Denver Broncos) 與被告辛辛那提孟加拉虎隊 (Cincinnati Bengals) 進行足球賽，原告 Hackbart 為前者的隊員。比賽當時，Hackbart 擔任防守後衛 (defensive back)，被告的進攻後衛 (offensive back) Charles Clark 因比賽飽受挫折，用他的手肘從後方撞擊原告頭部和頸部，因力道過大，兩人均摔倒在地，原告受傷因而對被告提起訴訟。原審法院以足球賽本為較暴力的比賽，此類似事件並非罕見，Clark

---

❷　154 Mass. 272, 28 N.E. 266 (1891).

❸　601 F.2d 516 (10ᵗʰ Cir. 1979), *cert. denied*, 444 U.S. 931 (1979).

雖承認其係故意的行為，但並無特別意圖使原告受傷害；況且球賽本身已有懲處的規則，是以，依法律觀點，本案不成立。原告上訴，聯邦第十巡迴上訴法院廢棄原判決，並令重新審判。法院指出，依球賽規則，以手肘故意撞擊對方球員係嚴格禁止的項目之一，足證球賽的習慣並不允許前揭行為。本案並非如下級法院所言僅屬法律問題，而係涉及被告責任認定的事實問題，應由陪審團審判之。

法律上的默許，則指經由法律或法院認定一般人於特定情況下，應會同意之情事，如醫療急救過程。依緊急情況 (emergency) 主張免責者，須符合下列要件：㈠病患陷於昏迷或無能力做任何決定 (the patient is unconscious or without capacity to make a decision)；㈡時間緊迫 (time is essence)；㈢治療的遲延將有致嚴重身體傷害的風險；以及㈣依當時的情形，一般人應會同意接受治療 (under the circumstances, a reasonable person would consent)。

明示的同意亦可能因下列因素而無效：㈠當事人欠缺給予同意的行為能力；㈡同意是在受到脅迫或詐欺的情況下所為 ❹；㈢當事人在誤認行為的性質的情況下所為的同意；以及㈣所同意的行為係不法的行為 (illegal conduct) ❺。

---

❹ 如：De May v. Roberts 乙案，原告 Roberts 太太即將分娩，被告 De May 係一名醫師，他帶另一名被告 Scattergood 到原告家中為原告接生。原告及其先生以為 Scattergood 係 De May 的醫生助手，殊不知 Scattergood 並非醫生，De May 明知但未告訴 Roberts 夫婦。原告嗣後才知悉 Scattergood 非醫生，遂提起訴訟。法院判決原告勝訴指出，原告於分娩時雖同意 Scattergood 的協助，但該同意係因誤認 Scattergood 的身分而為者。該項同意並不因此使原告喪失要求損害賠償的權利。換言之，原告的同意係因被告未告知實情所致，故該同意應屬無效。46 Mich. 160, 9 N.W. 146 (1881).

❺ Restatement (Second) of Torts § 892 C. 多數案例均認定無人得對不法行為行使同意權使其合法化，但少數案例及見解則認同其同意的效果。Schwartz et al., *supra* note 61, at 101.

第二款　自衛行為

　　主張自衛即自我防衛之意，當任何人遭受他人不當行為的攻擊等，均得採取適度方式防衛自己免於受到傷害。

　　自衛行為的成立阻卻違法性，使行為人免於負侵權行為責任。其構成要件有二：㈠合理的必要性 (reasonable necessity) 或明顯的必要性 (apparent necessity)；以及㈡合理的措施 (reasonable force)。茲分述如下。

　　行為人證明事實上有危險的存在 (real danger) 或合理地相信有實際的危險存在 (reasonably believe that there is real danger) 均符合合理的必要性的要件。換言之，其不以「實際危險」的存在為必要。例如 State v. Preece ❾⑥ 乙案，死者 Fine 與另一名 Wolford 喝醉酒到被告 Preece 的住處公寓找一名叫 Ferquson 的人，Preece 不認識他們而要求他們離開，Fine 朝 Preece 走上樓梯並說要殺死他，Preece 見狀急忙走回房間取出一把槍，出來後看到 Fine 一手放在背後搖擺並朝他 (Preece) 走過來，Preece 以為 Fine 要朝他射擊遂先行扣下扳機射殺了 Fine。事後才知 Fine 手上並無任何武器，Preece 因此遭以殺人罪名起訴。原審法院指示陪審團，倘就事實認定無實際的必要性存在（即無實際危險存在），則 Preece 無法主張「自衛」以免除其罪行。陪審團據此判定被告有罪。被告上訴，上訴法院指出所謂「必要性」(necessity) 以合理的必要性為已足。若任何人受攻擊時，均須確定有實際危險存在方得採取自衛行為，恐怕多已命喪九泉。因此，任何人凡合理地相信有危險存在，便得採取必要措施。本案中，被害人 Fine 手上雖無手槍，但依當時情況，倘任何人處於 Preece 的立場，均可能相信自己即將遭受攻擊，則構成「合理的必要性」。此有賴陪審團認定，故本案廢棄原判決，發回重新審判 (new trial)。

　　合理的防衛措施，指一般人在該情況下所會採行的防衛措施 (a reasonable person under the circumstances may use in protecting himself from harm)。倘若行為人逾越合理防衛措施的範圍，則須對逾越部分負侵權行為

---

❾⑥　116 W.Va. 176, 179 S.E. 524 (1935).

責任，倘無法區隔合理措施及逾越措施所造成的傷害，則行為人須就所有傷害負侵權責任。防衛行為究係得當或過當，應以當時的情況予以認定。

任何人面臨合理的必要性時，須先退讓 (retreat) 抑或直接採行必要措施，有不同的見解。反對退讓者主張，基於人性尊嚴 (personal dignity) 的考量，任何人在遭受攻擊之際，應得逕行採取適當措施防衛自己。贊成先行退讓者主張，人類生命的重要性凌駕於人性尊嚴，因此，當一個人遭受攻擊時，應先退讓，避免衝突的發生，此亦為傳統普通法所接受。又，依當時狀況，危險勢必要發生時，則不須退讓❼。惟，受攻擊者若處於自己的住家中而遭受攻擊，則無退讓之必要，例如 Preece 乙案，法院亦採此見解。

原則上，引發事端的一造 (original assailant) 不得主張自衛，例如，A 毆打 B，B 還擊，A 於此時不得主張自衛而再攻擊 B。例外情形為，A 已中止其行為，或所有構成必要性的危險均已解除。例如 Edgar v. Emily❽乙案，被告 Emily 帶著棍子到她姊姊 Joyce Edgar 家，雙方在門口一陣口角後，被告回頭走向自己的車子打算開車離去，她的姊夫 Raymond 從側門走出屋外，走向 Emily，抓住她的衣袖，並開始互毆，此時，Joyce 手持斧頭或榔頭朝 Emily 走過來，並以拳頭毆打其臉部，Emily 因此拿棍子打 Joyce。本案由 Joyce 和 Raymond 對 Emily 提起訴訟，主張 assault and battery。上級法院維持下級法院被告勝訴的判決。法院指出，被告雖帶著棍子到原告家，但當她回頭走向自己的車子打算離去時，她所造成的危險已結束。是以，原告夫婦上前毆打被告時，被告理當有自衛的權利；又，以 Joyce 帶著斧頭或榔頭之情事，被告以棍子反擊並無過當。

第三款　防衛他人

不同於前揭自衛行為，防衛他人係以保衛第三人免於受他人之傷害而採取的必要措施。其構成要件亦為㈠合理的必要性及㈡必要措施。茲分述如下。

---

❼ Restatement (Second) of Torts § 65.

❽ 637 S.W.2d 412 (1982).

　　所謂合理的必要性,係指第三人有遭受任何傷害的可能故需防衛而言。然而，必要性究係以行為人的立場觀之，抑或第三人本身，不無疑義。例如：A 走在街上，看到 B 正在追逐 C，B 追上了 C，將 C 撲倒在地，右手舉起作勢要毆打 C，A 見狀衝上前，制服了 B，C 在瞬間溜走。此時，B 出示證件，A 方知 B 為聯邦探員，C 為通緝要犯。A 得否主張「防衛他人」，便繫於「合理必要性」究係依何人的立場判斷。多數意見主張防衛他人的「合理必要性」要件應以被救助之第三人的角度定之，需其得主張正當防衛方可，而非以行為人的立場觀之。依前例，C 為逃犯，自不得對逮捕他的執法人員主張正當防衛，是以，A 不得主張其行為因「防衛他人」而免責。少數意見則以前揭見解對行為人不公平，且變相鼓勵人與人之間的漠視，美國侵權行為法律整編亦採此見解❾❾。然而，為避免任何人利用「防衛他人」作為擾亂司法、執法程序的手段，仍採多數意見。況且，權衡被攻擊的一造及採行攻擊的一造，二者均無辜的情況，當以保護瞭解狀況的一造，而非對事情認知有誤的一造。

第四款　防衛財產

　　倘占有人的財產受侵犯時(包括不動產及動產)，得採行必要措施排除之。

　　其成立仍以有合理的必要性存在為前提要件，此時基於人身安全高於財產權，故不動產占有人須先行要求侵權人離開 (request to leave)，在此要求被拒，或行使此項要求會使自己遭受危險的情況下，方得行使合理的措施排除侵害。

　　占有人的行為亦不得過當，否則就過當部分仍須負侵權之責。占有人為了防衛其財產，而裝置機械式設備 (mechanical device)，有無防衛過當之虞，端視設備性質而定。如 Allison v. Ficus❿乙案，被告 Ficus 在其擁有的礦場上有一間木造屋子。因時有人入侵，Ficus 將屋子的門上鎖，並在屋子內進門處挖了個洞，放置兩枚炸藥，只要打開門就會牽動線路而爆炸。在

---

❾❾　Restatement (Second) of Torts § 76.

❿　156 Ohio St. 120, 100 N.E.2d 237 (1951).

此之前，Ficus 也曾數次告知警察有關竊賊事宜。事故當天（西元一九四四年五月十四日），原告 Allison 和其兄弟到該處，四處張望無人，便擬進入屋內看有無值錢的東西。Allison 拿著一支金屬鉗子要撬開掛鎖時，發生爆炸，Allison 腳、腿均受到傷害。Allison 因此對 Ficus 提起訴訟，要求損害賠償。原審法院及上訴法院均判決 Allison 勝訴，但上訴法院酌減其賠償額度。俄亥俄州最高法院指出：㈠任何不動產所有人，均有權利採取適度措施，保護其不動產免遭重罪竊盜。㈡對位於開放式的地區，除非所有人在場，否則不得在未加警戒標示的情況下，裝設炸藥、機關等有致人身傷害之設施。㈢任何基於犯重罪之意圖而進入他人屋子者，屋子大門上鎖之情事，便足以構成令其不得進入的警告。㈣屋主有權採取適度措施阻止他人入侵犯重罪，惟，其採行之措施是否合理，應由陪審團決定 ❶。

　　另一著名案例為 Katko v. Briney ❷乙案。該案被告 Briney 夫婦自親屬繼承了一棟農舍，但並未居住於內。附近小偷常潛入屋內偷東西，Briney 雖釘了警告標示，情形未見改善，遂決定於屋內裝置手槍對抗小偷。Briney 先生將手槍置於二樓一房間內，用繩索綁好固定對準門口，任何人開門，槍枝將因繩索的拉扯而扣扳機發射。Briney 仍於房子四周釘了警告標語，但未提及槍枝乙事。事發當天，原告 Katko 和其同伴潛入房子打算行竊，Katko 走到二樓，開門進入設有槍枝的房間，瞬間，槍枝發射，射中 Katko 腿部。Katko 被緊急送醫，中彈的腿部必須截肢，住院治療了一段時間。本案係 Katko 控告 Briney 夫婦 "battery" 的訴訟。Briney 夫婦主張其行為係基於防衛其財產，故阻卻其違法性。法院指出，防衛財產縱有其合理必要性，仍不得過當。機械式的設備雖非於法不許，但必須為一般人肉眼所得辨識，且無致重傷害或致命的危險始可。蓋以未得占有人實際許可而入內者，未必為侵入者 (trespasser)，如房子失火消防員入內滅火、無法預知的緊急情況致使路人入內避難等，均屬合法。此時，即可能因無法辨識設備的存在

---

❶　俄亥俄州最高法院並指出，賠償額度亦應由陪審團定之；是以，上訴法院減輕陪審團所定損害賠償金額所為的判決，應予廢棄。

❷　183 N.W.2d 657 (1971).

而受傷或喪命。再者，機械式設備本身不若占有人，前者無法分辨入內者的意圖或情況，對啟動設備者一律造成傷害。是以，機械式設備必須為可辨識且無致傷害之虞者始可。本案 Briney 夫婦敗訴，須對原告的傷害，負損害賠償責任❿。

　　以上案例足以說明人身安全重於財產法益。又如 Depue v. Flateau ❿乙案中，原告 Depue 是一名收購牛隻的人，西元一九〇五年一月二十三日，他到被告家檢查後者擬出售的牛隻，當時已傍晚五點，天色黑又冷，Depue 無法檢查，要求在被告家過夜遭拒。但被告邀請原告一起用餐，用餐時，原告感到身體不適而暈倒。被告將他扶上他的牛背上，讓他自行回家（距離約七哩）。途中，原告又因不適而自牛背跌落，隔天，被發現倒在離被告家四分之三哩處，幾近凍死。原告嗣後對被告提起訴訟，要求損害賠償。下級法院駁回原告之訴。明尼蘇達最高法院則廢棄其判決，法院指出，本案原告進入被告的屋子係受到邀請，而非不法入侵，被告亦知道原告已生病，在天寒地凍之際，被告仍將原告扶上牛背，令其自行離去，其行為足以構成過失行為。

　　對於不動產的防衛還包括土地或房子已被占據，占有人行使必要措施，重新取得占有的權利。此類情事，占有人僅得以平和的方式要求侵入者離開，當後者拒絕時，須循司法途徑解決，而不得再行自力救濟的方式❿。

　　對於動產的防衛，在合理必要性發生之際，原則上仍應先要求返還被拒，或客觀上無行使此要求的可能，則基於動產的流動性大，占有人得採行合理措施，但必要性的發生至合理措施的採行，不得逾越合理的時間，亦即，須在即刻追逐 (fresh pursuit or hot pursuit) 的情況下，採行合理措施取回動產，若中間間隔過久，則占有人不得再行自力救濟，而須賴司法制

---

❿　就本案，Larson 法官持反對意見，認為原告本身先為不法行為──侵入民宅行竊，竟得對屋主要求損害賠償，似有不當鼓勵非法行為之嫌。

❿　100 Minn. 299, 111 N.W. 1 (1907).

❿　Schwartz et al., *supra* note 61, at 116.

度解決❿。

如：Hodgeden v. Hubbard ❿乙案，原告 Hodgeden 向賣場購買了一只火爐，簽發一張為期六個月的本票。離店後，被告發現原告謊報其資力，即刻追出，約在兩哩處攔下原告，強行取回火爐。原告提起本件訴訟，主張被告以極端粗暴的方式向他取回火爐，構成 assault & battery 之侵權行為。原審法院指示陪審團，縱令原告以不實、詐欺的方式取得火爐，被告亦不得強行取回，或對原告施予任何暴力，而僅得訴諸法律程序之救濟。倘陪審團認定被告使用暴力，則應作成有利於原告的審判。陪審團因此審判原告勝訴，得到一元美金之賠償。佛蒙特 (Vermont) 最高法院則廢棄原審判決，指出，原告既以不實、詐欺的方式取得火爐，其取得係屬不法，縱令被告同意，惟同意係因受原告之不實、詐欺而為者，原告自始未合法取得火爐，被告自得以不危害社會安寧的方式取回火爐。本案中，並無證據證明被告有以任何不必要的暴力，甚且當原告取出刀子的同時，即成為事件的肇事者，被告的行為反成為自衛。

第五款　緊急必要措施

緊急必要措施 (necessity)，相近於我國法的緊急避難，指當危險情況（如天災，或不可歸責於己的事由）發生，基於保衛生命或財產所為的必要措施，此時法律賦予行為人採行必要措施的特權 (privilege)，因此受到傷害的一造，不得阻礙前者的行為，但得因保護權益之性質不同，而就其所受損害，對行為人要求損害賠償。

緊急必要措施，可因擬保護的權益為公益或私益，分為公共緊急必要措施 (public necessity) 及個人緊急必要措施 (private necessity)。以公共緊急必要措施而言，因涉及公共危險以及公益的維護，原則上，受害人無法要求賠償。然而，基於美國聯邦憲法第五增修條文「……政府不得剝奪人民的生命、自由、財產而未予合理補償。」仍應給予受害人適度補償，但其補

---

❿　Restatement (Second) of Torts § 103.

❿　18 Vt. 504 (1846).

償與否，須取決於造成公共危險發生的原因為何，倘即為受害人所造成或其受損的財產所造成 (where the object is endangered)，則受害人無從要求賠償。反之，則受害人理應得到補償。

例如 Surocco v. Geary ⑩乙案，西元一八四九年十二月二十四日，舊金山一處小鎮，原告們的房子失火。依當時的情形，消防人員雖極力搶救，房子仍可能燒毀並波及鄰近房子；原告們急著忙進忙出搬出有價值的家當。被告（小鎮的鎮長）接受專家的建議，將該棟房子炸毀以免火勢擴及其他民宅，原告極力反對未果。火勢在房子炸毀後停止。原告提起訴訟，要求政府賠償其損失，共六萬五千美元。原審法院判決原告勝訴。被告上訴，加州最高法院指出，依當時緊急情況，原告的房子失火已威脅到公共安全，構成「公害」(public nuisance)，此時炸毀其房子係屬公共緊急必要措施，被告不須負賠償責任。又如 Stocking v. Johnson Flying Service ⑩乙案中，因森林火災，火勢迅速蔓延至鄰近地區，包括原告的土地。消防人員趕到現場滅火，並請被告飛航公司派飛行員駕機到火場上空噴灑滅火的化學物，方才將火撲滅。由於原告的土地接近火場，部分滅火化學物落到原告土地，造成其財產上的損失。原告遂提起訴訟，要求損害賠償。原審法院駁回原告之訴。蒙大拿州 (Montana) 最高法院亦維持原判決。法院指出，本案森林火災係屬公共緊急情況，撲滅火災係基於公益及公共政策之考量，原告既未能證明被告飛行員有任何過失，自不得就其損害求償，否則將有悖於公益暨公共政策。

同理，如 South Dakota Dept. of Health v. Heim ⑩乙案中，原告 Heim 飼養的鹿經政府單位驗出感染牛結核，因此遭到隔離，約十一個月後，再度檢驗仍呈陽性反應，因而遭撲殺。原告提起訴訟，要求補償。原審法院以原告的鹿感染牛結核，對大眾健康、安全造成危害，已構成「公害」，而有效阻止的方式，即為予以撲殺。據此，原告無權要求補償。州最高法院亦

---

⑩　3 Cal. 69 (1853).

⑩　143 Mont. 61, 387 P.2d 312 (1963).

⑩　357 N.W.2d 522 (1984).

維持原審判決。又如 United States v. Caltex ⑪ 乙案，時逢二次世界大戰，西元一九四一年十二月八日，日軍偷襲珍珠港，令駐紮於菲律賓馬尼拉的美軍進入警戒狀態，當地有數家石油廠，主要為進口石油產品後，再散布至全菲律賓，供應對象包括美軍及私人用途。戰爭開始，油料對私人的供應極度限縮，而以供應美軍為主。至十二月二十五日，美軍宣布在日軍攻占之際，將當地石油廠全數摧毀，在此之前，已將美軍需要的石油用品等遷移。二次大戰結束，該些石油廠公司向美國政府要求補償。美國政府給付了其使用或摧毀的油料及運輸工具的補償，但拒絕補償工廠設備的損失。石油廠公司遂向美國聯邦「請求法院」(Court of Claims) 提起訴訟，要求依聯邦憲法第五增修條文給予合理補償。法院判決原告勝訴，美國政府上訴，聯邦最高法院廢棄原判決指出，大戰期間，倘石油廠落入敵軍手中，後果不堪設想。又設若該些石油廠在美軍撤退過程中遭敵軍摧毀，原告亦無從求償。政府為保衛國家和人民，消滅敵軍，往往須從事破壞工作，如：炸毀橋樑、道路，甚至其他財產等；凡此，勢必造成損失，然而，只得歸咎於戰爭而非政府。本案中，炸毀石油廠正如同炸毀橋樑，是以原告不得就該部分損失要求補償。然而，Wegner v. Milwaukee Mutual Ins. Co. ⑫ 乙案，一名嫌犯逃入原告 Wegner 家中，市府警察為逮捕嫌犯，丟擲大量催淚瓦斯，終將嫌犯逮捕，但造成原告房子、傢俱多方損毀，原告向市府要求補償遭拒，而其保險公司亦僅同意給付部分保險金。原告對市政府及保險公司提起訴訟。原審法院判決市政府不須給付補償，因當時屬公共緊急情況。原告上訴，明尼蘇達州最高法院廢棄此部分判決指出，市府為逮捕嫌犯，損害無辜第三人的財產，適足以構成「徵用」，自應就原告之損失予以補償，惟法院指明，執行職務之員警不須負責，而係由因市府之行為獲利的大眾負擔此項補償。

　　相對於公共的緊急必要措施，在個人緊急必要措施的情況下，行為人須於危險過後，對受害人所造成的損失負損害賠償責任。例如 Vincent v.

⑪　344 U.S. 149, 73 S.Ct. 200, 97 L.Ed. 157 (1952).

⑫　479 N.W.2d 38 (1991).

Lake Erie Transp. Co. ⑬ ，原告 Vincent 及其他人為碼頭所有人，被告為船舶
公司。西元一九〇五年十一月二十七日，被告船舶進港卸貨，卸貨過程，
東北海面開始形成暴風雨，卸貨完畢約晚上十點，因風雨致船舶無法出港。
船長下令將船繫在碼頭，船員每隔一段時間便檢查繩索是否牢靠，一旦磨
損，便又即刻換上新的繩索，直至十一月二十九日上午，暴風雨才停歇。
被告船長因處理得當，船隻並未受損，但因暴風雨過程中，船隻一再撞擊
碼頭，致使碼頭受損。原告提起告訴，要求損害賠償。下級法院判決原告
勝訴。被告上訴，主張其船隻拴在碼頭係因「個人緊急必要措施」的特權，
且船長處理過程並無過失，故不需負損害賠償之責。上級法院同意被告「個
人緊急必要措施」的合法性及船長的行為得當。但其進一步指出，被告雖
有特權，並不意謂被告可為了確保自己的財產，而造成無辜他人的財產損
失，因此，被告仍須對原告負賠償之責。法院並以 Ploof v. Putnam ⑭ 乙案說
明「個人緊急必要措施」之特權。該案中，被告在一座島上擁有私人碼頭，
原告一家四口乘坐帆船在海上，因暴風雨來襲，原告緊急就近停泊被告的
碼頭；被告的員工，見狀即刻將原告丟下的錨擲回，數次後，原告因來不
及靠岸而被風浪捲走，造成四人均受傷。原告告被告侵權行為。法院判決
原告勝訴，並指出原告當時進入被告的碼頭有其特權，故不構成「入侵他
人土地」，被告的員工無權將其驅逐，被告員工的行為造成原告的傷害，自
應負損害賠償責任。

　　由 Vincent 及 Ploof 兩案可知，「個人緊急必要措施」係為一項特權，
可阻卻其行為之違法性，致對方不得主張其行為不法而阻礙其行為；但此
特權為「部分特權」(partial privilege)，因此，事後對於行使特權所造成的
損害，仍須負賠償責任。

　　然而，緊急必要措施的特權，並不及於犧牲他人的生命。例如 United
States v. Holmes ⑮ 乙案中，一艘客輪撞到冰山而下沈，九名船員及三十二

---

⑬　109 Minn. 456, 124 N.W. 221 (1910).

⑭　81 Vt. 471, 71 A. 188 (1908).

⑮　26 Fed. Cas. 360 (E.D.Pa. 1842).

名乘客擠在一艘超載的救生艇，當救生艇即將淹沒之際，船員將六名乘客丟入海中，以減輕載重。隔日，所有生還者被一艘行經的船隻救起。將乘客丟入海的船員 Holmes 因此遭起訴並定罪，罪名為殺人罪 (manslaughter)。Holmes 因此遭判處服長期的勞役，嗣經法院減刑為六個月，又經總統赦免其罪刑。另一著名的英國案例為 Regina v. Dudley & Stephens ❶❻。西元一八八四年七月五日，一艘由英國南安普敦 (Southampton) 駛往澳洲雪梨的遊艇，在好望角因氣候惡劣而沈船，船上四名船員（分別為船長 Dudley，船員 Stephens、Brooks 及船上侍者 Parker）乘坐在一艘十三呎的救生艇上。前十二天，四人賴著 Parker 帶的兩只罐頭及他們可自海中抓到的東西裹腹。又過了八天沒有食物和水的日子後，Dudley 建議犧牲 Parker 來餵食大家。Parker 此時因飢餓及喝了海水致無法動彈，更可能已無意識。Brooks 反對，此事亦未告知 Parker。Dudley 建議，若隔天仍無船隻經過，就殺了Parker。隔日（七月二十五日）未見任何船隻，Dudley 得到了 Stephens 的同意，做了禱告後，殺死 Parker。Brooks 雖反對，但所有生還者均食用 Parker 的身體，直到四天後被一艘德國帆船救起。首次審判庭，被告 Dudley 及Stephens 面對一群深具同情心的陪審員，「食人」乙事雖非社會所能接受；惟，在航海界，犧牲一人生命以救助多數他人是可接受的。即使 Parker 的家人，亦作證認為被告的行為是合理的。陪審團雖認定檢方所舉事證正確，但並不確定被告行為是否構成殺人罪。本案移由 Queen's Bench Division 審理，法院指出，本案不足以構成殺人的緊急必要情況，倘若允許以此危險情況作為殺人罪的例外，將對未來設立一項危險的先例。法院進而以希臘羅馬的教義及耶穌《聖經》上的故事，指摘被告的行為不符合文明社會的道德觀，並判處被告死刑。嗣經維多利亞女王減刑為服刑六個月。

第六款 執行法律

當有不法情事發生，法律賦予執法人員及一般人民執行法律的權力。但程度將因行為人的身分而異。

---

❶❻ 14 Q.B.D. 273 (1884).

倘行為人為執法人員，其執行法律因有無書面令狀 (warrant) 而不同。執法人員一旦有合法令狀，即可依令狀內容執法。若無令狀，執法人員可因嫌犯所為之行為屬輕罪或重罪，致使在不同要件下行使其權力。㈠輕罪——⑴其性質須為違反社會安寧 (social peace)；⑵現行犯；且⑶在即刻追逐過程中予以逮捕。㈡重罪——⑴現行犯且於即刻追逐後予以逮捕；或⑵犯罪行為已發生，執法人員合理地相信被逮捕者為該嫌犯；或⑶未有犯罪行為，但執法人員合理地懷疑有重罪發生且被逮捕者為該犯罪之人。

一般市民要逮捕任何人須符合下列要件：㈠重罪——⑴現行犯，於即刻追逐後逮捕，或⑵確有重罪發生，行為人合理相信被逮捕者為犯重罪之人。㈡輕罪——⑴犯罪內容違害社會安寧；⑵現行犯且⑶即刻追逐後予以逮捕。

第七款　紀　律

為維持紀律，在特定關係中，亦得主張特定特權，例如父母對子女的管教、軍中紀律的維持、學校老師對學生的管教等，均屬之。

然而管教過當，亦仍構成侵權行為。如 Gillett v. Gillett ❿乙案，原告 Sharon Gillett（八歲）和姊姊在洗碗，Sharon 負責擦拭碗盤，不慎打破一只盤子，被告（原告的繼母）從屋外進來，看到此景非常生氣，對著 Sharon 吼叫、謾罵，並用雙拳打 Sharon 背部。Sharon 跑回臥室，被告一路邊打邊追到臥室，Sharon 面對牆壁哭號、尖叫，被告持續用雙拳搉其背部及兩側。當晚，Sharon 開始痛苦地呻吟，臉色蒼白，之後又有嘔吐現象。她的父親在三、四天後才知道 Sharon 挨打乙事，便令被告帶 Sharon 去看醫生。醫生檢查並無外傷又令其返家。當天晚上，醫生接到通知到 Sharon 家，發現 Sharon 臉色蒼白、不舒服、輕微休克，有內出血的現象。送到醫院後診斷出 Sharon 脾臟及腎臟的血管破裂，血流至腹腔，顯然係外力造成；由於血管已破損撕裂而無法修補，當下生命極度危險，醫生決定切除其脾臟及一枚腎臟，以確保 Sharon 的生命。兩週後，Sharon 復原情況良好而出院。

---

❿　168 Cal.App.2d 102, 335 P.2d 736 (1959).

Sharon 對被告提起本件訴訟，要求損害賠償。被告主張，父母有管教子女的責任，因此就其管教行為有免責權。法院指出，故意造成身體傷害乙節已超乎合理的管教範圍，公共政策並不容忍此類情事，禁止子女對其父母的故意施暴提起訴訟求償，是錯誤的見解。法院因而判決原告勝訴，賠償金額五萬美元。被告上訴，加州上訴法院在原告同意減少賠償金額為三萬美元的情況下，維持下級法院判決。又如 Johnson v. Horace Mann Mut. Ins. Co.[118] 乙案，原告因其兒子 Jimmy 在學校受到被告體育老師 Stiles 的體罰而提起訴訟，主張 Stiles 鞭打 Jimmy 致使身上多處瘀青。法院指出，Louisiana 允許老師體罰學生，但須於合理範圍內，揆諸州上訴法院，鞭打的行為均認定為過當、不合理的體罰。上訴法院在被告未能確切證明其體罰方式之合理性的情況下，廢棄下級法院有利於被告 Stiles 的判決。Thomas v. Bedford[119] 乙案，原告 Thomas 的兒子 Goff（十四歲）係一名中學生，一日在校內走廊看到被告 Bedford（學校老師）正和另兩位老師談話，Goff 從後面打了一下 Bedford 的手，然後又在離 Bedford 兩呎處用橡皮筋彈向 Bedford 的臉，之後跑回教室。Bedford 進自己的教室約十至十五分鐘後，又到 Goff 的教室將他揪出到另一間空教室。Bedford 供稱他只用力搖晃 Goff，但 Goff 說 Bedford 用拳頭打他三或四下。Goff 經驗傷，他的胸部、手部及背部均有傷痕，法院採 Goff 的說詞。Thomas 以被告毆打 Goff 提起訴訟，要求損害賠償。法院指出，如同父母之管教子女，學校老師亦有權採取適度的體罰 (corporal punishment) 管教學生，然而，本案中 Bedford 所採的體罰方式已逾越合理的範圍[120]。

---

[118] 241 So. 2d 588 (1970).

[119] 389 So. 2d 405 (1980).

[120] 原審法院雖認定體罰過當，但採用「攻擊者理論」(aggressor doctrine)，以 Goff 的攻擊行為激怒被告，致使其對 Goff 進行體罰，故而判決被告勝訴。上訴法院則以 Bedford 在遭 Goff 攻擊後，回到教室的十至十五分鐘，其盛怒的情緒已平靜下來，此亦為被告所承認；是以 Bedford 體罰 Goff 乙事，無法適用「攻擊者理論」。其體罰行為既為過當，自應負損害賠償責任，應給付原告五百美元。

第三節　過失的侵權行為

過失，指行為人未盡其應盡之注意致使他人受到傷害者。其構成要件有四 **[121]**：㈠被告有行使合理注意的義務 (a duty to use reasonable care to protect others)；㈡被告的行為違反前揭義務 (breach of duty)；㈢因果關係 (proximate cause)；以及㈣原告實際的損失或傷害 (actual loss or harm)。本節將其歸納為兩部分予以探討，一為合理注意義務（包括被告的行為），另一為因果關係（包括原告實際損害）。

第一項　合理注意的義務

注意義務標準 (duty of care) 的確立來源有四：㈠立法規範或行政規則 (legislative enactment or administrative regulation)；㈡法院之採行前揭規範或規則；㈢司法見解 (judicial decision)；及㈣由承審法官或陪審團依案例事實所採行者 (applied to the facts of the case by the trial judge or jury)。

一、立法規範或行政規則

原則上，當行為人的行為違反法規或規則時，便視為當然過失 (negligence per se, 亦有稱「本質過失」)。如 Osborne v. McMasters **[122]**乙案，被告員工未依法標示有毒藥品，致使受害人不知，買回服用後死亡。受害人的遺產管理人以被告員工過失為由提起訴訟。法院判決原告勝訴指出，違反法律規定之行為足以構成過失的決定證據，亦即「當然過失」。惟，原告必須證明㈠原告受損的利益，係法規所擬保護者 (the interest intruded is the one intended to be protected)；且㈡原告為法規所擬保護的對象 (the plaintiff is within the class intended to be protected)。例如 Stachniewicz v. Mar-Cam Corp.**[123]**乙案，依奧瑞岡 (Oregon) 法律，任何人不得提供酒精飲料予明顯酒醉之人 (person visibly intoxicated)，以及，酒店營業者不得允許其

---

[121] Restatement (Second) of Torts § 281. 另請參閱 Keeton, *supra* note 1, at 164～165.

[122] 40 Minn. 103, 41 N.W. 543 (1889).

[123] 259 Or. 583, 488 P.2d 436 (1971).

店內有任何吵鬧、不當的行為，亦不得允許已酒醉之人進入或停留在店內。原告 Stachniewicz 和友人到被告酒店，鄰桌顧客已喝酒多時，因細故兩桌人士開始謾罵叫囂，繼而互相毆打。對方逃離現場，原告始被發現躺在地上。無人知悉原告如何受傷，原告亦因受傷導致失憶。原告對酒店老闆提起告訴，主張其違反前揭法律而為過失。原審法院以違反前揭法律不構成過失，而判決被告勝訴。Oregon 最高法院廢棄原判決，並令重新審判，指出「酒類管制法」的目的，在防止任何因酒醉所致的不當行為，因該等不當行為極可能導致其他顧客的嚴重傷害。易言之，酒店顧客當然為前揭法律所擬保護之對象。是以，違反前揭法律足以構成當然過失。又如 Ney v. Yellow Cab Co.❷❹乙案，伊利諾州法律規定，駕駛人停車時，在無人看管情況下，應熄火、拔除鑰匙等。被告公司的司機違反前揭規定，致汽車遭竊，竊賊逃離時與原告車子發生事故。原告以違反前揭法律為由，主張被告過失。伊利諾州最高法院維持下級法院有利於原告的判決，指出本案爭點為：㈠前揭法律之立法目的為何；㈡違反法律的行為與原告傷害是否具因果關係；㈢竊賊的行為是否為獨立、介入的因素。法院繼而指出，前揭法律的目的在維護公共福祉，包括人身及財產的保護。違反前揭法律適足以構成過失之表見證據，至於第三爭點，則視偷車乙節是否為行為人所得預見，若是，則竊賊的行為不足以為獨立的因素，是以，被告仍須就違反法律乙事負過失責任。Haver v. Hinson❷❺乙案中，依密西西比州的交通法規，汽車不得逆向停車。被告 Hinson 開車到 Haver 的住家，原本在對面車道，為了方便隨車的 Garth Haver（原告的哥哥）下車，而將車駛到 Haver 家門口，斜停在門口及街道上，逆向停車。Hinson 與 Haver 家男女主人聊了一會兒，當時 Haver 太太手上抱著一個女兒，另一個女兒 Elizabeth（即本案原告）站在 Haver 夫婦間。Hinson 接著上車，看了一下四周，便發動車子，駛離一會兒，聽到一聲響，下車檢查，才發覺伊莉莎白躺在後輪排氣管下。Haver 夫婦以法定監護人名義代伊莉莎白提起訴訟。其中一項為因 Hinson 違反前

---

❷❹　2 Ill.2d 74, 117 N.E.2d 74 (1954).

❷❺　385 So. 2d 605 (1980).

揭交通法規有關禁止逆向停車的規定，故為「當然過失」。法院就此爭點判決被告並無當然過失。蓋以該法規的目的在保護行人及遵守規則順向駕駛的車輛。本案不屬於法規擬規範之範疇，故無適用之餘地。

法規或規則所規定之注意標準僅係最低標準 (minimum standard)，倘一般人會行使較高程度的注意標準，則應以後者為準，換言之，遵守法規並非當然為主張無過失之有效抗辯。

相反地，無法遵守法規或規則，則可能因特定事由而不構成過失：㈠行為人無能力 (incapacity) 遵守法規等；㈡行為人不知有應遵守的情事存在；㈢非可歸責於行為人的緊急情況；以及㈣遵守法規將導致行為人更高度的危險❿。

二、司法見解

法院決定注意程度的標準 (standard of care) 如下：合理之人在當時的情況下，能否認知或預見他人將有受傷害或損害的不合理的危險或可能存在 (Whether a reasonable person at the time and place would recognize and foresee an unreasonable risk or likelihood of harm or danger to others.)。如 Whiteford v. Yamaha Motor Corp.⓱乙案，五歲的原告 Trend Whiteford 與他的朋友在小丘上駕著平底橇，他的哥哥（八歲）Travis 在平地上駕著被告製造的摩托雪車。當 Trend 的平底橇滑下小丘時，Trend 整個人先行臉朝下著地，迎面撞到正停在地面的摩托雪車。Trend 的臉部撞到雪車下方的托架，造成嚴重撕裂傷，歷經重大手術，包括重新固定鼻子，但終究造成其

---

❿　如 Tedla v. Ellman，原告和她的哥哥兩人走在街道上，靠右行走。依紐約州交通規則，在該路段，行人必須靠左邊走，因交通頻繁，靠左邊走與車子面對面較可閃躲。原告和她的哥哥被超速駛過的被告撞倒，造成妹妹受傷、哥哥死亡的慘劇。被告承認超速的過失，但主張兄妹二人違反法規，故為與有過失 (contributory negligence)。法院指出，事故當天左線車道車輛頻繁，右邊車道車輛少了許多，要求兄妹依法規行走左邊車道，危險性高於右邊車道，此際，兄妹未遵守法規是可諒解的，故無「與有過失」的存在。280 N.Y. 124, 19 N.E.2d 987 (1939).

⓱　582 N.W.2d 916 (1998).

終生毀容。Trend 和其母親對雪車製造商 Yamaha 提起訴訟，主張設計上的缺失及疏於警告消費者。Yamaha 聲請駁回原告之訴的即席判決，原審法院同意其聲請。上訴法院卻認為本案事涉「預見與否」的事實爭議，不宜以即席判決為之。明尼蘇達州最高法院則以原告 Trend 的傷害係無法預見，Yamaha 並無任何義務，故維持原地院判決，而廢棄上訴法院判決。法院指出，製造業者固然有責任確保消費者不致因使用其產品而受到任何可預見的傷害，惟，對於不可預見之情事，則無此義務。原告主張的缺失，並非涉及雪車駕駛人、乘客或正常行駛下對道路上第三人的安危。製造業者非保險業，須就所有可能的傷害負責，它僅須就可預見者，負有排除危險的責任。

　　至於不合理的危險，相對於無法避免的意外 (unavoidable accident)，前者關乎注意義務的確定，後者則不致構成注意義務。法院以「利益－風險」標準 (benefit-risk test)（或稱「權衡標準」，balancing test）來決定是否加諸特定的注意義務：㈠利益——指行為人的作為或不作為所產生的利益的價值 (the value of the interest which the actor is seeking from his conduct)；以及以其他方式完成其行為所應付的代價。㈡風險——指受威脅的利益的社會價值 (the social value of the interest threatened)，以及該損害發生的可能性及範圍大小 (the probability and extent of the harm)。例如：在早期，法院多認定架設於一定高度的高壓電線不需加裝絕緣裝置，因成本過高，而發生損害的機率卻極低❶❷❽。

　　過失既為未盡到合理之人 (reasonable person) 於相同或近似的情況下所會盡到的注意程度，則所謂「合理之人」自有釐清之必要。合理之人係

---

❶❷❽　如 Clinton v. Commonwealth Edison Co. 乙案，十五歲男童在住家後院遭未加絕緣裝置的高壓電纜電擊死亡，他的母親對電力公司提起訴訟。36 Ill. App. 3d 1064, 344 N.E.2d 509 (1976). 又如 Adams v. Bullock，被告公司經營電纜車，其電纜位於橋欄杆下方，距離欄杆頂端約四、五呎。十二歲男童行經橋上時邊甩著一條長達八呎的繩子，該繩子碰到電纜，致使男童觸電受到灼傷，因而提起告訴。227 N.Y. 208, 125 N.E. 93 (1919).

一虛擬主體，泛指擁有通常注意、謹慎程度之人而言。在決定合理之人的注意程度時，亦須考量其身體狀況 (physical condition)，如：殘障、身體虛弱，甚至年齡等。茲分述如下。

　　倘行為人有特殊身體狀況，則所謂合理之人，應指具有相同特殊身體狀況之人。例如：Roberts v. State of Louisiana ❷乙案。原告為七十五歲，高五呎六，重約一百磅，行為人 Mike 為二十五、六歲，高六呎，重一百六十五磅，是位盲胞。Mike 參與州政府的衛生暨人力資源行政部門的計畫，他在郵政大樓的大廳擺設攤位已三年多。事發當天，約中午十二點四十分，Mike 離開攤位走向（未使用手杖）洗手間，途中與原告相撞，原告跌倒而受傷。原告告州政府過失，主張其未盡監督的責任。原告雖未對 Mike 提出告訴，惟州政府是否有過失，取決於 Mike 有無過失。兩造各別傳喚專家證人 (expert witnesses) 作證，法院採行被告專家證人的證詞：盲胞熟悉的空間，未必需要使用手杖，再者，在人潮擁擠的地方，使用手杖更可能增加危險。法院引用 William Prosser 教授的見解，指出盲胞的注意程度，應指具有同等身體障礙者而言（即，如本案，同為盲胞）。又如 Storjohn v. Fay ❸乙案，西元一九八七年十月，原告 Storjohn 乘坐她女兒駕駛的車子，由南向北行駛，被告 Fay 則開車由北向南行駛，駛入對方車道，致與 Storjohn 乘坐的車子對撞，Storjohn 因此受傷。Storjohn 控告被告過失。被告主張，約莫一九六八、六九年間，他經診斷可能患有癲癇症，自此，他開始服用藥物迄今。其間（西元一九七〇年）他曾於駕車時，發作過一次，並曾於工作時發生過。本事件發生後，他完全沒有記憶，當時係因癲癇發作而暈厥。被告因此主張，本案事故係無法避免之事故 (unavoidable accident)。法院指出，被告須證明其於事故發生前已失去意識，而失去意識乙節係無法預見者。本案中，被告明知自己患有癲癇症仍駕駛車輛，便已構成法律上的過失。法院引用美國侵權行為法律第二整編第 283C 條，謂，當一個人生病時，他應遵守的注意標準，為與他有類似無能力之一般人的注意程度 (standard of a reasonable person

---

❷　396 So. 2d 566 (1981).

❸　246 Neb. 454, 519 N.W.2d 521 (1994).

under a like disability)。

年齡亦為考量因素，設若行為人為孩童，則合理之人應指與行為人同年齡之人而言 (a child of like age) ⓭。如 Mastland, Inc. v. Evans Furniture, Inc. ⓭乙案，被告 Jack Evans 以 Evans Furniture, Inc. 的名義向原告 Mastland 承租房子，除了 Jack 和其未婚妻外，Jack 的女兒 Angela 及兩名外孫（Nick 及 Mandy）亦居住其中。Nick 當時年僅兩歲九個月大。事故當天，Angela 將 Nick 哄睡後離開臥室，不久，聽到 Nick 哭叫，當 Angela 進到臥室，發現臥室內起火。嗣經調查，起火原因，係因 Nick 在他床上玩打火機所致，Nick 本身受到嚴重灼傷。臥室內的傢俱幾近全毀。原告對 Evans Furniture 公司、Jack 及 Angela 提起訴訟，主張過失及違反租約。原審法院判決被告勝訴，愛荷華州最高法院維持原判。本案主要爭點之一為 Nick 有無過失。對此，法院指出，一名年僅三歲的幼童沒有能力犯過失的行為 (incapable of negligence)，是以，無從歸咎於 Jack 及 Angela 就 Nick 之行為負責 ⓭。然而，亦有其例外。例如：Roberson v. Lindsay ⓭乙案，行為人 Billy 為十三歲男童，受害人為十一歲女童。Billy 駕駛摩托雪車發生意外，造成受害人的拇指完全喪失功能。下級法院指示陪審團：小孩的過失決定於其是否未盡同年齡之小孩應具的注意義務。陪審團據此，認定行為人已盡注意之義務，而判原告敗訴。上級法院否定下級法院的見解，指出：原則上，小孩只須盡同年齡小孩應盡的注意程度；然而，倘其從事屬成人始得從事的高度危險工作，則應賦予其與成人同等注意義務；目的在於制止其從事危險事務，俾保護其個人及公眾安全。是以，本案 Billy 的行為，應衡諸成人的注意義務的標準以定之。

⓭ Restatement (Second) of Torts § 283 A.

⓭ 498 N.W.2d 682 (1993).

⓭ 至於 Angela 於照顧 Nick 過程有無過失乙節，法院亦認為並無任何證據顯示 Angela 明知或可得知打火機在 Nick 床上。兩、三歲的幼兒本容易發生意外，不論家長如何看護，是以，縱令 Angela 及 Jack 已盡力保護 Nick，亦難謂事故不會發生。498 N.W.2d at 686.

⓭ 92 Wn.2d 410, 598 P.2d 392 (1979).

　　年長者亦可能因年齡因素而影響其注意能力及程度，惟，法院傾向於以其身體虛弱 (infirmity) 而非年齡為由。例如 Tobia v. Cooper Hospital University Medical Center ❿乙案，原告 Tobia 八十五歲，因需醫療急救而進入被告醫院急診室。Tobia 躺在病床上，被告醫生 Bernstein 將病床一側的欄杆放下之後離去。Tobia 因要上洗手間而下床，病床的輪子並未固定，以致 Tobia 下床的瞬間跌落地上，臀部骨折；兩位被告護士過來扶她坐上輪椅，又導致其骨頭異位。Tobia 因此對 Cooper Hospital 及其相關醫生、護士提起訴訟，主張過失。原審法院判決被告勝訴，因陪審團認定 Tobia 自行下床係與有過失，是以被告對於兩次傷害行為均不須負責；上訴法院亦維持原判決。New Jersey 最高法院廢棄前揭判決指出，本案的爭點在於被告有無過失，而非原告是否與有過失，縱令原告於第一次傷害中有過失，下級法院亦不應誤導陪審團，使渠等以為原告的與有過失，可使被告於第二次傷害中免責。法院進而指出，依醫療規則，對於意識不清、虛弱、無法照顧自己的患者，醫生不得讓其獨處，除非將欄杆拉起固定。以原告當時虛弱的情況，難以認定她有任何過失，而被告未將欄杆拉起固定便自行離開，已違反醫療規則。

　　專業人士的注意程度，亦有不同考量，必須以全國同業間應具之注意義務為準。例如 Morrison v. Mac Namara ❿乙案，原告 Morrison 到哥倫比亞特區（District of Columbia，以下簡稱 D.C.）的一家醫療檢驗中心做尿道相關測試。測試過程，原告係以站立方式為之，Morrison 因測試造成的不良反應而暈眩倒地，頭部撞到金屬血壓柱及地面，造成嗅覺及味覺的喪失以及其他傷害。Morrison 主張檢驗中心過失而提起告訴。Morrison 請了一名密西根的專家證人指出，Morrison 所接受的測試應以坐姿或臥躺的方式為之；被告主張，依 D.C. 的專業標準，均採站立方式。下級法院採被告主張，並指出，所謂專業標準，係以相同或近似之區域 (same or similar locality) 為準，是以，被告已符合注意標準，因此判決被告勝訴。上級法院則駁斥此

---

❿　136 N.J. 335, 643 A.2d 1 (1994).

❿　407 A.2d 555 (1979).

見解指出，早期專業標準之採相同或近似區域之標準，係顧及城鄉差距；而今，資訊的流通、交通便利，專業人才均接受同等的專業教育暨訓練，並通過資格的測試，自不宜再以城鄉差距為由而有不同標準。換言之，應採全國一致標準，再者，本案發生於 D.C.，更難謂其不具全國標準，故本案應以全國專業標準為斷。

原則上，主張行為人「不當執業」(malpractice)，須由專業證人作證說明，然而，倘行為人的過失相當明顯，則屬例外，此往往涉及「事實自證理論」(res ipsa loquitur doctrine) 之適用 ❿。例如 Welt v. Bello❿乙案，原告 Welt 到被告醫院接受鼻子手術。手術由被告麻醉醫生 Bello 負責麻醉藥劑的施打。由於原告遲未失去知覺，被告 Bello 才發現原施打的右臂腫起，麻醉劑擴散到血管外部造成右手各受有一級到三級灼傷，留有大片的永久疤痕。Welt 分別控告醫院和 Bello。Bello 部分，原審法院以原告未傳喚專家證人證明 Bello 的過失，是以一般過失之訴駁回。上級法院則以，注射過程若施以適當之注意，應不致發生藥劑滲透之情事，此為一般人均有的常識。就此事故而言，陪審團之決定醫生是否有過失，並不需依據專家證人的證詞，縱令需要專家證人，被告 Bello 亦承認，若非過失，不致發生本案之事故。是以，下級法院之有利於被告的即席判決，應予廢棄。另案 Dickerson v. Fatehi ❿，維吉尼亞最高法院以「事實自證理論」認定被告醫生過失。此案中，原告 Dickerson 到 Chesapeake 醫院接受神經外科手術，由被告醫生 Fatehi 負責，並由兩位護理人員 Jacobs 及 Spruill 協助。手術過程，Fatehi 使用短粗的注射針連同其塑膠附屬物，作為進行手術的記號，該注射針將於手術結束後、縫合前移除。手術過後，原告 Dickerson 的右手臂及頸部感到劇烈疼痛，並未發現原因，遲至二十個月後，始由一般外科醫生 Queen 診斷出，其係因先前注射針於手術後未移除，仍留在原告頸部之故。原告遂提起本件訴訟。下級法院以原告所提專家證人資格不符為由，作成有利於

---

❿ 請參閱本節第二項「因果關係」。

❿ 482 N.W.2d 437 (1992).

❿ 253 Va. 324, 484 S.E.2d 880 (1997).

被告之即席判決。原告上訴，維州最高法院廢棄下級法院判決指出，固然多數醫療過失案件，均需由專家證人協助陪審團，決定醫療人員的注意程度及其是否偏離其注意標準；惟，在特定案例中，被告的行為卻屬於陪審團的通常知識範圍，而毋庸專家證人的協助。本案的爭點在於，究係誰的疏失，致注射針留在原告體內。被告醫生指出，係因依賴醫護人員清點手術器材的數字正確，故漏未移除。凡此，屬事實爭議，應由陪審團聽取被告及相關證人證詞後，即可判斷，毋庸專家證人，下級法院逕為有利於被告之即席判決，顯屬不當。

　　法院於諸多案例中，訂立「謹慎之人」(prudent person) 的注意標準，但該標準又常因個案因素而異。如：Pokora v. Wabash Ry. Co.❶⓵乙案，原告Pokora 駕駛卡車行經鐵軌，被告鐵路公司共有四條軌道，第一條軌道上因有貨運車廂，致原告無法看到北邊的軌道。原告儘可能停、聽、看後，緩緩往前行駛，當他開到主要軌道時，遭行經的火車撞擊。原審法院及巡迴法院均認定原告與有過失 (contributory negligence)，而判決被告勝訴。聯邦最高法院廢棄原判決指出，多數法院雖認定行經火車軌道必須停、聽、看，惟，倘其有危及行人或駕駛人之安全時，則毋庸如此。本案中，原告在行駛過軌道前，已先停、聽、看，當其行駛至主要軌道，視野清楚時，是否須再次停、聽、看，則應視當時情況而定，此宜由陪審團依本案情決定原告未再次停、聽、看是否過失。惟，法院又常以駕駛人行駛快速致無法於視線範圍內停、聽、看，而認定行為人過失。如 Tapp v. Blackmore Ranch, Inc.❶⓶乙案，被告

---

❶⓴　292 U.S. 98, 54 S.Ct. 580, 78 L.Ed. 1149 (1934).

❶⓶　254 Neb. 40, 575 N.W.2d 341 (1998). 除此，法院亦告知陪審團有效介入因素 (efficient intervening cause) 的定義。陪審團遂而認定 Emmet 的行為係有效介入因素，作成有利於 Fahy 的審判。原告上訴，州最高法院廢棄原判決指出，造成事故的發生，可能為兩個以上的行為，均對事故的發生具因果關係，此為「同時因素」(concurring cause)；有效介入因素則係獨立的過失行為，它切斷原始行為與傷害結果的因果關係。下級法院亦正確地拒絕作成指示審判，認定本案有介入因素，惟，卻不當地告知有效介入因素的要件，致陪審團誤以 Emmet 的行為必為有效介入因素。換言之，Emmet 縱令有過失，亦非必然可免除 Fahy 的

Fahy 駕駛的車子故障而停在公路上，但並未停在路肩上，而占用了來往車道，Fahy 和他的友人，及另一位路過幫忙的人士在車子旁邊疏導交通。原告 Patty Tapp 搭乘由她先生 Emmet 駕駛的卡車，Emmet 一路保持車速並未減慢，看到 Fahy 等人仍未減速，以致最後煞車不及，撞上 Fahy 的車子，Patty 因此一撞擊而受傷，遂對 Fahy 提起告訴。原審法院在告知陪審團有關法律議題時，便指明 Emmet 的行為構成過失，該過失與 Patty 受傷具因果關係。

　　侵權行為人的行為，包括作為與不作為，是以，行為人因疏於其注意義務而未作為，亦構成過失。如 L. S. Ayres & Co. v. Hicks ⑭乙案，原告 Hicks 年僅六歲，和他的母親到被告百貨公司購物，在乘坐電扶梯時跌倒，手指夾入電扶梯中，因被告未及時關閉電扶梯，致使 Hicks 傷害加重。Hicks 對被告提起訴訟，主張過失。原審法院判決原告勝訴，並駁回被告重新審判的聲請。被告上訴，印地安那最高法院廢棄原判決，並令重新審判。法院首先指明，電扶梯的裝置並無瑕疵，以及任何人在不具責任的情況下，並無救助他人的義務。法院繼而指出，倘受害人係因使用被告提供、控管的設備而受傷害時，縱令係因受害人本身過失行為所致，被告亦有救助的義務。是以，本案中，當 Hicks 手指夾入電扶梯時，被告有義務救助他。被告對於原先 Hicks 手指夾入電扶梯乙節，毋須負責，但對於未及時關閉電扶梯致加重傷害乙節，應予負責。另如著名的 Tarasoff v. Regents of University of California ⑭乙案，Poddar 係精神科醫生 Moore 的門診病人，在治療過程中，Poddar 告訴 Moore 他打算殺害 Tatiana Tarasoff，因為 Tatiana 拒絕他的追求。Moore 將此事通知校警留置 Poddar 在醫院裏，但沒多久即予釋放。經由數位精神科醫生的討論，最後決定不再採取任何行動。兩個月後，Tatiana 遭 Poddar 槍擊並連續刺殺身亡。Tatiana 的父母對前揭數名精神科醫師及醫院所屬大學（加州大學）提起訴訟，法院同意訴因之一可更正為，被告因過失未警告死者或他人俾令死者知悉其危險乙節，與

過失責任。

⑭　220 Ind. 86, 40 N. E.2d 334 (1942).
⑭　17 Cal. 3d 425, 551 P.2d 334 (1976).

死者的死亡具因果關係。依普通法，任何人並無義務控制他人行為，或警告可能遭受危險之人有關他人之不當行為；惟，若該人與行為人或可能的受害人間有特定關係者，不在此限。一旦醫療人員認定或應可認定病患對他人具重大危險時，醫療人員對該些可預見的受害人具有行使合理注意之義務。法院並以國家元首為例，倘醫生知道他的病患擬行刺美國總統，縱令其無法正確判斷該病患是否確會行刺，醫生仍有義務告知官方。醫生與病人之間固然有守密的義務，惟，衡諸公眾免於暴力的安全利益，醫生不得再以守密作為拒絕揭露資訊的特權。換言之，若經由醫療人員的警告，可施以合理的注意，以保護受威脅的受害人，則無任何充分的社會利益，可確保醫療人員拒絕揭露的權利❹。

　　大學對學生的安全應否負責？如 Hegel v. Lagsam ❺乙案，原告十七歲，就讀被告大學，結交罪犯，受到誘拐吸毒並拒留宿舍，也不回父母身邊。原告主張此係因被告學校疏於控管。法院判決原告訴因不成立，理由為，大學並非托兒所或住宿學校，更非監獄，任何人符合學校要求的資格並能遵守學校校規者，均可就讀，並應足以自行處理自己的生活。學校或其員工無義務規範學生的私人生活、監督其起居及交友。換言之，被告學校對原告的生活並無控管的義務。

---

❹　此案判決，並未為所有法院所接受。如：Nasser v. Parker 乙案，維吉尼亞最高法院認為被告有無注意義務，應視被告得否控制第三人之行為而定。249 Va. 172, 425 S.E.2d 502 (1995). 另案 Estate of Mogan v. Fairfield Family Counseling Center，被告醫院的門診病患因醫生的誤診和治療，致使殺死自己的父母，並傷害其姊妹。法院以醫生對病患的控制相當疏遠，故毋須對傷亡者負責。法院指出，被告應否負責，應考量下列因素：㈠精神科醫生對門診病患施以控制的能力；㈡公眾免於暴力攻擊的利益；㈢判斷病患對他人構成身體傷害的具體危險的困難度；以及㈣醫療目標——將精神病患置於最少拘束的環境，以及確保醫師與病患溝通的秘密性。77 Ohio St. 3d 284, 673 N.E.2d 1311 (1997).

❺　29 Ohio Misc. 147, 273 N.E.2d 351 (1971).

第二項　因果關係

　　行為人的行為與受害人所受的傷害或損害間，須有因果關係的存在始可。因果關係又可分為事實的因果關係 (actual cause) 及法律上的因果關係 (legal cause)。

　　事實的因果關係，係指實際導致損傷發生的原因所在，例如，甲擲球出去擊中乙。乙受傷係因甲的行為所致。早期案例所採的標準係 "but-for test"，意指若非行為人的過失，受害人不致受到損傷。然而，此標準在過失行為有兩項以上時，可能使得被告得以免於負責。例如 Cook v. Minneapolis, St. Paul & Sault State Marie Railway Company ❿ 乙案，本案因被告火車經過，摩擦鐵軌所生的火花慢慢延燒到原告財產時，與另一波火勢會集，形成大火；數名原告的農場及飼養的牲畜，因此遭受損失及傷亡。被告主張縱使沒有它的過失行為存在，原告仍將因另一火源遭致損失，因此其毋須負責。法院指出倘若兩項火源的來源均可辨識，則其行為人均應負責，倘僅可辨識其中一項火源為被告行為所致，而不知另一火源的起因，則被告毋須負責。此判決使得原告在無從證明另一火源的情況下，無法得到任何賠償。是以，在 Anderson v. Minneapolis, St. Paul & Sault State Marie Railway Co. ❿ 乙案中，法院採取了不同的認定標準。案中，原告主張被告火車引擎產生的火花釀成火災，造成其財產的損失。被告主張火災的起因是無名火加上天候狀況所形成，而非其火車引擎。法院指出，若如被告所言，則被告毋須負責；反之，若如原告所言，則被告須負責。若火災的形成，包含被告的火車引擎的火花及其他火源，被告仍須負責。

　　Anderson 乙案確立了新的標準，亦即「實質因素」(substantial factor)，倘被告的過失行為係造成原告損傷的實質因素，則其因果關係便確立。縱令尚有其他肇因存在，僅構成被告與其他侵權行為人負共同侵權行為責任 (several liability)，亦即，係指共同侵權行為人間責任分擔的問題。此二標

---

❿　98 Wis. 624, 74 N.W. 561 (1898).

❿　146 Minn. 430, 179 N.W. 45 (1920).

準免除受害人舉證證明各別行為人之各項行為的困難；畢竟，行為人較易於證明自己行為於整個事件中所占的比例，宜由其於主張責任分擔時，自行證明行為所占事件的比例。

同理，縱令數名被告各別非同時為行為，而僅一人之行為造成原告傷害時，亦同。如 Summers v. Tice❶乙案，原告 Summers 與被告 Tice 和 Simonson 三人一同去打獵，過程中，Tice 和 Simonson 誤將站在前方的 Summers 當做鵪鶉而分別射擊，其中一槍射中原告眼睛。Summers 遂對 Tice 及 Simonson 提起告訴，主張過失。原審法院判決原告勝訴。兩位被告上訴。加州最高法院維持原判指出，數名被告均有過失，事故僅由其中一人造成，此時，原告難以證明究係何人造成，而相對地被告較易證明自己之行為是否造成原告的傷害。是以，本案宜由被告自行證明自己之行為，非造成原告受傷之因素。

固然，被告的過失行為必須為實際上導致損傷發生的因素（即事實因素），惟此並不意謂，被告當然負侵權行為責任。必其行為亦構成導致損傷發生之法律上的因果關係，行為人方須負侵權行為責任。

法律上的因果關係，係指因果關係的另一要素「可預見性」(foreseeability)，包括可預見的人 (foreseeable person) 及可預見的結果 (foreseeable consequences)，前者指受傷之人須為行為人行為時可預見受傷之人；後者指發生的結果為行為人行為時所得預見。倘不符合「可預見性」的標準，原告的損傷縱令為被告行為所造成，被告亦毋須負責。例如 Ryan v. New York Central Railroad Co.❷乙案，被告鐵路公司因管理不當，致其堆置柴薪的棚子起火燃燒，燒毀大量木材，原告位於距棚子一百三十呎處的房子，因前揭火災的熱度及火花，亦起火燃燒，其他數棟房子亦一併燒毀。原告對被告提起訴訟，下級法院判決駁回原告之訴。紐約上訴法院亦維持原判指出，任何人均須就其行為所造成之損害負責，惟，對於極為遠距的損害，則不須負責。以本案而言，被告所得預見之損害為棚子及木材的燒

---

❶　33 Cal. 2d 80, 199 P.2d 1 (1948).

❷　35 N.Y. 210 (1866).

毀，而不及於原告等房子之燒毀，是以，被告不須對原告之損失負責❿。
又如著名的 Palsgraf v. Long Island Railroad Co.❺乙案。原告在月臺等候火
車，一班火車駛進月臺上下乘客；當火車開始緩緩駛離月臺，兩個乘客匆
忙跑著追火車，火車上的工作人員趕緊幫忙拉二人上車，月臺上另一名工
作人員幫忙推二人上車；此時，二人之一的一件報紙包裝的包裹掉落月臺，
瞬間爆炸，碎片彈到站在月臺角落的原告，造成一眼失明。原告告鐵路公
司過失，因火車在行駛中，不應再讓乘客上車。法院以五比四作成判決。
Cardozo 法官指出，依「可預見性」的標準，本案被告員工所得預見者，為
該二名乘客跌落月臺受傷,而非遠在另一端的原告受到爆炸碎片擊中眼睛,
無論原告或爆炸，均非被告所得預見之人或事，故被告毋須負責。以
Anderson 法官為首的反對意見則認為，當一個人有任何不當行為，自應可
預見必然有損傷發生，對其所造成的後果自應全然負責。不過，Cardozo 法
官於西元一九二一年 Wagner v. International Railway Co.❷乙案中，提出「危

---

❿　此案被視為紐約州的政策考量因素居多，類似案件於其他州則有相反的判決。
　　如：堪薩斯州的 Atchison, T. & S. F. R. Co. v. Stanford 乙案中，被告鐵路公司因
　　過失致使軌道附近起火，原告位於距該處四哩的農場付之一炬。法院判決被告
　　應對原告負損害賠償之責。12 Kan. 354 (1874).

❺　248 N.Y. 339, 162 N.E. 99 (1928).

❷　Wagner 案中，原告 Wagner 和他的堂兄弟 Horbert 一起搭乘被告的火車，由於
　　車廂內擁擠，致 Wagner 和 Horbert 站在車廂連接間的臺上，車長並未將車臺
　　的門關上，當火車急速轉彎時，Horbert 被拋出車外，雖有人呼喊「有人掉落
　　車外」，但火車仍到過橋後才停下。當時天色已黑，Wagner 急於走回橋的另一
　　邊尋找 Horbert，便沿著橋架走，到達橋邊，Wagner 發現 Horbert 的帽子，因
　　此以為 Horbert 應在附近，Wagner 再向前走時，不慎失足而掉落橋下。其他搜
　　救人員沿著橋下走，找到 Horbert 的屍體。Wagner 對被告鐵路公司提起訴訟。
　　原審法院指示陪審團，除非有下列情事之一，否則被告不須負責：㈠原告係受
　　邀參與協尋；或㈡車長跟在其後，並有照明設備。陪審團據此作成有利於被告
　　的審判，原告上訴。紐約上訴法院廢棄原判決。Cardozo 法官指出，Wagner 目
　　睹自己的親人摔出車外，又擔心有別的火車經過可能再輾過 Horbert 的身體，
　　而急於尋找，當他發現 Horbert 的帽子，以為 Horbert 應該就在附近，而繼續

險招致救助」(danger invites rescue) 的見解，認為行為人對於因其過失造成的危險，導致第三人因介入救助而受傷的情事，應予負責。

在另一類「蛋殼頭顱」(egg-shell skull) 或「薄頭顱」(thin skull) 案例中，法院對於可預見的受害人受到可預見的傷害卻惡化成不可預見的嚴重傷害時，又有不同於前揭案例的見解。首例見於西元一九一一年 McCahill v. N.Y. Transportation Co. ❸乙案，被告公司的計程車撞傷受害人，造成其大腿骨折，受害人住院期間，因其曾有酗酒問題，造成酒精中毒所引發的震顫性譫妄 (delirium tremens)，導致死亡。法院判決原告（死者家屬）勝訴，理由為，當被告的過失導致受害人傷害時，須對受害人所受一切傷害負責。又如 Bartolone v. Jeckovich ❹乙案，原告在一場連環車禍中受了輕傷，包括頸部扭傷等，只需接受物理治療毋須住院。原告原本生活極為規律，每天上下班外，上健身房鍛鍊身體，週末固定的休閒如彈吉他、唱歌等，保持健康對他而言極為重要，因其母親和姊姊均死於癌症。車禍導致其無法上健身房，生活步調亂了，使其原先潛藏的偏執精神症狀復發，致使精神分裂，喪失行為的能力。被告主張原告因車禍只受輕傷，之後的精神症狀並非被告的過失行為所造成，縱使無被告的行為，原告亦可能有同樣的問題發生。法院援引 McCahill 乙案，及其他諸多案例指出，原告確因被告的過失受到傷害，雖嗣後係因其個人過去的病歷而發展成嚴重傷害，被告仍應予負責。畢竟，若非被告的過失行為，原告不致受到傷害。

被告行為與原告傷害間的因果關係，亦可能因其他因素的介入而有不同的結果。此介入的因素，即稱為「介入因素」(intervening cause)，介入因素倘為行為人可預見者，行為人仍須就其過失行為負責；倘介入因素超乎尋常 (extraordinary)，已非行為人所得預見，則可中斷行為人的過失與受害

走在橋架上，當時，他處於興奮、茫然的情況，實難以論斷 Wagner 所為係錯誤的判斷。當行為人須對因其過失受傷害之人負責時，其亦須對前往救助受害人之人負責。232 N.Y. 176, 133 N.E. 437 (1921).

❸　201 N.Y. 221, 94 N.E. 616 (1911).

❹　481 N.Y.S.2d 545 (1984).

人傷害的因果關係，使其不須負責，此項因素稱為「替代因素」(superseding cause)。換言之，倘介入因素為行為人所得預見，則非替代因素，行為人仍須負損害賠償責任。例如 Derdiarian v. Felix Contracting Corp. ❺乙案，被告是一家承包商，負責安裝地下瓦斯管線。原告係下游承包商的工人，原告在馬路上工作時，另一被告 Dickens 因癲癇症發作，開車衝入工地，撞到原告及放置一旁高溫四百度的液態琺瑯，原告被拋到空中掉落時被四百度的液態琺瑯潑了一身，包括臉部、頭部、身體。原告倖存了下來，告承包商及 Dickens 過失。承包商的過失，主要在於未提供一安全的工作地點，被告主張縱令其有過失，但 Dickens 的過失行為已中斷了其過失與原告傷害間的因果關係。法院指出，被告在未提供安全工作地點的情況下，應可預見工作人員將因此遭誤闖車輛碰撞的危險，是以，Dickens 的行為為被告可預見之範圍。故 Dickens 之行為僅為介入因素，而非替代因素。又如 Yun v. Ford Motor Co. ❻乙案，事故發生於西元一九八八年十一月二十七日晚上十一點多鐘，Yun 駕駛由 Ford 製造的貨車，在 Parkway 公路上，她的父親 Chang 坐在後方。當時聽到車子後方有聲響，接著，置放於後方的備胎等散落一地，並滾到對方車道的公路旁。Chang 下車，穿越馬路撿拾掉落的備胎及其他物品，當擬再度穿越車道回車旁時，遭被告 Linderman 駕駛的車子撞及而死亡。Yun 對福特汽車公司、環球 (Universal) 公司（負責製造，裝設備胎者）等多人提起訴訟。嗣因備胎的裝置非福特公司所為，而撤回對福特的告訴。本案事實顯示，在案發前一個月，修車廠 Kim 曾告知 Yun 及 Chang 有關備胎裝置的缺失，但 Yun 與 Chang 回應不予修理，因其正因之前另一交通事故，擬待該事故肇事者的保險公司處理。法院指出，本案中，Yun 與 Chang 拒絕修理備胎裝置及 Chang 在晚上十一點多鐘穿越公路乙事，係異常 (extraordinary) 的因素，此介入因素已中斷備胎設備瑕疵對 Chang 死亡乙事的因果關係，取而代之為其死亡的因素。是以，環球公司毋須負責。

---

❺　51 N.Y.2d 308, 414 N.E.2d 666 (1981).

❻　276 N.J.Super. 142, 647 A.2d. 841 (1994).

　　天災 (act of God) 亦為介入因素的一種，此因素未必可使被告免責。如
Kimble v. Mackintosh Hemphill Co. ❺ 乙案，被告疏於維修其屋頂，致使遭劇
烈強風颳起掉落砸死受害人。法院指出，本案中劇烈強風固然為介入因素，
但被告疏於維修，以免除瑕疵或危險狀況乙節，仍使被告應負損害賠償責任。

　　倘介入因素涉及故意或惡意 (malicious) 行為，則可能成為替代因素，使
原行為人毋須負責。如 Watson v. Kentucky & Indiana Bridge & R. R. Co. ❻
乙案，被告鐵路公司因疏失，導致盛滿汽油的油車出軌，活門破裂，汽油
灑滿街道。Duerr 點燃火柴，致使汽油氣體遭點燃而爆炸。原告係在旁的行
人，因前揭爆炸而受傷。原告對鐵路公司提起訴訟。本案中，有數名證人
證明下列情事：Duerr 在點燃火柴前，曾告訴其同伴：「我們來放火燒吧！」
接著，拿出火柴往牆壁劃出火花，丟向汽油氣體中。原審法院指示陪審團，
作成被告勝訴的審判。Kentucky 上訴法院指出，被告公司因過失導致汽油
流到街道，被告應可預見，任何人不小心丟火柴，將造成火災，但被告無
法預見任何人故意丟火柴製造火災。倘為後者，其應屬替代因素，被告則
毋須對火災所造成的損害負責。然而，Duerr 究係故意或過失丟擲火柴，應
由陪審團認定之，故而廢棄原判決，而為重新審判。

　　自殺非替代因素，是以原侵權行為人仍須負責。如 Fuller v. Preis ❼ 乙
案，死者 Lewis 歷經一場車禍，被告駕駛的車子撞擊 Lewis 的車子，事故
當時，Lewis 頭部撞及車內，但看似未受任何傷害，嗣後方知其頭部受傷。
他因此多次癲癇抽搐並失去知覺。事故發生七個月後，自殺當天，他又歷
經三次癲癇抽搐；第三次後，他無法認得他的妻子，Lewis 將自己關在浴室
內，二十分鐘後，他的妻子聽到他喃喃自語：「我必須這麼做！」隨即聽到
槍聲。Lewis 舉槍自盡。Lewis 的遺囑執行人對被告提起訴訟。原審法院陪
審團作成有利於原告的審判，令被告賠償二十萬美元。上級法院則廢棄原
判決及審判，並駁回原告之訴。紐約上訴法院又廢棄其判決，令重新審判。

---

❺　359 Pa. 461, 59 A.2d 68 (1948).

❻　137 Ky. 619, 126 S.W. 146 (1910).

❼　35 N.Y.2d 425, 322 N.E.2d 263 (1974).

法院指出，死者的自殺究係正常心智下的合理行為、抑或因頭部受傷所致的不合理行為或衝動，已非本案需探究之爭點。依本案情況，死者的病情、癲癇抽搐、沮喪，死者自殺的原因，顯然係因頭部受傷所致的非理性行為。

　　事實自證理論（Res Ipsa Loquitur doctrine，以下簡稱 "RIL" 理論）意指事實本身足以證明傷害的發生必源於行為人的過失行為所致。首見於 Byrne v. Boodle ❶⓺⓪乙案，原告走在街道上，行經被告的工廠，一袋麵粉從工廠上方的窗戶丟出，擊中原告，使原告受到重傷。原告對被告提起告訴，主張其過失。原告在本案無從證明被告的行為為何，然，事實顯示必定有人將麵粉丟出，無論何人，均屬被告所控制的範圍。自宜適用 RIL 理論，推定被告過失，為有利於原告的判決。除非被告得以提出有利於己的反證。初期，RIL 理論並非全然為法院所接受，在英國 Ballard v. North British R. Co. ❶⓺❶乙案中，蕭法官 (Lord Shaw) 曾謂「若非該句子係拉丁文，無人會視其為原則。」(If that phrase had not been in Latin, nobody would have called it a principle.)

　　美國加州上訴法院於 Larson v. St. Francis Hotel ❶⓺❷乙案中，確立適用 RIL 理論的要件。該案發生於西元一九四五年八月十四日，二次世界大戰，日本宣布投降的日子（亦即，V-J day），舊金山市許多人為此狂歡。事發當時，原告 Larson 在接近被告飯店的人行道上，瞬間有一張椅子從飯店高樓層丟下，擊中原告，導致其受傷昏迷，此顯然係因前揭市民過於興奮所致的失控行為。Larson 對被告飯店提起告訴，主張 RIL 理論的適用。原審法院同意被告駁回原告之訴的聲請。原告上訴。加州上訴法院維持原判決，並引用原告所主張的 Gerhart v. Southern California Gas Co. ❶⓺❸乙案中法院所確立的 RIL 理論適用要件：㈠須有意外事故的發生；㈡導致事故發生的事、物，在事故發生當時及之前須屬於被告絕對地（排他地）控制及管理範圍 (exclusive control and management)；以及㈢在一般情況下，倘被告施以一般

❶⓺⓪　2 H. & C. 722, 159 Eng. Rep. 299 (1863).

❶⓺❶　Sess. Cas. H. L. 43 (1923), *quoted in* Schwartz et al., *supra* note 61, 232 n. 3.

❶⓺❷　83 Cal.App.2d 210, 188 P.2d 513 (1948).

❶⓺❸　56 Cal.App.2d 425, 132 P.2d 874 (1942).

的注意，該事故不致發生。本案顯示，被告對飯店內所有的傢俱並無絕對控制的能力，因客人至少有部分控制的能力。本案的事故，亦非被告行使其一般的注意所得以免除。系爭事故係因飯店內客人或訪客所造成，若擬排除此類事故，則被告須於每一客房內設一名警衛，此顯非法律所要求飯店應盡之注意義務。是以，RIL 理論不適用於本案。另案 Ybarra v. Spangard❶❻❹中，原告 Ybarra 經被告醫生 Tilley 診斷，由被告 Spangard 醫生進行盲腸切除手術。手術結束後，Ybarra 右肩及右手臂開始感到疼痛，甚至最後發生麻痺及肌肉萎縮。Ybarra 對醫生、麻醉師、護士及醫院提起告訴。原告無法證明手術當時，被告有何疏失，故主張 RIL 理論之適用。原審法院駁回原告之訴，原告上訴。加州最高法院廢棄原判決指出，本案得適用 RIL 理論，蓋以原告之所以受到傷害，顯然與手術過程有關，而手術當時，原告處於昏迷狀況，更無從證明被告之行為為何。被告各有其所司，應由被告各自說明自己所負責的手術部分有無疏失。

第三項 被告的抗辯

被告在被控過失的情況下，可主張下列抗辯：原告與有過失 (contributory negligence)、比較過失 (comparative negligence)、危險的承擔 (assumption of risk)，以及時效 (statute of limitations)。茲分述如下。

第一款 與有過失暨比較過失

與有過失，係指在事件發生過程中，原告亦有過失的行為。當被告證明原告與有過失時，被告可完全免除賠償責任。「與有過失」源於西元一八〇五年英國 Butterfield v. Forrester❶❻❺乙案。該案中，被告為裝修房子，將一根柱子橫豎在街道上，使得往來的空間受到限縮。原告約在晚上八點騎馬快速通過，當時天色已漸昏暗，街道上開始點燈，但仍可清楚地看到被告的柱子障礙。原告因速度過快，無法及時看到障礙，致撞及柱子而受傷。

---

❶❻❹ 25 Cal.2d 486, 154 P.2d 687 (1944).

❶❻❺ 11 East 60, 103 Eng. Rep. 926 (1809).

法院指出，被告固然有過失，惟原告仍不得因此免除自己的過失。

與有過失之適用，對原告而言極不公平。是以，對於受害人死亡的過失案件中，法院對於「與有過失」之適用傾向於較保守的立場。如 Rossman v. La Grega ⓰案中，Samuel Rossman 搭乘被告 Cohen 的車子，在快速道路上拋錨，停在外側車道，Cohen 令 Rossman 站在車子左側（車輛通行的一側），指揮車輛。當時，Rossman 並未持手電筒，Cohen 的車子也未開車燈。Cohen 去打電話，Rossman 遭另一名被告 La Grega 的車子撞擊而死亡。Rossman 的遺產管理人以「不當致死」提起訴訟，原審陪審團作成有利於原告的審判。上級法院廢棄原審判決，紐約上訴法院則廢棄該判決，令重新審判。法院引用 Leon Green 教授的見解指出，「與有過失」是十九世紀一項極為嚴苛的原則，並指出紐約自西元一九三二年 Crough v. New York Cent. R. R. Co. ⓱有關行人穿越軌道乙案之後，便不再加諸死者與有過失的責任。紐約法院試圖就事實部分，分析死者當時站在車子左側的行為是否當然為過失，以及，若死者留在車內是否必然比較安全。法院認為，此應由陪審團就事實重新認定。

目前仍採行「與有過失」者，為哥倫比亞特區和阿拉巴馬、馬里蘭、北卡羅萊納、維吉尼亞四州 ⓲。在仍採「與有過失」的州，另設一補救方式，由原告證明有「最後明確的機會」(last clear chance) 存在；意即，原告雖與有過失，惟在事故發生之際，被告仍應有機會阻止事件的發生；在此情況下，原告仍得求償。

Davies v. Mann ⓳乙案，原告將驢子拴在街道上，驢子並越界在馬路上吃草，此時，被告的馬車駛近，撞倒驢子，車輪從驢子身上輾過，驢子隨即死亡。法院指出，原告將驢子拴在街道上確有不當，但倘被告行為得當，則不致發生傷害；換言之，被告就不當的行為所造成的傷害部分仍須負責。

⓰　28 N.Y.2d 300, 270 N.E.2d 313 (1971).

⓱　260 N.Y. 227, 183 N.E. 372 (1932).

⓲　Schwartz et al., *supra* note 61, at 598 n. 2.

⓳　10 M. & W. 547, 152 Eng. Rep. 588 (1842).

此即「比較過失」，依原告與被告的過失比例，決定被告應負的賠償額度。假設被告過失占百分之六十，原告損害總額為一百萬，則被告應給付原告六十萬。此又名為「純比較過失」(pure comparative negligence)。此方式忽略了當原告過失比例逾越被告過失比例的不公平性，例如原告過失占百分之七十，被告過失占百分之三十，而被告仍須就百分之三十負損害賠償責任。「改良式比較過失」(modified comparative negligence) 便因應而生。所謂「改良式比較過失」又分成：㈠同等過失禁止求償 (equal-fault-bar)，倘原告過失比例與被告相同，各占百分之五十，則原告便不得求償，須其過失比例在百分之四十九以下，方得要求被告依其過失比例負賠償責任。㈡較高過失禁止求償 (greater-fault-bar)，係指原告過失比例高於被告過失時，不得求償，換言之，當原告與被告過失同等比例時，原告仍得要求賠償。

各州之採行與有過失或比較過失，雖以立法居多，惟仍有逕由法院判決者。如：阿拉巴馬州的 Williams v. Delta International Mach. Corp.[170]乙案中，法院指出，基於各種因素，仍不擬放棄使用達一百六十二年之久的與有過失。由此可知，其非訴諸於立法，而係倚賴司法案例而來。又如 Li v. Yellow Cab Co. of Ca.[171]乙案，原告 Li 開車不當左轉，被告則是行駛對面車道，因黃燈擬加速通過路口，以致二者在路口發生碰撞。原審法院以原告與有過失而判決被告勝訴。原告上訴，主張不應因其與有過失而完全無法求償。加州最高法院廢棄原判決。法院在本案中分析與有過失的弊端，以及各州之改採比較過失暨比較過失之態樣。最後指出，將廢棄「與有過失」，改採「純比較過失」，並指明加州所有在本案判決確定前尚未進行審判的案件，均改採「純比較過失」[172]。田納西州亦於西元一九九二年 McIntyre v. Balentine[173]乙案中，採比較過失原則。該案中，原告 McIntyre 酒後駕車，

---

[170]　619 So. 2d 1330 (1993).

[171]　13 Cal. 3d 803, 532 P.2d 1226 (1975).

[172]　本案中兩名持反對意見的法官則認為，多數意見之廢棄「與有過失」改採「純比較過失」，係逾越三權分立的違憲行為。

[173]　833 S.W.2d 52 (1992).

肇事後，他的酒精測試值是百分之〇．一七。被告則是超速駕駛，事故發生時，被告在六十九號公路上往南行駛，原告是由貨車停車場開上公路往南行駛。被告撞及原告的貨車，致使原告受到嚴重傷害。原審陪審團認定兩者各有百分之五十的過失，基於「與有過失」作成原告敗訴的審判，法院據以為判決。原告上訴，上訴法院以田納西州不採「比較過失」為由，維持原判決。原告又上訴，田納西州最高法院部分廢棄原判決。法院指出，「與有過失」之全然否准受害人求償的不合理，以及已有四十五州採行「比較過失」之情事。並以議會雖未有立法的行動，並不致影響司法之廢棄陳舊不合理的普通法原則。是以，法院決定採行「比較過失」中之同等過失禁止求償的原則；並指出新採的原則，將適用於本案判決作成之日以後的所有審判、重審案件以及涉及此議題的上訴案件。

　　除前揭哥倫比亞特區及四州採行與有過失外，目前❿有十三個州採純比較過失❿，十二州採同等過失禁止求償❿，以及二十一州採較高過失禁止求償❿。

---

❿　以下有關各州究竟採行何種之比較過失，係參閱 Contributory Negligence/
Comparative Fault Chart, *at* http://www.mwl-law.com/PracticeAreas/Contributory-
Negligence.asp（上網日期：民國九十五年四月十日）。

❿　十三州為：阿拉斯加 (Alaska)、亞利桑那州 (Arizona)、加州 (California)、佛州
(Florida)、肯塔基州 (Kentucky)、路易斯安那州 (Louisiana)、密蘇里州
(Missouri)、密西西比州 (Mississippi)、新墨西哥州 (New Mexico)、紐約州 (New
York)、羅德島 (Rhode Island)、南達可塔州 (South Dakota)、華盛頓 (Washington)
等州。

❿　十二州為：阿肯色州 (Arkansas)、柯羅拉多州 (Colorado)、喬治亞州 (Georgia)、
愛德荷州 (Idaho)、堪薩斯州 (Kansas)、緬因州 (Maine)、內布拉斯加州
(Nebraska)、北達可塔州 (North Dakota)、奧克拉荷馬州 (Oklahoma)、田納西州
(Tennessee)、猶他州 (Utah)、西維吉尼亞 (West Virginia) 等州。

❿　二十一州為：康乃狄克州 (Connecticut)、德拉瓦州 (Delaware)、夏威夷 (Hawaii)、
伊利諾州 (Illinois)、印地安納州 (Indiana)、愛荷華州 (Iowa)、麻薩諸塞州
(Massachusetts)、密西根州 (Michigan)、明尼蘇達州 (Minnesota)、蒙大拿州
(Montana)、內華達州 (Nevada)、新罕布夏州 (New Hampshire)、紐澤西州 (New

第二款　危險的承擔

危險的承擔，係指原告知道有危險的存在，而仍冒險自願去承受該項危險；此抗辯的成立，將使原告無法求償。「危險的承擔」可分明示與默示。明示者，係指當事人間約定自行承擔危險之謂。此約定在不違反公共政策或法令的情況下，具有法律效果。如 Winterstein v. Wilcom ⑱乙案，原告 Winterstein 進到被告 Wilcom 競賽場參加賽車。比賽過程中，原告車子撞及場上重達百磅的汽缸頭而受傷。被告的員工在塔上負責注意場上的安危，但並未盡到責任。原告因此提起訴訟。原告在參與比賽前曾簽署一份文件，上面載明原告要求得到被告的許可進場，以及同意承擔所有不可預見的危險。下級法院據其明示之「危險的承擔」而駁回原告之訴。原告上訴，馬里蘭州上訴法院維持原判決。原告主張該份書面約定違反公共政策 (public policy) 故而無效。法院指出，在無法律明文禁止的情況下，原則上，當事人得任意約定責任的歸屬及免除。例外的情事為當事人的交易能力 (bargaining power) 不對等時，如資方與勞方，或涉及公共利益，如公共事業、運輸業、旅館業等。本案中，系爭約定既未違反公共政策，亦無前揭例外事由之存在，該約定自應屬有效，是以，原告不得求償。另如 Rush v. Commercial Realty Co. ⑲乙案中，原告 Rush 一家人向被告承租被告所管理的兩棟房子之一，此兩棟房子共用屋外的一間獨立廁所。原告 Rush 太太進到廁所，因地板或活門失修的因素，Rush 太太跌入九呎下的糞坑，後來利用扶梯將她救起。原告對被告提起訴訟。原審法院判決原告勝訴，被告上訴主張法院應指示陪審團作成有利於被告的審判。紐澤西州最高法院維持原判決指出，本案中被告的過失（未妥善維護廁所）毋庸置疑，而所謂「危

Jersey)、俄亥俄州 (Ohio)、奧瑞岡州 (Oregon)、賓州 (Pennsylvania)、南卡羅萊納州 (South Carolina)、德州 (Texas)、佛蒙特州 (Vermont)、威斯康辛州 (Wisconsin)、懷俄明 (Wyoming) 等州。

⑱　16 Md.App. 130, 293 A.2d 821 (1972).

⑲　7 N.J.Misc. 337, 145 A. 476 (1929).

險的承擔」並不適用於此，因原告需使用廁所，而系爭廁所是唯一的一間，原告並無選擇。是以，本案僅能就原告是否「與有過失」論斷，此議題宜由陪審團認定而非法院。原審法院依陪審團之審判，作成有利於原告之判決，並無違誤。另於 Hildebrand v. Minyard ⑱乙案中，法院詳細列出「危險的承擔」的要件。該案死者車子停在街道旁，修理他的車子，使得車輛的通行受到阻礙，但仍有空間可行經。當有人告訴他將車子移走時，他說只要一會兒就好。不久，被告 Minyard 開著曳引機，衝撞到死者貨車的後方，使得貨車往前輾壓死者。原審判決依「危險的承擔」判決被告勝訴。原告上訴，Arizona 上訴法院廢棄原判決，令重新審判。法院指出，默示的「危險的承擔」應具備下列要件：㈠傷害的危險性係由被告的行為，或其財產的狀況所造成；㈡受害人必須確實知悉該特定危險及性質；以及㈢受害人必須自願進入該危險狀態，足證其願意接受該特定的危險。受害人知悉危險的存在，係指其主觀上確係知悉、瞭解而言，並不包括預見他人的過失行為。設若受害人應可預見危險而未預見，亦應屬「與有過失」之範疇。依本案事實可知，死者當時僅知其行為構成來往車輛通行的不便，並未知悉或預見其行為有致命的危險。

第三款　時　效

時效的目的，在避免訴訟的延遲，以及經濟的負擔。時效消滅將使被告毋庸賠償。各州對於時效，各有不同規範。時效的爭點在於，其何時開始起算。傳統係以被告行為完成時起算，惟未計入原告遲未發現的因素。目前多採「發現主義」(discovery doctrine)，在原告已發現或應發現過失存在時，時效開始起算。如 Teeters v. Currey ⑱乙案，原告在西元一九七〇年六月五日生產，當時被告（主治醫生）Currey 建議她，基於健康因素宜進行輸卵管結紮手術，避免再度懷孕。被告便於隔日（六月六日）為原告 Teeters 進行手術，原告亦平順地康復。西元一九七三年十二月六日，原告

⑱　16 Ariz.App. 583, 494 P.2d 1328 (1972).

⑱　518 S.W.2d 512 (1974).

住院，醫生告訴原告她已懷孕，隔年三月九日，原告生下一名具有嚴重併發症的早產兒，原告又再次接受輸卵管結紮手術。西元一九七三年十一月十五日，原告對被告醫生 Currey 提起訴訟。被告主張其過失行為發生迄原告起訴時間已逾三年五個月，依田納西州法律時效僅一年，故本案因時效消滅應予駁回。下級法院據此作成有利於被告之即席判決。原告上訴。田州最高法院指出，時效的起算，應採「發現主義」，亦即以受害人實際發現或應發現之時點起算。本案，被害人於西元一九七二年十二月六日，始經醫生告知，距起訴時間為十一個月九天，尚未逾時效。故而廢棄下級法院判決。惟，法院對於部分不當醫療過失 (medical malpractice) 的案例，亦有以醫療行為結束為時效起算點者，或稱之為「持續性的侵權行為」(continuity torts)。如 Justice v. Natvig ❶⑧② 乙案，西元一九七七年元月十一日，被告醫生 Natvig 為原告 Justice 進行膽囊切除手術，被告本應切割膽囊管，卻錯誤地切割了膽總管。元月二十四日，被告為治療先前手術錯誤所導致的併發症，而須植入 U 管，植入過程亦有疏失。嗣後，至西元一九八五年五月十五日，被告均小心地治療原告因一九七七年元月的兩項手術所引發的後遺症。一九八六年二月二十四日，原告告知被告有關醫療過失的主張，並於六月三日提起訴訟。原審法院以本案已逾兩年的時效期間而駁回原告之訴。維吉尼亞最高法院則以本案屬「持續性醫療行為」，故而患者得於所有相關醫療均結束時，方就治療過程中的任何侵權行為提起訴訟。本案係至西元一九八五年五月十五日，治療才結束。自翌日起算至原告通知暨起訴時，並未逾兩年時效，故廢棄原審法院判決 ❶⑧③。

---

❶⑧② 238 Va. 178, 381 S.E.2d 8 (1989).

❶⑧③ 除醫療過失之訴訟外，部分法院亦認定受虐婦女症候群 (battered-women's syndrome) 係持續性侵權行為。如 Cusseaux v. Pickett 乙案，西元一九八二年起，原告 Cusseaux 與被告 Pickett 同居約十年，在該期間內，被告多次毆打原告，造成原告身體及心理上的重大傷害。原告迄西元一九九二年與被告終止關係後，方提起訴訟。New Jersey 法院確立「受虐婦女症候群」係有效的訴因，並為「持續性侵權行為」，故而受害人得於其與施虐者的特定關係終止後始提起訴訟。換言之，時效自此開始起算。279 N. J.Super. 335, 652 A.2d 789 (1994).

第四節　嚴格責任

早期侵權行為責任中包含有嚴格責任 (strict liability)，惟，近十九世紀中葉，因著貫徹「無過錯即無責任」(no liability without fault) 而予以廢除。二十世紀中，基於加重特定行為的注意義務，而使得「無過錯責任」(no fault liability 或 liability without fault) 再度復甦。

然而，嚴格責任未必為「絕對責任」(absolute liability)，此因被告仍有若干抗辯得以免除其責任；其亦未必為「無過錯責任」❶❽❹。是以，界定嚴格責任時，宜予慎重，並應與故意暨過失之侵權行為予以區隔❶❽❺。

第一項　嚴格責任的適用態樣

嚴格責任的適用，可見於下列事項：㈠異常危險行為 (abnormally dangerous activity or ultra hazardous activity)；㈡代理責任 (vicarious liability)；㈢產品責任 (products liability)；㈣工業事故 (industrial accidents)；㈤汽車無過失責任 (automobile no-fault liability)。茲分述如下。

第一款　異常危險行為

嚴格責任首見於西元一八六八年英國 Rylando v. Fletcher❶❽❻乙案，係指當任何人從事異常危險行為時，縱令渠等已行使高度注意以避免損害發生，仍須就其行為所造成的人身傷害及財產損害（包括動產及不動產）負賠償

---

❶❽❹　蓋以將嚴格責任界定為無過錯責任，恐誤導故意或過失之侵權行為必然為有過錯責任；而探究故意或過失之侵權行為，其訂定亦係基於公共政策之考量，未必具有道德上的過錯 (moral fault)。Keeton et al., *supra* note 1, at 538; Schwartz et al., *supra* note 61, at 682.

❶❽❺　*Id.*

❶❽❻　L.R. 3 H.L. 330 (1868). 此案原告擁有一座煤礦，被告則擁有一家工廠，為供應工廠所需的水源，被告在接近煤礦的地點建造一座水庫，水庫位在礦坑的豎坑之上。嗣因水庫底部無法承受載水的重量而倒塌，致使大量的水沖襲礦坑，造成原告重大損失。原告因此對被告提起訴訟。

責任之謂。至於「異常危險行為」，係非通常習慣之行為，且行為本身含有嚴重傷害的危險，即使行為人竭盡其注意仍無法消弭。一旦行為人從事異常危險行為，與受害人人身傷害或財產損失有因果關係存在，行為人便須負損害賠償責任。反之，若無因果關係，則仍毋須負侵權責任。如：Bridges v. The Kentucky Stone Co., Inc. ⑱乙案，Bridges 一家遭被告 Web 裝置炸藥引爆，致使 Bridges 一名十二歲的兒子喪命，其本人與另一名兒子均受到傷害。Web 的炸藥係竊自被告 Kentucky Stone 公司放置炸藥的工廠。Bridges 父子對 Kentucky Stone 提起訴訟，主張炸藥係異常危險的物品，而 Kentucky Stone 未妥善存放致遭 Web 竊取。原審法院以 Kentucky Stone 之行為與原告之傷害無因果關係而為有利於 Kentucky Stone 之即席判決。上訴法院廢棄原判決。印地安納州最高法院廢棄上訴法院判決，而回復原審法院判決。最高法院指出，存放炸藥是否為異常危險的行為，應視個案而定。本案中，Kentucky Stone 發現炸藥失竊，便已依法向有關機關報備，且爆炸發生在竊取炸藥後三週。縱令 Kentucky Stone 有過失，被告 Web 的行為已為替代因素。

　　異常危險行為如，於穀物噴灑除草劑、在高速公路上行駛油罐車，甚至於飼養具危險性的野生動物 (wild animal) 如老虎、獅子等均是 ⑱。至於家禽家畜，倘若飼主不知其危險性，則不須負嚴格責任。惟，家犬在第一次傷人之後，飼主便須對爾後造成的傷害負嚴格責任，此即所謂「咬一次法則」("one-bite" rule)。倘若動物所有人或占有人明知或可得而知動物之兇惡習性，縱令動物係第一次傷人，其所有人或占有人仍須負嚴格責任。如 Barger v. Jinerson ⑱乙案，被告家飼養一隻德國牧羊犬，平常將牠置於後院，有籬笆圍住；只要有任何人接近後院，牧羊犬會吠不止，查看水錶或電錶的人若擬進入後院，須先請被告將牧羊犬拉住，以防其攻擊對方。事故起因於牧羊犬自被告新的住處走失，回到舊的住處，即原告家隔壁，當清晨

---

⑱　425 N.E.2d 125 (1981).

⑱　Schwartz et al., *supra* note 61, at 685.

⑱　130 Colo. 459, 276 P.2d 744 (1954).

原告到屋外拿報紙時，遭到牧羊犬的攻擊。在此之前，牧羊犬未曾攻擊或咬過人。原告對被告提起訴訟。被告主張，牧羊犬未曾攻擊過人，且事故發生時，牧羊犬並不在其看管之下。法院判決原告勝訴指出，證據（包括多名鄰居、抄水電錶等人的作證）顯示該牧羊犬具有兇惡習性，被告應可知悉其習性，自應嚴加看管，避免其傷害他人，無論基於何等事由致牧羊犬走失傷人，被告均應負嚴格責任。

因動物之傷害行為而須負責者，係以動物占有人為主❿，而非動物之所有人❿。如 Snow v. Birt❿ 乙案中，原告 Cynthia 係被告夫婦的孫女，Cynthia 的父親和所飼養的一隻狗住在被告家，她到被告家探訪她的父親。Cynthia 在被告家被狗咬傷臉部，Cynthia 的母親遂提起訴訟，控告被告夫婦。肇事的狗在此事件前，亦曾因咬傷鄰居小孩，遭隔離觀察七天。Cynthia 的母親基於 Cynthia 的權益而提起訴訟，被告主張他們並非狗的主人或管理人，故毋須負責。原審法院作成有利於被告的即席判決。原告上訴，柯羅拉多州上訴法院廢棄原判決，依州法律，動物之所有人或管理人 (keeper) 須對動物之行為負責。所謂管理人，係指對動物施以照護、管理之人。本案中，狗和牠的主人係在被告的允許下住在他們的屋子裏，事實顯示，被告係狗的管理人，故而對狗咬傷 Cynthia 的行為應負責任。

第二款　代理責任

僱傭關係 (employment relationship) 中，僱用人因受僱人之侵權行為所應負的損害賠償責任，即代理責任之謂。代理責任的適用，須具備下列要件：㈠僱傭關係存續期間；㈡受僱人因執行其職務 (in the course of employment)；㈢對第三人有侵權行為。其中「執行職務」又須符合以下要件：⑴行為在職務範圍內；⑵行為主要發生在授權的時間和地點；⑶行為

---

❿　Restatement (Second) of Torts § 507.

❿　我國民法第一百九十條亦規範，由動物占有人對動物加損害於他人之情事負損害賠償責任。

❿　968 P.2d 177 (1998).

目的在提供服務予其僱用人 (to serve the master)❸。符合上述條件，不問僱用人於僱用或監督受僱人有無過失，均須負代理責任。又如 Lundberg v. State❹乙案，被告 Sandilands 係被告紐約州政府的員工，西元一九六六年二月十四日，他在週末結束，由水牛城 (Buffalo) 返回工作崗位的途中，為了超越一部卡車而與迎面而來的車子相撞，造成對方駕駛 Lundberg 死亡。Lundberg 的遺孀對 Sandilands 及紐約州政府提起訴訟。本案中 Sandilands 的過失並非爭點，嗣後 Sandilands 亦與原告達成和解。本案的爭點為，紐約州政府應否為其員工之侵權行為負責。原審法院判決紐約州政府須負損害賠償責任，額度為七萬三千美元。紐約上訴法院廢棄原判決指出，「僱用人責任」(respondent superior) 的適用條件之一為，受僱人於行為當時係執行其職務範圍內之工作 (acting in the scope of his employment)；亦即，受僱人係履行他對僱用人應盡的職責，且僱用人可直接或間接監督其行為。原則上，當受僱人離開住處前往工作地點，及下班後回到家的途中，均包含在前揭職務範圍；雖僱用人無從監督，但因其仍與「執行其職務有關」，故然。本案中，Sandilands 平常住在工作附近的旅館，他利用週末前往水牛探視家人後，回到工作地點；其往返水牛城與工作無涉，更非僱用人所得監督。是以，本案「僱用人責任」不成立，紐約州政府毋須就本案 Sandilands 之行為負責。

原則上，代理責任不適用於承攬關係，委任人不須就承攬人（承包商，contractor）之侵權行為負責。如：Murrell v. Goertz❺乙案，Goertz 是一名送報兼收報費的人員，負責送的報紙為 Oklahoma Publishing 公司所印行。

---

❸　如 Wilson v. Chicago, Milwaukee, St. Paul, & Pac. R. R. Co.，原告 Wilson 係被告的員工，他乘坐另一名員工駕駛的車子，因該名員工睡著以致發生車禍，Wilson 因此受傷癱瘓。Wilson 以該員駕駛過失為由要求被告須負代理責任。被告主張事發當時，Wilson 並非執行其職務而聲請法院為即席判決，法院同意該聲請。聯邦第七巡迴上訴法院則以本案事實部分仍有爭議不宜為即席判決，而廢棄下級法院判決。841 F.2d 1347 (7th Cir. 1988).

❹　25 N.Y.2d 467, 255 N.E.2d 177 (1969).

❺　597 P.2d 1223 (1979).

原告 Murrell 因送報員丟擲報紙致紗門破損，而質問 Goertz，雙方因此爭執，Murrell 打了 Goertz 一掌，Goertz 則回揍了一拳，致使 Murrell 受傷，甚至因此住院。Murrell 對 Goertz 及 Oklahoma Publishing 公司提起訴訟，主張後者係 Goertz 的僱主，故須負責。原審法院作成有利於 Oklahoma Publishing 公司的即席判決。上訴法院維持原判指出，本案中，Goertz 係受僱於另一名案外人 Westbrook，而 Westbrook 係 Oklahoma Publishing 公司的承包業者，Oklahoma Publishing 對 Westbrook 之人事僱用並無任何權利干預。是以 Goertz 與 Oklahoma Publishing 並無任何僱傭關係，充其量係承攬關係，故而 Oklahoma Publishing 毋須對 Goertz 之行為負責。惟，仍有諸多例外，例如，承包商係依照委任人之指示從事指定工作，導致侵權事故者，委任人須負代理責任。又如「不得移轉的責任」(non-delegable duty)，行為人不得以傷害係因承攬人之過失所致而免除責任。如：Maloney v. Rath❶⑨⑥乙案，原、被告發生交通事故，係因被告車子的煞車失靈所致。被告在事故發生前三個月，曾由 Evanchik 徹底檢查、維修過其煞車。原審法院以煞車失靈係 Evanchik 之過失所致，被告毋須就 Evanchik 之行為負責，故而判決被告勝訴。加州最高法院廢棄原判決指出，依加州法律，駕駛人必須確保煞車系統良好，此係「不得移轉的責任」，目的在確保受害人得到損害賠償。縱令駕駛人煞車失靈係因車廠或他人所致，駕駛人仍須負損害賠償責任。

第三款　產品責任

產品責任最早源自買賣契約的瑕疵擔保責任，首見於製造上的瑕疵，嗣衍生至設計的瑕疵及未盡警告義務。惟，主張此事由之受害人，須與被告間有契約關係 (privity) 存在。最具代表性者，為英國 Winterbottom v. Wright❶⑨⑦乙案，被告 Wright 係郵政馬車 (mail coach) 的製造暨維修商，他和郵政總長 Atkinson 訂約負責維護馬車的安全狀況。原告 Winterbottom 係馬

---

❶⑨⑥　69 Cal.2d 442, 445 P.2d 513 (1968).
❶⑨⑦　10 M. & W. 109, 152 Eng. Rep. 402 (1842).

車駕駛人，Winterbottom 在駕駛時，因馬車失修毀損而身受重傷。
Winterbottom 對 Wright 提起訴訟。法院判決被告 Wright 勝訴。理由為，原
告與被告間並無契約關係，故不得以 Wright 違反契約為由，要求 Wright 對
Winterbottom 負侵權行為責任。西元一九一六年 MacPherson v. Buick Motor
Co.❶❾❽乙案，法院開始有不同的見解。該案源於 Buick 汽車公司製造汽車，
將車子賣予零售商，再由零售商賣予原告 MacPherson。MacPherson 在駕駛
車子時，車子突然壞掉，他被拋出車外而受傷。後經證實，車子因其中一
個輪胎係由有瑕疵的木頭製造所致；而輪胎係由另一家公司製造，交由被
告 Buick 公司組裝成車子。原告對被告提起訴訟。原審法院判決原告勝訴，
紐約上訴法院維持原判。Cardozo 法官指出，依產品的性質，倘製造過程有
疏失，將導致人身安全受到威脅，則該產品屬危險的物品，製造者應能預
見其危險之結果。又若產品可能為買受人以外之人所使用，且其使用未經
重新測試，則無論有無契約，產品製造人均有責任謹慎製造其產品。危險
的可能性越高，謹慎的程度亦越高。

　　西元一九六三年 Greenman v. Yuba Power Products❶❾❾乙案，法院採嚴格
責任。任何人販售瑕疵產品，致對使用人或消費者造成不合理的危險時，
須對因此所發生的人身傷害及財產上的損害負賠償責任。其中，賣方須為
從事販售此類產品之人，且產品在銷售前並未經過重大變更。至於，賣方

---

❶❾❽　217 N.Y. 382, 111 N.E. 1050 (1916).

❶❾❾　59 Cal.2d 57, 377 P.2d 897 (1963). 此案原告 Greenman 的太太購買一部電力工
具送給原告作為聖誕禮物。該工具可從事鋸木、鑽孔、車床等多項用途。使用
約一年後，一次，Greenman 正在操作時，木頭突然自車床飛出擊中 Greenman
額頭，使其受到嚴重傷害。約十個半月後，Greenman 對零售商及製造商提起
告訴，主張違反瑕疵擔保責任及過失。原審法院認為零售商並無過失或違反明
示之瑕疵擔保責任，製造商亦未違反任何默示瑕疵擔保責任。是以，陪審團僅
就零售商有無違反默示擔保責任，製造商有無違反明示擔保責任及有無過失予
以審理。陪審團作成有利於原告的審判，法院據以為判決。加州最高法院維持
原判決，指出製造商因所製造的產品不安全致消費者受到傷害乙事，應負嚴格
責任。

似乎已盡所有可能的注意以銷售其產品，以及使用者或消費者與賣方有無任何契約的關係，均在所不問。

產品責任訴訟中，可能的被告包括整個商業供應層級，如：製造商、批發商、零售商，甚至，出租業 (commercial lessor)，二手貨出賣人均是。可能的原告則包括使用人、消費者，以及旁觀人士，甚至危險發生時的救助者。

第四款　工業事故

為彌補勞工於工業事故中所受傷害，而有其他救濟措施替代，或輔助侵權責任的損害賠償「勞工補償制」(Workers' Compensation) 便為首要例證。「勞工補償制」與侵權行為之損害賠償係勞工請求賠償時，得主張的救濟方式，惟，僅得擇一行使。

第五款　汽車無過失責任

汽車的行駛既被視為日常習慣，亦被視為「異常危險行為」。惟，早期均將交通事故列為過失之侵權行為，隨著部分州採行「強制責任險」(mandatory liability insurance)，而有「無過失責任」的適用。賠償範圍有一定的限制，如醫療費用等，甚至就不同的傷害訂定其上限，如肢體傷害、其他重大傷害等。

第二項　被告的抗辯

原告自願承擔危險，係嚴格責任中被告的有效抗辯。除此，「嚴格責任」於適用上，尚有若干限制，如，被告的行為與原告的傷害須有因果關係存在。原告的傷害係被告行為所可能造成的異常危險範圍 (within the extraordinary risk)。倘若被告係因天災 (act of God) 以致對原告造成傷害，則被告毋須負責。如：Foster v. Preston Mill Co.[200]乙案，被告 Preston Mill 操作一項爆炸的工程，其聲響使原告 Foster 飼養的母貂受到驚嚇而傷害到一

---

[200]　44 Wn.2d 440, 268 P.2d 645 (1954).

群小貂，導致後者死亡。Foster 因此對 Preston Mill 提起訴訟，訴因之一為「絕對責任」(absolute liability)。原審法院在無陪審團審判的情況下，逕自作成有利於原告的判決，賠償原告一千九百多元。被告上訴，華盛頓州最高法院廢棄原判決指出，爆炸一般所預見的危險，包括因爆炸而彈飛的瓦礫所致的傷害或損害，或因震動所直接造成的損害。本案中，因遠方的爆炸所致的些微的震動或聲響，造成母貂的過度驚嚇並傷害小貂致死的情事，並非爆炸行為所得預見的危險，亦非構成爆炸行為的高度危險。是以，本案不適用絕對責任。又如：Golden v. Amory ❷乙案，被告擁有一座水力發電廠，並且建造了一座圍堤。西元一九三八年九月二十一日，因颶風來襲，造成 Chicope River 倒灌，損壞了許多原告的房子。原告對被告提起訴訟，主張被告未經政府許可違建圍堤，以及被告未適當維護圍堤。法院判決被告勝訴，原告提起異議。麻州最高法院維持原判指出，本案的災害係因天災所致，並非任何人所得預見，更無從加諸被告就天災負責。

　　許多州亦採行「比較過失」，就原告本身的過失比例減少其應得的損害賠償 ❷。如：Andrade v. Shiers ❷乙案，原告 Andrade 住在他的女兒和女婿 Shiers 家中。Andrade 有多年和牛隻相處的經驗，深諳牛隻習性，他在 Shiers 的農場亦常與牛隻為伍。事故發生當時，Andrade 到草原上，看到甫出生兩小時的小牛躺在接近河岸的土地上，剛生完小牛的母牛就在近距離的地方，Andrade 顧及小牛可能會被沖上岸的河水淹沒，而將小牛抱起，此舉激怒一旁的母牛，Andrade 因此遭到母牛的攻擊而受傷。Andrade 對他的女婿 Shiers 及 Shiers 投保責任險的保險公司提起訴訟。原審法院判決兩名被告勝訴。Louisiana 上訴法院廢棄原審有利於 Shiers 的判決指出，依 Louisiana 州法律，人們飼養的動物傷害他人時，它的飼主須負「嚴格責任」。本案被告飼養的母牛並不具有潛在的危險性，牠已習慣與人相處，包括原告等。然而，剛生小牛的母牛則會對任何抱走小牛或接近小牛的人具有潛在或不

---

❷　329 Mass. 484, 109 N.E.2d 131 (1952).

❷　Schwartz et al., *supra* note 61, 710 n. 3.

❷　564 So. 2d 787 (1990).

合理的危險，即使該人係母牛所熟知者。是以，剛生小牛的母牛確係具有危險性。本案事實顯示原告本人確有過失，然而該過失不應使原告全然無法求償。本案原告的過失占百分之八十，是以，原告應仍得就全數損害賠償中的百分之二十求償。

第五節　擾　亂

擾亂 (nuisance) 可分妨害公共利益及私人利益，前者即「公害」(public nuisance)，後者為私人擾亂 (private nuisance)。

第一項　公　害

所謂公害，凡不當影響公眾利益者均是。下列行為均屬公害之行為：㈠侵犯公共利益，如公共衛生、公共安全、公共安寧，或公共便利；㈡法律命令或行政規則所禁止之行為；㈢行為人明知或可得而知其行為對公共利益造成重大影響，且其影響為持續性或永久性者。目前多數州已於州法律中明文規範公害。

得因公害提起訴訟者，主要為州政府或地方政府的官方當局。私人若擬提起訴訟要求損害賠償，須證明其所受損害異於受到公害之大眾的其他成員。

第二項　私人擾亂

所謂私人擾亂，係指行為人的行為，無論故意或過失，擾亂土地占有人對其不動產的使用與享用 (use and enjoyment)，例如震動、爆炸、穀物的破壞、河川的淹水、污染、臭氣、噪音……等等均是。

第六節　不實陳述

任何人為詐欺 (fraudulence) 的不實陳述 (misrepresentation)，須對他人因信賴其陳述所受損害負賠償責任。

「不實陳述」責任的成立，須行為人有盡合理注意之告知義務。原則

上，商業交易之當事人有告知義務。例如：㈠當事人間，行為人一方對他
方有忠實義務 (fiduciary duty) 或其他類似信賴關係；㈡行為人明知應告知
特定事項俾避免誤導事實；㈢行為人嗣後得知對方信賴其陳述而擬與其進
行交易；㈣不實陳述係交易的重要事實內容，對方信賴該不實陳述而擬與
行為人進行交易，依一般交易習慣或其他客觀情況，行為人應告知對方陳
述之不實。

第七節　毀　謗

　　茲就毀謗的態樣暨要件、西元一九六四年 New York Times Co. v.
Sullivan ❷ 案的影響，以及被告的抗辯分述如下。

第一項　態樣暨要件

　　毀謗 (defamation) 可分書面毀謗 (libel) 及口頭毀謗 (slander)。二者構成
要件如下：㈠公開 (publication)──指足以為第三人所知悉；㈡毀謗的事項；
㈢其內容可合理地推論與受害人有關；以及㈣以印刷、書寫文字或口頭言
語。口頭毀謗尚須具備第五個要件，即受害人的名譽因此受到傷害，此傷
害須與金錢上的損失有關，書面毀謗則無此要件。惟，毀謗內容為下列事
項者，口頭毀謗亦不須具備第四要件：(1)刑事犯罪 (criminal offense)；(2)令
人厭惡的疾病 (loathsome disease)；(3)不適任其工作、專業等 (incompatible
with his business, profession...)；(4)嚴重的不當性行為 (serious sexual
misconduct)。以上構成「當然毀謗」(slander per se)。

　　所謂公開，包括故意與過失；且須足以為第三人所知悉。多重的公開，
亦即，多次的公開；縱使內容相同，亦將以多重的毀謗計算行為人應負的
損害賠償責任。此為「各別公開法則」(each publication rule)。惟若僅發行
一次，數量雖為多數，仍以單次計算，例如，同一期刊物，發行數百本。

---

❷　376 U.S. 254, 84 S.Ct. 710, 11 L.Ed.2d 686 (1964).

第二項　New York Times Co. v. Sullivan 乙案的影響

西元一九六四年美國聯邦最高法院就媒體的新聞自由 (freedom of press) 及受害人的名譽保護，作了重要的判決，即 New York Times Co. v. Sullivan 乙案。該案中，Sullivan 係市府首長之一，負責警局及其他事務。時值民主意識萌芽。《紐約時報》刊登一則廣告，篇幅為一個版面，內容述及金恩博士所受到的不當待遇，學生遭到政府有關當局的種種粗暴行為等。文中多所提及執法人員的不當行為，Sullivan 以身兼警政事務，而認為文中內容諸多不實且影射其本人，故而提起本案。《紐約時報》主張依聯邦憲法第一暨第十四增修條文，各州亦應賦予人民第一增修條文之「新聞自由」。

聯邦最高法院作成有利於被告 New York Times 的判決，理由如下：㈠ Sullivan 為政府官員 (public officials)，與其所司事務有關者，自屬公共議題 (the issue of public matter) 之範疇。㈡任何公共議題均應開放予大眾討論，以達集思廣益之效。㈢公共事務的論辯，或將涉及部分不實的陳述，但這是民主社會所必須容忍。㈣媒體報導固應不得隨意刊登不實的內容，惟，在無故意或惡意 (malice) 的情況下，基於「新聞自由」的憲法基本人權，媒體毋須就其報導涉及毀謗內容而負責。㈤要求媒體就其非惡意所刊載之毀謗內容負責，將使媒體動輒得咎。

此案確立政府官員主張毀謗對他人提起訴訟時，應具備下列要件：㈠不實的陳述；㈡毀謗的內容；㈢由內容可合理推論係指受害人；㈣行為人明知或魯莽隨意地不予以查證，此即行為人有真實的惡意 (actual malice)，亦即行為人確實有毀謗的惡意。此判決嗣後亦適用於公眾人物 (public figure)。

New York Times 乙案的另一重要意義，在確立憲法第一增修條文之新聞自由亦可包含部分毀謗性的言論。

西元一九七四年 Gertz v. Robert Welch, Inc. ❷⓪❺乙案中，聯邦最高法院又再度審理前揭議題。該案中，Gertz 係代表受害人家屬的律師，受害人在一次逮捕過程遭警方擊斃，受害人的家屬遂委任 Gertz 對警方提起民事賠償

---

❷⓪❺　418 U.S. 323, 94 S.Ct. 2997, 41 L.Ed.2d 789 (1974).

訴訟。Robert Welch 係一家雜誌社，在前揭民事案件進行中，數次於雜誌上刊登文章攻訐 Gertz，並指稱 Gertz 係共產黨員，信奉列寧主義，故意藉訴訟打擊警方士氣等等。Gertz 以其內容不實且構成毀謗為由，對 Welch 提起訴訟。聯邦最高法院重申 New York Times 乙案的見解，並指出政府官員與公眾人物可輕易與媒體接觸，公開其言論等，同理，當遭受毀謗時，亦可輕易藉由媒體公開澄清。反之，私人 (private person) 則欠缺前揭機會。是以，New York Times 乙案「真實惡意」要件僅適用於政府官員及公眾人物。倘若毀謗的受害人為私人，則無「真實惡意」要件之適用，受害人僅須證明行為人有過失，以及毀謗造成實際上的損害 (actual damage)。本案中 Gertz 僅為地方上的律師，非屬公眾人物，毋須證明被告有「真實惡意」。

第三項　被告抗辯

被告得主張下列抗辯：㈠所陳述的內容為真實的 (truth)；㈡被害人的同意；㈢司法人員 (judicial officers)——如法官、陪審員在執行司法職務的過程所發表的言論，該言論須與司法職務有所關聯 (some relevancy)；㈣立法者——如國會議員，在其立法議程（包括國會議事及委員會）所為言論，無論是否與議事有關，均在免責範圍。

第八節　隱私權

隱私權 (right of privacy) 的侵害，是在二十世紀初始列入侵權行為的態樣。甚至，隱私權亦被視為聯邦憲法所保障的基本人權。

第一項　緣由與憲法保障的基本人權

不同於其他侵權行為訴因，隱私權並非普通法所承認的權利。Cooley 法官曾言「任何人有不受打擾的權利」(the right to be let alone)，此似乎僅觸及隱私權的部分內容。西元一八九〇年 Warren 與 Brandeis 所著的文章中[206]，倡議隱私權的重要性。該文章成為後來立法與司法的重要依據。

---

[206]　Samuel Warren & Louis Brandeis, *The Right to Privacy*, 4 Harv. L. Rev. 193 (1890).

　　首先採納「隱私權」者為紐約州。在 Manola v. Stevens ❼乙案，原告係一名舞臺劇女星，被告僱人拍攝她在舞臺上的照片，擬供做宣傳之用。Manola 提起訴訟聲請法院核發禁令。法院認同 Manola 對自己的特性、肖像的使用有控制的權利。此案發生在 Warren 及 Brandeis 撰寫前揭文章之前。在前揭文章發表後，有部分案例引用其見解，肯認隱私權的存在 ❽。惟，西元一九○二年 Roberson v. Rochester Folding Box Co. ❾乙案，法院持不同見解。該案涉及被告公司未經同意使用原告的照片促銷其麵粉。紐約法院否認隱私權存在於普通法中，並憂心一旦承認「隱私權」的存在，則日後將有無數案例湧進。法院指出，隱私權的承認，有待立法予以規範。果然，隔年，紐約州立法規定，在未得本人書面同意之前，不得擅用其姓名、肖像、照片等，於廣告或商業用途。西元一九○五年，Pavesich v. New England Life Insurance Co. ❿乙案，被告保險公司使用原告的姓名及照片，並附上一段見證的陳明，原告提起訴訟。法院引用 Warren 及 Brandeis 的文章，認可原告具有隱私權。一般將此案視為主要的隱私權案例。

　　揆諸聯邦憲法，無論是本文部分的七條條文，抑或二十七條增修條文，均未提及隱私權的保護，然而，隱私權為聯邦憲法保障的基本人權，卻是毋庸置疑。例如：聯邦憲法第一增修條文明定言論及新聞自由，其所護者須以合法為前提，故若涉及侵害他人隱私者，則不予保護。第三增修條文明定軍隊徵用民宅應遵守的程序，包括平時，應先得到屋主同意，及戰時須依法定程序等，此所保護者包括對民眾在住宅內不受干擾的權利。第四增修條文禁止不當搜索及扣押，包括對人與對物，其所保護者，包括任何人有不受不當騷擾的權利。第五增修條文有關保持緘默的權利，目的在保護人民可選擇不透露隱私的事項。第九增修條文明定第一至第八增修條文

---

❼　此案並無正式紀錄，係《紐約時報》所披露。New York Times, June 15, 18, 21 (1890)，轉引自 Keeton et al., *supra* note 1, 850 n. 10.

❽　請參閱 Keeton et al., *id.*

❾　171 N.Y. 538, 64 N.E. 442 (1902).

❿　122 Ga. 190, 50 S.E. 68 (1905).

非憲法所保障的僅有權利。是以，第九增修條文足以涵蓋隱私權的保護。

第二項　侵害隱私權的態樣暨要件

侵害隱私權的態樣有❷：㈠商業竊用 (commercial appropriation)；㈡不當入侵 (unreasonable intrusion or physical intrusion)；㈢私務的公開揭露 (public disclosure of private facts)；㈣揭露不實的事務 (false light)。

一、商業竊用

此係指基於個人商業目的的利益而竊用他人的姓名或肖像而言。凡此，均須負損害賠償責任。如 Pavesich 乙案。

二、不當入侵

行為人故意侵入他人隱密的處所 (solitude or seclusion)，此態樣不以公開為必要。如 Shulman v. Group W. Production❷乙案，原告 Ruth 及 Wayne 係一對於交通事故中受傷的母子，救護人員將他們利用直升機送到醫院救助。被告派一名攝影師全程拍攝，包括救護人員從車中救出卡在車內的 Ruth 的過程，Wayne 亦數次被拍攝到。空中護理人員 Carnahan 則配戴無線麥克風，因此，救護過程的所有對話均遭傳送錄製，包括與 Ruth 的對話。被告將影片及錄音剪輯於《急救現場》(On Scene: Emergency Response) 節目中傳送。Ruth 及 Wayne 對被告提起訴訟，主張隱私權受到侵害，其訴因分別為：㈠不當入侵，及㈡私務的公開揭露。法院認定第二項訴因不成立，理由為揭露的事務，該節目旨在以救護人員 Carnahan 為主軸，說明現場急救的重要性，具新聞價值，且與公共議題有關，再者，事件係發生於公共場合，故而不構成「私務的公開揭露」。至於「不當入侵」之訴因，法院則認定本案成立對 Ruth 的「不當入侵」。法院指出，急救過程一如一般醫療行為，患者均期待其與醫療人員的對話受到隱私權的保護。被告在未告知 Ruth 並取得其同意的情況下，藉由 Carnahan 的無線麥克風錄得談話內容，

---

❷　Keeton et al., *supra* note 1, 851～866.

❷　18 Cal.4th 200, 955 P.2d 469 (1998).

顯然侵害 Ruth 的隱私權，故而「不當入侵」可予成立❷。

三、私務的公開揭露

此態樣的構成要件有四❷：㈠揭露是公開的；㈡揭露內容係有關他人的私人事務；㈢就合理之人（一般人，reasonable person）而言，該事務具高度冒犯的性質；以及㈣事務內容對公眾並無適當的關聯。

縱令揭露的事務是真實的，亦構成隱私權的侵害。被告就此類行為可主張下列抗辯：㈠具有新聞價值 (newsworthy)；㈡可於公開的紀錄 (public record) 中取得者；㈢有關過去的名人 (celebrities) 及公眾人物或政府官員者。如 Shulman 案及 Cox Broadcasting Corp. v. Cohn❷案。Cohn 案中，原告 Cohn 的女兒遭強暴並死亡。依喬治亞州法律，公布強暴案件受害者的姓名，構成刑法上的輕罪 (misdemeanor)。被告記者於起訴文件（此係公開的文件）上看到受害者姓名，而於廣播媒體上數次引用 Cohn 的女兒姓名。Cohn 因此對被告提起訴訟，指出被告的行為使得自己身為受害者家屬的身分曝光。喬治亞州法院作成有利於原告的判決，被告上訴至聯邦最高法院，法院廢棄原判決指出，報導一件公開的事實，不構成隱私權的侵害。本案中被告記者，自訴訟程序中公開的文件所取得的資料，基於聯邦憲法第一暨第十四增修條文保障新聞自由的權利，足以阻卻喬治亞州法律有關公布強暴案受害者之刑責規定的適用。

四、揭露不實的事務

此態樣之要件有三：㈠有關他人不實事務的揭露；㈡就一般人而言，該事務具高度冒犯性質；以及㈢行為人明知或魯莽隨意不理會其不實對受

---

❷　另案 Sanders v. ABC 中，被告 ABC 廣播公司派 Lescht 前往 PMG 公司調查遠距心媒 (telepsychic) 的市場狀況。Lescht 偽裝成遠距心媒，於 PMG 公司謀得職位，Lescht 利用工作場合，以隱藏式攝影拍錄她和其他遠距心媒的談話。談話對象包括本案原告 Sanders。原告提起告訴，主張隱私權受到侵害。加州最高法院廢棄原上訴法院有利於被告的判決，指出，縱令係公開場合，非私下的談話，談話人亦期待其談話內容不致遭竊聽錄音。20 Cal.4th 907, 978 P.2d 67 (1999).

❷　Restatement (Second) of Torts § 652 D.

❷　420 U.S. 469, 95 S.Ct. 1029, 43 L.Ed.2d 328 (1975).

害人隱私權的傷害。

聯邦最高法院首次於 Times, Inc. v. Hill❷⓰乙案中，審理有關 False light 的案例。Hill 案中，原告 Hill 一家（夫婦及四名小孩）於西元一九五二年遭到數名逃犯入侵，被押做人質，但最後得以安全脫困，並未受到任何傷害，Hill 一家因此搬離原住處。西元一九五三年，一位作家寫一本小說名為《絕望時刻》(Desperate Hours)，描述一對夫婦及四名子女遭逃犯押做人質，以及其間歹徒對他們所施的種種傷害。該小說並於百老匯以戲劇演出。被雜誌直指該小說及戲劇，係描述當年 Hill 一家所遭遇的事故，並登載自 Hill 的舊址拍攝的照片。Hill 對被告提起告訴，主張 false light。紐約州法院雖駁回懲罰性損害賠償，但仍判決被告應負補償性賠償予原告。被告上訴至聯邦最高法院。聯邦最高法院廢棄州法院判決指出，基於保護憲法第一增修條文之新聞自由，原告須證明行為人明知所揭露之事務為不實，或魯莽隨意不理會其不實之性質。另案 Cantrell v. Forest City Publishing Co.❷⓱，原告 Cantrell 的先生 Melvin 和其他四十三人，於西元一九六七年十二月，因俄亥俄河上的銀橋 (Silver Bridge) 斷裂而死亡。被告記者 Eszterhas 負責報導該事件並以 Melvin 為主，包括他的葬禮及他的死亡對家人的影響。五個月後，Eszterhas 與攝影師 Conway 又到出事地點進行追蹤報導。他們到 Cantrell 家，Cantrell 太太不在，被告和 Cantrell 的數名子女交談約六十至九十分鐘，Conway 拍了約五張照片。被告報社登載 Eszterhas 的追蹤報導，內容提及 Cantrell 家髒亂、貧困、小孩衣著破舊，以此舉例說明受難家屬的生活情境。報導中並提到 Cantrell 太太仍一副面無表情的驕傲態度，並表示雖有人願提供幫助，但她拒絕接受。報導中包括 Cantrell 家及 Cantrell 太太的有關描述，均屬不實，事實上，Cantrell 太太並不在家。Cantrell 太太和四名子女向聯邦地院對被告報社、記者提起告訴，主張 false light。法院駁回懲罰性賠償及三名較年幼子女的訴訟，保留 Cantrell 太太及長子部分，交由陪審團進行審理。陪審團作成有利於原告母子的審判。上

---

❷⓰ 385 U.S. 374, 87 S.Ct. 534, 17 L.Ed.2d 456 (1967).

❷⓱ 419 U.S. 245, 95 S.Ct. 465, 42 L.Ed.2d 419 (1974).

訴法院則以基於憲法第一暨第十四增修條文，原審法院應作成有利於被告之指示審判，而廢棄原判決。聯邦最高法院廢棄聯邦上訴法院判決，並指示確定聯邦地院之判決。最高法院指出，被告記者明知其對 Cantrell 的報導有誤仍舊為之，而被告報社基於僱主責任，自應對記者的行為負責。

第九節　侵權救濟

一如契約法，侵權行為法賦予受害人民事救濟的權利，侵權行為法旨在補償受害人所受傷害或損失，其補償方式自以損害賠償 (damages) 為首要救濟方式。損害賠償因其是否意在補償受害人傷害或損失而分㈠補償性損害賠償，及㈡非補償性損害賠償；後者又可分名義上損害賠償及懲罰性損害賠償。

再者，基於衡平原則，為中止行為人的加害行為，亦時而賦予受害人排除侵權行為之救濟方式，此即衡平救濟。

侵權訴訟得否不受當事人一造死亡的影響而繼續進行，以及死者家屬得否對行為人提起訴訟等，亦為侵權救濟的重要議題，即「遺留訴訟」(survival action) 及「不當致死訴訟」(wrongful death action)。

本節以損害賠償為主，依序介紹㈠補償性損害賠償，㈡非補償性損害賠償，以及㈢「遺留訴訟」暨「不當致死訴訟」。

第一項　補償性損害賠償

補償性損害賠償，旨在以金錢衡量受害人所受傷害或損害，藉由金錢的給付，使受害人回復至侵權行為未發生前的狀況 (to restore the injured to the position he was in before the tort occurred)。是以，受害人須舉證證明其所受的人身傷害或財產損害。

在人身傷害 (personal injuries) 案例中，受害人得要求下列損害賠償：㈠經濟上的損失 (economic losses)，如(1)醫療費用 (medical expenses)，包括住院費用、醫師、心理醫生、復健、藥物，甚至輪椅等均是，同時包括過去的費用 (past medical expenses) ❷ 及未來的費用 (future medical expenses)❷⓲。⑵薪資的損失 (wages loss)，以受害人現有薪資為估算，然而，倘受害人並未就業，此部分的認定則較困難。⑶未來工作能力的喪失或受損 (loss or impairment of future earning capacity)，指受害人永遠地喪失或減損其工作能力❷⓴。㈡非經濟上的損失 (non-economic loss)，如：⑴身體的傷痛 (physical pain & suffering)，此包括過去與未來。⑵精神上的痛苦 (mental pain & suffering)，此亦包括過去與未來。

　　西元一九七四年 Anderson v. Sears, Roebuck & Co.❷㉑乙案適足以為前揭損害賠償之說明。Anderson 案中，原告 Helen 係一名小女孩，她家的房子因電暖器故障致燒毀，Helen 於火災中身受重傷。火災原因係因電暖器製造不當所致。原告遂對製造商 Sears 及控管公司 (Controls Company of America) 提起訴訟。陪審團作成有利於原告的審判，賠償金額兩百萬美元，被告提出聲請要求減少賠償金額。法官就 Helen 所受的傷害，一一分析後，認定兩百萬美金係合理的賠償：㈠過去的身體暨精神痛苦——Helen 全身百分之四十灼傷，頭皮有百分之八十的部分受到三度灼傷，其他全身約二至三度灼傷。她歷經數次重大手術，進行植皮等。過程中引發其他病症、感染，Helen 常做惡夢、尿床、不願獨自睡覺，並有語言障礙。專家證人指出，Helen 所歷經的手術，對一名小女孩而言，確是殘酷的，該些經歷造成小女孩精神上的痛苦及心智成長的遲緩。據此，六十萬美元的賠償應屬合理。㈡未來的身體暨精神痛苦——Helen 肢體因疤痕導致黏合在一起而無法行動，未來在她成長的過程中，須進行約二十七次手術來改善她的情況，又須隨時注意防止任何感染或引發癌症。至於頭皮部分，幾已無從改善，因此，灼傷部分無法長出毛髮。以 Helen 可能仍有的壽命（七十五歲）中，她將須永遠承受別人異樣的眼光、排斥以及無知的詢問。是以，此部分為

---

❷⓲　此須於審判當中檢具單據證明。

❷⓳　此須由專家證人 (expert witnesses) 證明其有此預期的需要，以及可能的花費。

❷⓴　此須經由專家證人證明受害人確係喪失或減損其工作能力，多數州亦慮及物價波動，而將其列入核算損害賠償的考量因素。

❷㉑　377 F.Supp. 136 (1974).

七十五萬美元亦屬合理。㈢未來醫療費用——Helen 有生之年須接受外科醫生、心理醫生等的治療，如前所言，須進行約二十七次手術，是以，二十五萬美元應屬合理。㈣工作能力的喪失——Helen 在身體及精神上已喪失能力，致使完全喪失工作能力，不僅因身體上已無能力，精神方面亦不允許另加諸其任何壓力，如工作等。以三十三萬美元賠償其未來損失應屬合理。㈤永久性喪失能力及毀容——法院列出十二項 Helen 所遭受的能力喪失暨毀容事項，包括永久性的疤痕、語言障礙、肢體障礙，對教育、活動、社交生活的永久傷害、灼傷部分的皮膚對氣候及梳洗的敏感等等，凡此，陪審團應有權訂其損害賠償為一百一十萬美元。法院總計前揭最高賠償額度後，指出陪審團之訂損害賠償為二百萬美元，係為合理之審判。

　　財產的損害，則以財產的價值為論斷。以動產而言，倘財產本身全部毀損，或經強占，其損害賠償為侵權行為當時及地點，該財產之全部價值 (entire value at the time and place of the tort)。倘財產僅受到破壞，但未全然毀損，則其損害賠償為該財產於損壞前後之價值的差異。倘占有人係於有限時間內，無法使用或占有其物，則損害賠償為受害人占有或使用其物的經濟價值。

　　原則上，財產的價值，以侵權行為地的市場價值 (market price) 為考量，倘該地無此物之市場，則以最近之市場估算並加諸運費[222]。所謂市場價值，須以受害人購買該物所需價金為斷，而非以該物販售時的價金為斷，是以，應以該物可能的最高額度為損害賠償額度[223]。

　　有些財產並無法以市場價值估算，例如世代家傳物品，或對受害人本身有特殊意義的物品，此時，市場價值難以反映受害人所受損失。是以，

---

[222]　Schwartz et al., *supra* note 61, at 547～548.

[223]　Schwartz et al., *supra* note 61, at 547. 許多法院亦遵循紐約州的規則，所謂的「最高替代價值」(highest replacement value)，意指侵權行為發生後至原告自市場購得替代物品期間，該物的最高價值，以此作為損害賠償。該期間係指原告知悉該侵權行為 (at the time plaintiff learns of it) 後至購得替代物品的合理期間 (reasonable time)。Schwartz et al., *supra* note 61, at 548.

除一般價值，使用的價值，及物品的狀況外，須考量「個人價值」(personal value)，亦即，該物對受害人的特殊意義等❷❷④。

第二項 非補償性損害賠償

非補償性損害賠償可分名義上損害賠償及懲罰性損害賠償。名義上損害賠償僅予原告受害人微量的金額，適用於侵權行為成立，但受害人未能證明其所受傷害或損害，或受害人並未受到任何傷害或損害，甚且，受害人因系爭侵權行為而蒙受利益者。名義上損害賠償旨在維護原告的權利，禁止被告予以剝奪❷❷⑤。

懲罰性損害賠償係除補償性損害賠償外，另給予受害人之賠償，其目的在懲罰行為人，並藉以遏止被告或其他人再為類似之行為。此制度源於英國喬治三世的年代，於政府官員濫用其權力的案例中採行。目前為美國侵權行為法所採行；無論故意或過失之侵權行為，抑或嚴格責任案例中，均適用之❷❷⑥。

懲罰性損害賠償的額度迭有爭議，其性質上並非原告的權利，而係額外之財 (windfall)。陪審團有裁量權決定是否給予懲罰性損害賠償，實務上常有懲罰性損害賠償額度過高的爭議。如 BMW of North American, Inc. v. Gore❷❷⑦乙案中，BMW 公司有一項政策，倘未出廠的新車，因瑕疵而需修繕，修繕費用為該部車零售價格的百分之三以上，則將存放一段時間後，當做二手車銷售；若修繕費用在原售價百分之三以下，則修繕後，仍以新車販售，且不知會經銷商等。本案原告 Gore 於西元一九九〇年以四萬多美元購買一部 BMW 黑色跑車，九個月後，Gore 將車子送到一家汽車工廠，擬將車子表面加以處理，使更加奪目耀眼。工廠老闆此時發現車子曾經重新烤漆過，Gore 此時方知該車從德國運到美國途中，曾因遇到酸雨而受損。Gore

---

❷❷④　Schwartz et al., *supra* note 61, at 548～549.

❷❷⑤　我國民法有關侵權行為，則以原告確實受有傷害或損害為構成要件之一。

❷❷⑥　請參閱 Schwartz et al., *supra* note 61, at 554.

❷❷⑦　517 U.S. 559, 116 S.Ct. 1589, 134 L.Ed.2d 809 (1996).

因感受騙，而對 BMW 提起訴訟。Gore 主張重新烤漆過的車子，價值不如未再加工的車子，其差距約四千美元；Gore 並主張 BMW 自西元一九八三年以來已有九百八十三部再加工的車子以新車出售，遂而要求補償性損害賠償及懲罰性損害賠償。原審陪審團判決 Gore 勝訴，並予其四千美元補償性損害賠償及四百萬美元懲罰性損害賠償。阿拉巴馬州最高法院將懲罰性損害賠償減少為二百萬美元。BMW 以該判決違反美國聯邦憲法第十四增修條文為由，向聯邦最高法院提起上訴。聯邦最高法院以五比四票廢棄原判決指出，第十四增修條文之「正當程序條款」(Due Process Clause) 禁止州對侵權行為人加諸過當的處罰 ("grossly excessive" punishment)，懲罰性損害賠償應視被告行為的惡性而定。例如：涉及暴力或暴力脅迫的罪行，重於非暴力的罪行；詐欺的行為較過失的行為，更應予以譴責。本案 BMW 公司的行為，係未說明汽車曾經重新烤漆，其嚴重性不如故意的詐欺。再者，就 Gore 而言，汽車並無任何安全上的問題，僅係減少部分價值，州政府固然有權利保護其州內的消費者；然而，本案涉及 BMW 全國性的政策，此舉將干預州際商業行為，逾越其權限。本案兩百萬美元懲罰性損害賠償，確已逾越聯邦憲法的限制 (constitutional limits)，宜由州法院重新定奪❷❷❽。本案的重要性在於就懲罰性損害賠償是否過當，確立一項認定標準：㈠被告不當行為應受責難的程度 (the degree of reprehensibility of the defendant's misconduct)；㈡原告所受實際或潛在的傷害與懲罰性損害賠償額度的懸殊 (the disparity between the actual or potential harm suffered by the plaintiff and punitive damages award)；以及㈢懲罰性損害賠償與類似案件中民事懲罰的差異 (the difference between the punitive damages awarded by the jury and the civil penalties authorized or imposed in comparable cases)❷❷❾。

　　西元二〇〇三年四月，聯邦最高法院於 State Farm Mutual Automobile Insurance Co. v. Campbell❷❸⓿乙案中，亦引用 Gore 案中之標準。State Farm 乙

---

❷❷❽　嗣經阿拉巴馬州最高法院裁定二百萬美元確實過當，而減少為五萬美元，Gore 亦接受。701 So. 2d 507 (Ala. 1997).

❷❷❾　此處民事懲罰係指由法律明定的罰款，與我國行政法規中的罰鍰類似。

案，原告 Campbell 向 State Farm 投保汽車險。西元一九八一年，Campbell
和妻子在駕車途中發生連環車禍，其中一名駕駛死亡，另一名受到永久性
傷害，而 Campbell 夫婦毫髮無傷。在車禍的訴訟中，其他當事人希望以五
萬美元和解，但 State Farm 拒絕和解。Campbell 雖堅稱自己並無過失，但
調查結果，認定肇事原因為 Campbell 擬超車所致。陪審團作成不利於
Campbell 的審判，令其負擔十八萬五千多美元的賠償。State Farm 原先拒
絕支付超過保險金的額度（即十八萬五千多美元），惟，嗣後仍全額支付。
其間，車禍案件中之另兩名當事人與 Campbell 達成協議，前者不向
Campbell 求償，但 Campbell 允諾對 State Farm 依惡意提起訴訟，倘勝訴，
求償所得的百分之九十歸前者二人所有。Campbell 遂以惡意、詐欺、精神
傷害為由對 State Farm 提起訴訟。審判期間，Campbell 提出多項證據，包
括㈠ State Farm 的職員故意修改紀錄，使 Campbell 的責任性減少。㈡ State
Farm 採行的政策為拒絕和解，以減少其支付保險金的額度；在他州亦如此。
以及㈢ State Farm 先前告訴 Campbell 不用擔心財產會因車禍訴訟受到波
及，在該案判決後，State Farm 又告訴 Campbell 想辦法將房子賣掉。原審
法院陪審團作成有利於原告的審判，包括兩千六百萬補償性損害賠償，及
一億四千五百萬美元的懲罰性損害賠償。法院將金額各別減為一百萬及兩
千五百萬，猶他州最高法院則又採用陪審團有關懲罰性損害賠償額度。聯
邦最高法院引用 Gore 案的見解，指出本案懲罰性損害賠償實屬過當，違反
聯邦憲法第十四增修條文，而依猶他州法律，對保險公司系爭行為的民事
懲罰，約為一千美元的罰金。又本案中，以他州證據證明被告公司於他州
亦有類似不當行為，以凸顯其可責性乙節，實屬不當。故而廢棄原判決，
由猶他州法院另為適當之賠償額度 ❷❸❶。

---

❷❸⓪　538 U.S. 408, 123 S.Ct. 1513, 155 L.Ed.2d. 585.

❷❸❶　猶他州最高法院最後仍賦予原告九百多萬元的懲罰性損害賠償。與補償性損害
　　　賠償的比例為 9：1。Campbell v. State Farm Mutual Automobile Ins. Co. 2004
　　　UT. 34, 98 P.3d 409 (2004). 聯邦最高法院於 Ford Motor Co. v. Estate of Tommy
　　　Smith (538 U.S. 1028, 123 S.Ct. 2072, 155 L.Ed.2d 1056 (2003)) 及 Ford Motor

第三項　遺留訴訟暨不當致死訴訟

西元一八〇八年，英國法官 Ellenborough 於 Baker v. Bolton ❷乙案中寫道：「在民事法庭中，死亡不得視為傷害以為告訴。」

英國普通法對於人身傷害案例中一造的死亡，訂有下列嚴苛的規則：㈠倘侵權行為人於受害人尚未求償前死亡，受害人提起訴訟的權利一併消滅。㈡倘受害人於求償前死亡，其求償的權利亦一併消滅。㈢倘侵權行為人致受害人於死，受害人之家屬及依賴其維生之人，不得以其精神上或經濟上的損失要求賠償。然而，前揭㈠㈡規則並不適用於契約法及部分侵權行為案件，如強占、動產侵害等；迄今，其已為「遺留訴訟」所取代，亦即，訴訟中任何一造的死亡，均不致影響訴訟的進行。至於規則㈢，亦為「不當致死訴訟」所取代，令死者的家屬等得以死者的死亡對其造成的傷痛或損失，對侵權行為人提起訴訟。目前，美國境內多數州均訂有法規，規範遺留訴訟暨不當致死訴訟。

第一款　遺留訴訟

遺留訴訟，係死者生前即得以主張的訴因 (cause of action)，只是死者未能及時提起訴訟，便已死亡。遺留訴訟中，任何一造得主張之事由及抗辯，均與死者自行進行訴訟同。惟，倘死者係受害人，得主張之賠償，主要為薪資的損失（指死者受傷後至死亡之前）、醫藥費及死者身體暨精神的傷痛。然而，傷痛的部分，對非受害人之原告而言，確係一項「意外之財」，是以，部分的州明文排除此部分的求償❷。

Murphy v. Martin Oil Co. ❷乙案，原告的先生到被告的加油站加油，由

Co. v. Rome (538 U.S. 1028, 123 S.Ct. 2072, 155 L.Ed.2d 1056 (2003)) 亦維持對懲罰性損害賠償的限制，重申 State Farm 案的見解。

❷　1 Camp. 493, 170 Eng. Rep. 1033 (1808).

❷　Keeton et al., *supra* note 1, at 942～943.

❷　56 Ill.2d 423, 308 N.E.2d 583 (1974).

於被告的過失導致加油站失火，原告的先生因此受傷，九天後不治死亡。原告以遺產管理人的身分以及四名子女的法定代理人身分提起訴訟。原告各別主張「不當致死」之訴，以及針對死者生前有意識的痛苦 (conscious pain & suffering)、薪資的損失暨財產損害之賠償之訴。下級法院駁回原告的第二項主張。上訴法院確定下級法院有關「痛苦」部分之訴的駁回。原告暨被告各別上訴。伊利諾州 (Illinois) 最高法院廢棄上訴法院有關「確定駁回『痛苦』之訴」的判決，而確定有關「廢棄駁回第一項其他部分之訴」的判決。換言之，法院認定原告有權就州遺留訴訟法 (Survival Act) 主張「遺留訴訟」，包括薪資損失、財產損害以及死者有意識的痛苦。法院引用 Prosser 教授於其著作中的論點指出，死者自受傷後至死亡前的有意識的痛苦、費用，及薪資的損失，均屬於「遺留訴訟」的範圍。而死者家屬等，因死者的死亡所受到的利益的損失 (loss of benefits)，則屬「不當致死訴訟」的範圍。再者，有關有意識的痛苦，係許多州所採行。基於公平的考量，權衡受害人整體的權益，及行為人對其行為應負的全部責任，損害賠償應包括不當致死，及死者生前的傷害暨損害❷³⁵。

第二款　不當致死訴訟

「不當致死訴訟」，係美國各州均立法採行者，其得求償的項目，包括喪葬費、失去親人所致的傷痛、失去親屬關愛或配偶權 (loss of consortium)、失去經濟資助等均是。至於得提起「不當致死訴訟」者，有父母、配偶、子女，至於其他親屬，倘渠等得以證明係賴死者之經濟資助維生，亦可。倘子女與死者係繼父母與繼子女之關係，未經收養者 (adopted)，原則上，

---

❷³⁵ Illinois 最高法院並指明，Holton v. Daly (106 Ill. 131 (1882)) 乙案之判決，及所有依據該判決所為的案例，均予廢棄，不再適用。按 Holton 案之判決，係確立「不當致死之訴係所有因不當行為致死的唯一救濟」；而遺留之訴僅適用於其訴因非致受害人死亡之因素，亦即，倘受害人所受傷害及其致死的原因，係源於同一不當行為，則其家屬等只得主張「不當致死之訴」，而不得主張「遺留之訴」。

不得提起前揭訴訟，除非法律明定之❷❸❻。

西元一九六八年以前，多數法院均否定非婚生子女得提起前揭訴訟的權利。嗣經聯邦最高法院於 Levy v. Louisiana❷❸❼乙案中認定，路易斯安那州 (Louisiana)「不當致死法」(Wrongful Death Statute) 不准非婚生子女依該法求償的規定，違反美國聯邦憲法第十四增修條文之平等保護條款。該案中，受害人因被告醫生的疏失而死亡，遺產管理人為受害人的五名非婚生子女 (illegitimate children) 提起不當致死訴訟及遺留訴訟（就受害人死亡前所受的痛苦部分）。Louisiana 州法院以 Louisiana 法律明定提起不當致死訴訟的「子女」須為「婚生子女」(legitimate children) 為由，駁回「不當致死之訴」。本案經州上訴法院暨最高法院確定。原告上訴至聯邦最高法院，聯邦最高法院廢棄州法院判決指出：本案中死者與五名非婚生子女的關係，一如一般父母與婚生子女的關係。所謂「非婚生子女」亦當然屬於憲法第十四增修條文所保障的「人」，Louisiana 法律係基於道德因素，促使人們在婚姻關係下生育子女，然而，其結果卻是懲罰無辜的子女。子女失去母親的傷痛，並不因其為婚生或非婚生子女而異，在平等保護原則之下，更不應因其係非婚生子女而不得求償，使侵權行為人免除其賠償之責。非婚生子女既須如一般公民負擔義務，如納稅等，其憲法上應享有的權利自不得予以剝奪。同年，聯邦最高法院亦於 Glona v. American Guarantee & Liability Insurance Co.❷❸❽乙案中，認定 Louisiana 不准母親對非婚生子女的死亡提起訴訟之規定違憲。該案涉及母親因自己的非婚生兒子死亡，提起「不當致死之訴」，遭 Louisiana 州法院駁回，理由為州法律不允許因非婚生子女死亡提起不當致死之訴。此案經州上訴法院維持原判決，而上訴至聯邦最高法院。聯邦最高法院廢棄原判決，法院列舉 Louisiana 法律的不一致，如，婦人得因同居人死亡提起不當致死之訴，已婚婦女所生的非婚生子女亦視同婚生子女，倘非婚生子女因工作致死，依賴死者為生的母親得依「勞工補償法」

---

❷❸❻　請參閱 Schwartz et al., *supra* note 61, at 572 n. 9.

❷❸❼　391 U.S. 68, 88 S.Ct. 1509, 20 L.Ed.2d 436 (1968).

❷❸❽　391 U.S. 73, 88 S.Ct. 1515, 20 L.Ed.2d 441 (1968).

(Workmen's Compensation Act) 求償。進而指出，沒有人會為了就非婚生子女的死亡求償，而生下非婚生子女，法律更不應以死者是否為婚生子女，決定得否成立「不當致死之訴」。是以，州法律顯然違反聯邦憲法第十四增修條文之「平等保護」原則。至於生身父親對非婚生子女有無同等權利，則於各州有不同規範。部分州規定，父親必須認知 (acknowledge) 其非婚生子女，或經由法院裁定者方可。華盛頓州 (Washington) 法律原規定，父親須證明其於非婚生子女生前曾定期給予經濟資助，然 Washington 最高法院認定，前揭舉證之規定違反 Washington 州憲法之「平等保護」增修條文，因該法並未加諸母親同等的舉證責任。

第四章　民事訴訟程序

「避免訴訟，儘可能說服你的鄰人進行和解，讓他們瞭解，名義上的贏家，因著律師費、其他費用或時間的耗費，卻往往是輸家。」此為美國林肯總統對法學院學生的建議❶。此語道出訴訟程序的繁瑣，曠日費時，遑論各項訴訟費用等金錢上的損失。

聯邦與州司法體系各有一套民事訴訟程序，聯邦民事訴訟規則(Federal Rules of Civil Procedure，以下簡稱 "FRCP")，係由聯邦國會授權聯邦最高法院制定，該法亦成為各州制定民事訴訟法的重要範本。本章主要依聯邦民事訴訟規則介紹美國之民事訴訟程序。

民事訴訟的提起與進行，主要可分下列步驟：㈠選擇管轄法院 (choice of forum)；㈡提起訴訟 (commencing the action)；㈢答辯及「駁回原告之訴」之聲請；㈣暫時性救濟 (provisional remedies)；㈤審判前的發現證據 (discovering or obtaining information prior to trial)；㈥審理案件之人的選擇 (selection of decision makers)；㈦不需審判的判決；㈧審判前的會議 (pretrial conference)；㈨審判 (the trial)、判決暨上訴。

第一節　選擇管轄法院

原告須在有管轄權的法院提起訴訟，是以，首應確定有管轄權的法院為何。法院受理案件須對訴訟標的 (subject matter)（即「事務管轄權」，"subject matter jurisdiction"）及當事人均有管轄權（即「對人管轄權」，"personal jurisdiction"）始可。倘具有管轄權的法院為多數時，原告的律師必須考量何者較有利於其當事人的訴訟，如法律的適用、訴訟程序的便利性等，此即為所謂的「法庭選擇」(forum shopping)。

第一項　事務管轄權

無論聯邦法院或州法院，對於所受理的案件均須有事務管轄權。以聯

---

❶　1 Edward Kemp, Abraham Lincoln's Philosophy of Common Sense 346 (1965), *quoted in* James Calvi & Susan Coleman, American Law and Legal Systems 75 (5th ed. 2004).

邦法院為例，其具有事務管轄權之事由如下：㈠爭訟涉及聯邦憲法、國際協定、聯邦法規，及聯邦普通法者；以及㈡涉及不同州民的爭訟，且訴訟金額逾七萬五千美金者❷。

州法院就前揭事由，與聯邦法院具有共同管轄權 (concurrent jurisdiction)；除此，州法院就涉及州憲法、州法規等爭訟亦有事務管轄權。

聯邦法院就特定事由具有「專屬管轄權」(exclusive jurisdiction)，如：㈠破產程序 (bankruptcy proceeding)；㈡專利案件；㈢著作權案件；㈣海事案件等。

聯邦或州亦可能設立特別法庭處理特定事由，例如：聯邦請求法院 (court of claims) 審理以聯邦政府為被告，請求損害賠償的案件；州家事法庭 (family court) 審理家事糾紛，州查證遺囑法院 (probate court) 審理有關遺囑的爭議……等等。此時，僅特別法院就前揭所司事項具有管轄權。

第二項　對人的管轄權

法院必須對當事人有管轄權，原則上，該法院須為被告可能出庭的地點，如：被告居住的地點或可被尋獲的地點，倘訴訟標的涉及不動產，亦可以被告不動產所在地視為對被告有管轄權。

西元一九四五年，聯邦最高法院於 International Shoe Co. v. Washington❸乙案中，以「最低接觸」(minimum contacts) 認定州政府對被告具有管轄權，亦即所謂「長臂法則」(long-arm statute)。該案中，International Shoe 係一家於德拉瓦州 (Delaware) 設立的公司，總公司設於密蘇里州 (Missouri)，從事製造、銷售皮鞋。西元一九三七年至一九四○年間，International Shoe 僱用了十一名至十三名推銷員在華盛頓州 (Washington) 促銷生意。他們散發樣品，而由顧客直接向總公司訂貨，貨款則於運貨地點支付。International Shoe 並未於華盛頓州從事下列行為：㈠設立辦事處；㈡

---

❷　28 U.S.C. § 1332 (a). 已於美國取得永久居留權者，亦視其為住所所在地之公民。*Id.*

❸　326 U.S. 310, 66 S.Ct. 154, 90 L.Ed. 95 (1945).

進行交易;㈢設立倉庫; 或㈣州內的運送。位於 Missouri 公司的經理人員負責監督該些推銷員，並依銷售情況支付佣金 (commissions)。華盛頓州有一項立法，規定僱主須依受僱人薪資的一定比例提撥金額，作為失業補償金。有關單位的局長得核發命令暨通知予未依法提撥的業者，通知方式可採境內直接送達 (personal service) 及境外掛號郵遞。本案中，局長將命令暨通知，直接送達境內的推銷員，並另以掛號寄一份複本予位於 Missouri 的 International Shoe。International Shoe 主張，基於下列理由，華盛頓州失業救濟局 (Office of Unemployment) 的處分，應予撤銷: ㈠對推銷員的送達，不等同於對 International Shoe 的送達;㈡ International Shoe 並未授權該些推銷員收受傳票; ㈢ International Shoe 並非華盛頓州的公司，亦未在該州內從事商業活動; ㈣該公司並非系爭法律所規定的「僱主」。該局以及州上訴法院暨最高法院，均認定州有權令 International Shoe 支付未依法繳納的失業補償金。International Shoe 上訴至聯邦最高法院。聯邦最高法院以 International Shoe 與華盛頓州仍有「最低接觸」，認定州政府對 International Shoe 具有對人的管轄權，故而有權向其徵收失業救濟基金;並未違反聯邦憲法第十四增修條文之「正當程序條款」(Due Process Clause)。

　　對人管轄權又分為一般管轄權 (general jurisdiction) 與特定管轄權 (specific jurisdiction)，當自然人住在該州，或在該州境內收受傳票，即視為該州對其有一般管轄權。至於公司，則以公司在該州境內設有主要營業據點，或從事具體且持續的營業，構成該州對其有一般管轄權。至於州基於長臂法則對居住他州居民具有管轄權者，為「特定管轄權」。法院雖仍採 International Shoe 乙案所確定之「最低接觸」的「長臂法則」;惟，於適用要件上予以限縮。如，所謂「接觸」，必須為「自願」(voluntary)，且意圖為之者; 其認定的標準應符合公平正義 (fairness & justice)。如: Worldwide Volkswagen Corp. v. Woodson❹乙案中，一對夫婦（紐約州民）在紐約向車商購買車子。當他們開車到奧克拉荷馬州 (Oklahoma) 時發生車禍，導致嚴重傷害; 這對夫婦在 Oklahoma 對汽車製造商、批發代理商 (wholesaler)、

---

❹　444 U.S. 286, 100 S.Ct. 559, 62 L.Ed.2d 490 (1980).

零售商 (retailer) 提起告訴。州法院雖認定州對所有被告均有管轄權，聯邦最高法院則認為 Oklahoma 州法院僅對被告汽車製造商具有管轄權，對批發商及零售商並無管轄權。理由為㈠本案與 Oklahoma 州的關聯，係因受害人夫婦開車到該州所致。㈡批發商與零售商僅在紐約及鄰近州從事買賣，既未與 Oklahoma 州有任何接觸，自無從預見將會面臨 Oklahoma 州的訴訟。㈢被告與州的接觸之構成對人的管轄權，必須足以符合公平正義，本案顯然不符。

第三項　審判地

管轄權的重要性，在確定法院對案件有審理判決的權力，審判地 (venue) 則在確定該地點可執行司法權，如聯邦法院的特定分區，或州法院的特定郡等。二者主要區別為：法院對被告缺乏區域管轄權時，缺席判決 (default judgment) 對被告是無效的，且可能遭受質疑 (collateral attack)。法院僅欠缺審判地要件者，缺席判決仍為有效且具執行效果 (enforceable)。

原告提起訴訟時，應確定其訴訟究係屬「數地管轄之訴訟」(transitory action) 或「地方訴訟」(local action)。前者可因被告行經不同的郡，而選擇向該些郡之一提起訴訟。地方訴訟則等同於事務管轄權，被告不得拋棄其審判地要件的主張，如：涉及不動產之爭訟，應以不動產所在地之法院為審判地法院；亦即，以系爭標的物所在地為審判地。

倘若非「地方訴訟」，聯邦法規規定❺，在多重州民爭訟案件中，審判地法院為：㈠被告居住所在地；㈡爭訟的主要事由（積極或消極）發生地，主要財產所在地；無㈠或㈡時，則㈢訴訟開始時，對被告有屬地管轄權 (territorial jurisdiction) 者。至於聯邦問題的訴訟，原告亦可依前揭㈠或㈡提起訴訟，若無，則可於被告可被尋獲的地區向聯邦地方法院提起訴訟。

法院的欠缺審判地要件，可因被告的同意，或消極未為異議，而視為被告拋棄此項主張。反之，一旦被告主張法院欠缺審判地要件，法院便不得繼續其訴訟程序。

---

❺　28 U.S.C. § 1391.

州法院則除了「地方訴訟」案件外，多以被告居住所在地或可被傳喚的地點為審判地，或原告居住所在地且為訴因發生地者。一旦法院符合審判地要件，法院不得以其他郡法院更為適當 (proper) 為由移轉審判地。例外情形為「不便管轄」理論 (the doctrine of forum non conveniens)，當原告刻意選擇對被告不便的法院時，被告得據以要求移轉審判地。不便管轄理論源於普通法，據該理論，法院得拒絕受理其原具有管轄權的案子，而移轉至其他具管轄權的法院。聯邦及州司法體系均適用此理論。依照聯邦法規，聯邦法院得基於管轄便利，於數具備審判地要件之法院間，移轉管轄案件❻。

第二節　提起訴訟

原告在確定審判地後，便可提起訴訟。提起訴訟時，應備具起訴書 (complaint) 向法院提出，法院將核發傳票（summons 或 process），由原告將起訴書暨傳票送達被告，由被告提出答辯。

第一項　起訴書

原告須於起訴書中載明其對被告的主張，包括相關事實的陳述及據以主張權利的訴因 (cause of action) 與法律依據。聯邦法規及多數州均規定，起訴書內容除載明起訴日期、管轄地點外，應符合「表面上證據確鑿的案件」（又稱「表見證據」或「表面證據」，prima facie case）；亦即，在被告未抗辯的情況下，就起訴書內容而言，係可成立的案件。依聯邦法規，起訴書的目的，係給予被告一合理的通知 (fair notice)，令其知悉原告的主張及依據❼。以 battery 事件為例，起訴書中應載明：㈠起訴日期；㈡法院的

---

❻　28 U.S.C. § 1391 規定審判地要件，例如於多重州民案件中：㈠全數原告住所所在地；㈡全數被告住所所在地；或㈢請求事由的發生地。28 U.S.C. § 1404 則規定審判地的更換，其中 § 1404 (a)明定，基於當事人及證人的便利、公正的考量，法院得將案件移轉到其他地院等。

❼　Conley v. Gibson, 355 U.S. 41, 78 S.Ct. 99, 2 L.Ed.2d 80 (1957). 本案原告係一群遭解僱的黑人勞工，他們的職位被白人勞工所取代。原告主張，鐵路公司解僱他們係違反其與工會間的集體協商契約，而工會違反鐵路勞工法 (Railroad

管轄權；㈢事實——被告故意拿棍子毆打受害人，受害人因此手腳多處遭
棍子擊中而瘀傷；㈣訴因——battery，起訴書內可主張一項以上的訴因；
㈤請求——損害賠償及其額度，賠償受害人因被告行為所受傷害❽。

依普通法，原告的主張一旦提出，便不得更改。惟，FRCP 卻有不同的
規範，原則上，在被告尚未答辯前，原告得修正一次其起訴書，且毋庸法
院同意❾；其意旨為決定案件應偏重實體內容的判斷而非程序上的技術。
被告在提出答辯後亦有二十天的期限可修正其答辯內容❿。除此，一造若
擬修正其主張，須得到法院同意或對造同意⓫。原則上，修正內容的效力，
回溯至原始起訴書或答辯書提出時點，以避免時效消滅等情事發生，惟，
前提條件為修正內容源自於原始主張中的行為或交易等⓬。

為避免不實的主張，律師在提起告訴或聲請 (motion) 時，必須就其客
戶所主張的事實及法律上爭議進行調查，其應盡注意程度為一般律師可達

Labor Act)，工會未給予渠等與白人勞工同等之保護。原告因此提起訴訟，要
求「確認判決」(declaratory judgment)，禁令暨損害賠償。被告工會主張，依鐵
路勞工法，「全國鐵路調解委員會」(National Railroad Adjustment Board) 對本案
之爭議具排他性管轄權，且原告未將鐵路公司列為被告，以及原告未充分說明
其請求之事實理由。聯邦地院同意被告主張，故而以不具管轄權駁回原告之訴。
聯邦第五巡迴上訴法院維持原判決。聯邦最高法院則廢棄下級法院之判決，理
由為，本案係原告對工會之訴訟，而非對鐵路公司之訴，故全國鐵路調解委員
會並無排他性管轄權，鐵路公司並非本案必要之當事人。FRCP 只規定請求人
簡明陳述其請求，而未要求其鉅細靡遺地描述其請求的事實依據。本案原告的
起訴書已符合 FRCP 的規定，給予被告有關訴訟的合理通知。

❽ 依聯邦民事訴訟規則，起訴書的內容包括：㈠簡要的說明法院對此案具有管轄
權（倘法院原已具有管轄權，且請求本身不需另行確立法院之管轄權者，不在
此限）；㈡簡明陳述請求，說明請求應得到救濟；以及㈢要求依請求人主張作
成有利於請求人之判決。FRCP 8 (a).

❾ FRCP 15 (a).

❿ 同上。

⓫ FRCP 15 (a).

⓬ FRCP 15 (c).

到的注意標準 (objective reasonable attorney standard)，律師違反前揭注意義務，便須負過失責任❸。

第二項　傳票的送達

原告向法院提起訴訟後，法院須核發傳票，此係法院指示被告針對起訴書答辯的命令，否則將構成「缺席判決」(default judgment)。原告須將傳票暨起訴書送達被告，以確立法院對被告的「對人管轄權」❹。是以，傳票的送達，其目的有三：㈠確認法院的事務管轄權；㈡使被告或事、物受制於法院的屬地管轄權（先決條件為被告或事、物與法院所在地有適度的關聯）；㈢通知被告有關訴訟的提起，並予其答辯的機會❺。

傳票送達的方式有：㈠對人的送達 (personal service)，亦即，直接送達，

---

❸　FRCP 11 (b) & (c).

❹　William Burnham, Introduction to the Law and Legal System of the United States at 226 (3rd ed. 2002).

❺　Milliken v. Meyer, 311 U.S. 457, 61 S.Ct. 339, 85 L.Ed. 278 (1940). 本案當事人 Milliken 與 Meyer 按一定比例共同擁有位於 Colorado 的一處油田，Meyer 與 Transcontinental 公司訂約，由後者支付其 4/64 的利潤，當 Milliken 向 Transcontinental 主張其權利時，雙方和解，由後者支付其 2/64 的利潤。嗣後 Milliken 對 Meyer 及 Transcontinental 向 Wyoming 法院提起訴訟，主張二者共謀詐欺，Meyer 與 Milliken 共有的利潤應為 6/64，因此要求禁止 Transcontinental 將 1/64 的利潤給予 Meyer，而應付予 Milliken。Wyoming 法院作如是有利於 Milliken 的判決。Meyer 向 Colorado 法院提起訴訟，要求法院禁止執行 Wyoming 法院的判決。Colorado 法院認定 Wyoming 法院判決無效，其最高法院亦維持原判決。Milliken 上訴至聯邦最高法院。聯邦最高法院廢棄 Colorado 法院判決，指出，一州法院應否承認另一州的判決，先決條件為後者有無事務管轄權或對人管轄權。在 Wyoming 法院訴訟進行前及進行中，Meyer 的住所係設於 Wyoming，縱令 Meyer 當時並不住在 Wyoming，亦無損於住所的認定，是以 Wyoming 法院對 Meyer 具人管轄權。該案中，有關訴訟的通知併採替代送達，及境外對人送達，使 Meyer 得到充分通知訴訟的存在，以及參與聽審的機會，符合憲法「正當程序」條款。Wyoming 法院對人判決 (personal judgment) 自屬合法有效。

送交被告本人，此方式最不具爭議性。㈡替代送達 (substitute service)，送達予被告的代理人，或以雙掛方式郵寄。㈢擬制送達 (constructive notice)，張貼於訴訟標的物所在地，或於報章上刊登，但此方式須於前揭㈠㈡方式無法執行時，方可採行，例如被告行蹤不明，此時擬制送達可符合憲法第五增修條文之「正當程序」條款。

第三節　答辯及「駁回原告之訴」之聲請

被告收到傳票暨起訴書後，應於二十天內提出答辯並提出必要之聲請 (motions) ❶⑥。

第一項　答　辯

被告可於答辯中否認原告起訴書中的指控，提出新的事實以為積極的抗辯，如與有過失、脅迫、一事不再理 (res judicata)、時效消滅、「協議暨清償」(accord and satisfaction) ❶⑦，或提出對原告的控訴，亦即「反訴」(counterclaim)。

答辯時，被告可以下列五種方式否定原告的指控 ❶⑧：㈠全盤否認 (general denial)——此方式不常採用，蓋以起訴書中所載內容均非屬實的情況較為罕見，此舉將構成違反 FRCP 11 (b) 之不實陳述。㈡有限制的否認 (qualified denial)——就起訴書中的某一段落予以否認。㈢特定否認 (specific denial)——就起訴書中特定部分的事實予以否認。㈣就被告所不知或欠缺資訊的部分予以否認。㈤就被告的資訊或確信的部分予以否認——此用於被告並無第一手訊息時，例如，被告公司因其受僱人對第三人之侵權行為而被提起訴訟。

無論以前揭何種方式，被告的否認必須是真實的 (truthful)，且不得有

---

❶⑥　FRCP 12 (a).

❶⑦　所謂「協議暨清償」，係指雙方達成協議 (accord)，並經債務人依協議履行，清償其債務 (satisfaction) 之意。

❶⑧　FRCP 8 (b). David Clark, Civil Procedure, *in* Introduction to the Law of the United States 373, 393 (David Clark et al. eds. 2nd ed. 2002).

誤導 (misleading) 之情事 ❶。

第二項　「駁回原告之訴」之聲請

被告於收受起訴書與傳票後二十日內，得依下列事由，向法院聲請「駁回原告之訴」(motion to dismiss) ❷：㈠法院對系爭案件不具事務管轄權；㈡法院欠缺對人管轄權；㈢法院非適當之審判地 (improper venue)；㈣傳票的不完備 (insufficiency of process)；㈤傳票送達的不完備 (insufficiency of service of process)；㈥起訴書未載明請求救濟的事實依據，亦即不符 prima facie case；㈦欠缺 FRCP 19 所定之當事人。

法院若認定系爭案件確有前揭情事之一，則應准予 (grant) 被告之聲請，駁回原告之訴。反之，若無前揭情事，則應拒絕 (denied) 被告的聲請，受理原告之訴。被告在聲請遭駁回後，應於收受法院裁定後十日內儘速提出答辯 ❸。

第四節　暫時性救濟

原告為確保其權益，往往於提起訴訟後，另聲請暫時性救濟。暫時性救濟主要包括財產的扣押及令被告作為或不作為。

為確保將來勝訴時，被告仍有財產支付賠償，原告得聲請扣押被告的財產，如 ❹：㈠動產或不動產的扣押 (attachment) 及㈡無體財產的扣押 (garnishment)。

原告並得聲請法院裁定，令被告為特定行為，或不得為特定行為，此即禁令救濟 (injunctive relief) ❺。此階段的禁令，可分預先禁制令 (preliminary injunction) 及臨時禁制令 (temporary restraining order)。預先禁制令的核發，

---

❶　FRCP 11 (b).

❷　FRCP 12 (b).

❸　FRCP 12 (a) (4).

❹　FRCP 64.

❺　FRCP 65.

須經通知對造當事人，並經聽證會後方得裁定核發❷。臨時禁制令的核發，原則上亦須經書面或口頭通知對造當事人，惟，於下列情事，則得例外於未通知對造當事人，即予核發❷：㈠由書面宣誓證詞顯示，於對造當事人或律師參與聽證會之前，聲請人將遭受即刻、無法彌補的傷害損失；以及㈡聲請人的律師以書面向法院證明曾儘可能地通知對造，以及不需通知對造當事人的理由。未經通知而核發的臨時禁制令❷，應注意下列事項：㈠期限不得逾十天，除非聲請人提出正當事由，或對造同意，方得延長同等的時日。㈡應儘早就預先禁制令之聲請進行聽證會，取得臨時禁制令之一造當事人，應即刻進行預先禁制令的聲請程序，否則，法院將解除臨時禁制令。被告若違反法院裁定，將構成藐視法庭 (contempt of court)。

第五節　審判前的發現證據

審判前發現證據，首見於英國衡平法院，在美國，則直到西元一八四八年紐約民事訴訟法 (Code of Civil Procedure) 才開始採行❷。聯邦法規亦採行之，目前多數州均以聯邦民事訴訟規則為範本，故亦有如是規定。

第一項　發現證據的方式

發現證據的主要方式有㈠必要的揭露、㈡宣誓證言 (deposition)、㈢書面質詢 (interrogatories)、㈣文件或事物的提供 (production of document or things)、㈤身體或精神狀況的檢查，及㈥承認等。茲就前揭方式說明如下。

---

❷ FRCP 65 (a).

❷ FRCP 65 (b).

❷ 同前註。

❷ 紐約州憲法於西元一八四六年施行，其重要內容包括廢除衡平法院，使普通法院與衡平法院合而為一，並廢除訴訟形式的限制。西元一八四八年紐約民事訴訟法確立「民事訴訟」(civil action) 乙詞，除此，其中有諸多規範為當時其他州制定民事訴訟法的典範。前揭紐約憲法暨紐約民事訴訟法為大衛菲爾德 (David Field) 所力促而成，故紐約民事訴訟法又稱《菲爾德法典》(Field Code)。Clark, *supra* note 18, at 376.

第一款　必要的揭露

FRCP 明定，當事人必須揭露特定資訊予對方。必要的揭露 (required disclosure) 可分兩個階段。

第一階段的揭露 (initial disclosure) 為當事人「發現證據的擬訂與步驟會」(discovery plan and schedule conference) 後兩週內，及審判開庭前三十天❷。第一階段的揭露，包括❷㈠任何可提供資訊之人的姓名、地址、電話；㈡前揭資訊的主題；㈢揭露的一方使用前揭資訊以支持其論辯的可能；以及㈣具支持性文件的描述。

第二階段的揭露（或嗣後的揭露，subsequent disclosure），包括兩造於審判庭中❸㈠可能傳喚的證人姓名及其他資訊；㈡可能使用的宣誓證言的證人，其姓名及相關資訊；㈢專家證人 (expert witnesses) 的姓名及相關資訊；㈣可能引用的文件、證據等。原則上，專家證人相關資訊的揭露須於審判開庭前九十天為之，其餘則須於審判開庭前三十天為之；倘法院另有指定日期者，不在此限❹。

第二款　宣誓證言

原則上，宣誓證言由兩造律師對作證者 (deponent) 以直接詰問 (direct examination) 及交互詰問 (cross examination) 進行，將作證者的陳述予以錄製並抄寫。

宣誓證言的進行方式有二：口頭及書面宣誓證詞。前者係指由律師私自進行的程序，多半在律師事務所的會議室中進行，過程類似審判時的直接暨交互詰問，由法院的人員（多為書記 (reporter)）執行宣誓程序❷，書

---

❷　法官另訂期限者，不在此限。

❷　FRCP 26 (a) (1) (A)～(D).

❸　FRCP 26 (a) (2) & (3).

❹　FRCP 26 (a) (3).

❷　FRCP 28 (a).

記並無司法權限，因此，律師彼此所提異議 (objection) 均與問題一併列入
紀錄❸。律師藉此詰問過程瞭解作證者的態度、可信度，及其證詞的內容。
缺點為律師費與書記的費用可觀。為避免律師濫用此程序騷擾當事人及證
人，西元一九九三年修正之聯邦規則限制一造原則上只得使用十次的宣誓
證言程序（包括口頭及書面），對單一作證者只得進行一次，除非另行取得
法院的同意；進行的方式除當場詰問外，經兩造當事人同意或法官裁定，
尚可包括藉由電子錄音技術，或以電話、衛星電視進行詰問❹。至於前揭
「一次詰問」，原則上不得逾一天七小時❺。

　　書面宣誓證詞係兩造當事人提供書面詰問，包括直接及交互詰問，雙
方交換內容進而擬訂進一步的詰問問題。由執行人員將問題唸給作證者，
並將作證者的答覆予以記錄。書面宣誓證言的效果等同於口頭宣誓證言，
但因律師不需出席，故較為經濟。

　　宣誓證言雖屬傳聞證據 (hearsay evidence)，但仍具有下列功能：㈠發
現事實、證據及證人；㈡攻詰證人；㈢引為呈堂供證；㈣回復記憶❻。

一、發現事實、證據及證人

　　藉由對當事人、證人或其他人的宣誓證言，可釐清事實，發現相關的
證據及證人，一如其他發現程序，使訴訟的進行更能符合公平正義。

二、攻詰證人

　　當作證者嗣後於審判庭上所作證詞與原宣誓證言不一致時，對造得以
宣誓證言攻詰證人 (impeachment)，攻擊其證詞的可信度❼。

三、引為呈堂供證

　　審判開庭期間，證人因故無法出庭（如不在當地❽、死亡等事由），當

---

❸　Burnham, *supra* note 14, at 231～232; Clark, *supra* note 18, at 404.

❹　FRCP 30 (a) & (b).

❺　FRCP 30 (d).

❻　㈡～㈣為 FRCP 32 (a)所明定。

❼　此為聯邦證據規則 (Federal Rules of Evidence，以下簡稱 "FRE") 所明定。FRE
　　803 (d) (1).

❽　證人所在地距審判地有一百哩以上者。FRCP 32 (a) (3) (B).

事人得以其事前製作的宣誓證言,於法庭上宣讀,替代其本人的出庭作證❸❾。

四、回復記憶

訴訟程序的進行,往往曠日費時,待審判開庭,時有證人已對訴訟相關資訊不復記憶,倘有宣誓證言的作成,則可於法庭上提出,藉以回復證人當時的記憶❹❶。

第三款　書面質詢

書面質詢 (interrogatories),係指兩造當事人提出書面問題予對造。對造須於宣誓後以書面回答,除非律師提出異議,否則當事人應盡其所能回答書面質詢的問題,回答內容可由當事人與其律師共同作成。此程序所需花費較為低廉,且有助於釐清事實及對事件應負責任之人。然而,過往經濟富裕的一方常藉由冗長的書面質詢迫使對方達成和解,或撤銷告訴。是以,西元一九九三年修正 FRCP,明定除非另行徵得法院同意,否則書面質詢須限制於二十五項問題❹❶。對質詢內容有異議的一造,仍應於合理範圍內回答其質詢。書面質詢的缺點在於,當事人於回答問題前可與其律師充分溝通,律師會使其當事人儘可能避免提供有利於對造的資訊。

第四款　文件或事物的提供

倘一造當事人擬取得對造或第三人持有之文件、事物、甚且進入對造土地,可向法院聲請裁定,令對造提供文件、事物或允許聲請人進入對造的土地等❹❷。

第五款　身體或精神狀況的檢查

倘一造當事人的身體狀況或精神狀況涉及訴訟爭議,如:契約當事人

---

❸❾　FRE 804 (b) (1).

❹❶　同上。

❹❶　FRCP 33.

❹❷　FRCP 34.

之行為能力、侵權行為人之意識狀態，甚至受害人所受傷害之輕重等，法院得核准當事人之聲請「身體檢查」或「精神狀況檢查」❸。除此，法院多因顧及隱私權的侵犯而駁回聲請❹。

第六款　承　認

一造當事人得要求對造就特定事實、文件、意見等予以承認，對造須於三十天內以書面附具理由，回覆承認或否認，否則視為承認❺。

承認的要求，係減縮爭議範圍最簡便、經濟的方式，多於審判前或審判前會議中提出。

第二項　發現證據的目的、範圍暨執行

審判前發現證據的目的，在促進實體暨程序上的公平正義，以及提升訴訟的效率。就實體而言，藉由保存證人的證詞，俾防其於開庭時無法出庭或出庭作偽證的情事發生，此可確保訴訟的公平正義；就程序而言，賦予當事人發現與事實爭議有關的證據、證詞的機會❻。早期，審判法庭常充斥戲劇性的驚訝 (surprise) 與錯愕，當事人一造蒐得證據，或隱匿證據，迄審判庭上方予提出，令對造措手不及，訴訟的勝負常受制於此，無法達到真正的公平正義。審判前發現證據正可避免前揭情事。近代，此制度更衍生另一項功能，即，兩造可藉此釐清疑義，縮減雙方的事實爭議，更有助於達成和解及作成即席判決❼。

FRCP 明定，訴訟當事人可取得任何與控方或辯方有關的證據❽。至於「有關」的標準 (relevance standard)，縱令有關的資訊本身未必具有證據能

---

❸　FRCP 35 (a).

❹　Clark, *supra* note 18, at 405.

❺　FRCP 36.

❻　Clark, *supra* note 18, at 402.

❼　同上。

❽　FRCP 26 (b) (1).

力，倘該資訊的發現可合理地導引至具證據能力的證據的發現亦為已足 ❹；至於尚未於訴訟中確認的主張或抗辯之相關資訊，則不在此限 ❺。

再者，因特定關係所具有的特權，亦得拒絕揭露，如：律師與當事人、醫生與患者等 ❺。須提供資訊的一造亦得聲請「保護命令」(protective order)，列舉理由聲請法院裁定不需提供資訊，如聲請人並未擁有被指定提供的資訊、資訊與案情爭議無關、涉及營業秘密 (trade secret)、商業資訊等。倘營業秘密等資訊與案情有密切關連，法院可裁定資訊內容不得於訴訟程序外揭露 ❺。

律師的工作成果 (work product) 可包括事實的資訊、與證人的會談、對案情與法律的分析、案件成立與否的判斷等所有準備進行審判程序的資料。原則上，該工作成果不列入發現證據的範圍，但倘屬事實的資訊，且為對造難以取得 (undue hardship) 者，則可列入發現證據的範圍 ❺。

原則上，訴訟當事人會逕行遵守訴訟程序，彼此為要求及提供資訊予對方，毋須經由聲請。倘雙方就此議題有歧見，則須向法院聲請發現證據的命令，亦即「強制揭露或發現的聲請」(motion for compelling disclosure or discovery) ❺，法院可能作成全部或部分准予 (granted) 發現證據的裁定，或拒絕聲請 (denied) 的裁定。在部分准予及拒絕聲請的裁定中，法院可能同時為「保護命令」(protection order)，使證據只得於特定時間、地點揭露，或以特定方式揭露等 ❺。

違反前揭裁定，將構成「藐視法庭」，法院亦得令違反的一造負擔因拒絕揭露所生的所有費用、律師費等 ❺。

---

❹　同上。

❺　Clark, *supra* note18, at 402.

❺　FRCP 26 (b)(5).

❺　FRCP 26 (c).

❺　FRCP 26 (b)(3) & (4).

❺　FRCP 37 (a).

❺　FRCP 37 (a)(4)(B) & (C).

❺　FRCP 37 (b).

第六節　審理案件之人的選擇

　　案件的審理，分為事實爭議的審理及法律的審理。事實爭議的審理，即審判庭的主要功能。任何一造當事人均得於訴訟開始後任何時間❺❼，向對造及法院提出由陪審團審理的要求，另一造不得異議，其爭訟便由陪審團進行審判，此為聯邦憲法第七增修條文所賦予人民的權利❺❽。倘兩造均未於法定期限聲請陪審團審判，則由法官進行事實審。惟，法官認為必要時，得依職權組成「陪審團」或「顧問陪審團」(advisory jury)❺❾。

　　聯邦憲法第七增修條文訂定之時（西元一七九一年），美國法律仍有普通法及衡平法之分，基於衡平法無陪審團的原則，第七增修條文僅限於普通法之民事案件可由陪審團審理❻⓿。然而，聯邦法院並未區分普通法院與衡平法院，州法院亦已多將兩種法院予以合併，是以，法院須就法律的歷史沿革及性質，區分究係普通法抑或衡平法的民事救濟❻❶。原則上，損害賠償之救濟屬普通法，其餘如禁令等，則屬衡平之救濟。惟，其歷史沿革及性質上係相反者，依此定之。如，於違反忠實義務 (breach of fiduciary duty) 之訴中要求損害賠償，法院以違反前揭義務之歷史沿革及性質上屬衡平法之範疇，故而否准陪審團之審判❻❷。

　　陪審團的成員即陪審員 (juror)，其成員係自審判地的居民篩選而成。候選名單的產生，早期採「主要人物法則」(key man rule)，法庭諮詢當地的一些重要人物，由渠等推薦適當的人選，再就該些名單上的人士進行篩

---

❺❼　但最遲不得逾最後之主張 (pleading) 送達後十天。

❺❽　FRCP 38.

❺❾　FRCP 39 (b) & (c).

❻⓿　聯邦憲法第七增修條文並不當然適用於州法院，惟，幾近所有的州，其州憲法均有類似第七增修條文之規定。Burnham, *supra* note 14, 238 n. 68.

❻❶　Burnham, *supra* note 14, at 238～239.

❻❷　請參閱 Burnham, *id.* 有關民事訴訟得否由陪審團審理，請參閱 Fleming James, Jr., Geoffrey Hazard, Jr. & John Leubsdorf, Civil Procedure §§ 8.6～8.8 (5ᵗʰ ed. 2001).

選。此方式限制了擔任陪審員的可能人選，因一地方的重要人物異動有限，其所知悉的適當人選亦有限。是以，違反了聯邦憲法第十四增修條文的「平等保護原則」，對同一地區的所有居民造成「差別待遇」，剝奪其他人擔任陪審員的機會 **❸**。

嗣改為依電話簿上的名單進行篩選，惟此方式，又因每人經濟狀況不一，未必有能力裝設電話，以其為候選人名單，亦有違「平等保護原則」，構成經濟上的差別待遇。

嗣經聯邦法規修正，陪審員候選名單改採自「登記投票名單」(registered voting list) **❹**，理由為，審判期間往往需時至少數日以上，倘居民無意於僅需數小時的投票行程，恐亦無意於擔任為時更久的陪審程序之陪審員。就該名單篩選出一定名額，再傳喚該些候選人到庭進行陪審員的審問程序 (voir dire) **❺**。此程序的目的在排除不適任的陪審員候選人，如對其中一造有偏頗或成見，或對爭訟的事件有主觀的意見等；使審判的進行得以公正。審問程序進行前，陪審員候選人須先宣誓，繼而由兩造律師進行審問 **❻**，並決定刪除人選。排除人選的方式有二：㈠附帶理由的反對 (challenge for cause)——附具理由說明何以特定候選人不適任；㈡毋須附帶理由的反對

---

❸ 28 U.S.C. § 1862 明定，聯邦地方法院暨國際貿易法中任何公民，不問其種族、膚色、宗教、性別、原始國籍或經濟狀況為何，均不得被排除於大陪審團或小陪審團 (petit jury) 之外。28 U.S.C. § 1865 (b) 明定，陪審員的資格：㈠年滿十八歲美國公民，於管轄法院所在地居住滿一年。㈡具備足以填寫陪審員資格表格的讀、看並瞭解英語的能力 (to read, write and understand English language)。㈢具備英文語言能力 (to speak English)。㈣無精神或生理上的障礙致無法勝任陪審員工作者。以及㈤無犯罪紀錄或面臨起訴之情事（處一年以上徒刑者）。

❹ 依聯邦憲法，年滿十八歲的公民有選舉權，惟美國地廣人眾，為舉辦選舉的經費及效率考量，聯邦及州均規定有選舉權的公民應自行向相關單位為擬參與投票的登記，爾後有任何選舉，政府單位會將相關選舉及投票資訊通知登記者。另有依納稅人名單，駕照名單篩選者。James et al., *supra* note 62, § 8.14.

❺ FRCP 47 (a).

❻ 或由兩造律師將所擬問題以書面交付法官，由法官審問之。

(peremptory challenge) ❻❼ ——排除特定之候選人而毋須附帶理由，此方式只得使用三次 ❻❽。

　　早期，陪審團的成員為十二人，西元一九七○年後，州法院逐漸減少陪審員人數。聯邦法規亦明定，陪審團成員可為六至十二人 ❻❾，原則上，須全體一致同意方得作成審判；惟，倘當事人同意，可以較少人數通過作成審判者，不在此限 ❼⓪。目前許多案件採四分之三陪審員通過，作成審判，如十二名陪審員中的九名、八名中的六名、六名中的五名等。不以全體一致同意，而採特定比例之多數決作成審判，可避免因少數個人之反對致無法作成審判，形成「懸而未決的陪審團」(hung jury) ❼❶。

　　法律審由法官擔任，原則上，當事人並無選擇法官的權利，惟對於不適任的法官（如對其中一造有成見、偏頗等），當事人得聲請該名迴避。

第七節　不需審判的判決

　　原則上，訴訟案件須經審判，由兩造辯論，方得作成判決。例外情形有二：一為「缺席判決」(default judgement)，另一為「即席判決」(summary judgement)。

第一項　缺席判決

　　被告於收受起訴書及傳票後未如期答辯，原告得聲請法院為缺席判決 ❼❷。倘原告要求損害賠償，其額度為事前當事人所約定之違約金，法院將依要求判決予原告。倘原告要求之損害賠償非違約金，則法院必須舉行聽證會，由原告證明其所受損害額度 ❼❸。

---

❻❼　FRCP 47 (b).

❻❽　係依候補陪審員之人數而定。28 U.S.C. § 1870.

❻❾　FRCP 48. 陪審團成員少於六人者，其所作成的審判無效。

❼⓪　同上。

❼❶　James et al., *supra* note 62, § 8.13. 又稱為僵持不下停頓的陪審團 (deadlocked jury)。

❼❷　FRCP 55 (a).

❼❸　FRCE 55 (b).

被告於訴訟開始時，雖參與程序，而後缺席，或於既定的會議或審判前會議缺席，原告仍得聲請缺席判決。

第二項　即席判決

訴訟當事人，無論原告或被告，均得以訴訟無事實之爭議為由，聲請法院為即席判決[74]。

聲請「即席判決」通常須檢附證人的宣誓的證詞 (affidavit)、具證據力的事實或資訊等。法院一旦核准聲請，則將逕行作成判決，而不再有審判程序。

第八節　審判前會議

審判前會議，係指於審判開庭前的會議，其功能主要有：㈠確立審判的程序，提升審判的效率，避免遲延；㈡設定發現證據的標準，避免提出無謂的聲請；㈢避免審判前無意義且費時的行為；㈣確立並簡化審判的爭點，避免意外的事由；以及㈤促使和解的達成[75]。

審判前會議的次數不拘：會議中，雙方各提出擬傳喚證人的名單、採用的證據、審判庭中兩造攻防的進行方式、雙方合議的事項、專家證人身分的確認、細微爭點的解決，甚至部分或全部訴訟的達成和解[76]。

在接近審判開庭前，法院將再舉行一次會議，稱為「最後審判前會議」(final pretrial conference)，此會議中將確定審判程序的進行[77]，包括證據的引用、出庭作證的證人名單、擬進行審判的爭點等。

法院須於每一次審判前會議結束後，作成「審判前裁定」(pretrial order)；至於最終審判前會議之裁定，除非為防止明顯之不公平情事，否則不得更改其裁定內容[78]。

---

[74]　FRCP 56.

[75]　FRCP 16 (a).

[76]　FRCP 16 (c).

[77]　FRCP 16 (d).

第九節　審判、判決暨上訴

民事判決之作成，除不需審判之情事外，應經由審判程序（無論陪審團審或法官審），不服審判的一造得提出特定聲請。否則，法官將據審判結果而為判決，不服判決結果的當事人得提起上訴。

第一項　審　判

審判的進行包括㈠開庭的陳述 (opening statement)；㈡原告進行舉證；㈢被告進行辯駁 (rebuttal)；㈣結辯 (closing argument)；㈤對陪審團的法律指示 (jury instruction or jury charge)；㈥陪審團的審判；㈦審判後的聲請暨判決。

一、開庭的陳述

開庭陳述係指於法官就位、陪審團宣誓就席後，兩造律師各自陳述案件的事實、兩造的主張、擬傳喚的證人、採用的證據等。陳述內容不得涉及辯論、遊說陪審員及法律的解釋。

二、原告進行舉證

此時，原告律師開始傳喚證人❼❾，俾證明其主張的事實，原告律師於質詢時，稱為直接詰問 (direct examination)。原則上，詰問證人時，不得涉及傳聞 (hearsay) 證據的問題❽⓿，對一般證人亦不得有涉及專業知識的問題。直接詰問時，更不得以「誘導問題」(leading question) 詰問證人。例外為當所傳喚的證人為「敵意證人」(hostile witness)❽❶，則原告律師得以誘導問題詰問之，俾免證人肆意為不利於原告之陳述。

原告所傳喚的每一位證人，被告均有交互詰問 (cross examination) 的權

---

❼❽　FRCP 16 (e).

❼❾　律師得向法院聲請核發傳票 (subpoena)，傳喚證人。FRCP 45.

❽⓿　聯邦證據規則亦明定有諸多例外。FRE 803 & 804.

❽❶　敵意證人須經原告舉證、法官同意，方得列為敵意證人，可列為敵意證人者，如被告的家屬等在立場上較袒護被告者。

利。交互詰問則可以「誘導問題」進行之，避免證人的證詞不利於自己的委任人（即被告）。被告律師在此階段可能使證人的可信度受到質疑，致使原告律師進一步「再直接詰問」(redirect examination) 其證人。

在一造為直接詰問或交互詰問時，另一造律師應慎防詰問者提出不當的問題。若有，應即刻在證人回答問題前，向法官提出異議 (objection)，並說明異議的理由，例如，有關證據能力的問題，不當誘導證人或困窘 (harass) 證人等，法官會作成異議成立 (sustained) 或駁回 (overruled) 的裁定，若為駁回，律師應即刻要求列入紀錄，俾為日後聲請「重新審判」(new trial) 或上訴 (appeal) 的依據。

原告傳喚完畢其所有的證人時，其舉證程序便結束，被告律師常於此時向法官提出「指示審判」(directed verdict) 的聲請 ❷，理由為原告未盡其舉證責任，證明其主張的成立。法官若核准被告的聲請，則將命令陪審團作成有利於被告的審判，進而作成判決 ❸；若駁回聲請，審判程序將進入被告辯駁的階段。

三、被告進行辯駁

此階段，由被告律師傳喚有利於被告的證人，進行直接詰問，由原告律師進行交互詰問。有關詰問時的相關規範，與原告舉證階段時相同，不予贅述。

被告傳喚完所有的證人時，原告律師得提出「指示審判」的聲請，理由為被告未盡其辯駁的責任 ❹。法官若核准聲請，則將命令陪審團作成有利於原告的審判，進而作成判決，若駁回聲請，訴訟將持續進行。

四、結 辯

---

❷ FRCP 50 (a) 稱指示審判為「陪審團審判庭中之法律判決」(judgement as matter of law in jury trials)。

❸ 然而，實務上，法官並未實際指示陪審團作成任何特定審判，而係直接解散陪審團，而逕自作成判決；換言之，陪審團並無作成審判的機會。James et al., *supra* note 62, § 7.21.

❹ FRCP 50 (b).

結辯時，由原告與被告的律師各就自己的證人證詞及證據，說服陪審員支持己方，並攻詰對造證人的證詞及可信度等。結辯內容可涉及兩造的攻防辯論，而非單純的事實陳述，但不得為有關法律的指示。兩造律師得就對方不當的辯論提出異議。

五、對陪審團的法律指示

法律指示❽，其作成或由法官逕自為之，或由兩造律師作成後交付法官，由法官修改而成。兩造律師亦得對「法律指示」內容提出異議。

法律指示內容的錯誤，若足以影響陪審團的審判結果，將構成重新審判的理由。

法院亦將指示陪審員有關證據力的認定標準 (standards of proof) 為「優勢證據」(preponderance of evidence)，或有將其定義為「較具證據力者」(greater weight of the evidence)❽。對於特定案件，如中止親權或非自願移送精神醫院就醫等事關重大的案件，法院可能採取較嚴格的標準，即「明確且具說服力之證據」(clear and convincing evidence)❽。

六、陪審團的審判

陪審團的審判，原則上須全數通過，但兩造得約定以一定比例為審判成立的標準。審判可分為❽：㈠一般審判 (general verdict)，㈡一般審判附帶質詢書 (general verdict with interrogatories)；以及㈢特別審判 (special verdict)。

所謂一般審判，係由陪審團作成其中一造勝訴的判決；有時因原告主張的訴因不只一項，致有某些訴因一造勝訴，其餘訴因另一造勝訴的審判

---

❽　FRCP 51.

❽　請參閱 Burnham, *supra* note 14, at 104.

❽　與刑事訴訟所採的「毋庸置疑」(beyond reasonable doubt) 相較，倘以數字量化，Burnham 認為「毋庸置疑」所需的證據力標準為 95%，「明確且具說服力」為 75%～80%，「優勢證據」則為 51%。 Burnham, *supra* note 14, at 104. James 等人則認為「毋庸置疑」所需的證據力標準為 76%，或 85%～95%（視案情而定），「明確且具說服力」為 60%～75%，「優勢證據」為 51%。James et al., *supra* note 62, § 7.5.

❽　FRCP 49.

結果。

一般審判附帶質詢書適用於案情較複雜的訴訟案件，藉由質詢書上諸多問題的答覆，可確定陪審團對於案情思考的一致性；至於審判結果，仍同於前揭一般審判的作法。倘陪審團對質詢書的答覆與審判結果一致，法院將據以作成判決；倘質詢書上問題的答覆一致，但與審判結果不一致，法院可能採取下列措施：㈠依前者作成判決；㈡令陪審團重新考量質詢書上的答覆及審判的作成；或㈢裁定重新審判。倘質詢書的答覆相互矛盾，且部分答覆可能與審判結果不一致時，法院不得據以作成判決；而應就下列措施擇一採行：㈠令陪審團重新考量質詢書上的答覆及審判的作成；或㈡裁定重新審判 **❽❾**。

特別審判亦適用於案情較複雜的訴訟案件，審判結果並未直接為原告或被告勝訴的審判，而係就所臚列事關勝訴敗訴的問題，一一作成決定。

七、審判後的聲請暨判決

陪審團作成審判後，原則上，法官將依其結果作成判決 **❾⓪**。然而，不服的一造可於法官作成判決前後，提出兩項聲請，一為重新審判 **❾❶**，另一為無視審判逕為判決 (judgement n.o.v., judgement notwithstanding the verdict) **❾❷**。以及，不服審判金額的「增額聲請」(motion for additur) 及「減額聲請」(motion for remittitur)。

重新審判可就案件的全部或部分爭點為之。重新審判的聲請最遲不得逾法院作成判決後十天。重新審判係因審判程序中，有任何不當的情事，例如法官的偏頗、陪審團受其中一造的影響而產生偏頗、採證的錯誤、異議遭致不當地駁回或成立，以及法律指示內容的不當等等。

無視審判逕為判決，係以審判過程已有明確的事實呈現孰勝孰負，而陪審團未依客觀證據認定，卻因主觀意識為相反的審判。此時，曾為「指

---

❽❾ FRCP 49 (b).

❾⓪ FRCP 58.

❾❶ FRCP 59.

❾❷ "n.o.v." 係拉丁文 non obstante verdicto，即英文 notwithstanding the verdict 之意。

示審判」聲請的一造可為此項聲請；FRCP 所定審判後法律判決之重新聲請 (renewing motion for judgment as matter of law after trial) ❸ 即是；此項聲請亦須最遲於判決後十天內為之。

「增額聲請」及「減額聲請」係當事人對陪審團作成的賠償金額不服時所提出者。「增額聲請」係原告認為陪審團決定的賠償金額不足而提出的聲請。「減額聲請」則係被告認為陪審團決定的賠償金額過高而提出的聲請。

法院若裁定核准「增額聲請」，而被告拒絕增加賠償額度；或核准「減額聲請」而原告拒絕接受減少賠償額度時；法院將裁定就賠償金額部分，重新審判。反之，倘被告接受「增額」或原告接受「減額」，法院將依增額或減額後的賠償金額作成判決。

第二項　上訴暨判決確定的法律效果

如前所述，陪審團作成審判後，原則上，法官將依其結果作成判決 ❹。敗訴的一造可選擇上訴 (appeal)，上級法院在審理案件後，可能作成下列結果：㈠維持原判決 (affirmed)——下級法院的判決維持不變。㈡廢棄原判決 (reversed)——下級法院的判決因此不具效力。㈢更正原判決 (remanded)——下級法院的法律見解有誤，下級法院因此須更正其錯誤見解，此常伴隨廢棄原判決、重新審判，或據以更改其判決內容。

法官作成判決後，若無人上訴，或已上訴至最高層級的法院確定判決者，該案便定讞。倘為被告敗訴，則須依判決履行其責任或支付損害賠償。被告若不為前揭行為，原告得據判決向法院聲請執行令 (writ of execution)。被告若仍違反該執行令，將構成刑事藐視法庭 (criminal contempt)，被告將面臨罰金或自由刑之刑罰。

---

❸　FRCP 50 (b).

❹　訴訟程序進行中，關切訴訟標的 (subject matter) 之人雖非訴訟當事人，亦得向法院聲請，提出其個人對該訴訟標的的意見；亦可能由法院要求對方提供意見，俾作為審理案件之參考。此等人士稱為法庭之友 (friends of the court)，源自拉丁文 "amicus curiae"。

判決確定，便具有「一事不再理」(res judicata) 及「附隨禁反言」(collateral estoppel) 的效果。前者指當事人不得就同一事實、同一訴因再行提起訴訟，亦即「主張的排除」(claim preclusion)。例如：A 遭到 B 的毆打而受傷，A 告 B battery 要求賠償其醫藥費及傷害所致的身體及精神上的痛苦。判決確定後，A 又對 B 提起訴訟，主張因前揭 B 的侵權行為，導致其工作能力的減退致薪資減少而要求賠償。比較兩件案例，事實相同，主張賠償損害的內容不同，但仍適用一事不再理原則，A 不得就同一事實所受的不同傷害，於不同訴訟中各別主張。「附隨禁反言」則指特定爭點已於前案判決中經審理並確定，則當事人不得於後案中，再行要求就該特定爭點予以審理，亦即「爭點的排除」(issue preclusion)。此原則之適用，原則上不致構成「訴訟駁回」，僅就該爭點不再審理。例如：A 擁有一件發明專利，遭 B 仿冒，A 對 B 提起告訴，主張 B 侵害其專利權。B 反訴，主張 A 之專利權不符合進步性要件而無效。法院判決 A 專利權具進步性且有效，並認定 B 對 A 構成侵害。嗣後，又有 C 仿冒 A 之專利物品，A 對 C 提起告訴，主張專利權之侵害。C 反訴，主張 A 之發明專利不符進步性要件而無效。由於 A 之專利權是否具備進步性要件，已於前案中判決確定，依「附隨禁反言」，法院將駁回 C 之反訴。

第五章　刑　法

　　美國刑法體制分為聯邦刑法與州刑法體制，依據聯邦憲法第一條第九項第三款暨第十項第一款，國會與州議會不得制定「褫奪公民權法案」(bill of attainder)❶及「溯及既往」的刑事法規 (ex post facto, retroactive penal statutes)。相對於此，「罪刑法定主義」並未見於聯邦憲法。然而，由於聯邦法院須於國會賦予的權限範圍內行事，故而只得依國會通過的法規判刑懲處。州法院雖不受制於聯邦國會之立法，但倘在無法源基礎下判刑懲處，仍有悖於「正當程序」條款；而目前亦有許多州於制定刑法時明定「罪刑法定主義」者❷。聯邦國會雖不若州之具有廣泛的警察權 (police power)❸，但仍得於其憲法權力範圍內制定聯邦刑法。例如與下列事項有關者：㈠軍事；㈡移民；㈢郵件；㈣民權等。聯邦國會更運用州際商務權而為若干立法，如：劫車 (car-jacking)、高利貸、綁票、販毒、電信詐欺等❹。

　　美國法律學會（the American Law Institute，簡稱 "ALI"）❺於西元一九六二年制定「模範刑法典」（Model Penal Code，簡稱 "MPC"）。MPC 並不具法律效果，卻為三十多個州所引以為訂定州刑法的重要依據；對於其餘的州及聯邦體系亦有重大影響❻。除 MPC，各州亦仍保留普通法規則，是以，研究美國刑法，MPC 及傳統普通法係兩大重要依據。本章亦將就

---

❶　此係指基於特定罪名剝奪人民的公民權利 (如叛國罪等)，而刑罰最重可為死刑。

❷　Edward Wise, Criminal Law, *in* Introduction to the Law of the United States 139, 140～141 (David Clark et al., eds., 2nd ed. 2002).

❸　聯邦最高法院於 United States v. Morrison 乙案中，重申聯邦國會制定刑法的權力遠不若州的權力。該案中一名受害人主張其在大學裏遭到兩名同校學生強暴，該罪行違反聯邦法規 (42 U.S.C. § 13981)。又依 § 13981，性暴力之受害人得尋求民事救濟。聯邦地院暨第四巡迴法院均認定，無論依聯邦憲法商務條款或第十四增修條文第五項，聯邦國會均無權制定 § 13981。聯邦最高法院維持原判決並同意其見解，進而指出：㈠性暴力犯罪行為與經濟行為無關；㈡立憲者將警察權保留予州，而警察權的執行更以消弭犯罪暴力及保護受害人為最。529 U.S. 598, 120 S.Ct. 1740, 146 L.Ed.2d 658 (2000).

❹　John Scheb & John Scheb, II., Criminal Law and Procedure 10 (4th ed. 2002).

❺　ALI 為非官方組織，其成員包括律師、法官及法學教授。

❻　Wise, *supra* note 2, at 140; Scheb et al., *supra* note 4, at 10～11.

MPC 及傳統普通法予以討論。

第一節　刑法通論

本節就罪行輕重之分類、犯罪構成要件、被告之抗辯及犯罪未遂 (inchoate crimes) 予以探討。

第一項　罪行之分類

罪行之分類係依其刑責之輕重而定。刑責一般分為重罪 (felony) 與輕罪 (misdemeanor)，重罪指刑責逾一年以上者，包括終身監禁與死刑。輕罪則指刑責至多為一年者，亦可能僅為罰金刑 (fine penalty)❼。立法者多予刑責一較有彈性的刑度，法官在該範圍內宣判被告的刑責，被告若擬提早出獄，必須聲請假釋 (parole)。

第二項　犯罪構成要件

任何一項犯罪均包含兩項構成要件：一為客觀要件——指犯罪行為 (criminal act, actus reus)；另一為主觀要件——指犯罪意圖 (culpable state of mind, mens rea, guilty mind)。

犯罪行為包括作為與不作為 (omission)。

作為之犯罪行為的基本原則有：㈠被告行為符合犯罪構成要件。㈡具體外在的行為，僅單純的思想不足以構成處罰的因素。㈢傷害的發生必足以歸責於被告的行為。以及㈣被告的行為是出於自願的 (voluntary)。

所謂自願，係指被告可自我控制 (self-control) 其行為，若因肢體的強迫性或反射動作、生理或神經的干擾等，一般視為非自願行為。至於夢遊 (sleep-walking) 或催眠 (hypnosis) 下所為的行為，是否認定為非自願行為，則較具爭議性。依 MPC 定義「作為」係指肢體上的動作，包括自願與非自

---

❼　輕罪依 MPC 又可分為輕罪與微罪 (petty misdemeanor)，後者為刑度一年以下者，前者則以法規明定為輕罪者是也。MPC § 1.04 (3) & (4).

願❽。惟，行為人之負刑事責任，須以其犯罪行為係出於自願的作為或不作為❾。至於非自願之情事，如❿：㈠反射動作 (reflex) 或痙攣 (convulsion)；㈡無意識 (unconsciousness) 或睡眠中的肢體動作；㈢催眠中的行為或因催眠建議 (hypnotic suggestion) 所為的行為；㈣屬有意識或慣性的肢體動作，但非行為人盡力 (effort) 或決意所為者。

聯邦最高法院在 Robinson v. California❶乙案中指出，藥劑的上癮可能是一種非自願染上的疾病，是以處罰染有麻醉劑癮的被告是一項「殘酷異常的處罰」(cruel and unusual punishment)。法院進而指出刑法不得因一個人的身分 (status)（如種族、性別）或狀況予以處罰，染上毒癮亦是。然而，雖不得對染上毒癮乙事予以處罰，對於因染上毒癮而吸毒乙事則可。如 Texas v. Powell❷乙案中，Powell 長期酗酒，他在公共場所喝酒而遭起訴定罪。聯邦最高法院以五比四確定該罪名，指出本案係針對 Powell 在公共場所喝醉酒的行為予以定罪，而非就其酗酒的狀況為之。

不作為之構成犯罪行為，前提須行為人有作為之義務，例如行為人與受害人間有特定關係（如：父母子女間、夫妻間）、基於法定責任或契約約定等。反之，倘行為人無作為之義務，則不須為其「不作為」負任何刑責。依 MPC，有下列情事之一者，行為人須就其不作為負刑事責任：㈠法律明定不作為構成犯罪行為；㈡法律明定有作為之義務者❸。

至於主觀意圖，普通法將其分為一般意圖 (general intent) 與特定意圖 (specific intent)。前者指意圖為特定行為，後者指意圖為特定犯罪行為。前者，被告必須知悉其行為的本質、狀況及所致結果，有論者謂此實為魯莽 (recklessness) 或過失的行為❹。至於特定意圖，則指實際意圖 (actual

---

❽ MPC § 1.13 ⑵.

❾ MPC § 2.01 ⑴.

❿ MPC § 2.01 ⑵.

❶ 370 U.S. 660, 82 S.Ct. 1417, 8 L.Ed.2d 758 (1962).

❷ 392 U.S. 514, 88 S.Ct. 2145, 20 L.Ed.2d 1254 (1968).

❸ MPC § 2.01 ⑶.

❹ Wise, *supra* note 2, at 143.

intent)，被告行為的目的在產生特定的結果，如意圖殺人 (intent to kill)，或被告明知自己正在從事犯罪行為。

意圖的轉換，倘行為人擬從事特定犯罪行為，卻導致另一件犯罪行為的結果發生，對實際發生的犯罪行為，仍視為行為人具有犯罪之意圖。

魯莽與過失的區隔，在於前者係被告明知卻罔顧行為的危險性而為之，後者為被告忽視他應知悉的危險性而為之。是以，二者均因被告從事特定具有不當危險性的行為，只是前者係被告所預見之危險，後者則非被告本人主觀所預見者。

MPC 規定，原則上，行為人於行為時其主觀上有下列情事之一者方須負刑責❶：㈠故意 (purposely)；㈡明知 (knowingly)；㈢魯莽 (recklessly)；或㈣過失。其各別之「可責性」(culpability) 如下❶。

一、故 意

行為人的行為本質或結果係犯罪之主要因素，行為人明知而仍從事該行為或使其結果發生；以及涉及犯罪之事實要件 (attendant circumstance) 係行為人所明知或確信或希望其存在者。

二、明 知

行為人明知其行為的本質或事實要件的存在，以及明知其行為確將導致犯罪結果之發生。

三、魯 莽

行為人明知其行為具有致犯罪結果或事實存在的重大危險性，但仍有意識地予以忽視。

四、過 失

行為人應可知悉其行為構成犯罪的危險性，但因未盡一般守法之人應盡的注意程度，致犯罪行為或結果的發生。

MPC 有關行為人主觀意識之規範已為部分州所採行。

錯誤 (mistake) 得否為免責的抗辯，則依其錯誤認知的標的為何而定。

---

❶ MPC § 2.02 (1).

❶ MPC § 2.02 (2).

主要可分「事實的錯誤」(mistake of fact) 與「法律的錯誤」(mistake of law)。前者為有效的抗辯，後者則否。

事實的錯誤，指對事實認知的錯誤，行為人雖有意為特定行為並已完成，惟，因其對事實的認知有誤，故無法成就違法構成要件。例如：A 擬槍殺 B，朝躺在沙發上的 B 開數槍，殊不知在其開槍前，B 已死亡，此時 A 的行為不構成殺人罪。

法律的錯誤，指對法律認知的錯誤，行為人有意並完成特定行為，其對法律的認知有誤，惟仍已成就違法構成要件。例如，法律禁止任何人以保護私有財產為由在土地周圍牆壁裝設高壓電，A 不知此規定而為上述行為，A 不知法律規定乙節不足以為有效的抗辯，A 的行為仍然違反前揭規定。

被告行為與損害結果間的因果關係，主要考量因素有三：㈠被告的行為係導致損害結果所必需的行為；㈡被告得以預見其行為所導致的結果；以及㈢縱使有前揭二要件存在，倘被告的行為與結果間的關聯過於間接，則難以成就其因果關係。

第三項　被告的抗辯

被告的抗辯主要有㈠自衛；㈡防衛他人；㈢保衛財產；㈣阻止犯罪行為；㈤緊急必要措施；㈥脅迫；㈦酒醉或中毒；㈧精神異常；㈨誘陷。

一、自　衛

自衛，指為防衛自己的人身安全而對攻擊者採取適度的措施反擊。其中，人身安全的威脅以自衛者合理的認知即可。採行的防衛措施亦以合理者為限。

二、防衛他人

防衛他人亦為合法的抗辯，惟多數案例中，均以其適用須所擬防衛之「他人」有合法防衛之前提。例如：A 目睹 B 攻擊 C 而見義勇為，為防衛 C 而攻擊 B，倘 B 為執法人員，A 便不得主張防衛他人。惟，仍有些許案例允許前揭情事中，A 得主張防衛他人。

三、防衛財產

防衛財產，原則上以使用非致命的方式為主，惟，當有其他緊急情況，如重罪、人身傷害等情事發生時，受害人得採必要措施阻止之。

四、阻止犯罪行為

執法人員或平民均得採取措施阻止現行犯的行為。

五、緊急必要措施

緊急必要措施，係指行為人為保護自己或他人的生命、財產等，得採取適度措施。惟，緊急情況的發生，係因行為人本身之魯莽、過失所致者，不得主張此抗辯。又法律明文排除此抗辯者，亦不得主張之。

六、脅 迫

因他人的脅迫而為不法行為，得以此主張抗辯。原則上，脅迫須以造成行為人或其家人之人身重傷害或死亡之威脅者為限。若為對財產損害的威脅不得主張此抗辯。多數州規定脅迫傷害的嚴重性須高於行為人被迫從事的犯罪行為。例如以 A 的家人生命為要脅，令 A 去行竊，脅迫之抗辯成立；反之，若以 A 的生命為要脅令 A 殺死 B，脅迫之抗辯不成立[17]。MPC 則規定犯罪行為人得以其之所以犯罪係因脅迫所致以為抗辯[18]；至於脅迫之要件有二：㈠行為人本身或他人將受不法之暴力；且㈡任何合理堅定之人面對該脅迫均無法抗拒。MPC 並未就脅迫與被迫從事之行為的嚴重性予以設限。

七、酒醉或中毒

酒醉或中毒得否為有效的抗辯，因案而異。原則上，非自願的酒醉或中毒均可為有效的抗辯。惟自願的酒醉或中毒，則須視犯罪行為構成要件究需一般意圖或特定意圖而定；若為前者，則不得為有效抗辯，若為後者，則可。惟，近年來，已有州立法或實務案例，將自願酒醉或中毒排除在特定意圖犯罪之有效抗辯外[19]。聯邦最高法院於西元一九九六年 Montana v.

---

[17] William Burnham, Introduction to the Law and Legal System of the United States 541 (3rd ed. 2002).

[18] MPC § 2.09 (1).

[19] Wise, *supra* note 2, at 148.

Egelhoff❷乙案中認定前揭立法合憲。

　　MPC 規定以酒醉或中毒為犯罪之抗辯者，須符合下列要件❷：㈠酒醉
或中毒非自己招致 (self-induced) 者、或係因病理所致；以及㈡因酒醉或中
毒，致使行為當時無能力意識其違法行為、或從事合法行為。是以，依 MPC，
酒醉或中毒若係自願者不得為犯罪之抗辯。

八、精神異常

　　精神異常亦為違法行為的有效抗辯，然而，如何決定犯罪行為當時有
精神異常之情事，則頗具爭議。西元一八四三年，英國 Daniel M'Naughten❷
乙案，法院認定被告行為當時，因心智疾病致無法瞭解其行為之本質或違
法性。至於被告若知其違法性，但因精神異常致無法克制其行為乙節，能
否為有效抗辯，則有不同見解。西元一八八七年阿拉巴馬州 (Alabama) 最
高法院於 Parsons v. State❷乙案中指出，倘被告係於下列情況下犯罪者均

---

❷　518 U.S. 37, 116 S.Ct. 2013, L.Ed.2d 361 (1996). 此案被告 Egelhoff 因於命案現
　　場與兩名死者坐在一部車子裏，兩名死者頭部中彈，Egelhoff 坐在後座，神智
　　不清，手槍在後座地上，而 Egelhoff 兩手均有彈藥反應，血中酒精濃度 0.36%。
　　Egelhoff 雖主張因酒醉完全無法記起事發當時的狀況，地院仍依 Montana 法
　　律，告知陪審團不得將其酒醉乙事列入決定其犯罪的心理狀況。陪審團作成審
　　判確定被告的兩項殺人罪名。Montana 最高法院廢棄原判決，謂 Montana 法律
　　剝奪被告得到正當程序的權利。聯邦最高法院又廢棄前揭判決，指出，令陪審
　　團考量被告酒醉狀況以決定其犯罪時之犯罪意圖，係古老制度下的產物，雖於
　　十九世紀以降為多數州所採行，但各州仍欠缺一致性。而 Montana 法律不准陪
　　審團考量被告酒醉乙事，並不影響所謂正當程序，是以，無違憲之虞。

❷　MPC § 2.08⑷.

❷　8 Eng.Rep. 718 (H.L.1843). 此案被告 M'Naughten 相信 Peel 爵士（當時為英國
　　首相）計畫殺他 (M'Naughten)。M'Naughten 遂擬殺 Peel，孰料竟誤殺 Peel 的
　　秘書 Edward。M'Naughten 說他誤將 Edward 當做 Peel。在審判中，M'Naughten
　　以自己精神異常為由主張不須負刑責。陪審團作成被告無罪的審判。

❷　81 Ala. 577, 2 So. 854 (1887). 此案係因數名被告涉及 Bennett Parsons 的謀殺案
　　經定罪。其中兩名被告分別為死者的妻子與女兒，兩人分別以瘋癲 (lunatic) 及
　　白痴 (idiot) 主張精神異常之抗辯。州最高法院確立精神異常的標準，並廢棄定

屬「精神異常」下所為，不須負刑責：㈠被告行為當時因心智疾病 (disease of mind) 無法分辨事情之對錯；或㈡縱令被告得以辨別對錯，但因精神疾病 (mental disease) 無法克制自己不去從事錯誤的行為。其中第二項標準即「不可抗拒的衝動」(irresistible impulse)，此標準將使被告以此為由對於預先設計的犯罪行為免責。西元一九五四年 Durham v. United States❷乙案中，聯邦哥倫比亞特區（District of Columbia，簡稱 "D.C."）巡迴法院指出，倘犯罪行為係因行為人之精神異常所致的結果，被告將不須就其行為負刑責。此即「結果」標準 (product test) 或 Durham 標準。此標準過於廣泛，於西元一九七二年 United States v. Brawner❷乙案中為 D.C. 巡迴法院推翻。

　　MPC 則規定倘行為人因精神疾病或缺陷致無足夠能力 (substantial capacity) 瞭解行為的犯罪性 (criminality)、或使自己的行為遵守法律者，不須負刑事責任❷。此即 MPC「足夠能力」標準 (substantial capacity test)，曾為多數法院所採行❷，迄西元一九八一年美國總統雷根遇刺。兇手 John Hinckley 於審判時，以精神異常為抗辯，法院採前揭 MPC 標準，致被告被判無罪，但須拘禁於精神病院接受治療。此判決令全美為之譁然。聯邦國會遂於西元一九八四年通過立法❷，限縮精神異常抗辯之適用。依聯邦法規，行為人必須因嚴重的精神疾病或缺陷、致無法瞭解行為的本質或錯誤者方可，且行為人應就此盡到明確且具說服力 (clear and convincing) 的舉證標準。

　　精神異常之抗辯常成為罪犯免於刑責的主張，故而有些許州採「有罪但具精神疾病」(guilty but mentally ill，簡稱 "GBMI") 的審判，依此，被告倘被判 GBMI，仍須入監服刑，但將得到精神醫師的治療。

罪的判決。

❷　214 F.2d 862 (D.C. Cir. 1954). 本案中被告 Durham 因闖入民宅遭定罪。

❷　471 F.2d 969 (D.C. Cir. 1972). 被告 Brawner 以二級謀殺及攜帶危險武器遭定罪。

❷　MPC § 4.01⑴.

❷　Burnham, *supra* note 17, at 540; Wise, *supra* note 2, at 149.

❷　18 U.S.C. § 17⒜.

美國聯邦國會於西元一九八四年立法時，採 M'Naughten 見解，而摒除「無法克制」的抗辯 **㉙**。

九、誘　陷

誘陷 (entrapment) 亦為合法之抗辯，有採主觀標準或客觀標準者。主觀標準為多數法院所採行。其考量因素有二：㈠政府是否誘使犯罪行為發生，以及㈡被告於遭引誘前是否已有犯罪的傾向 (predisposed to commit the crime) **㉚**。縱令政府有引誘的行動，倘被告原已有犯罪傾向，則誘陷的抗辯不足以成立。至於少數法院所採的客觀標準，取決於政府所採的勸誘方式，對一般人而言，是否會產生從事犯罪的具體危險性 (substantial risk) **㉛**。依此標準，縱令被告先前有犯罪傾向，政府的勸誘過當時，被告仍可主張誘陷之抗辯。

第四項　犯罪未遂

普通法上有關犯罪未遂 **㉜** 主要有未遂犯 (attempted crimes)、共犯 (complicity) 及共謀 (conspiracy)。

一、未遂犯

倘行為人已著手其犯罪行為但未完成，則以未遂犯論處。原則上，未遂犯仍須面臨刑事責任。大法官 Holmes 認為其責任輕重依下列情事定之：㈠完成的可能性；㈡犯罪行為的嚴重性；㈢該行為所引發的社會不安 **㉝**。MPC 則著眼於被告的意圖，亦即被告是否已採取實質的步驟 (substantial step) 足以確證其犯罪目的 (criminal purpose) **㉞**。

㉙　18 U.S.C. § 17 (a) (1994).

㉚　Burnham, *supra* note 17, at 543～544; Wise, *supra* note 2, at 150～151.

㉛　Burnham, *supra* note 17, at 544; Wise, *supra* note 2, at 151.

㉜　有關 inchoate crime 乙詞，或譯為未完成的犯罪、不完整的犯罪、犯罪未遂、初步犯罪……等；似無一詞足以全然說明其涵意。本文採犯罪未遂，因其較為簡潔亦較初步犯罪不致被誤認為初次犯罪。

㉝　Wise, *supra* note 2, at 150.

㉞　MPC § 5.01 (1) (c).

二、共　犯

　　普通法在重罪案中將行為人作下列數種區分❸：㈠一級主犯 (principal in the first degree)——如加害者 (perpetrator)；㈡二級主犯 (principal in the second degree)——如行為當時的幫助犯暨教唆犯 (aiders and abettors present at the scene，亦稱 accomplice)；㈢事前從犯 (accessories before the fact)——如：不在犯罪現場的煽動者或幫助者 (instigators or aiders not at the scene)；㈣事後從犯 (accessories after the fact)——如窩藏人犯等，因阻礙司法而被視為犯罪行為。其中㈠~㈢在現行刑法規範中被視為主犯，因此均為共犯。

　　被告是否為共犯，取決於他對主犯的犯罪行為知悉否，以及他提供多少幫助足以使主犯完成其犯罪行為。惟先決條件仍為主犯的行為是否構成犯罪。

三、共　謀

　　共謀指二人以上共同合議 (agreement) 為特定不法行為。共謀罪的成立以行為人間達成合議為已足，需有特定意圖；其係獨立於共謀從事之犯罪行為之外，是以後者是否完成，在所不問❸。

第二節　犯罪行為

　　本節將依序就涉及人身傷害及財產權侵害之犯罪行為予以介紹。

第一項　人身傷害

　　本項將介紹有關人身傷害之主要犯罪行為：㈠殺人罪 (homicide)、㈡強姦罪 (rape) 及㈢傷害罪 (assault and battery)。

第一款　殺人罪

　　普通法將殺人的罪名分為謀殺 (murder) 與非預謀殺人 (manslaughter)。

---

❸　Wise, *supra* note 2, at 151.

❸　Burnham, *supra* note 17, at 545; Wise, *supra* note 2, at 152～153.

　　謀殺係指「惡意的預謀」(malice aforethought) 不法殺害他人。所謂「惡意的預謀」係指下列情事之一者：㈠意圖殺害，㈡意圖造成嚴重身體傷害，㈢極端輕忽生命的價值，或㈣意圖從事重罪過程導致他人死亡。普通法並未就謀殺予以分類設級。MPC 亦然 **❸❼**。

　　大多數州立法則將謀殺罪分為三級：一級謀殺 (first degree murder)、二級謀殺 (second degree murder) 以及三級謀殺 (third degree murder) **❸❽**。至於對各級謀殺的定義則不盡相同。賓州及部分州採下列定義 **❸❾**：㈠一級謀殺為所有預謀殺人 (premeditated murders)、涉及危險重罪（如縱火、強姦等）的謀殺，以及終身監禁的受刑人所犯的謀殺。㈡二級謀殺則指一級謀殺以外的重罪謀殺。㈢三級謀殺則為前揭一、二級謀殺以外的謀殺。紐約州及其他州則採下列定義：㈠一級謀殺為涉及特殊情況的謀殺：⑴謀殺警察、法官、消防隊員或刑案的證人，⑵多重謀殺，⑶以凌虐或惡劣的方式予以謀殺，或⑷需特別準備的方式予以謀殺，如下毒、埋伏以待 (lying in wait)。㈡二級謀殺指任何一級謀殺以外的預謀殺人或重罪殺人。㈢三級謀殺則指一、二級謀殺以外的謀殺 **❹⓪**。

　　重罪謀殺源自於普通法，舉凡從事重罪行為過程所致之殺人事件，均

---

❸❼　MPC § 210.2 明定謀殺罪係一級重罪 (felony of the first degree)，並以下列行為為謀殺罪：㈠明知或故意從事該犯罪行為；或㈡魯莽行事極端輕忽生命價值。又，下列行為推定為魯莽輕忽：從事重罪、擬從事重罪、或於擬從事重罪或重罪完成後逃逸，所致之殺人；所謂重罪，包括搶劫、強姦暨其他性侵害、縱火、夜盜及綁票等。

❸❽　謀殺的等級始自西元一七九四年賓州法律，其目的在將死刑限於一級謀殺。惟，將一級謀殺的刑責定為唯一死刑乙節，業經認定為違憲。凡訂有死刑的各州法院，必須另舉行一項判刑的聽證會，由檢方證明有加重情節 (aggravating circumstances) 者方可。Wise, *supra* note 2, at 153.

❸❾　Degrees of Murder, *at* http://en.wikipedia.org/wiki/murder（上網日期：民國九十五年五月十五日）。

❹⓪　加州將任何以破壞方式或採事先準備方式謀殺他人者均列為一級謀殺，重罪謀殺亦為一級謀殺；其餘則列為二級謀殺。Cal. Penal Code § 188.

屬重罪謀殺 **④**。縱令被告並非故意殺人、或甚至非其本人行為所致,均須負重罪謀殺之刑責。

　　普通法將非預謀殺人分為自願 (voluntary) 與非自願 (involuntary) 兩種。前者雖為意圖殺人,但被告係基於盛怒之下或突發的刺激 (sudden provocation) 而殺人。此罪名的成立,以盛怒或刺激與殺人係在極短時間內相繼發生,倘已遲延一段時間,則前揭盛怒或刺激已冷卻 (cool-off),被告的殺人行為仍屬預謀殺人。

　　至於非自願之非預謀殺人,主要有二:㈠過失或魯莽致他人死亡。㈡輕罪之非預謀殺人,相對於重罪謀殺,此係指行為人於從事輕罪過程致他人死亡;此項罪名之成立,多限於死亡之事件為可預見、且被告行為有過失之情事 **④**。

　　MPC 將非預謀殺人定為二級重罪,並明定非預謀殺人為:㈠魯莽行為所致,或㈡因重大的精神或情緒的激動所致的殺人 **④**。至於因過失行為所致之殺人則為過失殺人罪 (negligent homicide), 為三級重罪 **④**。MPC 並未區分自願與非自願之非預謀殺人,亦未定有輕罪非預謀殺人。

第二款　強姦罪

　　強姦罪源於英國普通法,指男性對女性受害人以暴力或暴力之威脅、在違反其意願的情況下從事性行為;其中受害人必非行為人之妻子。普通法亦推定未滿十四歲之少年不致犯強姦罪。前揭部分內容已非現行法所採納。美國多數州法律不再將強姦罪限於無婚姻關係之情事,亦即,縱令行為人與受害人係夫妻關係,在符合強姦罪之要件下亦可成立罪名。行為人與受害人非屬異性亦可成立,又,行為人不限於男性、受害人亦不限於女性。再者,州法律不以行為人未滿十四歲而推定其不致犯強姦罪 **④**。

---

④ Scheb et al., *supra* note 4, at 123～124.

④ Wise, *supra* note 2, at 155.

④ MPC § 210.3.

④ MPC § 210.4.

④ Scheb et al., *supra* note 4, at 135～137; Wise, *supra* note 2, at 155.

　　基於對未成年婦女的保護,各州均定有「法定強姦罪」(statutory rape),凡與未達一定年齡(各州所定不一,各有十六、十七或十八歲)之婦女從事性行為,將構成法定強姦罪,不問該女子是否同意。目前多數州就此採中性(gender-neutral)立法,亦即不再就行為人及受害人之性別予以設限❹。

　　MPC 則仍將強姦罪限於男性行為人對女性受害人,且二者不具婚姻關係者。依 MPC,有下列情事之一者,男性與非其妻子之女性從事性行為將構成強姦罪❹:㈠以暴力或威脅對任何人採行暴力、重大傷害、重大痛苦或綁票,強迫受害人者。㈡以藥物或酒精或任何方式使受害人失去辨識能力或控制自己行為的能力。㈢受害人失去意識。或㈣受害人未滿十歲。

第三款　傷害罪

　　普通法將傷害罪分為「意圖傷害」罪 (assault) 與「毆打」罪 (battery);前者為未遂犯,後者為既遂犯。二者之區別與侵權行為法上之區別類似。

　　意圖傷害包括威脅以拳頭攻擊對方、對對方開槍或投擲石頭但未擊中、或以武器威脅對方均是。毆打罪則須涉及肢體接觸,如,毆打,或在違反對方意願的情況下予以接觸等均是。

　　在從事 assault 或 battery 的犯罪行為過程中倘行為人持有危險武器足以造成死亡或重大傷害者,將構成加重傷害之罪名 (aggravated assault, aggravated battery)。

　　普通法另有一項「重傷害罪」(mayhem),指行為人故意且惡意傷害他人。此原為多數州之法定犯罪行為,並將其涵蓋毀容之傷害。惟,現今多數州則將該罪名列入加重傷害及謀殺未遂之罪名中❹。

　　MPC 未採 battery 之罪名,而以 assault 定之;分為傷害罪與加重傷害罪。行為人有下列情形之一者構成傷害罪❹:㈠意圖造成、故意、明知或

---

❹　Scheb et al., *supra* note 4, at 136～137.

❹　MPC § 213.1.

❹　Scheb et al., *supra* note 4, at 121.

❹　MPC § 211.1 (1).

魯莽地造成他人身體傷害。㈡以致命武器過失造成他人身體傷害。或㈢意圖以肢體脅迫使對方懼怕將遭受即刻的嚴重身體傷害。此係輕罪，但倘前揭情事係因雙方合意下的打架或混戰 (scuffle) 中所致者為微罪。行為人有下列情事之一者，構成加重傷害罪❺⓪：㈠意圖對他人造成重傷害，或故意、明知或魯莽地對他人造成重傷害，依情況顯示行為人極端漠視人類生命價值。或㈡以致命武器意圖造成，或故意、明知地造成他人身體傷害。前揭加重傷害行為仍有輕重之別，故㈠之行為屬二級重罪，㈡之行為屬三級重罪。MPC 另訂有魯莽危害他人罪 (recklessly endangering another person)❺①，指行為人魯莽行事致置他人於死亡或重傷害之危險中。倘行為人將槍枝對著另一人或其所在位置，則推定魯莽與危險存在，不問行為人是否相信槍枝有子彈。依 MPC，此屬輕罪。

第二項　財產權侵害

本項財產權侵害將依序介紹偷竊 (theft)、搶劫 (robbery)、夜盜 (burglary) 及縱火 (arson) 四種犯罪行為。

第一款　偷　竊

偷竊包含多項罪名，竊占 (larceny)、收受贓物 (receiving stolen property)、侵占 (embezzlement) 以及詐欺取財 (false pretense)。

竊占係對占有權利的侵害而非所有權的侵害。其係指行為人意圖將他人的財產占為己有，其行為必須違反受害人的意願，且實際將財產取走。普通法將財產限於有形動產，各州立法則將其擴至無形資產。部分州依竊占財產價值之多寡分為重度竊占 (grand larceny) 與輕度竊占 (petty larceny)。

收受贓物係指明知為贓物而收受，屬輕罪。

侵占為重罪，不同於竊占，侵占係對合法取得占有的財產，占為己有。

---

❺⓪　MPC § 211.1 ⑵.

❺①　MPC § 211.2.

如，受僱人、代理人或監護人在保管僱用人、委託人或受監護人之財產時，將其占為己有。

詐欺取財係行為人意圖欺騙受害人，並以詐欺方式取得受害人的財產。MPC 以行騙竊盜 (theft by deception) 定之，被告故意以欺騙的方式取得他人財產。所謂欺騙可包含下列行為 ❷：㈠不實的表述。㈡阻止他人獲取其他可能影響交易決定的資訊。㈢行為人未予更正之前所為的不實表述，或行為人明知存在有足以對對方有所影響的不實表述，而行為人與對方具有忠實或保密關係。或㈣對於取得對價後而移轉予他人之財產，隱瞞與該財產有關之抵押權或債權主張。

第二款　搶　劫

搶劫為重罪，指行為人意圖永久剝奪受害人之財產，以暴力或脅迫方式取走受害人占有的財產。

MPC 規定所謂搶劫 ❸，係指在從事竊盜過程 (in the course of committing a theft) 有下列行為：㈠造成他人嚴重傷害；㈡以重傷害威脅他人、或置其於受到即刻嚴重傷害的恐懼中；㈢從事一級或二級重罪之行為或以此威脅之。又從事竊盜過程，包括擬從事竊盜之過程、竊盜未遂或完成竊盜後逃逸之過程。

MPC 將搶劫定為二級重罪，但倘從事竊盜過程，行為人擬殺害他人、故意或擬造成他人重傷害，則為一級重罪。

第三款　夜盜罪

因循英國古諺：住家是一個人的城堡 (A man's home is his castle.)，普通法為確保居民住所安全，尤其入夜後盜匪的入侵更易對居民造成驚嚇，故而定有夜盜罪 ❹。依普通法，夜盜罪之構成要件為：㈠在夜晚，㈡破門

---

❷　MPC § 223.3.

❸　MPC § 222.1.

❹　Burnham, *supra* note 17, at 534.

而入，㈢他人住處，㈣意圖犯重罪。所謂「破門」，可為實際或擬制之情事。前者亦未必有破壞行為，僅將門或窗戶推開仍屬實際之破門。後者如以詐欺、欺騙等方式進入屬之。至於進入，不以行為人直接進入為必要，僅肢體部分，如手、腳的進入已足。住處指房子或供占有人或其家屬作為睡眠處所之用者。夜晚則指日落之後到隔天日出之前。又行為人須有犯重罪之意圖，但重罪之行為，不以成就為必要。

MPC 則採較普通法廣義的要件❺：以犯罪為目的進入大樓或他人占有之建築物 (occupied structure) 或其中之部分。倘為對公眾開放的場所、或行為人有權利進入者，不構成此罪。犯罪行為之輕重亦不以犯重罪為必要。所謂進入，不以破門而入為限，進入的時間亦不限於夜晚。他人占有的建築物，包括建築物、車輛 (vehicles)、或其他可供人們夜宿或從事營業之處所，至於是否實際有人在場，則在所不問❺。MPC 將夜盜罪定為三級重罪，惟，有下列情事之一者，則為二級重罪❺：㈠於夜晚犯此罪；或㈡於從事犯罪過程中，行為人⑴故意地、明知地或魯莽地致他人傷害、或意圖對他人構成傷害者，或⑵持有爆裂物或致命武器。所謂夜晚係指日落後三十分鐘後至隔天日出前三十分鐘前❺。

依 MPC，倘行為人明知無權，但仍進入或停留在大樓或他人占有的建築物，則構成刑事入侵 (criminal trespass) 之罪名。倘於夜晚犯此罪屬輕罪，其餘為微罪 (petty misdemeanor)❺。

第四款　縱火罪

縱火罪 (arson) 係基於保護住所安全所定的罪名。依普通法，係指故意且惡意地縱火點燃他人之住處者。是以，燃燒自己的房子不構成縱火罪。

---

❺　MPC § 221.1 (1).

❺　MPC § 221.0 (1).

❺　MPC § 221.1 (2).

❺　MPC § 221.0 (2).

❺　MPC § 221.2 (1).

此罪名不以房子實際燒毀為必要，只要有些微燃燒即是。惟，僅有薰煙之損害者，不構成縱火罪。

MPC 則以下列行為構成縱火罪❻：行為人基於下列意圖點燃或引起爆炸：㈠毀損大樓或他人占有之建築物；或㈡毀損自己或他人之任何財產，以收取保險金。行為人得以下列事由為有效的抗辯：㈠行為人之行為並未魯莽地危及任何大樓或建築物等，且㈡未置任何人於死亡或傷害之危險者。MPC 將縱火罪定為二級重罪。

MPC 另定有兩項與縱火有關的罪名，即魯莽燃燒或爆炸罪 (reckless burning or exploding) 及疏於控制或報告危險火災罪 (failure to control or report dangerous fire)。

魯莽燃燒或爆炸罪，係指任何人故意對自己或他人財產縱火、或引起爆炸，魯莽地㈠置他人於死亡或傷害的危險，或㈡置大樓或他人占有的建築物於毀壞的危險❻。此為三級重罪。

疏於控制或報告危險火災罪為輕罪，本罪規範之主體為❻：㈠明知自己具有官方契約或法定責任阻止火災發生之人，或㈡引起火災之人、或同意他人引起火災之人、或所監督或控制的財產上發生火災者。行為態樣為：明知火災危及他人生命安全、或對他人財產有重大損害，但未採取適當措施滅火、控制火勢、或觸按警鈴，而依當時情勢，行為人從事相關措施，不致對自己的安全有任何危險。MPC 將占有的建築物擴及船舶、拖車、飛機、臥車、或其他車輛、建築等，可供人夜宿或從事營業者。不以任何人在場為必要。財產指行為人以外之人所占有或持有者❻；倘大樓或建築物區分為許多戶，則所謂他人占有之建築物，係指除行為人本人以外他人所占有的住戶❻。

---

❻　MPC § 220.1 (1).
❻　MPC § 220.1 (2).
❻　MPC § 220.1 (3).
❻　MPC § 220.1 (4).
❻　同上。

第六章　刑事訴訟程序

　　美國刑事訴訟程序，因聯邦與州體制而分聯邦刑事訴訟程序與各州刑事訴訟程序。至於聯邦憲法第四、五、六暨八增修條文中有關被告的基本權利，雖當然適用於聯邦刑事訴訟案件，卻未必適用於州案件中。西元一八六八年增訂的憲法第十四增修條文，使得州政府必須尊重聯邦憲法所賦予州民的基本權利。然而歷經「全部併入」(total incorporation) 與「選擇性併入」(selective incorporation) 的論辯，現階段有關「大陪審團起訴制度」(grand jury indictment) 及禁止「過高保釋金」(excessive bail) 部分，仍非州民得向州政府主張的基本權利。

　　本章仍以聯邦體制為主軸，討論刑事案件，由蒐證、逮捕，至訴訟進行過程，以及刑事被告的憲法基本權利。依序為㈠審判地，㈡嫌犯的逮捕與蒐證，㈢審判前的指認、首次出庭暨預審，㈣起訴，㈤提訊，㈥刑事被告的憲法權益，㈦審判、聲請暨判決，及㈧刑責。至於發現證據，審判庭中的程序（包括檢方及辯方的舉證與抗辯等部分）與民事訴訟程序相同者，本章將不予贅述。

第一節　審判地

　　刑事案件的管轄權，決定於犯罪行為本身究係違反聯邦法律或州法律，進而以行為發生地為審判地 (venue)。

　　被告常以其憲法基本人權有受到侵犯之虞，要求更換審判地 (change of venue)。最常見者，即被告無法得到公平審判 (fair trial)❶。聯邦最高法院於 Sheppard v. Maxwell❷乙案中亦指出，倘審判前偏頗的報導有損於公平審判，法院應俟其影響減低時才進行審判，或將案件移至較不受報導影響的地區進行審判。Sheppard 乙案，被告醫生被控謀殺他的妻子，審判前，媒體大肆報導犯罪過程，及諸多對被告 Sheppard 的攻詰。審判前三週，報

---

❶　F.R.Crim.P. 21 (a). 陪審員的產生，係以審判地所在區域的居民為對象，而當地居民極可能因該刑事案件而對被告有厭惡、偏頗的主觀成見，一旦擔任陪審員，恐難予以被告公平的審判。

❷　384 U.S. 333, 86 S.Ct. 1507, 16 L.Ed.2d 600 (1966).

紙刊載可能擔任陪審員的名單（包括姓名及地址），以致民眾的電話、信件接踵而至該些人員家中。審判庭上擠滿記者，近距離貼近陪審員及被告，他們在法庭內任意走動，干擾審判的進行，陪審員也隨意和媒體接觸，各個成了公眾人物。法官並未採行任何措施阻止案件過度曝光，更未有效控制法庭內的行為。陪審團作成 Sheppard 有罪的審判。Sheppard 被定罪並判終身監禁。Sheppard 聲請人身保護令 (habeas corpus)，主張未得到公平審判。聯邦地院核准，但上訴法院廢棄。聯邦最高法院指出，本案事實顯示審判前偏頗的報導相當可能 (reasonable likelihood) 損及公平審判。法官的疏於維持公平審判，使被告憲法第十四增修條文之正當程序權利受到侵犯。是以，本案應重組陪審團重新審判。然而，更換審判地，亦可能成為被告脫罪的方式。例如：西元一九九二年加州洛城暴動事件 (1992 Los Angeles riots)❸。

第二節　嫌犯的逮捕與蒐證

逮捕嫌犯的過程及理由是否合法，影響其所取得的證據之證據能力 (admissibility)。依聯邦憲法第四增修條文，搜索及逮捕／扣押犯人或事物，必須有合法的搜索狀、逮捕狀或扣押狀 (search/arrest/seizure warrant)，若無前揭令狀，則須有「合理事由」(probable cause) 的存在始可。本節將依序

---

❸ 肇始於西元一九九一年三月，四名警察毆打一名市民，被毆的市民為黑人。四名警察中三名為白人、一名為拉丁裔，經媒體揭露而受到起訴。由於當地為黑人區，被告以在當地審判無法得到公平審判為由，更換審判地。審判地點移到以白人居民為主的地區，由近乎清一色白人陪審員組成的陪審團進行審判。西元一九九二年四月二十九日，陪審團作成無罪審判。因此引發黑人不滿，釀成暴動。該四名警察嗣經重審，於西元一九九三年四月十七日陪審團作成兩人有罪、兩人無罪的審判。請參閱 Doug Linder, *The Trials of Los Angeles Police Officers' in Connection with the Beating of Rodney King* (2001), *at* http://www. law.umkc.edu/faculty/projects/ftrials/lapd/lapdaccount.html（上網日期：民國九十四年十月一日）；另請參閱 1992 Los Angeles riots, *at* http://en.wikipedia. org/wiki/1992_Los_Angeles_riots#Aftermath（上網日期：民國九十四年十月一日）。

探討憲法第四增修條文所保障的搜索與扣押的範圍、合憲的搜索與扣押以及違憲取得證據的證據能力。

第一項　憲法保障搜索與扣押的範圍

早期聯邦最高法院認定憲法第四增修條文所保護之搜索，係指不得有形地侵入憲法所保障的範圍而言❹。西元一九六七年 Katz v. United States❺乙案中，聯邦最高法院釐清憲法第四增修條文所保護者為人，而非地點，縱令在公共場所，警方以電子設備錄製被告電話中答話內容，亦構成搜索❻。

---

❹　Boyd v. United States, 116 U.S. 616, 6 S.Ct. 524, 29 L.Ed. 746 (1886). 聯邦法規明定，基於查緝走私逃漏關稅，法院得令業者繳交其私人帳冊、貨單，否則視為認罪乙節，違反聯邦憲法有關搜索之規定。所謂搜索，除進入特定場所進行搜索外，亦包括強制對方繳交其私人事物。Olmstead v. United States 乙案中，聯邦最高法院更引用 Boyd 案，而認定搜索暨扣押係對人、事、物、地點等有形的侵犯，故而以電子設備監聽電話內容，既非有形的侵犯，自不在其列。277 U.S. 438, 48 S.Ct. 564, 72 L.Ed. 944 (1928). 曾於西元一八九〇年著文倡議隱私權之重要性的 Louis Brandeis 大法官，則於反對見解中指出：「立憲者認知人們心靈本質、情感及思維的重要性，他們意會到有形的物質只是帶給人們生活上的痛苦、歡樂及滿足的一部分。他們意圖保護美國人民的信仰、思想、情感與感覺。他們賦予人們有免於受到政府干預的權利 (right to be let alone)，這是一項最廣義且最為文明人所重視的權利。」約四十年後，Brandeis 大法官的見解於西元一九六七年 Katz v. United States 乙案中成為判決依據。請參閱註 5。

❺　389 U.S. 347, 88 S.Ct. 507, 19 L.Ed.2d 576 (1967).

❻　本案中，被告 Katz 透過電話傳遞賭注訊息至他州，因而以違反 18 U.S.C. §1084 遭起訴並定罪。FBI 係將電子監聽設備裝在公共電話亭外，藉此監聽並錄得 Katz 之談話內容。聯邦地院暨上訴法院均以 FBI 未違反憲法第四增修條文，確定被告的罪名。聯邦最高法院廢棄下級法院判決指出，FBI 的行為已侵犯 Katz 使用公共電話所期待的隱私權 (expectation of privacy)，其行為構成第四增修條文之「搜索暨扣押」。是以，除非 FBI 持有令狀或另具有合理事由，否則將違反 Katz 第四增修條文之基本權利。最高法院進而推翻前揭 Olmstead v. United States 等案之判決。請參閱註 4。

「開放區域」(open fields)，係指房子庭院以外的土地 (any land outside the curtilage of a house)，亦即，庭院仍屬非開放區域的一部分。聯邦最高法院早於西元一九二四年 Hester v. United States❼指出，開放區域並非憲法第四增修條文所保障的區域。該案中，Hester 因藏有私酒，經依聯邦法規起訴並定罪。Hester 以其犯罪證據係稅務員違反其第四暨第五增修條文之基本權利所得，應不得採納，而上訴至聯邦最高法院。兩名稅務員係得到訊息，而到 Hester 家，藏身於距房子約五十至一百碼之處。他們目睹 Hester 與 Henderson 進行交易行為，Hester 與 Henderson 發現有異便逃跑，並丟下手中的瓶子。稅務員藉由丟在地上的瓶子中殘留的液體，認定確係 Whiskey 私酒。聯邦最高法院指出，稅務員雖入侵 (trespass) Hester 的土地，但係於「開放區域」取得證據，故而並未侵犯 Hester 第四增修條文之權利。嗣於 Oliver v. United States❽乙案中重申 Hester 乙案有關「開放區域理論」(open fields doctrine) 之適用。該案中，聯邦緝毒探員並未進入 Oliver 的房子或農場，而係繞過設有「不得入侵」牌子的門外小道，發現 Oliver 種有大麻，進而將其逮捕。另一案中，警察亦係繞過被告 Thornton 的房子，沿著其與鄰近房子間的小道，走到 Thornton 家後方樹林，發現兩塊種有大麻的園子，並以籬笆圍著，沒有「不得入侵」的牌子，警方另行取得搜索狀後，方進入搜索、查扣大麻。聯邦最高法院指出，Hester 案的「開放區域理論」並不受 Katz 案的影響，換言之，Oliver 案中緝毒探員於門外小道發現大麻，及 Thornton 案中，警方自小道觀望到樹林中有大麻園子，均不屬第四增修條文所保護的搜索區域。

至於利用飛行器於空中勘查，或對於街道上的垃圾箱進行檢查，亦均因當事人並無對隱私權的合理期待 (reasonable expectation of privacy)，而不構成聯邦憲法第四增修條文所保護的搜索❾。

---

❼　265 U.S. 57, 44 S.Ct. 445, 68 L.Ed. 898 (1924).

❽　466 U.S. 170, 104 S.Ct. 1735, 80 L.Ed.2d 214 (1984). 本件判決包括 Maine v. Thornton 乙案。

❾　William Burnham, Introduction to the Law and Legal System of the United States

第二項　合憲的搜索與扣押

依聯邦憲法第四增修條文，合憲的搜索與扣押，應具有合法的令狀，或「合理事由」始可。

令狀的核發須符合下列要件：㈠正式的訴狀——由警察或私人提出。㈡由法官或行政法官 (magistrate) 審理，無論核發令狀之人的特定職稱為何，其必須具中立公平的立場❿。㈢告發者須宣誓，倘其提供之資訊有虛偽不實之情事，須負偽證罪 (perjury) 之責。及㈣特定人有犯罪的可能事由存在。令狀內容必須明確，如：㈠逮捕或搜查對象的姓名；㈡搜索或扣押的事物；㈢搜索的地點；㈣有效的期限。

無令狀的合法逮捕：㈠重罪犯，包括⑴現行犯——執法人員及私人均可逮捕；⑵非現行犯——執法人員有正當理由相信有重罪發生（無論是否實際發生），執法人員可逮捕之。㈡輕罪犯——須為危害社會安寧且為現行犯，則執法人員及私人均得逮捕之。

聯邦最高法院在西元一九六八年 Terry v. Ohio⓫乙案中指出：執法人員在符合下列要件時，得對嫌疑犯進行攔阻及搜身 (stop and frisk)：㈠合理明確的懷疑 (reasonable and articulated suspicion)——懷疑將有或已有犯罪行為發生，可詢問其姓名、住址，正在從事的行為，以及擬前往的目的地。

279～280 (3rd ed. 2002).

❿　Burnham, *id.* at 282.

⓫　392 U.S. 1, 88 S.Ct. 1868, 20 L.Ed.2d 889 (1968). 該案中，便衣警察 McFadden 在街道上巡邏時，發現 Terry 與 Chilton 在街道一旁人行道上行蹤詭異，來回在街道上徘徊，並不時往店面的櫥窗內探視，又兩次與另一名 Katz 交談。McFadden 擔任警察三十九年，有三十五年刑事警探的經驗，並負責巡邏該區達三十年。McFadden 懷疑該三人圖謀不軌，上前向他們質問，他們喃喃自語回應。因擔心他們可能帶有槍枝，McFadden 抓住 Terry，拍打其外部衣服，發現上衣內袋有手槍，但無法取出，故令三人到店裏，對渠等逐一搜索。Terry 與 Chilton 均帶有手槍，Katz 則無。前二人因此以非法持有槍械遭起訴。州法院均確定其罪名。聯邦最高法院亦確定二人罪名。

㈡有合理的理由相信對方攜帶危險武器 (the person armed with dangerous weapon)。以及㈢以輕輕拍打的方式對嫌犯進行搜身 (pat-down search)。符合此要件取得的證物——槍枝，可作為呈堂供證。

　　在高度犯罪率的區域，當一人毫無緣故地看到員警就逃跑，足以令警察對其產生合理懷疑而予以追逐，並進行搜身、留置❷。又，在對市民有合理懷疑的情況下，警察得要求其表明身分。如 Hiibel v. Sixth Judicial Dist. Court of Nevada❸乙案中，Nevada 警員接到一通電話通報某處發生一件攻擊婦女的事件，嫌犯係開一部卡車。警員到現場調查，他看到 Hiibel 正站在一部卡車旁，車內有一名女子；便上前說明自己的身分和目的並詢問對方，要求他出示身分證件，Hiibel 一再拒絕，因而以違反 Nevada 法律遭起訴定罪。聯邦最高法院指出，當警員對嫌犯有合理懷疑，而要求嫌犯說出其姓名並出示身分證明，係合乎 Terry 乙案的精神，確保政府的法益。至於 Nevada 的刑事處罰，係為貫徹前揭出示身分證明的措施，並無不當。不過，對於匿名通報，則不足以構成攔阻搜身的合理事由。如：Florida v. J. L.❹乙案，警方接到一通匿名電話指出，一名在特定車站穿格子襯衫的黑人青年攜帶槍枝。警方到現場看到三名黑人，一名穿著格子襯衫，該名青年 J. L. 並無任何不當舉動。但警察仍上前對他搜身，搜得一把手槍。聯邦最高法院維持佛州最高法院判決指出，本案警察搜身的理由係因一項由欠缺可信度的密告者所提供的資訊，不足以構成合理懷疑。

　　對於警察攔檢車輛的合法性，最早見於西元一九二五年 Carroll v. U.S.❺乙案。該案中，聯邦探員曾喬裝買家向 Carroll 等人洽購 Whisky 及琴酒等。交易雖未達成，但探員知悉 Carroll 等人所駕駛的車種及車牌號碼。

---

❷　如 Illinois v. Wardlow 乙案，被告 Wardlow 在毒販出沒率高的地區，手持一只袋子，看到警車就逃跑。聯邦最高法院指出警察攔阻 Wardlow 並搜身的行為，並未違反憲法第四增修條文。528 U.S. 119, 120 S.Ct. 673, 145 L.Ed.2d 570 (2000).

❸　542 U.S. 177, 124 S.Ct. 2451, 159 L.Ed.2d 292 (2004).

❹　529 U.S. 266, 120 S.Ct. 1375, 146 L.Ed.2d 254 (2000).

❺　267 U.S. 132, 45 S.Ct. 280, 69 L.Ed. 543 (1925).

兩個月後，當聯邦探員在例行的巡邏時，發現 Carroll 的車子，將其攔阻，
並搜得一批酒貨。Carroll 等人因違反聯邦法規遭起訴定罪。聯邦最高法院
指出，倘警察有合理事由足以相信車上載有違禁物或證據，則可攔阻車輛
進行搜索，否則車子極可能脫離州或警察的管轄範圍。惟，此非謂警察得
任意攔阻車輛，聯邦最高法院於 Delaware v. Prouse ❶ 乙案中指出，除非警
察對駕駛人之違法具有合理懷疑 (reasonable suspicion of wrongdoing) 方得
任意攔阻車輛；否則，將賦予執法人員過當的裁量權。不過，對於設在邊
界的常態性定點攔阻則是合法的。據此，執法人員得以任何犯罪的合理懷
疑為由，攔阻駕駛人進行搜索，縱令其行為無關乎交通問題，亦不問執法
人員的動機是否與交通問題有涉 ❶。聯邦最高法院亦於 California v.
Acevedo ❶ 乙案中指出，倘執法人員有合理事由相信車上載有違禁物，執法
人員得對整部車子及可能藏有違禁物的容器予以搜索。聯邦最高法院於
Wyoming v. Houghton ❶ 乙案中，進一步指出，警察有合理事由搜索車子的
同時，倘駕駛人以外的乘客的私人物品（如皮包）足以容納擬搜索的事物，
亦得對後者進行搜索。至於警員攔阻車輛後，亦得令駕駛人走出車外，並
對其進行搜身 ❷。同理，執法人員亦得令駕駛人以外的乘客走出車外 ❷。

---

❶ 440 U.S. 648, 99 S.Ct. 1391, 59 L.Ed.2d 660 (1979). 本案中，Prouse 在行車時並
未有任何違規行為。巡邏警察將 Prouse 的車子攔下，擬檢查其駕照及行照，
當他走近 Prouse 的車子時，聞到大麻的味道，並從窗外看到車內有大麻。Prouse
因此遭逮捕起訴。Delaware 下級及上級法院，以大麻的取得違憲為由，而否准
大麻證據。聯邦最高法院亦確定州法院之判決指出，任意攔阻駕駛人車輛以檢
查其駕照及行照的作法，係構成不當的扣押，違反聯邦憲法第四暨第十四增修
條文。警方須合理懷疑駕駛人無合法駕照或車子無行照，方可攔阻車輛。惟，
法院亦指出，若係設立定點的檢查則可。

❶ Burnham, *supra* note 9, at 289～290.

❶ 500 U.S. 565, 111 S.Ct.1982, 114 L.Ed.2d 619 (1991).

❶ 526 U.S. 295, 119 S.Ct.1297, 143 L.Ed.2d 408 (1999).

❷ 如 Pennsylvania v. Mimms 乙案，被告 Mimms 的車牌已過期，在公路上遭警察
攔下，警察對其進行搜身而找到槍枝。聯邦最高法院指出，相對於執法人員可
能遭受到攻擊的危險，要求駕駛人離開車子，對其造成的侵犯是極為有限的

除此，在下列情況下亦足以構成合憲的搜索與扣押。

一、合法逮捕後的搜索

基於保護執法人員及防止證據的破壞，執法人員得於逮捕被告後，對其本人及其可立即支配的範圍內進行搜索。

二、通常視野

倘執法人員合法地出現在特定場所，在通常視野 (plain view) 所及的範圍內無意中發現 (inadvertent discovery) 證據，憑其直覺判斷其為違法事證，且依當時情事，有搜索違禁物之必要性，則可進行搜索。如：Coolidge v. New Hampshire❷乙案，聯邦最高法院便指出，縱令合法進入特定處所，若非無意發現事物，且可明顯認定其為違法之證據者，不得適用 plain view 理論。然而，聯邦最高法院嗣於 Horton v. California❸乙案中指出，plain view 理論不須具備「無意中發現」之要件；警員只須合法進入場所，在通常視野範圍所發現的事物，係可明顯認定係違法證據，且警員以合法方式取得即可。Horton 案即是因警員擬追緝搶案的贓款及武器，而持有的搜索狀僅將贓款列為搜索之標的，當員警進入搜索地點搜查時，找到手槍，但未見贓款。法院指出手槍雖非屬「無意中發現」，但仍無礙於 Plain view 理論的適用。

三、汽車的例外

此源自西元一九二五年 Carroll 乙案❹。聯邦最高法院指出，符合下列兩項要件所取得的證據具有證據能力：㈠合理事由——執法人員有「合理事由」相信車中藏有違禁物；㈡汽車移動的可能性——汽車極可能在執法

    (de minimus)。是以，警察在合法攔阻車輛後，不需另有對自身安全的合理懷疑，亦得令駕駛人走出車外。434 U.S. 106, 98 S.Ct. 330, 54 L.Ed.2d 331 (1977).

❷❶ 如 Maryland v. Wilson 乙案，Maryland 州警察攔下一部超速的車輛，州警令駕駛人拿出駕照的同時，發現其中一名乘客神色有異，州警令渠等下車，乘客下車時，掉了相當數量的毒品。聯邦最高法院指出，Pennsylvania v. Mimms 乙案之判決亦適用於駕駛人以外的乘客。519 U.S. 408, 117 S.Ct. 882, 137 L.Ed.2d 41 (1997).

❷❷ 403 U.S. 443, 91 S.Ct. 2022, 29 L.Ed.2d 564 (1971).

❷❸ 496 U.S. 128, 110 S.Ct. 2301, 110 L.Ed.2d 112 (1990).

❷❹ 請參閱註 15 暨其本文。

人員取得搜索狀前移走。此時，執法人員得逕自進行搜索。

四、被搜索對象的同意

原則上，被搜索對象的同意須為明示且出於自願，渠等並瞭解有權利拒絕搜索扣押，且執法人員不得有脅迫詐欺的情事。例外亦有默示的同意，如機場海關的安檢等。房東或旅館業無權同意警察進入房客的房間❷，至於同住的室友，則有權同意執法人員進入住家，搜索不利於被告的證據。但室友給予同意搜索的範圍，須渠等具有同意的權利者。如：United States v. Matlock ❷乙案，聯邦最高法院提出如是見解。是以，若室友與被告分住不同房間，室友無權同意警察進入被告的房間搜索。不過，倘若被告在搜索現場，且被告已斷然拒絕搜索，則縱令為被告與該室友共同擁有的權利範圍，室友同意警察搜索，仍違反憲法第四增修條文。如：Georgia v. Randolph ❷乙案中，聯邦最高法院指明，被告在現場反對者，縱令室友同意，執法人員仍不得進入。但倘被告不在現場，包括可能已被警員逮捕或留置在警車內，則室友有行使同意的權利。此案的同意，係指針對證據的搜索，而無關乎防止家庭暴力。

五、現行犯的追捕

在合理追捕過程，可進行搜索，若已逾合理期間，則不得為之。

六、緊急情況

緊急情況下，為避免證據流失或破壞 (destruction of evidence)，或對員警或大眾安全的威脅，可逕行搜索。然而，對住家進行無令狀的搜索，應受到嚴格的限制。聯邦最高法院於 Welsh v. Wisconsin ❷乙案中，又重申對住家搜索與因緊急情況進行無令狀搜索，二者重要性的考量。本案中，被

---

❷　Chapman v. United States (365 U.S. 610, 81 S.Ct. 776, 5 L.Ed.2d 828 (1961)) 與 Stoner v. California (376 U.S. 483, 84 S.Ct. 889, 11 L.Ed.2d 856 (1964)) 兩案中，聯邦最高法院先後各別對房東及旅館業者的同意，確定其係無權為之。

❷　415 U.S. 164, 94 S.Ct. 988, 39 L.Ed.2d 242 (1974).

❷　126 S.Ct. 1515, 164 L.Ed.2d 208, 2006 U.S. LEXIS 2498 (2006).

❷　466 U.S. 740, 104 S.Ct. 2091, 80 L.Ed.2d 732 (1984).

告 Welsh 在路上開車蛇行，最後停在路旁，在要求另一名駕駛人送他回家未果後，自己步行回家。該名駕駛人通知警察，並將目睹的一切告知警察。警察隨後根據汽車牌照找到 Welsh 的住家，經 Welsh 女兒開門，進入其內並上樓到 Welsh 房間，Welsh 躺在床上睡覺，警察將他帶回警局。Welsh 拒絕接受酒測。因此面臨兩項指控，一為拒絕酒測，另一為酒後駕車。此二者的處罰為查扣駕照六十天及最多三百元的罰鍰。聯邦最高法院指出，所謂緊急情況，包括現行犯的追捕，防止任何的傷害（無論對大眾或員警或嫌犯本身），以及避免證據的銷毀。本案並不符現行犯的追捕，Welsh 將車停放路旁走路回家，對大眾等已無任何安全上的顧慮。而縱令逾時酒測，將無法測出其開車時的酒精濃度，以前揭法規可知，Welsh 所違反者，僅為停照六十天及三百元罰鍰，並未構成重大犯罪。相對於 Welsh 住家所應受憲法第四增修條文的保護，員警無令狀的搜索、逮捕，顯然違反第四增修條文。除非如 United States v. Rhiger ❷乙案中，Rhiger 在住家中製造甲基安非他命 (metham phetamine)，員警一路跟蹤 Rhiger，並在其住家外留守了一小時，因聞到異味，擔心化學物爆炸，在無令狀的情況下入內，以確保安全，在取得搜索狀後，進一步進行搜索。聯邦第十巡迴法院指出，本案當時，確具危險之緊急情況，員警得在無令狀的情況下進入住家。

　　除前揭情事，執法人員必要時得監聽，但須注意其合法性。原則上，若為一般的竊聽 (eavesdropping)，未加諸機器設備，則無憲法第四增修條文的爭議存在，應屬合法。反之，以電子設備等監聽 (wiretapping)，則涉及隱私權的侵犯，是以，須於取得令狀後始得為之。令狀上須載明合理事由、嫌犯的姓名、擬監聽的特定談話內容，及監聽的期間。逾監聽期間所取得的監聽內容不具證據能力。

　　執法人員對於已在其拘留下的嫌犯，須先告知其 Miranda Warning ❸始得進行質詢。此即「拘留中的質詢」(custodial interrogation)。

---

❷　315 F.3d 1283 (10th Cir. 2003).

❸　請參閱本編第一章「美國憲法」第四節「人權法案」第三款「刑事被告的權利」及該章註 142。

第三項　違憲取得的證據

聯邦憲法第四增修條文明定，除了合法的令狀外，執法人員須具有「合理事由」方得進行搜索、扣押或逮捕等行為。其目的在確保個人不受不法侵犯。「證據排除法則」(exclusionary rule) 旨在禁止不當的執法行為。依該法則，任何違反第四增修條文所取得的證據，均不得於刑事訴訟程序中採納之。所謂執法人員，係指支領官餉的警察及接受警官督導的一般平民。是以，若為私人或私人警衛的行為，不適用前揭法則。

西元一九一四年，Weeks v. United States ❸ 乙案中，聯邦最高法院首次確立「證據排除法則」。Weeks 案中，被告 Weeks 在上班時間，執法人員並無搜索狀，但仍逕自進入 Weeks 家中進行搜索，並查扣其所有的書籍、錢、信件、票券、保險單、衣物等財物。警察並到 Weeks 工作地點，將他逮捕，Weeks 以賭博罪名遭起訴並定罪。Weeks 聲請取回其遭查扣之書籍、信件等財物遭拒。聯邦最高法院廢棄原判決指出，執法人員藉著執法名義侵害被告的憲法權利，其因此取得的信件等應予返還，更不得供作法庭上的證據。此案係涉及聯邦執法人員之行為，而未就州執法人員之行為予以論究。西元一九四九年，Wolf v. Colorado ❸ 乙案中，聯邦最高法院則指明，州的不當搜索暨扣押，確實違反聯邦憲法第十四增修條文之正當程序，然而，「證據排除法則」並不適用於州政府。蓋以，此法則並非憲法第四增修條文所明定，州得自行訂定違反第四暨第十四增修條文之因應補救措施。

迄西元一九六一年 Mapp v. Ohio ❸ 乙案，聯邦最高法院推翻 Wolf 乙案之判決，認定「證據排除法則」亦適用於州案例。Mapp 案，警察調查一件爆炸案，在得知嫌犯可能藏匿 Mapp 住家後，前往搜索。住在樓上的 Mapp 應門，瞭解警察的來意後拒絕開門。三、四小時後，警察又再度敲門，Mapp 未及時應門，數名警察從其他窗門強行進入。Mapp 搶走警察自稱為令狀的

---

❸　232 U.S. 383, 34 S.Ct. 341, 58 L.Ed. 652 (1914).

❸　338 U.S. 25, 69 S.Ct. 1359, 93 L.Ed. 1782 (1949).

❸　367 U.S. 643, 81 S.Ct. 1684, 6 L.Ed.2d 1081 (1961).

紙張，雙方發生扭打；Mapp 的律師到場，但警察拒絕讓他與 Mapp 見面。Mapp 被戴上手銬、押上二樓 Mapp 的臥室，警察搜查櫃子、抽屜、行李箱等，翻閱其個人相簿，並另搜查二樓其他房間、地下室等等。最後搜得一些色情刊物。Mapp 因持有色情刊物遭起訴、定罪。聯邦最高法院廢棄州法院之判決指出，依聯邦憲法第十四增修條文，州既應保護人民有關憲法第四增修條文的隱私權利，當州違反前揭規定時，「證據排除法則」自應予以適用。

　　西元一九六三年 Wong Sun v. U.S.❸❹乙案，聯邦最高法院又衍生另一項理論——毒樹果實理論 (fruits of the poisonous tree doctrine)，因不法取得的證據所直接或間接衍生取得的證據亦不具證據能力，如同毒樹長出的果實般已被感染毒素。此理論過於嚴苛，因此，實務上較具爭議性。

　　「證據排除法則」有下列例外情事：㈠攻擊證人可信度、㈡大陪審團的起訴程序或假釋撤銷的聽證會 (parole revocation hearing)、㈢「當然發現法則」(inevitable discovery rule)、㈣「獨立來源理論」(independent source doctrine)、㈤不具主張「證據排除法則」的資格 (standing)、㈥因果關係的微弱或減弱 (attenuation of causal connection)、以及㈦善意的例外 (good-faith exception)。茲分述如下。

一、攻擊證人可信度

---

❸❹　371 U.S. 471, 83 S.Ct. 407, 9 L.Ed.2d 441 (1963). 此案中，六名聯邦緝毒探員非法闖入 Toy 的洗衣店，追逐 Toy 到店後面的住處，他的妻子和子女正在睡覺。他們將 Toy 戴上手銬，Toy 告訴探員，Yee 曾販售毒品。探員立即找到 Yee，Yee 交出海洛因，並提及其供貨來源為 Toy 及另一名 Wong Sun。探員因此逮捕 Wong Sun，但並未自其搜出任何毒品。Wong Sun 被釋放數天後，自行到警局接受質詢，他雖口頭承認，但拒絕簽署自白書。Wong Sun 遭起訴並定罪。聯邦最高法院以五比四票廢棄原判決指出，聯邦探員對進入 Toy 住處以及對 Toy 的逮捕，係屬不法；是以其當時的說詞及自 Yee 處取得的毒品，均因源自前揭不法行為而不得採納。唯一得以採證者為嗣後 Toy、Wong Sun 等人自行到警局所做的供詞，蓋以 Toy 等人自行到警局乙事，與前揭執法人員之不當行為的關聯性，至微薄弱 (attenuation)。

　　法庭上基於攻擊證人可信度的需要，可採用違反憲法所取得的證據或自白，但於法庭上僅限於此用途。且限於對被告為之，而不及於其他證人。

二、大陪審團的起訴程序或假釋撤銷的聽證會

　　「證據排除法則」並不適用前揭程序。聯邦最高法院於 United States v. Calandra❸❺中採用「成本效益分析」(cost-benefit analysis) 指出，阻止執法人員的不當行為，可藉由審判庭中「證據排除法則」的適用而達成。反之，該法則之於大陪審團中能達到多少遏止效果則未知。換言之，非但其所擬保護之法益不彰，卻可能使得執法人員汲汲營營於搜索合於大陪審團程序所需證據，而忽略真正能將被告繩之於法所需的證據。況且，檢察官亦不可能貿然將案件交由大陪審團。是以，於大陪審團程序適用「證據排除法則」並無實益❸❻。西元一九八〇年，United States v. Havens ❸❼乙案，聯邦最高法院採用「成本效益分析」指出，Havens 在邁阿密機場遭不當搜索所得的證據，得用以攻擊其於審判庭中的證詞（無論於直接詰問或交互詰問均可）。

三、「當然發現法則」(inevitable discovery rule)

　　首見於 Nix v. Williams ❸❽乙案，Williams 涉嫌殺害一名十歲女童，當他主動到 Davenport 警局時，警方通知其律師將帶 Williams 到女童失蹤的當地警局 Des Moines，但不會對 Williams 作任何詢問。惟，途中，警方仍設法使 Williams 承認殺人並供出女童棄屍的地點，在此之前已進行的兩百人自願搜查女童的行動遂告中止。警方尋獲女童遺體，交由法醫解剖驗屍。Williams 因此遭以一級謀殺起訴、定罪。Williams 主張其在前往 Des Moines 途中的談話內容以及女童遺體相關證據，如：解剖報告等，均不得採證，因其係違反聯邦憲法第六增修條文（得到律師協助）採得的證據。聯邦最

---

❸❺　414 U.S. 338, 94 S.Ct. 613, 38 L.Ed.2d 561 (1974).

❸❻　Calandra 案涉及於大陪審團程序中作證的證人，要求排除因不當搜索、扣押所得的證據。

❸❼　446 U.S. 620, 100 S.Ct.1912, 64 L.Ed.2d 559 (1980).

❸❽　467 U.S. 431, 104 S.Ct. 2501, 81 L.Ed.2d 377 (1984).

高法院指出，Williams 自白的部分固不得採證，但有關女童遺體證據，包括解剖報告，則可採用。蓋以，在 Williams 供出地點前，已有兩百名人員進行搜查，縱令無 Williams 供詞，其亦極可能尋獲女童遺體。證據排除法則的目的，在於遏止執法人員的不當行為，是以，不得令檢方因不當行為取得之證據而居於較有利的位置。相反地，倘執法人員得另由合法的方式取得證據，則應置警方於倘若無不當行為，其可處的位置，以平衡社會公益❸；論者 Norton 稱此為「回復原狀」(restoring the status quo ante)❹。據此法則，警方原不當取得的證據仍得於審判庭中採用。People v. Stith❶乙案，紐約上訴法院 (Court of Appeals) 則指出，「當然發現法則」不得適用於不當行為直接取得的初步證據 (primary evidence)，而僅得適用於源自前揭證據取得的間接證據 (secondary evidence)。是以，Stith 的車子遭警方攔檢，並全面清查，所搜得的槍枝，仍因證據排除法則而不得採證。

四、「獨立來源理論」(independent source doctrine)

　　倘執法人員係由獨立來源取得證據，縱令執法人員從事不當調查行為，該獨立取得的證據仍得採納。蓋以政府固不得因其不當行為得利，但亦不得因未有的不當行為而蒙弊。Murry v. United States❷乙案，聯邦探員監視到 Murry 和其同夥開車進出一座倉庫，部分探員在無令狀情況下進入倉庫，發現大麻，隨即離開，自行政法官聲請搜索狀，但未提及先前之不法進入倉庫乙事。取得令狀後，探員進入倉庫搜得大麻。Murry 等人因共謀販售毒品遭起訴、定罪。Murry 聲請將查扣的大麻排除，因探員之前曾非

---

❸ "Fairness can be assured by placing the State and the accused in the same position they would have been in had the impermissible conduct not taken place." 467 U.S. at 447, 104 S.Ct. at 2511, 81 L.Ed.2d at 389.

❹ Jerry Norton, *The Exclusionary Rule Reconsidered: Restoring the Status Quo Ante*, 33 Wake Forest L. Rev. 261, 290 (1998).

❶ 69 N.Y.2d 313, 506 N.E.2d 911 (1987).

❷ 487 U.S. 533, 108 S.Ct. 2529, 101 L.Ed.2d 472 (1988). "...while the government should not profit from its illegal activity, neither should it be placed in a worse position than it would otherwise have occupied."

法進入倉庫，方得知其內有大麻。聯邦最高法院指出，聯邦探員固然曾非法進入倉庫，但搜得大麻，係於其後合法取得搜索狀進入倉庫所得，既為獨立來源，自得予以採證。

五、不具主張「證據排除法則」的資格

主張「證據排除法則」的被告，須其憲法所保障的權利受到侵害方可，若為他人權利受侵害，被告不得主張前揭法則之適用。如：Alderman v. United States **㊸** 乙案，執法人員從事非法電子監聽，取得被告 Alderman 共謀跨國不法行為的證據。Alderman 等人聲請將該監聽證據排除。聯邦最高法院指出，執法人員確實違反被監聽人之憲法權利，惟，監聽對象既非 Alderman 等人，Alderman 無權利要求排除該些證據。又如：United States v. Payner **㊹** 乙案，聯邦稅務探員非法搜查銀行人員的公事包，取得被告 Payner 在國外銀行借貸的資料，查出被告報稅時，有不實的陳述。Payner 因此遭起訴定罪。Payner 以聯邦探員以不法行為取得的證據應予排除。聯邦最高法院指出，本案中憲法權利受到侵害者為銀行人員，而非 Payner，Payner 無權利主張「證據排除法則」之適用。

六、因果關係的微弱或減弱

此源自 Wong Sun **㊺** 乙案，聯邦最高法院指出，倘執法人員的不當行為與系爭證據（如：被告的自白）的取得，二者間的因果關係微弱，則證據仍得採納。嗣於 Brown v. Illinois **㊻** 乙案，聯邦最高法院更列舉適用微弱或減弱原則的三項考量因素：㈠非法逮捕與取得證據間的時間長短；㈡介入因素 (intervening factor) 或事由的存在；以及㈢執法人員不當行為的目的暨意圖 (the purpose and flagrancy of the official misconduct)。Brown 案中，Brown 遭非法逮捕（既無令狀又無合理事由），到警局後，警察宣讀 Miranda Warning，Brown 繼而作出兩份與謀殺案有關的認罪聲明；其間不到兩小時，

㊸ 394 U.S. 165, 89 S.Ct. 961, 22 L.Ed.2d 176 (1967).

㊹ 447 U.S. 727, 100 S.Ct. 2439, 65 L.Ed.2d 468 (1980).

㊺ 同註 34。

㊻ 422 U.S. 590, 95 S.Ct. 2254, 45 L.Ed.2d 416 (1975).

又無任何介入事由存在，而第二份聲明又因第一份聲明所致，警察之逮捕 Brown，顯然故意使其入罪。故而，基於「證據排除法則」，Brown 的聲明不得採證❹。

七、善意的例外

執法人員所據以執行的令狀雖屬不法，惟，渠等善意地信賴該令狀執行搜索，其因此搜得之證據仍得採納。聯邦最高法院於 United States v. Leon ❹乙案，確立前揭「善意的例外」的適用。Leon 案中，警方接獲密報，而開始調查、跟監被告 Leon。警察 Rombach 根據跟監警員的調查具結書，向法院聲請搜索狀，搜索範圍包括三個住處及 Leon 的汽車，並明列搜索的項目。Rombach 隨即據搜索狀搜得大量毒品，Leon 因此遭大陪審團起訴。然而，聯邦地院以聲請搜索狀所採的具結書內容不足以構成「合理事由」，是以，據搜索狀搜得的證據，均應予排除。聯邦第九巡迴上訴法院亦維持相同見解。聯邦最高法院廢棄其見解指出，證據排除法則並非一體適用於所有違反憲法第四增修條文的案例，蓋以如是將有損於司法體系與法律的威信。對於第四增修條文的重大、故意違反，固應適用證據排除法則；然而，除此，有諸多情事，應考量成本效益分析。例如本案中執法人員合理信賴中立公平的行政法官所核發的搜索狀，便是一例。證據排除法則目的在遏止執法人員的不當行為，而非懲罰因法官或行政法官所犯的錯誤。再者，採行證據，並宣示搜索狀核發的瑕疵，並無損於執法人員依法行事的意願，亦不致因此鼓勵重複同樣的錯誤或不當令狀的核發。法院進而指出有下列情事之一者，則非客觀善意的例外，而仍應適用證據排除法則：㈠法官或行政法官核發令狀，係受到具結書的誤導，而具結人係故意或應知其內容為不實。㈡法官或行政法官無視於自身超然中立的立場。㈢具結書內容顯然欠缺事由，執法人員應足以認定其為不合理。以及㈣令狀表面有明顯瑕疵，如：欠缺搜索的地點或

---

❹　同年，紐約州法院隨即於 People v. Martinez 乙案中引用 Brown 案的考量因素，而認定該案中 Martinez 遭逮捕後所做的供詞足以採納。37 N.Y.2d 662, 339 N.E.2d 162 (1975).

❹　468 U.S. 897, 104 S.Ct. 3405, 82 L.Ed.2d 677 (1984).

搜索的項目，致使執法人員無從合理地據以行事。

第三節　審判前的指認、首次出庭暨預審

執法人員拘押嫌犯後，得進行辨識及採證工作，並應儘速進行「首次出庭」(initial appearance) 與預審 (preliminary hearing)。

第一項　審判前的指認

執法人員須藉由各種方式以確認犯罪之人。例如證人的指認，以及其他科學方法，如：指紋、驗血、DNA 檢驗等。

證人的指認，除了根據證人描述予以繪圖外，警方亦可採下列方式：㈠提供照片，由證人指認，㈡由可能的嫌犯供證人指認 (show-up)，或㈢由嫌犯與其他數人排列，供證人指認，此即「排列指認」(line-up) 程序。無論 show-up 或 line-up，證人指認過程可能因其主觀印象模糊或甚至故意說謊，致結果並不正確。

聯邦最高法院於 United States v. Wade ❹ 乙案中指出，審判前的 line-up 應有律師在場。Wade 案，審判庭上，證人指認被告係源於審判前起訴後所進行的 line-up 指認結果，而當時 Wade 的律師並未在場。聯邦最高法院指出，Wade 的 line-up 係違反其聯邦憲法第六增修條文「得到律師協助」的權利，是以，證人在審判庭上的指認亦應排除。聯邦最高法院嗣於 Kirby v. Illinois ❺ 案中，指明需要律師在場的 line-up，係指開始刑事司法程序或其後所為者。所謂刑事司法程序開始的階段，如：正式的告訴、預審、大陪審團起訴、檢察官起訴或提訊等均是。Kirby 案，警方因調查一件案子，而將 Kirby 等人帶到警局，Kirby 所出示的證件名為 Shard，而 Shard 曾於前一天到警局報案遭搶劫。逮捕 Kirby 等人的警察並不知情，迄回到警局查核 Kirby 的證件 (即 Shard 的) 才知曉 Shard 的搶案。警方找來 Shard 指認，Shard 當場認出 Kirby 等人為搶犯。Shard 在法庭上又再次指認 Kirby 等人。

---

❹　388 U.S. 218, 87 S.Ct. 1926, 18 L.Ed.2d 1149 (1967).

❺　406 U.S. 682, 92 S.Ct. 1877, 32 L.Ed.2d 411 (1972).

Kirby 主張第一次指認時並無律師在場，故而法庭上的指認不得採納。聯邦最高法院指出，第一次指認時，本案尚未進入刑事司法程序，Kirby 該時的 show-up 並無第六增修條文「得到律師協助」的權利。

　　照片的指認，一如 line-up，警察不得刻意凸顯嫌犯供證人指認，如：將嫌犯遭逮捕後拍的照片和其他一般人的照片並列供指認等。但照片的指認並無律師協助的權利。

　　指紋的採證，可信度及準確性極高，採取嫌犯指紋無侵害隱私之虞，因手指本為執法人員可目視到，是以採取指紋並不需有合理事由或令狀。採取指紋並非強制嫌犯供出不利於己的證詞，無違反聯邦憲法第五增修條文「拒絕自白」的權利。

　　血液檢驗，除可能因實驗過程操作不當而有錯誤之虞，血液的抽取亦直接對嫌犯的身體構成侵犯。是以，抽取血液，原則上須具有合理事由或令狀，否則，若非緊急情況不得為之。聯邦最高法院於 Schmerber v. California❺乙案中，指明前揭原則。被告 Schmerber 因駕車車禍，警察到現場發現 Schmerber 有酒味，其表情亦顯然為酒後駕車。約莫兩個鐘頭後，警察到醫院，Schmerber 因稍早的車禍前來治療，警察觀察 Schmerber 仍有酒醉現象，告知其將予逮捕，並宣讀 Miranda Warning。警察要求醫護人員為 Schmerber 抽血，以檢驗其酒精濃度。聯邦最高法院指出，抽血直接侵犯人的隱私，故一如其他的搜索扣押，須具有合理事由或持令狀，方得為之。然而本案涉及酒後駕車，而體內酒精濃度將在酒後短時間內開始下降，是以，警察得以合理地認定此係緊急情況。亦即，若不即時抽血，血中酒精濃度將下降，故縱令無合理事由或令狀，本案之抽血乙事仍為合法。再者，本案抽血係在醫院中進行，其安全無虞。聯邦最高法院嗣於 Winston v. Lee❺案中引用 Schmerber 案指出，警方不得強制取出在搶犯身上的子彈；

---

❺　384 U.S. 757, 86 S.Ct. 1826, 16 L.Ed.2d 908 (1966).

❺　470 U.S. 753, 105 S.Ct. 1611, 84 L.Ed.2d 662 (1985). 此案中，Lee 經店家老板指認，係試圖搶劫的搶犯之一。受害人指稱嫌犯逃離現場前遭渠等（店家老板）開槍射中身體左邊。Lee 被送醫時，確實左邊胸部受槍傷，警方擬取得該枚子

嫌犯 Lee 的隱私權及身體健康的重要性，逾越政府搜得證據的重要性，況且，政府仍得由其他證據證明 Lee 的犯罪行為。

<h1 style="text-align:center">第二項　首次出庭暨預審</h1>

嫌犯遭逮捕後，應儘速進行「首次出庭」(initial appearance)，由法官或行政法官決定其逮捕是否合法❸。所謂儘速 (without unnecessary delay)，係指在二十四小時內；然而，若適逢週末，則除非法院排有行程，否則須俟週一才進行「首次出庭」。聯邦最高法院於 Mallory v. United States❹乙案中推翻 Mallory 的罪名，理由為警方延誤 Mallory 的「首次出庭」。該案，警方懷疑 Mallory 涉及一件強暴案，而將其逮捕，時約中午兩點半左右。接著，警方連續對其進行訊問，直到當晚十點，在 Mallory 已重複其認罪後，警方才試圖聯絡聯邦委員，未果；警方又對其進行一連串的檢查、證人指認，以及作成書面自白。隔天，警方才帶他到委員處進行「首次出庭」程序。其間，警方並未告知 Mallory 有關憲法的基本權利，如拒絕自白、得到律師協助。聯邦最高法院以 Mallory 的權利受到嚴重侵犯，其自白不足採證，而廢棄其有罪之判決。嗣於西元一九六六年，Miranda v. Arizona❺所確立的 Miranda Warning，使得執法人員須於逮捕嫌犯當時，即告知其前揭相關權利，俾減少類似 Mallory 案之情事的發生。

「首次出庭」程序主要的目的，在於：㈠由法官或行政法官檢視嫌犯遭逮捕是否具「合理事由」，或據以逮捕之逮捕狀所載是否確係嫌犯本人。㈡告知嫌犯其將面臨的罪名，以及憲法基本權利，如拒絕自白（保持緘默）、得到律師的協助等，或為其提供乙名律師（倘其無足夠經濟能力聘請）。㈢

彈，俾確定是否為搶犯，法院亦核發令狀。惟，醫生在手術前拍攝 X 光時，始發現子彈深入左胸中，須進行全身麻醉以取得子彈。Lee 要求法院重新聽審有關動手術取子彈的令狀核發。

❸　F.R.Crim.P. 5.

❹　354 U.S. 449, 77 S.Ct. 1354, 1 L.Ed.2d 1479 (1957).

❺　同註 30。

行政法官將訂定重罪犯預審的時間。至於輕罪犯，並無預審的權利。㈣行政法官並決定嫌犯得否予以保釋，考量罪行的嚴重性及逃脫的可能；若罪證確鑿且刑度為死刑時，不得保釋。若可保釋，則進而決定保釋金。保釋金高低，決定於嫌犯的經濟能力及有無潛逃之虞。保釋金過高時，將有違反憲法第八增修條文之情事。

　　預審程序的進行方式，由法官或行政法官為之，採兩造進行的程序。檢方與辯方均得傳喚證人，被告有權得到律師的協助，辯方律師得對檢方證人進行交互詰問。倘法官或行政法官認定檢方有合理事由可進行審判 (probable cause to trial)，則㈠檢方將提出訴狀 (prosecutor's information)；或㈡交由大陪審團❺❻進行秘密的程序，倘大陪審團認定案件具合理事由進行審判，則將提出大陪審團起訴狀 (grand jury indictment)。依聯邦憲法第五增修條文，所有重罪均應經由大陪審團起訴。至於州，聯邦憲法第十四增修條文並未要求州提供大陪審團制度，故各州程序不一。約略半數的州採行大陪審團制度，其餘則採預審暨檢察官起訴制度❺❼。

第四節　起　訴

　　起訴，即書面的指控 (written accusation)，或由大陪審團為之或由檢方為之。原則上，輕罪或嫌犯拋棄大陪審團起訴權利者，由檢察官依據警察或私人所提供的證據，決定是否起訴，若是，則起訴之 (information)。聯邦重罪則由十六名至二十三名陪審員組成的大陪審團進行審理程序，決定是否起訴，其中必須至少十二名陪審員同意，方得起訴之。

　　大陪審團的起訴程序不同於小陪審團的審判程序，其特點如下。

---

❺❻　大陪審團的制度肇始於英國（西元一一六六年），惟英國於西元一九三〇年代廢除該制度。

❺❼　James Calvi & Susan Coleman, American Law and Legal Systems 92 (5th ed. 2003). 採行大陪審團制度的州亦有僅就終身監禁及死刑的罪行採大陪審團，其餘則採檢方起訴方式。請參閱 Wayne La Fare & Jerold Israel, Criminal Procedure 687～688 (2nd ed. 1992).

一、程序採秘密進行

任何人在被定罪 (convicted) 之前，均認定為無辜，在起訴之前更是如此。復以，在此階段違憲的證據亦可採行，倘此時對外公開，勢必對嫌犯極為不利與不公平。是以，基於保護嫌犯，此程序不對外公開。

二、無法與證人對質

與作證不利於被告的證人對質，係憲法第五增修條文賦予刑事被告的權利，惟，在起訴程序，嫌犯並無此項權利。

三、證人無法主張憲法基本權利

證人在此程序中無聘請律師協助的權利，Miranda Warning 並不適用於此。

四、不適用證據排除法則

是以，違憲取得的證據及傳聞證據，均可採用。

五、嫌犯得拋棄由大陪審團起訴的權利

惟罪刑為終身監禁或死刑者，不在此限。

第五節　提　訊

當確定對嫌犯起訴時，法院將於公開的法庭提訊 (arraignment) 被告，告知其被起訴的罪名，並詢問其抗辯或主張 (plead)。被告此時亦可能據其與檢方協商的結果而為認罪的主張。倘在此階段，被告有精神異常的狀況，則無法對提訊的結果做任何主張，亦無法進行任何審判程序。

第一項　被告的主張

被告的主張可能為無罪 (not guilty)、有罪 (guilty) 或「不予爭辯」(nolo contendere，即 "I'll not contest it" 之意)。不予爭辯的主張，係指被告既不承認其罪名，亦不爭辯❺❽。蓋以被告的認罪可用於民事庭，證明被告的行

---

❺❽　美國拳擊選手泰森 (Tyson) 曾於西元一九九八年因一件輕微車禍，毆打另兩名駕駛人，而遭以二級傷害罪起訴。同年十二月，泰森便主張「不予爭辯」(no contest)。請參閱 http://www.tribuneindia.com/1999/99feb07/sports.htm#tyson (上

為，而「不予爭辯」的主張，則令民事庭之原告仍須證明被告須負民事責任。全美大多數的刑事案件，被告選擇認罪，承認較輕的罪名❺。被告若主張無罪，法官將擇期進行審判程序。被告亦可能以精神異常為由，主張無罪。倘被告主張有罪，法官必須先確認被告出於自願且瞭解下列事由：㈠起訴罪名的本質；㈡刑度可能的最重罪刑，以及最低法定刑責為何；㈢他有拒絕主張有罪的權利 (a right not to plead guilty)；㈣一旦主張有罪，將失去由陪審團進行審判的權利。法官確認前揭事由後，將擇期宣判其刑責。

被告在認罪後，仍得基於特定事由撤回，另主張無罪，即使法官已宣判刑度，亦可；法官將依其裁量權決定之。撤回的事由為：㈠該法院並無管轄權；㈡被告認罪時未得到律師的協助；以及㈢被告的認罪係因與檢方進行認罪協商 (plea bargaining)，而檢方未遵守該協商約定。

第二項 認罪協商

認罪協商，係由被告與檢方進行協商，法院不予介入。多係由被告承認犯罪，以換取檢方對法院量刑建議；一般由檢方承諾建議較低的刑度，甚至撤銷起訴等。此項制度的意旨，在於檢方並無充分證據將被告定罪（例如：預謀殺人，檢方無法證明其係預謀），以致陪審團可能認定被告無罪；反之，被告在評估可能被定罪的情況下，亦有提出認罪協商的可能。此制度雖使被告逃避真正應面臨的刑責，但仍使其須付出特定的代價。反對者

網日期：民國九十五年四月十六日）。

❺ U.S. Department of Justice, Bureau of Justice Statistics, Compendium of Federal Justice Statistics, 2001, 2 (2003) ("the proportion of convicted defendants who plead guilty increased from 87% during 1990 to 95% during 2001"); U.S. Department of Justice, Bureau of Justice Statistics, State Court Sentencing of Convicted Felons, 2000, 43 (2003) ("95% of felony convictions in State courts were achieved through guilty plea"), both *cited in* Oren Bar-Gill & Oren Gazal, *Plea Bargains only for the Guilty*, American Law & Economics Association Annual Meetings (2005), *available at* http://law.bepress.com/cgi/viewcontent.cgi?article=1179 &context=alea （上網日期：民國九十五年七月二十日）。

認為，此制度無法彰顯真正的公理正義，因為被告未受到應有的處罰。贊成者則認為，此制度可使被告受到一定的處罰，相較於無罪開釋，已較具彰顯正義的效果。認罪協商的另一效果，在於減少檢方與法院的工作負擔，間接提升案件審理的品質。

認罪協商亦可適用於由被告提供證據，以對其他同案被告定罪，或提供其他犯罪訊息，以定他人的罪名等，相對地，檢方承諾對法院建議減輕其刑責或撤回告訴等。

認罪協商係由被告或檢方提出，與對方進行協商。倘由檢方提出，被告律師必須將此「要約」告知被告，倘若律師未告知被告，將侵犯被告的憲法權益——得到律師的充分協助。被告若因此遭陪審團定罪，將構成重新審判的事由。

一旦協商成立，被告已為認罪或提供證據，並經法院同意，檢方便應遵守協商內容。倘檢方違反協商內容，而被告已認罪，被告得撤回其認罪，雙方再行協議或進行審判程序。惟，倘撤回認罪對被告不公平（如被告已遭監禁相當之期間，或已提供資訊予檢方），法院可裁定強制履行。倘係被告違反協商內容，檢方得撤回協議及被告之認罪主張，再度起訴被告，使案件進入審判程序。

第六節　刑事被告的憲法權益

聯邦憲法增修條文中有諸多刑事被告的權利，除了前揭禁止不當搜索、扣押及大陪審團起訴的權利外，尚有拒絕自白的權利，與證人對質、律師協助、公開審判、迅速審判、公平審判、一罪不二罰、不得有殘酷異常的處罰等權利。

第一項　拒絕自白

聯邦憲法第五增修條文明定，任何人不需提供不利於自己的證詞或證據，即拒絕自白 (against self-incrimination) 的權利。是以，原則上，在審判中，檢方不得傳喚被告為證人，除非被告自願出庭作證。第五增修條文並

未將此規定侷限於刑事被告，所以任何人面臨可能供出自己罪行的質問，均得以此權利為由拒絕回答。

縱令被告係自願作成自白，惟，有下列情事之一者，其自白仍不得採行：㈠違反 Miranda Warning——被告在未被告知有權保持緘默、自白在法庭上的效果及有權得到律師的協助的情況下，所為的自白。㈡執法人員對法律的不實陳述——如：警方告訴被告其自白不構成呈堂供證。但警方就事實的不實陳述，原則上，不影響被告自白的法律上效果。如，告訴被告，警方已找到被告的犯罪工具、其他共犯已認罪、受害人已死亡等。

聯邦國會於西元一九六八年通過立法，明定執法人員不須給予嫌犯 Miranda Warning，舉凡嫌犯自願作成的自白均可採納❻。該法並未引起注意，迄西元二○○○年 Dickerson v. United States ❻乙案。該案被告 Dickerson 在接受 FBI 詢問前，FBI 並未告知其 Miranda Warning，Dickerson 作成書面供詞。Dickerson 因而以搶劫銀行及其他聯邦罪名遭起訴。Dickerson 聲請法院排除書面供詞之為證據。聯邦地院核准，檢方就此爭議上訴。聯邦第四巡迴上訴法院亦認定 FBI 並未予 Dickerson Miranda Warning，惟，謂依聯邦法規 (18 U.S.C. § 3501)，嫌犯之給予供詞係自願為之，已足。聯邦最高法院廢棄第四巡迴法院之判決，指出：㈠依前案拘束原則，最高法院仍應受 Miranda 案的拘束，現階段並無推翻 Miranda 案之理由。㈡ 18 U.S.C. § 3501 所規定的整體客觀標準 (totality-of-the-circumstances test) 較 Miranda Warning 認定上更為不易，可能致執法人員濫用其執法權力。㈢ 18 U.S.C. § 3501 既與 Miranda Warning 抵觸，故而違憲，應為無效。

倘被告依聯邦憲法第五增修條文在法庭上保持緘默，或拒絕作證，檢方不得就此作任何評論。如：Griffin v. California❻乙案，依加州憲法，檢方及法院得對被告未就不利於自己的證據予以解釋或否認乙節，予以評論，並供法院或陪審團考量。被告 Griffin 因未予作證，而遭檢方於法庭上評論，

---

❻　18 U.S.C. § 3501.

❻　530 U.S. 428, 120 S.Ct. 2326, 147 L.Ed.2d 405 (2000).

❻　380 U.S. 609, 85 S.Ct. 1229, 14 L.Ed.2d 106 (1965).

法院亦引以為指示陪審團的內容。Griffin 因此以謀殺罪定罪，經上訴，加州最高法院維持原判。聯邦最高法院廢棄州法院判決暨謀殺罪名，指出，依聯邦憲法第十四增修條文，州政府應保障州民第五增修條文拒絕自白的權利。是以，禁止檢方就被告的緘默予以評論，亦禁止法院指示陪審團將緘默視為有罪的證據。又如：Carter v. Kentucky ❻乙案，被告 Carter 因三級夜盜罪 (third-degree burglary) 面臨審判，Carter 決定不予作證，亦未提出任何有利於自己的證據。Carter 要求法院指示陪審團被告毋須作證，其不予作證的事實不得作為有罪的證據，亦不得因此有不利於被告罪行的認定。原審法院拒絕 Carter 的要求，Carter 遭定罪。肯塔基州最高法院維持原判，謂倘法院對陪審團就被告不予作證乙事作任何指示，將違反法院不得評論的肯州法律規定。聯邦最高法院廢棄州法院判決指出，基於確保被告第五增修條文之拒絕自白的權利，州法院具有憲法上的義務，在被告合理的要求下指示陪審團，以減低後者將被告未予作證作為證據考量的危險性。

第二項　與證人對質

依聯邦憲法第六增修條文，被告有權利要求與證人對質，因此，若證人無法出席審判庭，其之前所做的書面詢問得否採用，便極具爭議。原則上，將不得採用，除非其引用的目的不在攻詰被告，始可。

如：Pointer v. Texas ❹乙案，經搶案受害人指認被告 Pointer 為搶犯，並於預審程序中作證。斯時，Pointer 並無律師協助，亦無從與受害人對質，Pointer 因而遭起訴。嗣於審判程序中，因受害人已移居他州，檢方遂以受害人之書面證詞為證據。Pointer 雖提出異議，檢方仍引用前揭證據，德州地院遂予以定罪。德州刑事上訴法院亦維持原判決。聯邦最高法院廢棄原判決，指出，依憲法第十四增修條文，州政府應確保被告第六增修條文與證人對質的權利。本案州法院顯然剝奪被告之前揭權利。又如：Gray v. Maryland ❺乙案，Bell 與 Gray 等人與 Williams 發生鬥毆，Williams 因此死

---

❻　450 U.S. 288, 101 S.Ct. 1112, 67 L.Ed. 241 (1981).

❹　380 U.S. 400, 85 S.Ct. 1065, 13 L.Ed.2d 923 (1965).

亡。Bell 自白，供出他和 Gray 及另一人共三人與 Williams 發生鬥毆乙事。警方因而逮捕 Gray，大陪審團決定對 Bell 與 Gray 起訴。法院將二人一併進行審判。檢方引用 Bell 的書面自白以進行 Bell 部分的案子，其中內容亦出現 Gray 的名字多次，警方在唸到 Gray 名字時，均強調該名字刪除。州法官亦指示陪審團，前揭自白僅用以認定 Bell 的案子，不得據以認定 Gray 的案子。但檢方於警方唸完自白時，詢問是否據該自白逮捕 Gray，警方回答「是」。又因 Bell 引用第五增修條文拒絕作證，致 Gray 無從與其對質。陪審團對 Bell 與 Gray 均作成有罪的審判。馬里蘭州上訴法院廢棄 Gray 部分的有罪判決，州最高法院則又維持有罪判決。聯邦最高法院復廢棄 Gray 部分的判決。聯邦最高法院引用 Bruton v. United States ❻乙案指出，本案檢方應選擇放棄自白書，或將 Bell 與 Gray 案各別審判，方足以確保 Gray 的權益。

第三項　律師的協助

律師的協助溯自被告被拘留 (in custody) 開始即有此項權利，聯邦憲法第六增修條文賦予刑事被告此等權利。然而，早期此非謂法院有義務提供律師予被告，而州法院是否賦予被告同等權利，亦有不同見解。西元一九三二年 Powell v. Alabama ❻乙案，聯邦最高法院首次認定，得到律師協助的權利係自由暨公正的基本原則之一 (fundamental principles of liberty and justice)，進而指出，當刑事被告面臨最重刑責為死刑時，無論聯邦或州法

---

❻　523 U.S. 185, 118 S.Ct.1151, 140 L.Ed.2d 294 (1998).

❻　391 U.S. 123, 88 S.Ct. 1620, 20 L.Ed.2d 476 (1968). 此案中，Evan 自白時，提及 Bruton 與其同夥，嗣於審判庭中，Evan 並未列證人席作證，致 Bruton 無法與其對質。法官雖指示陪審團，自白書僅與 Evan 之審判有關，與 Bruton 無涉，Bruton 仍遭定罪。聯邦最高法院廢棄原判決指出，法官對陪審團的指示不足以充分保護 Bruton，法院應將自白書中與 Bruton 有關的部分予以刪除。

❻　287 U.S. 45, 53 S.Ct. 55, 77 L.Ed. 158 (1932). 此案係因黑人青年 Powell 被控參與群架，並對兩名女性白人施暴。州法院主張其毋須遵守聯邦憲法第六增修條文，以及依州法律，法院毋須提供律師為被告辯護；聯邦最高法院駁斥其見解。

院均應確保該被告得到律師的協助。嗣於 Johnson v. Zerbst ❻ 乙案，兩位被告因違反聯邦法規遭起訴，渠等於預審程序雖有律師協助，嗣因無力聘請律師，而獨自面對審判並遭定罪。聯邦最高法院廢棄原判決指出，依憲法第六增修條文，聯邦罪犯有權得到律師協助，倘被告無力聘請律師，又未明確拋棄其權利，法院應提供律師予以協助。

　　然而，聯邦最高法院於西元一九四二年 Betts v. Brady ❻ 乙案中卻認定要求州政府提供律師協助並非貧窮被告的基本權利。最高法院指出，依聯邦憲法第十四增修條文，州法院毋須賦予無力聘請律師的刑事被告得到律師協助的權利，且，不予被告律師並未剝奪其公平審判的權利。迄西元一九六三年，Gideon v. Wainwright ❼ 乙案，聯邦最高法院推翻 Betts 案之判決，認定各州依憲法第十四增修條文之正當程序，應賦予刑事被告第六增修條文之律師協助的權利。Gideon 被控入侵撞球場，意圖犯輕罪。依佛州法律，其行為為重罪。Gideon 要求法院指定一名律師為其辯護。法院拒絕，謂佛州法律，法院只有對處以極刑的案件，須指定律師予被告。被告經審判定罪，雖上訴至佛州最高法院，仍維持原判。Gideon 向聯邦最高法院聲請人身保護令。聯邦最高法院引用 Powell ❼ 案中 Sutherland 大法官的見解而廢棄州法院的判決：否定律師協助的權利，將使得接受審判的權利失去其意義，任何一般人均須得到律師的協助，進行其訴訟程序。倘無律師的協助，難以確保其得到公平的審判。無辜的被告更須借助律師的協助，方得證明其無辜。嗣於 Miranda 案中，聯邦最高法院指出執法人員應告知嫌犯其有權利得到律師的協助。

　　在刑事程序中，下列步驟不須有律師的協助：㈠調查階段 (investigative

---

❻　304 U.S. 458, 58 S.Ct. 1019, 82 L.Ed. 1461 (1938).

❻　316 U.S. 455, 62 S.Ct. 1252, 86 L.Ed. 1595 (1942). 此案被告 Betts 在搶案審判程序中，以自己無力聘請律師為由，要求法院提供一名律師。法院拒絕，理由為，該郡區僅提供律師予謀殺案及強姦案被告。

❼　372 U.S. 335, 835 S.Ct. 792, 9 L.Ed.2d 799 (1963).

❼　同註 67。

step)；㈡搜查武器 (frisk for weapons)；㈢逮捕 (arrest)；㈣逮捕後的搜查 (search after arrest)；㈤正式起訴前的排列指認 (line-up before formal charge)；㈥首次出庭 (first/initial appearance)。反之，下列步驟則須有之：㈠拘留中訊問 (custodial interrogation)；㈡起訴後的排列指認 (line-up after formal charge)；㈢大陪審團審查／預審 (grand jury review/preliminary hearing)；㈣提訊 (arraignment)；㈤審判前聽證 (pretrial hearing)；㈥審判 (trial) 以及㈦上訴／附帶主張 (appeal/collateral attack)❼❷。

　　律師的協助，係指充分、有效率的協助，被告雖有律師，但協助不力時，仍視為被告的權利未受到尊重。Strickland v. Washington❼❸乙案中，被告 Washington 在佛羅里達州面臨三項謀殺罪名的起訴。在法院指定律師予 Washington 後，Washington 便認罪。在量刑的聽證程序中，Washington 的律師 Tunkey 雖提及 Washington 的成長背景，但並未就其個性提供任何證據，或要求心理檢驗。Tunkey 考量若如此做，將給予檢方交互詰問 Washington 的機會。法院就三項罪名，各別判處 Washington 死刑。佛州最高法院亦確定其刑。Washington 雖向聯邦地院提出附帶救濟 (collateral relief)，主張未得律師有效的協助。聯邦地院駁回其聲請，聯邦上訴法院則認定 Washington 確未得到有效協助，而廢棄聯邦地院裁定。聯邦最高法院又廢棄上訴法院之決定指出，所謂未得律師有效的協助，應證明下列兩項要件：㈠欠缺合理有效的協助 (reasonably effective assistance)──律師並未提供第六增修條文所保障的律師協助功能。㈡對案件的損害 (prejudice)──律師的錯誤嚴重剝奪被告得到公平審判的機會，換言之，若非律師的錯誤，被告極可能得到不同的審判結果。聯邦最高法院指出，縱令依 Washington 所主張，提出有關其個性或心理的證據，惟，對被告幫助仍屬有限，況 Tunkey 的做法，有效制止其他不利於被告的證據被引用到法庭上。

　　反之，被告得否拒絕律師協助，自行為自己辯護乙節，聯邦最高法院認為被告有權利選擇自己辯護，州法院不得拒絕其要求，強行指定律師。

---

❼❷　　請參閱 Joel Samaha, Criminal Procedure 561 (5ᵗʰ ed. 2002).

❼❸　　466 U.S. 668, 104 S.Ct. 2052, 80 L.Ed.2d 674 (1984).

Faretta v. California❼乙案，Faretta 因竊盜遭起訴，在提訊程序中，Faretta 要求為自己辯護，法院原本同意，但在認定 Faretta 沒有足夠的法律知識為自己辯護後，撤回之前同意的裁定；而以其無憲法上的權利為自己辯護為由，指定律師為其辯護。Faretta 嗣經審判定罪。加州上訴法院維持原判決，指出，Faretta 無權為自己辯護。加州最高法院拒絕審理此案。聯邦最高法院廢棄原判決指出，當被告自願地、明白地拒絕律師協助時，他有憲法上的權利如此選擇，並為自己辯護。本案中，Faretta 為自己辯護的憲法權利遭剝奪。又，若法院否准被告所指定的律師為其辯護，亦對被告第六增修條文之權利構成侵害。United States v. Gonzalez-Lopez ❼乙案中，被告於 Missouri 因共謀販運毒品遭定罪。被告上訴，主張其選擇聘用特定律師的權利 (right to counsel of choice) 遭剝奪。被告原僱用 Fable，嗣擬改聘加州律師 Low，Low 因此向法院聲請特別個案的執業許可 (pro hac vice admission)，並另請 Missouri 律師 Dickhaus 為當地律師。地院以 Low 違反當地法規為由否准其聲請。被告的案件遂由 Dickhaus 進行審判庭的辯護。聯邦第八巡迴上訴法院廢棄原判決指出，法院否准被告選擇的律師為其辯護，已侵害其得到律師協助的憲法權利，故構成「當然廢棄」(automatic reversal)。聯邦最高法院同意上訴法院見解，認定被告聘請律師的權利受到侵害，構成其罪刑的當然廢棄 ❼。

一如其他訴訟當事人，刑事被告得隨時中止對特定律師的委任。反之，律師卻不得任意為之。

刑事被告的律師擬中止辯護，須向法院提出聲請，由法院決定准否。考量因素有：㈠律師的充分協助——一旦中途更換律師，繼任律師不瞭解案情，無法盡其所能為被告辯護。㈡迅速審判——為使繼任律師充分瞭解案情，審判期間勢必因此延後，損及被告的迅速審判權利。㈢公平審判——若在審判庭期中，律師中止其辯護，有使陪審員誤認律師知悉被告有罪而

---

❼　422 U.S. 806, 95 S.Ct. 2525, 45 L.Ed.2d 562 (1975).

❼　399 F.3d 924 (8th Cir. 2005), *cert. granted*, 126 S.Ct. 979, 163 L.Ed.2d 722 (2006).

❼　126 S.Ct. 2557, 165 L.Ed.2d 409, 2006 U.S. LEXIS 5165 (2006).

不願辯護之虞，如此，陪審員將會主觀上認定被告有罪，使被告無法得到公平的審判。法院權衡前揭因素，若對被告利多於弊方准許律師中止其辯護。否則，將否准之，此時，律師仍須盡其職責為被告辯護。

第四項　陪審團審判的權利

聯邦憲法第六增修條文明定刑事被告的定罪與否，應由陪審團審判之。Duncan v. Louisiana❼乙案中，依 Louisiana 法律，Duncan 因 battery 遭起訴，屬輕罪，其罰則最重為三百元罰金及兩年以下徒刑。Duncan 聲請陪審團審判遭拒。蓋依 Louisiana 法律，惟有服勞役 (hard labor) 的徒刑及極刑方得有權由陪審團進行審判。嗣經定罪處以六十天拘役及一百五十元罰金。Duncan 上訴，Louisiana 上級法院駁回其上訴。聯邦最高法院廢棄原判決指出，依聯邦憲法第十四增修條文，任何於聯邦法院得由陪審團審判的刑事案件，於州法院亦同。又刑度為兩年徒刑者，已屬重度犯罪，故應由陪審團審判之。由 Duncan 案可知，輕罪被告無權利要求陪審團審判。然而，對於涉及道德性質之輕罪，則例外可由陪審團審判。依此「道德嚴重性標準」(moral seriousness standard)，如 United States v. Cranner❽乙案，被告酒後駕車；State v. Superior Court❾商店行竊乙案，均得由陪審團審判之。是以，一旦被告遭起訴又主張無罪時，法官應下令組成陪審團擇期進行審判程序，除非被告選擇放棄陪審團審判而由法官為之。至於陪審團審判的相關權利，聯邦憲法明定有：迅速審判、公開審判及公平審判。

第一款　迅速審判

「迅速審判」的權利，源自西元一一八七年英國亨利二世於「審判律法」中訂定的「迅速司法」(speedy justice)，繼而在一二一五年約翰王於大憲章 (Magna Carta) 中，所允諾的「司法必須迅速，不得遲延」(...justice

---

❼　391 U.S. 145, 88 S.Ct. 1444, 20 L.Ed.2d 491 (1968).

❽　652 F.2d 23 (9th Cir. 1981).

❾　121 Ariz. 174, 589 P.2d 48 (1978).

speedily without delay.) ❽ 。

　　此項權利始於被告遭正式起訴 (formal charge) 之時。蓋以被告在定罪前是無辜的，然而審判必為被告帶來不安與不便。迅速審判的意旨，在於避免不當延長其於審判前的拘禁，並避免有利於被告辯護的證據流失，以及儘快結束審判以還被告清白，使其回復之前的生活狀態，包括工作、家庭、社交等等。社會也期待刑事案件及早確定，回復社會安寧。是以，檢方若因故擬聲請延後庭期，法官多否准之；惟，若係被告聲請延期，法官基於被告的公平審判，大多予以核准。被告迅速審判的權利若遭到侵犯，將構成撤回起訴，使被告無罪釋放。

　　審判是否有不當遲延 (undue delay)，決定時點的方式有三❽：㈠明定審判前的確定時日；㈡自被告請求迅速審判之時起算；㈢由法院就相關事由認定之。聯邦最高法院於 Barker v. Wingo❽ 乙案中指出，被告迅速審判的權利是否受到侵害，應考量下列四項因素：㈠遲延時間的長短 (length of delay)；㈡遲延的原因 (reason for delay)；㈢被告有無主張其權利 (defendant's assertion of his right to a speedy trial) 以及㈣遲延對被告案件的傷害 (prejudice the delay causes to the defendant's case)。該案中, Barker 與其共犯因謀殺案遭逮捕。檢方發現須就另一名嫌犯的罪名先行確立，方得進行 Barker 的案件。Barker 的審判因此歷經十六次延期，距離其遭逮捕逾五年。Barker 在拘禁十個月後保釋在外。他在三年半後，第十二次延期時，聲請撤回其起訴案，但遭駁回。迄西元一九六三年十月始開始進行審判。Barker 以其迅速審判的權利受到侵害為由，聲請撤回其起訴案未果。Barker 最後遭定罪並處以終身監禁。聯邦第六巡迴上訴法院以 Barker 首次聲請撤回起訴起算至其審判時點，該期間並不構成「不當遲延」。聯邦最高法院基於前揭四項因素，維持原判，亦即被告「迅速審判」之權利未受侵害。

---

❽　Samaha, *supra* note 72, at 587.

❽　Samaha, *supra* note 72, at 588.

❽　407 U.S. 514, 92 S.Ct. 2182, 33 L.Ed.2d 101 (1972).

第二款　公開審判

公開審判的目的，在藉由大眾的參與（以旁聽的方式，或媒體的報導），監督法庭公平地進行審判。俾避免利用司法從事迫害、濫用司法權力，更促使證人作證時陳述實情（因恐旁聽席上有人知悉實情，其不實證詞將可能遭舉發）。公開審判係指可供大眾自由進入法庭聆聽即是。至於旁聽人數過多致無法全數進入法庭聆聽，則不在此限[83]。審判的程序，包括陪審員的篩選、法官與陪審團的溝通、對陪審團的法律指示，以至審判的作成。倘違反被告公開審判的權利，且其違反對被告案件結果有重大影響者，則將構成重新審判。除非被告基於特定事由，如隱私等，得聲請審判不公開。

第三款　公平審判

公平審判的重要性，毋庸贅言，其與其他權利息息相關，如與證人對質、律師的協助、公開審判等。聯邦最高法院於 Duncan 案中，謂陪審團的審判，係指公平的陪審團審判而言。聯邦最高法院於 Thompson v. Utah[84]乙案，認定陪審團的成員須有十二名；惟，迄西元一九七〇年 Williams v. Florida[85]乙案中則指出，佛州法律規定除極刑外，其餘刑事之陪審團由六名陪審員組成乙節，合乎聯邦憲法。至於以五人組成陪審團進行審判，則為聯邦最高法院認定違憲。西元一九七八年，Ballew v. Georgia[86]乙案中，Ballew 因散發猥褻影片遭兩項輕罪的起訴。Ballew 面臨由五人組成的陪審團審判，Ballew 聲請由十二人組成的陪審團審判，法院以五人組陪審團合於 Georgia 州憲法，駁回其聲請。Ballew 因此遭定罪，各判處一年徒刑及一千元罰金。Georgia 上訴法院維持下級法院判決；州最高法院拒絕審理。聯邦最高法院受理其上訴案，並廢棄州法院判決指出，由十二人減至六人

---

[83]　Burnham, *supra* note 9, at 299; Samaha, *supra* note 72, at 603.

[84]　170 U.S. 343, 18 S.Ct. 620, 42 L.Ed. 1061 (1898).

[85]　399 U.S. 78, 90 S.Ct. 1893, 26 L.Ed.2d 446 (1970).

[86]　435 U.S. 223, 98 S.Ct. 1029, 55 L.Ed.2d 234 (1978).

之陪審團，係有著行政考量：節省法院時間及財政成本。然而，由六人減為五人甚至四人或三人，前揭時間、成本之節省則極為有限。反之，人數過少，將有下列缺失：㈠無法達到有效的集思廣益，甚至作成錯誤的事實認定，以及不當適用社會常識。個人的偏見在少數人陪審團中亦較易導致錯誤審判，因不若多數人陪審團，個人的偏見會受到其他多數人的制衡。㈡人數的減少，亦影響到該陪審團無法代表社區少數民族的問題。㈢統計資料顯示，越少的組成，其作成決定的正確性越遭到質疑。以及㈣人數多寡組成的陪審團，其所作成的審判結果不同。聯邦最高法院因此認定五人組成刑事陪審團，係屬違反聯邦憲法第六暨第十四增修條文。

　　陪審團成員對特定議題的看法，亦可能造成不公平或偏袒的審判。涉及死刑之刑事審判，法院排除反對死刑之人擔任陪審員，並不當然構成違反公平審判之情事。西元一九六八年，Witherspoon v. Illinois❽乙案中，Illinois 州法律規定，在謀殺案刑事審判中，應排除對於處死刑有良心上顧慮，或反對死刑之陪審員候選人。聯邦最高法院以其違反聯邦憲法第六暨第十四增修條文，廢棄州法院有罪之判決。聯邦最高法院指出，法院並未進一步確認，該些候選人是否會一味地反對死刑，而不問被告是否有罪。最高法院並就所謂「適宜審理死刑案件的陪審團」(death-qualified jury) 確立「Witherspoon 排除標準」(Witherspoon excludables)：可排除的候選人為㈠不問被告的罪行 (guilt) 及可責性 (culpability)，堅決反對死刑 (vote against death penalty)；或㈡他們對死刑的觀點，使他們無法公正地決定被告的罪刑。嗣於西元一九八六年 Lockhart v. McCree❽乙案，被告 McCree 涉及一項商店之殺人搶案，因此，以重罪謀殺罪名起訴。依 Arkansas 法律，法院於陪審員候選人之詰問程序 (voir dire) 中，將八名堅決反對死刑的候選人，以其反對死刑為由排除。McCree 雖提異議，仍遭駁回。McCree 因此被定罪，處以終身監禁不得假釋。McCree 向聯邦地院聲請人身保護令，聯邦地院核准人身保護令指出，death-qualified jury 排除反對死刑之人擔任

❽　391 U.S. 510, 88 S.Ct. 1770, 20 L.Ed.2d 776 (1968).

❽　476 U.S. 162, 106 S.Ct. 1758, 90 L.Ed.2d 137 (1986).

陪審員係違反公平審判。聯邦第八巡迴上訴法院亦維持該判決。聯邦最高法院廢棄其判決指出，所謂公平審判，僅須確定陪審員足以本於良知，作成審判即可，是以，death-qualified jury 並不構成違反公平審判之事由。

重大刑事案件，往往導致媒體大肆報導，使社會大眾對被告產生成見，此時便極易發生兩項憲法權利的衝突，即被告公平審判權與媒體「新聞自由」(freedom of press)。法官雖無從限制媒體報導，但得禁止檢警任意公開不利於被告的訊息。

在發現證據的階段，被告得要求與檢方有同等取得資訊的機會 (equal access)，必要時，得聲請法院裁定之。

檢方的揭露義務 (duty of disclosure of prosecution)，基於聯邦憲法第五增修條文的正當程序 ❽，檢方必須充分、詳細告知被告被起訴的罪名，及所有檢警取得的證據，俾使被告有充分答辯的權利。檢方若未揭露足以影響審判結果的證據，致被告不知而被定罪，將構成「當然廢棄」。

第五項　一罪不二罰

一罪不二罰 (against double jeopardy)，係指不得對被告的同項犯罪行為處罰兩次。此為聯邦憲法第五增修條文所明定。所謂處罰，並不限於被告實際服刑或繳交罰金，而係溯自審判開始的階段。換言之，不得對被告進行兩次的審判，除非由被告自行提出聲請重新審判。其意旨主要在於給予政府對刑事罪犯行使一次公正的處罰，限制政府利用其權力、資源對居於劣勢的被告公民，一而再地試圖將其定罪。其亦確保個人不致因重複的起訴，而遭受困窘、金錢的花費、時間的浪費及精神折磨。

一罪不二罰始於當被告置身於審判之時，若為陪審團審判，其始點為當陪審員宣誓就位之時；由法官進行的審判 (bench trial)，則以第一件證據引進法庭之時。Crist v. Bretez ❾乙案，檢方於陪審員已宣誓入席後，聲請

---

❽　憲法第五增修條文規定，政府剝奪人民的生命、自由、財產時，必須經由正當程序。

❾　437 U.S. 28, 98 S.Ct. 2156, 57 L.Ed.2d 24 (1978).

撤回其起訴，法院核准，檢方嗣於更正錯誤後重新起訴，新的陪審團重新組成。被告 Bretez 等人以聯邦憲法暨 Montana 州憲法之一罪不二罰規定，聲請駁回第二次之起訴遭駁回。案件進入審判程序，Bretez 等人聲請人身保護令，亦遭駁回，Montana 最高法院指出，依 Montana 州法律，一罪不二罰始於第一件證據引進法庭之時。Bretez 等人於第二次審判中遭定罪。Bretez 等人又向聯邦地院聲請人身保護令，又遭駁回。聯邦第五巡迴上訴法院廢棄下級法院之裁定指出，當陪審團組成並宣誓之際，即為一罪不二罰之始點。依憲法第五暨第十四增修條文，此為聯邦及州所須共同遵守。聯邦最高法院維持上訴法院之裁定及理由，並指明 Montana 州法律違反第十四增修條文。一罪不二罰包括下列三種情事(91)：㈠對相同的罪行於定罪後再次起訴；㈡對相同的罪行於無罪開釋後再次起訴；以及㈢對相同罪行的多重處罰。

一罪不二罰亦擴及對於前案中已確定的爭議，不得於另一案件中再行審理。此即，「附隨禁反言」(collateral estoppel)(92)。例如 Ashe v. Swenson(93)乙案，六個人在玩撲克牌時，遭到三、四個人行搶，Ashe 被列為搶匪而遭先後起訴兩次，第一件案子，係針對受害人之一 Knight 遭搶的案件，Ashe 因證據薄弱而無罪開釋。第二件案子，則又針對另一名受害人 Robert 遭搶的案件對 Ashe 進行審判，陪審團判定 Ashe 有罪。兩案據以審判的證人均相同，作證內容亦同。Ashe 聲請「附隨禁反言」，遭 Missouri 最高法院駁回。Ashe 另向聯邦地院聲請人身保護令，主張第二次起訴違反一罪不二罰。聯邦地院駁回，第八巡迴上訴法院維持原裁定。聯邦最高法院廢棄原裁定指出，第一次審判庭陪審團作成審判，裁定 Ashe 並非搶匪。依「附隨禁反言」，同一爭議不得於另一審判中再行訴訟 (relitigate)。

然而，相同罪行於不同州各自起訴、處罰，以及就同一事件中多項獨立罪行，以一系列的審判，將其就各個罪名定罪，並不構成一罪不二罰。

---

(91) Samaha, *supra* note 72, at 585.

(92) 請參閱本編第四章「民事訴訟程序」第九節「審判、判決暨上訴」。

(93) 397 U.S. 436, 90 S.Ct. 1189, 25 L.Ed. 469 (1970).

前者如：Heath v. Alabama ❹，後者如 Ciucci v. Illinois ❺。Heath 案中，被告 Heath 僱用兩名殺手殺害自己已懷有九個月身孕的妻子。按計畫，兩名殺手自被告位於 Alabama 的家中，綁架被害人後予以殺害，殺手將被害人屍體丟棄於 Georgia 州境內的道路旁。Heath 於 Georgia 的謀殺案中認罪，以換取終身監禁，免於死刑。嗣經 Alabama 以綁架過程中的謀殺 (murder during a kidnapping) 起訴並進行審判，Heath 主張一罪不二罰，遭法院駁回，Heath 因此遭定罪並判處死刑，嗣經 Alabama 刑事上訴法院及最高法院維持原判決。聯邦最高法院亦維持州法院判決指出，基於「多重管轄理論」(dual sovereignty doctrine)，聯邦憲法第五增修條文之一罪不二罰條款，並不禁止兩個州就同一行為先後起訴。當兩個州的安寧暨尊嚴，因單一行為而受到侵害，兩州均有權提起訴訟。Ciucci 案則因已婚的被告 Ciucci 認識一名二十一歲的年輕女子，打算離婚與該名女子結婚。Ciucci 的妻子拒絕離婚，Ciucci 遂槍殺其妻子和三名子女，並放火燒房子。檢方以四件謀殺案各別起訴。前三件案子（有關妻子及兩名子女的謀殺案），於審判庭上引用完全相同的證據，Ciucci 均被陪審團審判有罪。前兩件之刑罰均為二十年至四十五年徒刑，第三件為死刑。聯邦最高法院維持州法院的判決指出，既無任何證據顯示本案各別起訴造成嚴重不公平，則法院之於同一行為各別進行審判，並不違反一罪不二罰之憲法權利。

　　人身保護令程序係獨立的民事訴訟 (civil action)，此程序不在爭論被告的罪行，而係決定拘禁被告是否合法；故無一罪不二罰之疑慮。其為「附帶主張」(collateral attack)，目的仍在釋放被告。最常見的人身保護程序，係由聯邦地院、聯邦上訴法院至聯邦最高法院。此源自聯邦憲法第一條第九項第二款：「除叛亂或公共安全受到侵犯，否則不得中止人身保護令之特權。」

第七節　審判、聲請暨判決

　　刑事訴訟的審判過程大致與民事訴訟相同，刑事被告得於審判程序中

---

❹　474 U.S. 82, 106 S.Ct. 433, 88 L.Ed.2d 387 (1985).

❺　356 U.S. 571, 78 S.Ct. 839, 2 L.Ed.2d 983 (1958).

或陪審團作成審判後提出若干聲請。原則上，法院依審判結果而為判決。
茲分述如下。

第一項　審　判

民事審判中，原告負舉證責任，刑事審判則由檢察官負舉證責任，證
明被告有罪。二者主要差異在於：㈠被告憲法權利的尊重，以及㈡舉證責
任的輕重不同。有關被告憲法權利，已如前述，不再贅言。

民事訴訟中，原告必須證明其有具優勢的證據 (preponderance of the
evidence) 或者「明確且具說服力」的證據 (clear and convincing evidence)。
刑事訴訟中，檢察官則須證明被告之定罪係毋庸置疑的 (beyond reasonable
doubt)。倘定被告的罪仍有任何合理的懷疑，則須判被告無罪，例如，他人
亦有涉案的可能性，或其他事由亦可能導致該犯罪結果，則被告極可能因
此無罪。以 O. J. Simpson 為例，同樣的事證，在民事被判須負鉅額損害賠
償予受害人家屬，惟在刑事訴訟中，則判無罪。聯邦最高法院於 In re
Winship[96]乙案中指出，基於正當程序條款，無論聯邦或州檢察官，應證明
犯罪之符合任一構成要件，係毋庸置疑。該案中，Winship 係一名十二歲少
年，因行竊被逮捕，在少年法庭中，法院適用「優勢證據法則」。聯邦最高
法院指出，無論聯邦或州法院，無論一般成人法庭或少年法庭，均應採「毋
庸置疑法則」審理刑事案件。

至於法院得否對「合理懷疑」(reasonable doubt) 予以定義，聯邦最高法
院傾向否定立場，但倘法院所給予之定義，堪稱合理，則不致影響法院之
判決。Sandoval v. California[97]乙案中，Sandoval 因謀殺一名婦女遭判處死
刑，及謀殺另三名受害人判處終身監禁不得假釋。原審法院給予陪審團的
法律指示，就「合理懷疑」予以定義：既涉及人身事務，合理懷疑非僅可
能的懷疑，而係依公正的道德證據 (moral evidence) 具有某種程度的可能性

---

[96]　397 U.S. 358, 90 S.Ct. 1068, 25 L.Ed.2d 368 (1970).

[97]　511 U.S. 1, 114 S.Ct. 1239, 127 L.Ed.2d 583 (1994). 此案與另案 Victor v.
　　Nebraska 因案情爭議相同，併案審理。

或假想性的懷疑。亦即，在比較暨考量所有證據後，陪審員無法於道德上確切 (moral certainty) 認定起訴的真實性足以確定罪名。Sandoval 據此主張其違反正當程序條款。聯邦最高法院維持原判指出，依正當程序條款，法院應避免指示陪審團「合理懷疑」的定義，致降低正當程序所要求的標準。然，本案中所謂「道德證據」，應指法庭上所提出的證據而言，至於「道德上的確定性」並無實質意義，陪審團未必瞭解其意，亦不致有降低正當程序條款之保護之虞。

第二項　聲　請

　　一如民事訴訟程序，刑訴中，亦可能出現相關聲請 (motions)，如：指示審判，不理會審判逕自作成判決，及重新審判等。然而，基於刑事被告的憲法權益——由陪審團審判、正當程序，以及一事不再理等，前揭聲請，原則上只得由被告提出。

一、指示審判之聲請

　　被告得以檢方未盡舉證責任為由，聲請法院指示作成被告無罪釋放的審判，將其當庭釋放。反之，檢方不得聲請法院為被告有罪的指示審判，因此舉將違反正當程序及被告由陪審團審判的權利。

二、不理會審判逕自為判決之聲請

　　陪審團認定被告有罪時，被告得向法院聲請不理會審判逕自為有利被告的判決，理由為審判結果違反審判程序中兩造攻防後應有的客觀結果。法院亦得依職權為之。倘被告被判無罪，檢方不得為前揭聲請，理由同前揭一。

三、重新審判之聲請

　　被告被定罪後，得因審判的不公，聲請重新審判或上訴。反之，被告被判無罪開釋後，檢方不得聲請重新審判或上訴，否則將違反一罪不二罰的原則。除非㈠審判無效，因審判庭不具管轄權；㈡無罪的審判係因被告的不當行為、詐欺或共謀所致。

第三項　判　決

　　法院在陪審團作成審判後，隨即依該審判作成判決。原則上，法官須在被告出庭的情況下，宣判罪刑 (sentence)，重罪尤其如此。法官宣判前，將先於公開法庭詢問有無不應宣判的事由存在。不宜宣判的事由有：㈠被告於審判後精神異常；㈡被告已經特赦；㈢被告非審判或判決的對象；以及㈣被告為女性且已懷孕，而將面臨死刑的宣判。

第八節　刑　責

　　決定罪刑時，依聯邦憲法第八增修條文，不得有殘酷、異常的處罰 (cruel and unusual punishment)，亦須依量刑標準 (Sentencing Guidelines) [98] 為之。

第一項　不得有殘酷異常的處罰

　　縱令被告被定罪，處罰亦不得殘酷或過當，無論財產刑（罰金）、自由刑或生命刑，皆然。刑罰的裁量應考量比例原則 (proportionality principle)，犯人所受處罰相較於所犯罪行有重大失衡時 (gross disproportionate)，則違反憲法第八增修條文之規定；罰金過高、刑期過長均屬之。殘酷異常處罰之主張亦常見於死刑的探討，包括其行刑方式（如電椅、絞刑等），受刑人的心智、犯案時的年齡等議題。

　　近年來，較引發爭議的議題為州法律所採行的「三振法」(three-strike law) [99]，所謂三振法，係指任何人犯案三次時，第三次將加重處罰其刑 [100]，目前有二十六州採行之。其中，以加州的三振法最為嚴苛 [101]。依加州法，

---

[98]　聯邦政府與州政府各訂有其 Sentencing Guidelines，以為法院量刑之依據。以聯邦政府為例，Sentencing Guidelines 係由聯邦量刑委員會 (United States Sentencing Commission) 訂定。

[99]　取棒球賽中三振出局之意。

[100]　此制度性質與我國刑法規定的累犯相類似。

無論所犯罪行輕重，凡達三次，犯人均將面臨二十五年徒刑至終身監禁的刑罰。西元二〇〇三年，聯邦最高法院於 Ewing v. California❿與 Locker v. Andrade❽兩案中，各以五比四票認定加州法律並未違反憲法第八增修條文，故為合憲有效。前案之被告 Ewing 自西元一九八四年（當時年滿二十二歲）後，便多次犯罪服刑，犯罪型態由小偷到強盜均有之，甚至於一九九三年，在五週內犯了三件夜盜案及一件強盜案。而在假釋出獄十個月後，又在一家商店偷了三支價值三百九十九元的高爾夫球桿。他因此遭逮捕，依重罪起訴、定罪，並依三振法判刑二十五年至終身監禁❹。Andrade 案之被告 Andrade 的犯罪紀錄可溯至西元一九八二年，在同一年內，Andrade 便因輕罪的偷竊及一級夜盜罪先後入獄服刑，其中，夜盜罪部分，被判處十年徒刑。爾後又犯下兩次聯邦的運送大麻罪、輕罪偷竊，故違反州假釋規定，而先後入獄服刑。西元一九九五年，Andrade 從 Kmart 賣場偷了價值約八十五元美金的五卷錄影帶。兩週後，又到另一家 Kmart 賣場偷了價值約六十九元的四卷錄影帶。前揭行為屬輕罪偷竊，依加州法，僅科以罰金或拘役即可。然而本案中，加州法院以 Andrade 已有三次以上有關偷竊的犯罪行為，故依三振法，處以兩個二十五年至終身監禁的徒刑❺。

　　兩案均由大法官歐康納 (O'Connor) 主筆，其於 Ewing 案中依下列理由認定加州三振法合憲：㈠第八增修條文僅含有狹義的比例原則，並不要求

❿　大法官 Breyer 於 Ewing 案中列舉美國其他州或管轄區域（包括聯邦法院）均無如加州般嚴苛的規範。

❿　538 U.S. 11, 123 S.Ct. 1179, 155 L.Ed.2d 108 (2003).

❽　538 U.S. 63, 123 S.Ct. 1166, 155 L.Ed.2d 144 (2003).

❹　此案在加州上訴法院維持原判，加州最高法院拒絕受理，Ewing 因此上訴至聯邦最高法院。

❺　此案在加州上訴法院維持原判，加州最高法院拒絕受理；Andrade 遂向聯邦地院聲請人身保護令 (writ of habeas corpus) 遭拒，上訴至聯邦第九巡迴上訴法院。第九巡迴法院廢棄地院判決，核發其上訴許可，並認定加州上訴法院判決錯誤。270 F.3d 743 (9th Cir. 2001). 加州檢察總長 (Attorney General) 上訴至聯邦最高法院。

就犯罪與刑責間採嚴格比例原則，僅禁止過於嚴格的刑度造成其與犯罪行為的重大失衡。㈡第八增修條文並不禁止州採行措施制止已犯過一次以上嚴重或暴力罪行的罪犯再次犯案。㈢在權衡州的公共安全與被告冗長暨嚴重的犯罪紀錄，處以被告的刑責並未構成重大失衡。在 Andrade 案中，O'Connor 亦重申加州三振法的合憲性，並指出在比例原則欠缺明確的界線下，加州上訴法院的判決並無違誤。

罰金的額度必須與其罪行的嚴重性不失比例原則，方可。西元一九九八年 United States v. Bajakajian ❿ 乙案中，被告 Bajakajian 和其家人登機出國前並未向海關申報攜帶有現金三十五萬七千多美元。依聯邦法規 ⓭，任何人攜帶一萬元以上美金出境，均應向海關申報。聯邦政府以 Bajakajian 違反前揭規定為由要求沒收全額現金，聯邦地院同意沒收現金，但以全額沒收不符比例原則，將構成第八增修條文所禁止的「過當罰金」，故令沒收一萬五千元、三年緩刑，以及五千元罰金。聯邦第九巡迴上訴法院維持原判。聯邦政府上訴至最高法院，聯邦最高法院以五比四票維持原判。理由為：㈠沒收的性質若在處罰犯罪，則仍屬憲法第八增修條文所定的罰金，系爭聯邦法規 ⓮便是如此。㈡懲罰性的沒收與犯罪嚴重性有重大失衡時，便違反第八增修條文的「過當罰金條款」(Excessive Fines Clause)。㈢本案被告的罪行在於未申報乙事，依量刑標準 (Sentencing Guidelines) 最重應為六個月徒刑及五千美元罰金。聯邦政府所主張的全額沒收與被告的罪行構成重大失衡 ⓯。

西元一九七三年，聯邦最高法院於 Furman v. Georgia ⓰ 乙案中，以五比四票判決喬治亞州 (Georgia) 的死刑規定係殘酷異常的處罰，違反第八增

---

❿　524 U.S. 321, 118 S.Ct. 2028, 141 L.Ed.2d 314 (1998).

⓭　31 U.S.C. § 5316 (a) (1) (A).

⓮　8 U.S.C. § 982 (a) (1).

⓯　聯邦最高法院亦指出，聯邦法律並不禁止攜帶美金出境，只規定須申報。本案中，被告攜帶現金出境，並無證據顯示其擬從事任何犯罪行為，如逃稅、運送毒品、洗錢等。被告未申報乙事，只導致聯邦政府未被告知有三十五萬七千多美元攜帶出境，而未有其他重大損害。

⓰　408 U.S. 238, 92 S.Ct. 2726, 33 L.Ed.2d 346 (1972).

修條文。主要係因，依喬治亞州死刑規範，陪審團有完全的裁量權決定是否處以被告死刑，在未受監督的情況下，有形成獨斷裁量之虞。Furman 判決使全美死刑的執行全數停頓，因所有規範死刑的州暨聯邦法律，均如同 Georgia 法律，構成違憲。惟，Furman 案並未否定死刑之合憲性，僅就 Georgia 法律內容認定其違憲。故而各州又重新訂定有關死刑的法律，不再賦予陪審團完全的裁量權，部分州並訂定量刑標準，供加重或減輕刑責之考量。數年後，西元一九七六年，聯邦最高法院再度審理死刑的爭議。Gregg v. Georgia❶❶乙案，聯邦最高法院認定 Georgia 有關死刑的新立法合憲，並指明死刑本身係合憲。美國目前有三十八州以及聯邦仍有死刑的刑罰。

死刑的執行方式亦可能違反憲法第八增修條文的禁止「殘酷異常」處罰。例如：絞刑可能導致體型過重的犯人身首異處。二十世紀較常見的電椅 ❶❷，因常發生行刑時電椅故障，引發殘酷異常處罰的爭議而式微，最後一次使用是西元二○○四年五月二十八日南卡羅萊納州 (South Carolina) 的行刑 ❶❸。毒氣室 (gas chamber) 自西元一九九九年二月二十四日亞利桑那州 (Arizona) 執行後，迄今未再採此方式。絞刑及槍決均自西元一九九六年執行後未再採行 ❶❹。毒液注射 (lethal injection) 係目前行刑的主要方式 ❶❺。

---

❶❶　428 U.S. 153, 96 S.Ct. 2909, 49 L.Ed.2d 859 (1976).

❶❷　電椅有一別名，稱「老史帕基」(Old Sparky)，應與其行刑時，常火花四射有關。

❶❸　Capital Punishment in the United States, *at* http://en.wikipedia.org/wiki/Capital_punishment_in_the_United_States（上網日期：民國九十四年十月十日）。

❶❹　同上。

❶❺　研究人員指出，毒液注射亦未盡人道，麻醉劑量的不足，致使注射毒液時死刑犯仍有意識，歷經痛苦而死亡。Lethal injection "cruel," researchers say, Renters (April 14, 2005), *at* http://www.msnbc.msn.com/id/7501628（上網日期：民國九十四年十月十日）。聯邦最高法院於西元二○○六年四月二十六日就 Hill v. McDonough 乙案中注射毒液是否為異常殘酷的處罰舉行聽審。Press Release: Supreme Court to Consider Cop-Killer's Lethal Injection Challenge (April 24, 2006), at http://www.cjlf.org/releases/06-09.htm（上網日期：民國九十五年五月一日）。最高法院嗣於六月十二日作成判決認定被告 Hill 得依聯邦法規 (42 U.S.C. § 1983) 聲請法院禁止佛州採用三種特定藥物的毒液注射將其處死。該

　　聯邦最高法院亦分別就智能不足及未成年罪犯得否處以死刑予以定奪，先後於西元二〇〇二年 Atkins v. Virginia ❶❻及二〇〇五年 Roper v. Simmons❶❼兩案中認定二者不得處以死刑，否則將違反憲法第八增修條文。

　　Atkins 案中，Atkins 與其共犯 Jones 於西元一九九六年綁架 Nesbitt，除搶奪其身上財物，並迫使其到取款機提領現金，最後將他帶到一偏僻地點，射殺 Nesbitt 八槍斃命。維吉尼亞州地院陪審團將 Atkins 以謀殺定罪。Atkins 律師主張 Atkins 具輕度智障，智商僅 59，要求減輕刑責。檢方以 Atkins 具有危險性，且犯罪行為惡劣，要求加重刑責。陪審團決定處以死刑。經上訴至維州最高法院，法院依據 Penry v. Lynaugh❶❽維持原判。Atkins

---

　　判決重點在於前揭 § 1983 的適用，而未就毒液注射處死是否違反第八增修條文乙節予以論斷。126 S.Ct. 2096, 165 L.Ed.2d 44, 2006 U.S. LEXIS 4674 (2006).

❶❻　536 U.S. 304, 122 S.Ct. 2242, 153 L.Ed.2d. 335 (2002).

❶❼　543 U.S. 551, 125 S.Ct. 1183, 1161 L.Ed.2d 1 (2005). 此案被告 Simmons 犯案時年僅十七歲，他策劃和年齡更輕的朋友夜間闖入受害人家中強盜殺人，將受害人捆綁、蒙眼載到州立公園丟到橋下。陪審團審判決定 Simmons 有罪，在考量減刑因素（如年齡、無前科等）之後，陪審團仍決定處以死刑。州地院同意陪審團的量刑。Simmons 上訴，Missouri 最高法院依據 Atkins 案，認定全國的趨勢在不處以少年犯死刑，因而改判 Simmons 終身監禁不得假釋。Missouri 因此上訴至聯邦最高法院。

❶❽　492 U.S. 302, 109 S.Ct. 2934, 106 L.Ed.2d 256 (1989). 該案中，Penry 被控強暴、毆打並刺殺受害人。警方係根據受害人生前對攻擊者的描述逮捕 Penry。當時 Penry 才因另一件強姦案假釋出獄。在審判前有關 Penry 行為能力的聽證會上，心理學家作證指出 Penry 屬輕度至中度智障，心智約六歲半，而社會成熟度約九至十歲。儘管如此，法院仍認定 Penry 有能力接受審判，Penry 繼而被判有罪，並處以死刑。Penry 以違反聯邦憲法第八增修條文及陪審團並未將其心智狀況列入減刑考量為由上訴。德州刑事上訴法院維持原判決及死刑。Penry 向聯邦地院提起人身保護令程序，遭駁回。聯邦第五巡迴上訴法院維持地院判決，並拒絕其有關第八增修條文的主張，但同意 Penry 所稱州地院陪審團並未充分考量其減刑因素。聯邦最高法院認同心智能力可列為減刑的考量因素，但否定處以智障者死刑係違憲的主張。此案經發回德州地院審判，法院雖告知陪審團在量刑時，應考量減刑因素，但陪審團仍判處 Penry 有罪並死刑。此案於西元二

上訴至聯邦最高法院，聯邦最高法院指明：對智障者執行死刑係殘酷異常
的處罰，違反憲法第八增修條文。理由為：㈠自西元一九八九年 Penry 案
以降，迄二〇〇一年，全國已有二十一州，以及聯邦均免除智障者死刑，
足證美國已漸趨有此共識。㈡除非能證明處死智障者有助於遏止犯罪，否
則將徒增痛苦，使對智障者的行刑成為殘酷異常的處罰。㈢智障者欠缺理
解及表達的能力，前者導致其犯錯的可能，後者使陪審團誤認其缺乏悔意
而拒絕減輕其刑度。聯邦最高法院因此廢棄維州最高法院的判決❶❶❾。法院

〇〇一年上訴至聯邦最高法院。聯邦最高法院復以德州地院予陪審團的指示
(jury instruction) 不明確而廢棄其判決。Penry v. Johnson, 532 U.S. 782, 121 S.Ct.
1910, 150 L.Ed.2d 9 (2001). 此案再度回到德州地院，一如前兩次的指示，陪審
團須先審議三項爭議：㈠被告造成受害人死亡的行為是否故意所為；㈡被告是
否仍有犯下暴力罪行、危害社會的可能性；㈢縱令被告係受到受害人的激怒，
其殺害受害人的行為是否仍屬不合理。陪審團審議的結果，答案均為肯定，亦
即被告有罪。陪審團接著須審議的第四個問題為，認定有無任何減刑的因素存
在，俾足以減輕被告刑度。根據法官的指示，陪審團若認定被告有智障，則第
四個問題的答案是肯定的；若不認為被告係智障，則應認定有無其他減刑因素。
陪審團對第四個問題的答案是否定的。Penry 第三度被判處死刑。Penry 又上訴
至德州刑事上訴法院。德州上訴法院於西元二〇〇五年十月以五比四票廢棄
Penry 的死刑判決，令下級法院就量刑部分重新審判。理由為：下級法院並未
明確指示陪審團，縱令不認為 Penry 係智障，仍得就其心智的損害 (mental
impairment) 考量應否減刑。Penry v. State, 178 S.W.3d 782, 2005 Tex. Crim. App.
Lexis 1620 (2005). 德州檢察長又向聯邦最高法院聲請上訴，最高法院於二〇〇
六年六月十二日決定拒絕受理。Texas v. Penry, 2006 U.S. LEXIS 4651 (June 12,
2006).

❶❶❾ Atkins 乙案回維州法院，陪審團最後仍於西元二〇〇五年七月決定 Atkins 在
和律師連繫頻繁的情況下，提升了他的智商到 70，使其有能力接受死刑。Atkins
的行刑日期訂為同年十二月二日。然而此案又於西元二〇〇六年六月，經維州
最高法院認定陪審團於決定被告是否為智障時受到「Atkins 曾被判處死刑」乙
事的影響，致左右其審判結果；法院進而以 Atkins 未得到公平審判為由，令地
院重新審判。272 Va. 144, 631 S.E.2d 93(2006). Virginia Supreme Court
Unanimously Orders New Mental Retardation Hearing for Daryl Atkins, Associated

並指明，聯邦憲法第八增修條文亦因第十四增修條文而適用於州政府。

聯邦最高法院雖曾於西元一九八五年 Stanford v. Kentucky ❶乙案中，以五比四票認定受刑人於犯罪當時已滿十六歲者，處以死刑不構成殘酷異常之處罰，並不違反聯邦憲法第八增修條文 ❷。然而，西元二○○五年，聯邦最高法院於 Simmons 乙案中，以五比四票認定對受刑人於未成年時所犯罪行處以死刑，係殘酷異常的處罰。聯邦最高法院指出，姑不論國際趨勢之不處以少年犯極刑，美國境內自 Stanford 案以降，亦漸趨於禁止處以少年犯死刑，目前有三十州已明文立法禁止。再者，未成年人的心智未臻成熟，難以令其與成年人有同等的判斷力、責任心及自制力，對其所犯罪行處以死刑，有違比例原則，違反第八增修條文。聯邦最高法院並指明 Stanford 乙案判決不再適用，應予推翻 ❸。

第二項　判　刑

無論州或聯邦行政首長（前者為州長，後者為總統）有權對刑事罪犯之刑罰採行下列措施：㈠減刑 (commutation)——將原判刑罰改以較輕的處

Press, June 8, 2006, *at* http://deathpenaltyinfo.org/article.php?did=1795（上網日期：民國九十五年六月十二日）。

❶ 492 U.S. 361, 109 S.Ct. 2969, 106 L.Ed.2d 306 (1989).

❷ 該判決涉及兩件刑案，一為 Stanford v. Kentucky，Stanford 犯下謀殺罪時年齡約十七歲又四個月，少年法庭將該案移至成人法庭，經審判，判處死刑。另一案為 Wilkins v. Missouri，Wilkins 犯謀殺罪時，年齡約十六歲六個月，以成人身分接受審判，經認罪後判處死刑。

❸ 同註 117。在 Atkins 乙案中贊成對智障者處以極刑係違憲的 O'Connor 大法官，在本案中，則認為對少年犯處以極刑並不違憲。另外，Stanford 案中承審的九位大法官，至 Roper 案時，已有四位成員異動。原於 Stanford 案中，認定未違憲的五位大法官為 Scalia, Rehnquist, White, O'Connor 及 Kennedy。White 於西元一九九三年退休、Kennedy 則於 Roper 案中改變其於 Stanford 案的立場。僅剩 Scalia, Rehnquist 及 O'Connor 仍維持於 Stanford 案的立場，加上西元一九九二年任職的 Thomas，共四位認定未違憲。時代的改變或許是判決立場更迭的重要因素，而大法官成員的異動，亦可能為判決改變的因素之一。

罰，如，將死刑減為徒刑。㈡赦免 (pardon)──完全免除被告的罪名、刑責，一如未曾犯罪。㈢暫緩執行 (reprieve)──此係暫停 (stay) 或延期 (delay) 執行刑罰，使行政或司法單位得進一步審理該案。判刑有下列不同態樣：㈠不定刑期（indeterminate sentence 或 indefinite sentence）──僅定服刑的最短及最長期限，或僅定最長期限而未定服刑最短期限，確切期間由獄方或假釋委員會依犯人在獄中的表現或其他與行為相關之因素考量。㈡明確刑期（determinate sentence 或 definite sentence）──立法規定特定服刑期間，法官得依裁量於前揭期間內判決固定的刑期。被告於服刑達一定年度，自動假釋。

　　刑責亦可能因罪犯已另在服刑，或因兩項以上相關連的罪行定罪，而有同時刑期 (concurrent sentences) 或連續刑期 (consecutive sentences)。倘被告因兩項罪名處六年徒刑，在同時刑期中，被告須服刑六年，而依連續刑期，被告須服刑十二年。

　　對於刑度較輕者，可能以緩刑 (probation) 代替監禁。在緩刑期間，被告必須遵守法院所訂的緩刑條件，如：有一定的工作，不得有違法行為，不得攜帶任何武器，不得離開該管轄區域等。一旦有違反條件之情事發生，則將撤銷其緩刑，被告因此將遭監禁服刑。

　　倘被告服刑期間表現良好，便可能獲假釋 (parole) 出獄。假釋期間，被告亦須遵守特定假釋條件，如：不得有不法行為、不得與其犯罪之審判有關的證人、檢方等接觸……等，違反假釋條件者將再度面臨監禁。

　　聯邦憲法並未賦予被告上訴的權利，惟，一般而言，州法律均定有被告因被定罪而上訴的權利。州（檢）方僅得以法律問題上訴，而不得因被告被判無罪而上訴要求定其罪。倘被告已被定罪，法院亦不得廢棄原判，而以較重的罪名重新審判，此將違反正當程序與一罪不二罰。

第七章　律師道德規範

　　美國各州均定有律師道德規範（professional responsibility 或 legal ethics）相關規定。美國律師協會（American Bar Association，簡稱 "ABA"）於西元一九六九年制定專業責任模範法典（Model Code of Professional Responsibility，簡稱 "Model Code"），歷經數次修正❶。西元一九八三年，ABA 又制定專業行為模範規則（Model Rules of Professional Conduct，簡稱 "Model Rules"）取代前揭 Model Code。無論 Model Code 或 Model Rules，均不具法律效果，僅為供各州採行立法之範本。而各州於制定相關專業道德規範時，亦確實多以前揭模範法典或規則為之。本章亦將以 Model Rules 為依據，依序以律師資格的取得、懲戒以及律師與委託人間的關係介紹之。

第一節　律師資格的取得

　　早期（約在西元一八六〇年代之前）美國並無法律教育的設置，律師的培育採學徒制，亦即，到律師事務所擔任學徒學習法律知識，之後便可從事律師工作。繼而，開始有考試制度，初始，採面試方式，通過即可。內戰時期，美國大學開始有法學院的設立，以普通法為教材，培育法律人才。考試方式改採筆試。迄今依舊如此。擬從事律師業務者，須通過律師考試 (Bar Examination) 取得執業證書，始可。

　　各州對於報名參加律師考試的人員，須先進行資格審查，應備資格主要有❷：㈠接受過法學教育——多數州要求須在美國境內取得至少一個法律學位，亦有規定須在該特定州取得法律學位者。㈡無不良行為者。

　　律師考試，一年舉行兩次，分別在二月下旬及七月下旬，考試時間至少兩天。考試均採筆試，分選擇題與問答題兩種，前者為一天，後者考一至兩天由各州自行決定。選擇題內容及日期全國統一，問答題考試內容為各州法律，由各州自行命題，考試日期訂在選擇題考試日期之前一至兩天

---

❶　分別於西元一九七〇年、一九七四年、一九七五年、一九七六年、一九七七年、一九七八年、一九七九年，及一九八〇年。

❷　早期另有規定須具美國公民身分，嗣經認定為違憲，目前部分州規定須在該州有住所者，始可參與考試，另有州規定須有住所方得執業。

或後一至兩天。因此，部分考生可同時參加兩州的考試，其中選擇題考一次即可。多數州均定有選擇題成績的錄取標準❸，倘未達該標準，不論問答題部分成績如何，均不予錄取。若已達該標準，部分州便不再考量問答題成績，其他州則仍須審視其問答題成績，俾決定是否錄取。

美國律師執照的核發，係各州獨立作業，若擬在不同州執行業務，則須同時擁有數州執照。須參與多次律師考試，或於一州執業滿五年後，申請至他州執業；亦可能因某一特定案件至他州申請為特定委託人進行訴訟，即「特別個案的執業許可」(pro hac vice admission)。如：A 州律師所代表的 A 州州民於 B 州有爭訟發生，此時 A 州律師可為處理此案例到 B 州執行律師業務，包括進行訴訟等。聯邦政府本身並未設有律師考試，擬於聯邦法院執業，係以申請的方式取得執照。

第二節　懲　戒

多數州定有強制加入律師公會的規定，少數州則採自願方式。前者的律師公會因此具法定性質 (mandatory bar association)，該公會內部設有律師紀律委員會 (disciplinary board)，監督懲戒律師的執業行為。至於自願式的律師公會，不具此功能，其律師懲戒則由該州法院（主要為州最高法院）設立律師紀律委員會。

律師有任何違反專業道德的不當行為，除可能面臨不當執業 (malpractice) 的訴訟外，亦將面臨州紀律委員會的懲戒。懲戒的方式主要有：㈠私下譴責 (private reprimand)──亦即發一封信函給該名律師，告誡一番。㈡公開譴責 (public reprimand)──即於律師公會雜誌或期刊上，刊登特定律師的不當行為，公開譴責之。㈢停職 (suspension)──令該律師於特定期間內停止執業，一般為三個月、六個月或一年，嚴重者亦可達數年。此懲處看似較撤銷執照為輕，其實未必。設若被停職者為一大型事務所之律師，則 A 律師被停職，B 律師可接手其工作，較無大礙。惟以小型事務所，或自己開業者，一旦遭停職，無人可取代其職務，其須將正在處理的

---

❸ 該標準係以每次考試平均結果予以計算。

業務轉予其他事務所，亦須將原委告知其委託人，嚴重影響其聲譽，及日後的執業。㈣撤銷律師資格 (disbarment)——此為最嚴重的懲處。如，一名紐澤西律師 Morell 於西元一九九七年接受 Fink 委託處理一件醫療過失的案例。Morell 告訴 Fink，對方分別提出二十萬元及七十萬元的和解，但 Morell 已拒絕。嗣於二○○一年三月，Morell 又告訴 Fink，對方願以一千一百萬美元和解，並建議 Fink 接受；之後又告知和解金將於七月四日匯入 Fink 帳戶。數天後，Morell 對 Fink 的父親承認，整個事件，對方根本未提出和解，事實上，Morell 自始並未向法院提起訴訟。紐澤西最高法院於西元二○○五年七月決定撤銷 Morell 的律師執照❹。

依模範規則，律師應每年提供五十小時的義務法律服務 (pro bono legal services)❺。各州做法不一，有要求須實際提供服務者，亦有規定得以捐獻金錢替代者。各州多規定撤銷資格後五年內不得再行參與考試，須滿五年後方得參加律師考試，重新執業。部分律師面臨撤銷資格時，選擇以辭職方式免去被撤銷執照的窘境。

倘律師知悉其他律師有違反專業道德之情事，應負有舉發報告的義務❻。

目前，美國多數州均規定執業律師必須每年參與一定時數的「繼續法律教育」(continuing legal education，簡稱 "CLE")，不符合規定者若未選擇不予執業 (inactive)，將面臨紀律委員會的處分。如 Disciplinary Proceedings

---

❹　Michael Booth, *Lawyer Disbarred after Telling Client Fish Story about Unfiled Case*, New Journal (July 27, 2005), *available at* http://www.law.com（上網日期：民國九十四年七月三十日）。

❺　Model Rules 6.1.

❻　Model Rules 8.3. 如 In re Himmel 乙案，Himmel 受僱於 Tammy，向 Tammy 的前任律師 Casey 催討 Tammy 因機車事故應得的和解金。此係因 Casey 在處理 Tammy 的機車事故時，將對方支付的和解金存入信託帳戶，嗣又領出占為己有。Himmel 與 Casey 接洽，Casey 願意與 Tammy 和解。Tammy 同意、並告知 Himmel，她只想取回應得的賠償金，並不擬對 Casey 提起任何訴訟。Himmel 並未將 Casey 的不當行為告知律師紀律委員會。伊利諾州最高法院認定應令 Himmel 停職一年。125 Ill.2d 531, 533 N.E.2d 790 (1988).

against Yamagiwa❼乙案，律師 Yamagiwa 因未遵守前揭 CLE 要件，遭停職三年的處分。在停職期間，紀律委員會又依下列事由，建議撤銷其律師執照：㈠ Yamagiwa 未告知自己的委託人及對造律師有關遭停職之情事；㈡停職後仍繼續執業；㈢其行為構成不誠實、詐欺、欺騙或不實陳述；㈣未配合律師公會的調查；及㈤故意漠視州律師代表的傳喚。華盛頓州最高法院接受紀律委員會的建議撤銷 Yamagiwa 的律師執照。

第三節　律師與委託人的關係

本節依序探討律師與委託人關係的開始（即委託的取得）、其間的契約關係，及律師對委託人的應盡義務等。

第一項　委託的取得

律師延攬業務時，不得以當面遊說 (in-person solicitation) 的方式為之。聯邦最高法院認為，前揭禁止規定並不侵犯律師言論自由的憲法權利，在此須保護的是一般人在自由意識下選擇律師的權利。如 Ohralik v. Ohio State Bar Association❽案。所謂當面，不以面對面為限，還包括以電話兜攬等❾。與 Ohralik 案同日作成判決的 In re Primus❿乙案，Primus 於南卡羅萊納州執業，並參與美國公民自由聯盟（American Civil Liberties Union，簡稱 "ACLU"）。ACLU 從事有關公民自由的爭訟，並傳達訊息予大眾，包括婦女們為接受醫療協助必須結紮的相關議題。ACLU 告訴 Primus 擬提供法律協助予前揭婦女。Primus 知悉有一名婦女有前揭情事且有意提起訴訟，Primus 寫信告訴她 ACLU 可提供免費律師協助。數日後 Primus 遭紀律委員會指控違反紀律規則。在聽證會後，紀律委員會認定 Primus 以信件與該

---

❼　97 Wn.2d 773, 650 P. 2d 203 (1982).

❽　436 U.S. 447, 98 S.Ct. 1912, 56 L.Ed.2d 444 (1978). 請參閱本編第一章「憲法」第四節「人權法案」之第二款「言論自由」。

❾　Model Rules 7.3.

❿　436 U.S. 412, 98 S.Ct. 1893, 56 L.Ed.2d. 417 (1978).

名婦女聯繫的行為確實違反規則，委員會決定採行私下譴責的處分。州最高法院採取委員會有關違反規則的決定，但改採以公開譴責的處分。Primus上訴至聯邦最高法院。聯邦最高法院廢棄其判決，指出：聯邦憲法第一增修條文保障人民集會結社的自由，本案中 Primus 的行為係表達其個人政治信仰以及貫徹 ACLU 公民自由的宗旨；其行為不在牟取經濟利益，亦無不當影響他人、欺騙、不實陳述或侵犯他人隱私。因此對 Primus 的懲處已違反第一暨第十四增修條文。州擬阻止浮濫的爭訟及降低法律專業商業化的目的，不足以使其剝奪 Primus 憲法權利的行使。

聯邦最高法院於西元一九七七年 Bates v. State Bar of Arizona❶乙案中指出，律師得刊登廣告，惟其不得有誇大不實的內容❷。

第二項　律師與委託人間的契約

律師接受委託時，契約即成立，不以書面契約為必要。律師費的收取，應於委託契約成立前、或成立後合理期間內，明白告知委託人；其雖不以書面為必要，但儘可能以此為之❸。

律師費的收費方式主要有三種：㈠以鐘點計費 (hourly bases)。㈡以整件案件約定一筆數額。㈢附條件的收費 (contingent fee)。

所謂「附條件的收費」，係指雙方約定，委託人在勝訴時方須付費，若敗訴，則毋庸付任何律師費。此方式曾被遭禁止，惟恐律師為了勝訴而擾亂司法。嗣因此收費方式可使經濟能力較差的人，仍有提起訴訟爭取權益的機會，而承認其合法性。不過此方式只得適用於民事案件，而不得適用於刑事訴訟及家事案件❹。一則基於司法公正的考量，杜絕擾亂司法，二

---

❶　433 U.S. 350, 97 S.Ct. 2691, 53 L.Ed.2d. 810 (1977). 請參閱本書本編第一章「憲法」第四節「人權法案」之第二款「言論自由」。

❷　Model Rules 亦採行之。Model Rules 7.2.

❸　Model Rules 1.5 (b).

❹　Model Rules 1.5 (d). 如：Shanks v. Kilgore 乙案。在離婚程序中，被告在原告 Miller 律師的協助下，與其先生就財產部分達成和解。和解金額共三十萬美金，分三年三期支付，每年付十萬元，被告同意每次付 Miller 兩萬元。被告在付了

則無力聘請律師的刑事被告可申請得到公設辯護人的協助。民事案件雖有各大學所設的「法律服務」提供協助，惟其服務對象須先出具證據，證明其經濟上的困境。「附條件的收費」正可因應不符前揭要件，但經濟能力仍不足者的需要。律師費的酌算，以勝訴金額的一定比例（如三分之一、二分之一等）歸律師。

　　律師費收取過高時，可能面臨紀律委員會的停職處分。律師費是否合理，其考量因素如下❶：㈠處理案件所需的時間與人力；㈡案件所包含的爭議的困難度與罕見性；㈢提供適切的法律服務所需的技能；㈣律師本身的經驗、聲譽及能力；㈤當地類似法律服務的通常收費額度；㈥案件本身牽涉的金額及處理結果；㈦就委託人所知，律師因受理其案件而喪失受理其他案件的可能性；㈧委託人或因客觀環境所致之時間限制；㈨律師與委託人間專業關係的性質及期間長短；以及㈩收費方式係固定費用或附條件的收費。

　　涉及民權或社會福利之訴訟，倘律師自行代理自己或自己未成年子女的案件則可能不得向被告政府主張律師費。如 Kay v. Ehrler❶乙案中，Kay 係一名佛州律師，他向肯塔基州選舉委員會申請列名於民主黨總統初選名單。選舉委員會以其不符肯州法律為由，否准之。Kay 主張該法違憲，聯邦地院同意。肯州嗣經修法但仍採類似規範，Kay 遂於西元一九八七年再度提出申請列名於初選名單遭拒，Kay 又向聯邦地院提起訴訟，亦勝訴。Kay 遂主張依聯邦法規 (42 U.S.C. § 1988)，特定之民權訴訟 (civil right lawsuit) 中勝訴的一造（非官方）得要求給付適度之律師費用。聯邦地院暨第六巡迴上訴法院均否准之。Kay 上訴至聯邦最高法院。聯邦最高法院維

　　　兩萬元後，拒絕再付其餘金額。下級法院認定被告應支付 Miller 餘款，被告上訴。密蘇里州上訴法院廢棄該判決指出，附條件收費不得適用於家事案件，本案屬之。而 Miller 的律師費係附條件收費，其條件有三：㈠法院准予離婚，㈡法院核准他們的財產和解，以及㈢對造支付和解金。是以，Miller 與被告有關律師費的約定無效。589 S.W.2d 318 (1979).

❶　Model Rules 1.5 (a).

❶　499 U.S. 432, 111 S.Ct. 1435, 113 L.Ed.2d 486 (1991).

持原判決，理由為，依前揭聯邦法規之立法意旨，其係適用於律師與委託人之關係 (attorney-client relationship)，目的在確保民權訴訟之受害人得到律師充分、有效的協助；鼓勵受害人聘請律師進行訴訟，使違反民權的爭議，得以藉由訴訟解決。縱令受害人本身為歷練的律師，自行進行訴訟仍有其弊端。倘允許其亦得依 § 1988 求償律師費，將使自認有能力的受害人不願聘請律師，有違該法之立法意旨。聯邦第二巡迴上訴法院於西元二〇〇六年四月二十八日 S. N. v. Pittsford Central School District **⑰** 乙案亦認定律師為自己的女兒進行訴訟不得主張律師費。該案涉及「身心障礙者教育法」(Individuals with Disabilities in Education Act，簡稱 "IDEA", 20 U.S.C. §§ 1400~1487)，原告 S. N. 患有健康暨學習障礙 (health and learning impairments)。西元一九九七年至九八年，被告提供 S. N. 個人教育計畫，倘 S. N. 未到校達三天以上，S. N. 便可獲得家庭指導 (home-tutoring)。西元二〇〇二年被告將缺課三天改為十天，S. N. 的父親 Nevarez 在當地特殊教育委員會聽證會後，代理 S. N. 向聯邦地院提起訴訟。Nevarez 主張被告違反 IDEA，嗣經雙方達成和解，重訂家庭指導的計畫。Nevarez 於西元二〇〇四年十一月依 IDEA 向聯邦地院聲請律師費。聯邦地院否准其聲請，以 IDEA 係為無力聘請律師之人而設，且存在於具有委託人與聘任律師關係者。Nevarez 上訴。聯邦第二巡迴法院維持地院見解，指出 IDEA 有關律師費之規定，係確保孩童權益聘請稱職律師，使訴訟得以有效地進行。故其僅適用於律師委託人關係，而不適用於律師兼具父母角色的案件。法院引用 Kay 案說明，前揭規定亦具有鼓勵受害人聘請律師，貫徹 IDEA 保護身心障礙者之教育權益的意旨。倘允許受害人父母以律師身分進行訴訟亦得求償律師費，將使受害人不願另聘請適當人選。是以，父母代理子女進行 IDEA 訴訟者，不得依 IDEA 主張律師費。

---

⑰ 448 F.3d 601 (2d Cir. 2006).

第三項　委託關係的中止

無論民刑事案件，委託人得隨時中止其與律師的委託關係，反之，律師不得任意中止。茲就民刑事案件，各別說明如下。

有下列情事之一者，律師不得代理其委託人、或縱有代理亦必須中止 ⓲：㈠其代理將違反職業行為或其他法律；㈡律師的生理或精神狀況嚴重損及其代理的能力；㈢律師遭革職。有下列情事之一者，律師得中止其代理 ⓳：㈠中止代理不致對其委託人之權益有重大影響；㈡律師合理地相信，委託人藉由律師提供的服務持續其犯罪或詐欺行為；㈢委託人利用律師的服務從事其犯罪或詐欺；㈣委託人執意採取的措施係律師認為不當或反對者；㈤相對於律師提供的服務，委託人並未履行其義務，且已被告知倘不履行，律師將中止其代理者；㈥代理將對律師的財務造成不當的負擔、或已造成不當的困難者；以及㈦其他正當事由。律師中止代理時應依法通知法院或得到法院許可；倘法院令其繼續代理，律師必須遵守並繼續代理 ⓴。

中止代理時，律師仍應確保委託人的權益，如，通知委託人、給予委託人充分的時間聘用其他律師，返還文件及費用予委託人 ㉑。

民事案件中，律師擬中止委託關係，應符合下列要件：㈠事先告知委託人；㈡給予委託人合理的時間另行聘任他人；㈢應返還已預收的律師費。

倘委託人破產，律師得以此為由中止民事案件之代理。如 Fisher v. State ㉒乙案，保險公司委任 Fisher 擔任其數名被保險人的汽車案件。嗣因保險公司財務危機，Fisher 發函予該數名被保險人告知因保險公司之財務危機，故不再續行代理其訴訟案件。Fisher 並以書面通知法院有關中止代理之情事。法官 McLane 核准之，惟數日後，撤回其核准，並令 Fisher 必

⓲　Model Rule 1.16 (a).

⓳　Model Rule 1.16 (b).

⓴　Model Rule 1.16 (c).

㉑　Model Rule 1.16 (d).

㉒　248 So. 2d 479 (1971).

須續行代理訴訟。Fisher 並未遵守，McLane 因此判其藐視法庭。佛州最高法院廢棄該判決，並令釋放 Fisher。法院指出民事案件之代理，律師在給予委託人適時的通知及法院核准下，有權中止或撤回其代理；而法院只得在律師的撤回可能影響法院的效能時，方可否准其撤回。

律師於刑事案件中擬撤回代理，須向法院聲請，由法院裁定同意與否。此因涉及㈠被告有得到律師協助的憲法權利；㈡被告有得到迅速審判的憲法權利；㈢社會急需刑案儘速處理；以及㈣對案件的重大損害 (highly prejudice)。如 Riley v. State ❷❸乙案，刑事被告的律師 Robertson 以其委託人未支付律師費為由，向法院聲請撤回代理。法院否准，理由為當事人須檢附書狀的期限已屆至，且 Robertson 並未檢具具結的誓詞或其他可靠的證據，Robertson 此時撤回代理，將影響其委託人的權益。

第四項　律師應盡義務

律師對委託人的重要義務，有忠實義務 (fiduciary duty)、保密義務 (confidentiality) 及消弭利益衝突。茲分述如下。

第一款　忠實義務

忠實義務，指律師應予委託人與其充分溝通的機會，而律師也應將所有相關事務告知委託人 ❷❹。前者，指委託人應有充分機會告知律師：㈠案件的事實；㈡希望案件處理後達到的結果；以及㈢所得負擔的律師費額度。後者則指律師應提供委託人㈠法律上的建議 (legal advice)；㈡案件的進度──若對方或檢方提出和解或認罪協商時，律師應即刻告知委託人，律師不得在未告知委託人之前，擅自拒絕和解或認罪協商的要約，否則將面臨「不當執業」(malpractice) 的訴訟，以及紀律委員會的處分，至少為停職處分。

律師在代理委託人的事務尚未結束前，不得與委託人協商，就其代理過程所得的主要資訊內容取得文學或媒體權 (literary or media rights) ❷❺。其

---

❷❸　676 S.W.2d 178 (1984).

❷❹　Model Rules 1.2 & 1.4.

目的在保護委託人及司法制度的權益。前者確保委託人不致因受制於其與律師的委託關係，而不得不允諾；後者則在確保律師在司法制度中謹守應盡的職責，維持司法的公正性。

　　律師必須提供予委託人稱職的服務 (competent representation)，並須以勤勉迅速的方式代理其委託人❷。所謂「稱職」，係指具備代理事務所需的法律知識、技巧、準確度以及充分的準備。例如 Office of Disciplinary Counsel v. Henry❷乙案中，律師 Henry 遭停職兩年的處分。渠等有多件不當執業的行為。Henry 在處理委託人有關一級謀殺罪的起訴案時，既未就案件予以調查，尋找有利於委託人的證人，亦未就檢方所持有的證據予以瞭解。Henry 顯然不諳刑事訴訟規則，他仍引用已廢棄的條文提出聲請；不但缺乏經驗，又不諮詢其他律師。法院因此認定 Henry 明顯地不適任。而在另一件民事案件中，Henry 多次讓自己的委託人引用拒絕自白的權利，在法庭上拒絕回答。而事實上該些問題不可能使其委託人負任何刑責，在法官迫使其回答時，Henry 建議該些議題由大陪審團處理，顯示 Henry 不瞭解大陪審團的性質暨功能。

第二款　保密義務

　　保密義務，律師對於委託人與案件有關的事務，不得對外透露❷。其目的除保護委託人的隱私，主要係使當事人得充分與其律師溝通，俾得到律師充分的協助。除非基於履行其代理事務之必要的默示授權 (implied authorized)，或，律師於下列事由認為必要時，方得揭露與其代理委託人有關之資訊❷：㈠阻止可能的死亡或重大身體傷害的發生。㈡阻止委託人犯罪或詐欺，其將導致⑴對他人財務或財產重大損害，且⑵委託人曾利用或

---

❷　Model Rule 1.8 (d).

❷　Model Rules 1.1 & 3.

❷　664 S.W.2d 62 (1983).

❷　Model Rules 1.6 (a).

❷　Model Rule 1.6 (b).

正利用律師的服務達到其目的。㈢為遵守本規則而尋求法律建議。㈣在律師與委託人間的爭議中，⑴為確立有利於律師的主張或抗辯，或⑵於律師因其委託人之行為面臨民刑事訴訟時，為律師之辯護，或⑶任何律師因代理委託人而涉及的訴訟中，對於指控的辯護。㈤遵守法律或法院命令。㈥防止、減輕或改正委託人犯罪或詐欺對他人財務或財產造成之重大損害，且委託人係利用律師之服務達成者。

律師得為收取律師費而揭露其委託人的秘密 ❸。如 Nakasian v. Incontrade, Inc.❸ 乙案，法院引用紀律規則 (Disciplinary Rule 4–101 (c) (4))，謂，律師得於必要時，揭露委託人的秘密，俾收取其律師費用。惟，倘委託人告知律師過去的犯罪行為，律師不得揭露，縱令其可能致無辜的第三人遭判刑。如，State v. Macumber ❸ 乙案，被告 Macumber 被控兩項一級謀殺罪名，並判處同時服刑終身監禁。上訴理由之一為下級法院拒絕兩名律師的作證。該兩名律師係另一名案外人的律師，該案外人向他的律師承認其犯下 Macumber 被起訴的謀殺案，而該案外人現已死亡。下級法院拒絕的理由為：基於律師與委託人間的特權，律師不得揭露其談話內容，且該特權不因委託人死亡而中止。亞利桑那州最高法院雖因其他事由廢棄原判決，但同意下級法院此部分之見解 ❸。

In re Wyse ❸ 乙案中，一名委託人 Robin 擔心可能因數年前與未成年女子之性行為遭起訴，故而請 Wyse 代為調查一名女子。Wyse 意外發現其所屬事務所曾代理一名母親向市政府爭取其女兒監護權的案件，姓氏與

---

❸　Model Rule 6.1 (b) (2).

❸　409 F.Supp. 1220 (1976).

❸　112 Ariz. 569, 544 P.2d 1084 (1976).

❸　協同意見則認為委託人既已死亡，資訊的揭露不致使其受到任何起訴或處分。其與律師間的特權充其量僅為財產權，相對於 Macumber 之面對一級謀殺為自己辯護的憲法權利，應以後者為重。本文亦贊成協同意見，本文雖贊成律師與委託人間的特權不因委託人之死亡而中止；惟，此時的特權不應為絕對特權。倘有相對更重要的法益應予維護，則仍應令律師予以揭露。

❸　212 Mont. 339, 688 P.2d 758 (1984).

Robin 指稱者相同。Wyse 遂進一步搜集資料，由於該案涉及未成年受害人的資料，因此依規定係不予公開。Wyse 以其係該名母親的律師為由，向法院取得所有資料。Wyse 將資料影印交予 Robin。紀律委員會以 Wyse 違反保密義務及揭露未成年人的相關資訊為由，建議予以公開譴責。蒙大拿州最高法院接受該建議。Wyse 雖主張其揭露者為其委託人（母親）的女兒的資訊，而非委託人本身的資訊。法院指出倘資訊的揭露會影響到委託人，律師便須得到委託人的同意，況且 Wyse 又另外違反不得揭露未成年人資訊的規定。

　　Dike v. Dike❸乙案係有關離婚訴訟，孩子被暫時安置於第三人處，而被告將小孩帶走藏匿。被告的律師 Simmons 以律師與委託人間的特權為由，拒絕揭露其委託人之所在。法院判其藐視法庭予以監禁。法院指出有關被告與小孩的所在並不屬 Simmons 所主張的特權。

第三款　消弭利益衝突

　　律師應消弭其與委託人間的利益衝突，如：委託人間的衝突以及律師本身與委託人間的衝突。

　　委託人間的衝突，如前後任委託人，或同時代理的委託人間，律師應告知各個委託人，在各別取得其書面同意的前提下，方得代理之❻。

　　倘於同案件中，同時代理的多數委託人係案件中的共同原告，律師得於告知委託人取得其同意後為之。倘就同一案件同時代理兩造當事人則是絕對禁止，縱令當事人同意亦不可行。即使於不同案件中各別代理亦不可。如：Memphis & Shelby County Bar Association v. Sanderson❼乙案，律師 Sanderson 因多件不當執業遭撤銷執照。其中一件為 Martin case，Martin 太太委請處理離婚訴訟，Martin 先生前往 Sanderson 事務所討論離婚事件時，Martin 先生委請處理其勞工補償的爭議。法院指出：雖勞工補償爭議與離

---

❸　75 Wn.2d 1, 448 P.2d 490 (1968).

❻　Model Rules 1.7～1.9.

❼　52 Tenn.App. 684, 378 S.W.2d 173 (1963).

婚無涉，但極可能使 Sanderson 不再盡力為 Martin 太太的權益進行離婚訴訟，包括贍養費的支付。倘律師事務所同時代理對立的當事人時，事務所應同時中止兩造的代理，而不得自行選擇保留一造繼續代理。如 Picker International, Inc. v. Varian Associates, Inc.❸乙案，MH & S 與 Jones Day 兩家律師事務所擬合併。在此之前，MH & S 代理 Varian，Jones Day 代理 Picker，Varian 與 Picker 係分別於俄亥俄州與猶他州的專利訴訟案件中的兩造。Varian 拒絕同意 MH & S 合併後繼續代理 Picker，MH & S 因此決定中止代理 Varian 的所有案件。Varian 擔心其另案訴訟將陷於無律師的窘境，而同意由 MH & S 的律師以個別身分代理 Varian。Varian 嗣於與 Picker 的訴訟中聲請法院撤銷 Jones Day 的代理 Picker。聯邦地院俄亥俄北區分院及猶他分院均准其聲請，聯邦巡迴上訴法院亦予維持。聯邦巡迴上訴法院指出事務所不得於利益衝突發生時，自行選擇有利於事務所的當事人，而置其他當事人於不利。

在刑事案件中，同一名律師擔任數名共同被告之訴訟代理人的情事，更應就利益衝突乙事審慎處理。如 People v. Thompson❸案中，Thompson 因持有大麻遭起訴，他請 Lund 擔任律師。嗣後，同案另兩名被告亦請 Lund 擔任律師。三名均同時進行審判並經定罪。加州上訴法院廢棄原判決，指出，Thompson 並未被充分告知 Lund 代理另兩名同案被告對其可能造成的利益衝突，致使 Thompson 的權利受到嚴重損害。

律師不得與委託人間有債權債務關係，因為將會使其間有利益衝突 (conflict of interest)；因此，律師不得借貸予委託人 ❹。

律師本身與委託人間有利益衝突時，應告知委託人，並儘可能中止代理。律師並非當然不得與委託人間有交易行為，惟必須符合下列要件 ❹：
㈠交易內容暨條件對委託人而言係公平合理,且以書面充分揭露予委託人,

---

❸　869 F.2d 578 (Fed. Cir. 1989).

❸　13 Cal.App.3d 47 (1970).

❹　Model Rules 1.8 (e).

❹　Model Rules 1.8 (a).

令委託人得瞭解之。㈡予委託人另行徵詢法律意見的機會。㈢委託人就下列事項簽署書面之告知同意書：⑴交易的主要內容，⑵律師於交易中的身分，包括其是否代理委託人進行交易。

附錄一　解釋名詞

附錄一　解釋名詞

A

Absolute liability 絕對責任。

Acceptance 承諾。

Accessories after the fact 事後從犯。如窩藏人犯等，因阻礙司法而被視為犯罪行為。

Accessories before the fact 事前從犯。如：不在犯罪現場的煽動者或幫助者。

Accord and satisfaction 協議暨清償。係指雙方達成協議，並經債務人依協議履行，清償其債務之意。

Act of god 天災。

Actual cause 事實的因果關係。指實際導致損傷發生的原因所在。

Actual intent 實際意圖。

Actus reus 犯罪行為。亦即 criminal act。犯罪行為包括作為與不作為。

Adversely affected party 受不利影響的一造。

Advisory jury 顧問陪審團。民事訴訟中，倘兩造均未於法定期限聲請陪審團審判，則由法官進行事實審。惟，法官認為必要時，得依職權組成「陪審團」或「顧問陪審團」。

Affectation doctrine 影響理論。意指任何行為對州際商務有所影響 (Affecting commerce) 者，聯邦國會據其商務權得立法規範之。西元一九三七年 NLRB v. Jones and Laughlin Co. 乙案中，聯邦最高法院引用「影響理論」，認定國會依其商務權所制定之「國家勞工關係法」(NLRA) 的合憲性。

Affidavit 宣誓的證詞。

Affirmation action 平權措施。二十世紀末期，部分國家為彌補長久以來遭受歧視的族群而施予其較優惠的待遇。又稱「反歧視」或「積極性差別待遇」。

Affirmative defense 確認的抗辯。

Affirmed 維持原判決。

Affirm the contract 確認契約的效力。

Against double jeopardy 一罪不二罰。

Aggravated assault 加重傷害罪。又稱 aggravated battery。

Aggravated battery 加重傷害罪。又稱 aggravated assault。

Aggravating circumstances 加重情節。

Aggressor doctrine 攻擊者理論。係指受害人的攻擊行為，激怒行為人致使後者對受害人採行不當的行為。

Agreement 協議。

Aiders and abettors present at the scene 行為當時的幫助犯暨教唆犯。

Alteration 變更。

Amendment 憲法增修條文。

American Bar Association 簡稱 "ABA"，美國律師協會。

Amicus curiae 即 friends of the court，法庭之友。訴訟程序進行中，關切訴訟標的
(Subject matter) 之人雖非訴訟當事人，亦得向法院聲請，提出其個人對該訴訟標的
的意見；亦可能由法院要求對方提供意見，俾作審理案件之參考。

Anglo-American Law System 英美法系。普通法系 (Common Law System) 的另一通稱。

Anglo-Saxon 盎格魯撒克遜時期。

Anticipatory breach 預期違約。係指雙務契約中，行為人在約定履行契約的時候未到之
前，表明不擬履行。

Apparent necessity 明顯的必要。

Appeal 上訴。

Appointment power 任命權。總統的行政權之一，可提名、任命閣員、外交使節、聯邦
法官等；提名人選須經參議院行使同意權通過後，方得任命之。

Arraignment 提訊。當確定對嫌犯起訴時，法院將於公開的法庭提訊被告，告知其被
起訴的罪名，並詢問其抗辯或主張。

Arrest 逮捕。

Arson 縱火罪。

Art. 1 courts 第一條法院。亦即由國會依憲法第一條所賦予之權力而設立的法院；又稱
立法法院，如破產法院等。

Art. 3 courts 第三條法院。亦即依憲法第三條所設立之法院。又稱憲法法院。

Artificial morality 人為的道德。係指被告行為並非絕對依道德標準而定，侵權責任主
要取決於公共政策而非道德律，故稱之人為的道德，其因著法律變更而異。

Articles of confederation 邦聯條款。

Assault 施暴。刑事上之「意圖傷害」罪。

Assistance of counsel 訴訟代理人的協助。

Associate justice 陪審大法官。

Assumption of risk 危險的承擔。

Attachment 動產或不動產的扣押。

Attempted crimes 未遂犯。係指行為人已著手其犯罪行為但未完成，原則上，未遂犯
仍須面臨刑事責任。

Attendant circumstance 涉及犯罪之事實要件。係行為人所明知或確信或希望其存在者。

Attenuation of causal connection 因果關係的微弱或減弱。此源於 Wong Sun v. U.S. 乙案，聯邦最高法院指出，倘執法人員的不當行為與系爭證據（如：被告的自白）的取得，二者間的因果關係微弱，則證據仍得採納。

Auction with reserve 保留的拍賣。拍賣人對於投標者提出的價格未必接受，換言之，若不滿意，縱令為會場中所提的最高價格，拍賣人仍得拒絕。此類拍賣，性質上為要約的誘引，投標者的喊價為要約，因此，拍賣人不滿意價格，得不予承諾。

Auction without reserve 無保留的拍賣。指拍賣人必須將拍賣品賣給會場中出價最高者，不論其是否滿意其價格；此時，拍賣的行為為要約，出價人的出價為承諾，契約成立，拍賣人不得拒絕出售，否則構成違約。

Authority of law 法律賦予的權力。

Automatic reversal 當然廢棄。

Awaiting for performance 等待契約的履行。指於預期違約中，對造仍等待契約的履行。

B

Bail 保釋、保釋金。

Balancing test 權衡標準。

Bankruptcy proceeding 破產程序。

Bar examination 律師考試。

Bargaining power 交易能力。

Basic assumption 基礎的認知。主張契約的訂定係因錯誤而為者，須證明錯誤的內容須為契約訂定的基礎。

Battered-women's syndrome 受虐婦女症候群。部分州法院認定受虐婦女症候群係有效的訴因，並為「持續性侵權行為」；故而受害人得於其與施虐者的特定關係終止後始提起訴訟。換言之，時效自此開始起算。如 Cusseaux v. Pickett 乙案。

Battery 毆打。

Bench trial 由法官進行的審判。

Benefit-risk test 「利益—風險」標準。又稱「權衡標準」(balancing test)。

Beyond reasonable doubt 毋庸置疑。此係刑事訴訟案件所採行的證據標準。

Bilateral contract 雙邊契約。以一方的允諾交換另一方的允諾，當後者以允諾做為回應時，視為承諾，契約成立，至於約定的行為何時履行，則非其成立之要件。

Bill of attainder 褫奪公民權法案。係指基於特定罪名剝奪人民的公民權利（如叛國罪等），而刑罰最重可為死刑。

Bill of impeachment 彈劾案。由眾議院全體表決過半數通過提出。

Bill of Rights 人權法案。聯邦憲法第一至第十增修條文。

Black Codes 黑人法令。限制黑人權利的相關立法。

Breach of contract 違反契約。

Breach of warranty 違反擔保責任。

Breve 命令狀又稱 writ。普通法時期人民向大法官聲請命令狀，俾取得向普通法法院提起訴訟的權利。

But-for test 意指若非行為人的過失，受害人不致受到損傷。

C

Calvin's case 卡爾文案。依該案判決，英國殖民地應自動適用英國法。

Capacity 行為能力。

Case law 案例法。

Causation 因果關係。

Cause of action 訴因。

Challenge for cause 附帶理由的反對。排除陪審員人選的方式之一，附具理由說明何以特定候選人不適任。

Chancellor 衡平法院大法官。

Change of venue 更換審判地點。刑事訴訟中，被告常以其憲法基本人權有受到侵犯之虞，要求更換審判地。最常見者，即被告無法得到公平審判之情事。

Chief justice 首席大法官。

Choice of forum 選擇管轄法院。

Circuit courts 巡迴法院。

Circuit riding 到巡迴法院聽審。

Civil action 民事訴訟。

Civil Law System 歐洲大陸法系。又稱 Continental Law System。

Civil liability 民事責任。

Civil War 美國內戰。又稱南北戰爭（西元一八六一年至一八六五年）。

Claim preclusion 主張的排除。亦即一事不再理原則。指當事人不得就同一事實、同一訴因再行提起訴訟。

Clear and convincing evidence 明確且具說服力之證據。民事訴訟中，特定案件如中止親權或非自願移送精神醫院就醫等事關重大的案件，法院所採取的較嚴格的標準。

Clear and present danger 明顯現時的危險。用以認定是否構成挑戰性言論的考量因素之一。

Clemency 減刑。

Cloture 辯論終結。

Collateral attack 附帶主張、間接攻擊。

Collateral estoppel 附隨禁反言。指特定爭點已於前案判決中經審理並確定，則當事人不得於後案中，再行要求就該特定爭點予以審理，亦即「爭點的排除」(Issue preclusion)。此原則之適用，原則上不致構成「訴訟駁回」，僅就該爭點不再審理。

Collective security 集體安全協定。如北大西洋公約組織 (North Atlantic Treaty Organization)、東京灣協定 (Tonkin Gulf Resolution) 等。

Closing argument 審判庭中兩造的結辯。

Commander-in-chief 三軍統帥權。依聯邦憲法第二條第二項第一款前段，總統擁有陸海軍及民軍的三軍統帥權。此係立憲之初，美國僅有陸軍及海軍之故，迄今，統帥權包括陸海空軍 (air force) 及海軍陸戰隊 (the marines)。

Commerce power 商務權。相對於各州所持有的州內商務權，聯邦憲法明定聯邦國會擁有州際商務權。

Commercial speech 商業性言論。

Commercial appropriation 商業竊用。係侵害隱私權的態樣之一。

Common law system 普通法系。

Common meaning 文字的一般、普通的意義。又稱 normal meaning。

Common pleas 普通法時期的民事訴訟法院。負責土地所有權和不動產。

Commutation 減刑。

Comparative negligence 比較過失。侵權訴訟中，依原告與被告的過失比例，決定被告應負的賠償額度。

Compensatory damages 補償性損害賠償。

Competency 資格。

Complaint 起訴書。

Completely executed 已履行完成的契約。

Complicity 共犯。

Concurring cause 同時因素。指兩個以上的行為，均對事故的發生具因果關係而言。

Concurrent condition 同時履行的條件。係停止條件的一種。

Concurrent jurisdiction 共同管轄權。

Concurrent sentences 同時刑期。刑事被告因兩項以上相關連的罪行定罪，其服刑係同時就兩項罪行為之。如，被告因兩項罪名處六年徒刑，在同時刑期中，被告只須服刑六年。

Conditional acceptance 附條件的承諾。

Conditional gift 附條件的贈與。

Conditional threat 附帶條件的威脅。仍構成侵權行為法上的 assault。

Condition precedent 停止條件。

Condition subsequent 解除條件。

Confrontation with witness 與證人對質。此係刑事被告的憲法基本權利之一。

Congress 聯邦國會。聯邦憲法第一條賦予國會立法權。

Consecutive sentences 連續刑期。刑事被告因兩項以上相關連的罪行定罪,其須前後就
兩項罪行服刑。如,被告因兩項罪名處六年徒刑,依連續刑期,被告須服刑十二年。

Consent 同意。

Consideration 約因。

Conspiracy 共謀。

Constitutional courts 憲法法院。又稱為「第三條法院」(Art. 3 courts);亦即依憲法第
三條所設立之法院。

Constructive condition 擬制的條件。

Constructive notice 擬制送達。傳票送達的方式之一,張貼於訴訟標的物所在地,或於
報章上刊登。

Contemporaneous 同時。

Contempt 藐視法庭。

Contingency 意外事件。

Contract 契約。

Contract tending to interfere with the course of justice 阻撓司法的契約。如行賄法官、陪
審員或證人等。

Contractual relationship 契約關係。又稱 privity。

Contributory negligence 與有過失。

Convenience of administration 行政的便利。

Conversion 強占。

Convicted 定罪。

Convulsion 痙攣。

Court of claims 請求法院。審理以聯邦政府為被告,請求損害賠償的案件。

Court-of-martial 軍事法庭。又稱 military court。

Court-packing 操控法院。

Creditor beneficiary 債權受益人。係意定受益人之一。契約法上,第三受益人因是否
為契約當事人所意指為契約履行的受益對象,可分為意定受益人與附帶受益人。意

定第三受益人又因契約之目的而可分為債權受益人與受贈受益人。

Criminal act 犯罪行為。亦即 actus reus。犯罪行為包括作為與不作為。

Criminal action 刑事訴訟。

Criminality 犯罪性。

Criminal offense 刑事犯罪。

Criminal purpose 犯罪目的。

Criminal trespass 刑事入侵。

Cross examination 交互詰問。

Cruel and unusual punishment 殘酷異常的處罰。聯邦憲法第八增修條文規定，不得有殘酷異常的處罰。

Corporal punishment 體罰。

Counter-offer 反要約。

Culpability 可責性。

Culpable state of mind 犯罪意圖。又稱 mens rea 或 guilty mind。

Cure of anticipatory breach 預期違約的回復。預期違約中，違約的一造於履行期間屆至，而仍擬履行契約，即是。

Custodial interrogation 拘留中的質詢。執法人員對嫌犯進行拘留中的質詢，須先告知其 Miranda Warning 始得進行質詢。

Customs law 關稅法。Tariffs Act 亦是。

D

Damages 損害賠償、損害賠償金。

Danger invites rescue 危險招致救助。Cardozo 法官於西元一九二一年 Wagner v. International Railway Co. 乙案中指出，行為人對於因其過失造成的危險，導致第三人因介入救助而受傷的情事，應予負責。

Death-qualified jury 適合擔任死刑案件審判的陪審團。其中排除反對死刑之人擔任陪審員。

Decedent 死者。又稱 the deceased。

Declaration of Independence 獨立宣言。西元一七七六年七月四日，美國十三個殖民地代表於賓夕維尼亞費城所發表者。

Declaration of war 宣戰。此為國會的戰爭暨防衛權之一。

Declaratory judgment 確認判決。

Defamation 毀謗。

Default judgment 缺席判決。被告於收受起訴書及傳票後未如期答辯，原告得聲請法院

為缺席判決。

Defense of others 防衛他人。

Defense of property 防衛財產。

Definite(ness) 明確。

Deponent 宣誓證言的作證者。

Deposit 訂金。

Deposition 宣誓證言。具有下列功能：㈠發現事實、證據及證人；㈡攻詰證人；㈢引為呈堂供證；㈣回復記憶。

Destruction 毀損。

Determinate sentence 明確刑期。立法規定特定期間，法官得依裁量於前揭期間內判決固定的刑期。又稱 definite sentence。

Directed verdict 指示審判。由法官指示陪審團作成特定的審判，FRCP 50 (a)稱指示審判為「陪審團審判庭中之法律判決」(judgement as matter of law in jury trials)。實務上，法官並未指示陪審團作成任何特定審判，而係直接解散陪審團，而逕自作成判決；換言之，陪審團並無作成審判的機會。

Direct examination 直接詰問。

Direct tax 直接稅。指聯邦國會直接向人民徵稅之謂，如所得稅 (income tax)。

Disaffirm 否認。

Disbar(ment) 撤銷律師資格。

Discipline 紀律。

Disciplinary board 紀律委員會。

Discovering 發現證據。

Discovery doctrine 發現主義。於侵權訴訟中，時效的起算始於原告已發現或應發現過失存在時。

Disease of mind 心智疾病。

Dispatch rule 發信主義。又稱 mail box rule。

District courts 地方法院。

Diversity of citizenship cases 涉及兩州以上的州民的案件。聯邦法院與州法院對此類案件均有管轄權。

Doctrine of forum non conveniens 不便管轄理論。

Donee beneficiary 受贈受益人。係意定受益人之一。契約法上，第三受益人因是否為契約當事人所意指為契約履行的受益對象，可分為意定受益人與附帶受益人。意定第三受益人又因契約之目的而可分為債權受益人與受贈受益人。

Dual sovereignty doctrine 多重管轄理論。

Due process clause 正當程序條款。聯邦憲法第五增修條文所明定。

Duress 脅迫。

Duty of disclosure of prosecution 檢方的揭露義務。基於第五增修條文的正當程序，檢方必須充分、詳細告知被告被起訴的罪名，及所有檢警取得的證據，俾使被告有充分答辯的機會和權利。檢方若未揭露足以影響審判結果的證據，致被告不知而被定罪，將構成「當然廢棄」。

E

Each publication rule 各別公開法則。係指多次的公開，縱使內容相同，亦將以多重的毀謗計算行為人應負的損害賠償責任。

Eavesdropping 竊聽。執法人員為一般的竊聽，未加諸機器設備，則無憲法第四增修條文的爭議存在，應屬合法。

Economic loss 經濟損失。

Egg-shell skull 蛋殼頭顱。又稱「薄頭顱」(thin skull)。法院對於可預見的受害人發生可預見的傷害，卻惡化成不可預見的嚴重傷害時，所採的見解。

Electoral system 選舉人制度。美國總統的產生非由全體美國公民直接選出，而係採「選舉人制度」的間接選舉。

Elector 選舉人。

Embezzlement 侵占。

Emotional distress 精神傷害。又稱 mental distress。

Employment relationship 僱傭關係。

Enabling clause 授權條款。憲法中明定反奴役之第十三增修條文、平等保護原則之第十四增修條文以及平等投票權之第十五增修條文均明定，國會為貫徹前揭增修條文的內容得制定必要法規，此即授權條款。

Entrapment 誘陷。此為合法之抗辯。一般採主觀標準或客觀標準。多數法院採行主觀標準認定是否構成誘陷。其考量因素有二：㈠政府是否誘使犯罪行為發生，以及㈡被告於遭引誘前是否已有犯罪的傾向。

Equal access 在發現證據的階段，刑事被告得要求與檢方有同等取得資訊的機會。

Equal-fault-bar 同等過失禁止求償。倘原告過失比例與被告相同，各占百分之五十，則原告便不得求償，須其過失比例在百分之四十九以下，方得要求被告依其過失比例負賠償責任。

Equal protection 平等保護原則。此係聯邦憲法第十四增修條文所明定。

Equitable estoppel 衡平禁反言。基於衡平原則，法院對於已部分履行的契約，傾向於

認定其有效且具強制力。

Equitable relief 衡平救濟。

Exchequer 普通法時期的皇家財政法院。負責皇家財政案例。

Exclusionary rule 證據排除法則。違反憲法第四增修條文所取得的證據或證詞，不具
證據能力，亦即不得作為呈堂供證。

Exclusive jurisdiction 專屬管轄權。

Excuse of condition 條件的免除。係指特定事由，致免除債務人履行約定的條件，主要
事由為：㈠禁反言；㈡不當得利；其他如違反公序或給付不能亦是。

Executive agreement 行政協定。美國總統據其國際事務權，得與他國訂定行政協定，
毋需經由國會授權或同意，惟其內容不得悖於聯邦憲法或法律。

Executive order 行政命令。

Executive power 行政權。聯邦憲法第二條第一項明定，由美國總統行使行政權。

Executive immunity 行政免責權。總統基於行政權的必要，而有免責權。總統因執行
職務遭他人提起民事訴訟時，具有絕對免責權。至於刑事訴訟，總統並無免責權。

Executive privilege 行政特權。總統基於行政權的必要，而有拒絕揭露機密的行政特權。
聯邦最高法院於 United States v. Nixon 乙案中，將總統拒絕揭露機密的行政特權，
分為絕對的特權 (absolute privilege) 及有限的特權 (qualified privilege)。

Executory contract 未履行的契約。

Expectation 期待利益。其意旨，在於將原告（被違約人）置於契約履行完成的前提假
設下，估算原告可獲得的利潤，以此作為損害賠償金；惟，須考量原告因未履行契
約所省下的成本。為避免原告的不當得利，期待利益的價值必須相當明確，例如契
約的價金；至於不確定的、揣測性的金額，不得據以主張期待利益。

Expectation of privacy 隱私權的期待。

Expel 除名。

Expert witness 專家證人。

Ex post facto 溯及既往。

Express contract 明示契約。

Express offer 明示要約。

Expulsion 除名。

Extraordinary 超乎尋常、異常。

F

Face to face 面對面。

Fair trial 公平審判。又稱 impartial trial。

False imprisonment 不當監禁。

False light 揭露不實的事務。係侵害隱私權的態樣之一。

False pretense 詐欺取財。

Federal Constitution 聯邦憲法。西元一七八七年由美國十三州通過，並於一七八八年批准的聯邦憲法。亦稱 U.S. Constitution。

Federal courts 聯邦法院。

Felony 重罪。指刑責逾一年以上者，包括終身監禁與死刑。

Fiduciary duty 忠實義務。

Field Code《菲爾德法典》、《紐約民事訴訟法典》。經由大衛菲爾德 (David Dudley Field) 律師倡議，紐約州於西元一八四七年成立法典編纂委員會，由菲爾德律師負責，至西元一八六五年，共草擬五部法典，包括民事訴訟、刑事訴訟、刑法、民法及政治法典。其中最著名者即民事訴訟法典，亦稱 Field Code。惟，亦有以 Field Codes 統稱前揭五部法典者。

Fighting words 挑戰性的言論。聯邦最高法院認定挑戰性言論不受言論自由的保護。至於是否構成挑戰性言論，取決於時間、地點及行為，以認定其是否足以產生明顯現時的危險，或極可能產生即刻的暴力。

Filibuster 參議員於議會中以冗長的發言阻撓法案的通過。

Finder of lost property 遺失物的拾得人。

Fine 罰金。

Firmed offer 確定的要約。要約人在約定期間內不得撤回要約之謂。

First degree murder 一級謀殺。

Forced sale 強迫性販賣。強占的成立，被告應負的損害賠償責任為動產的價值 (full value of the chattel)，其估算係以強占發生的時間及地點為準。故稱為強迫性販賣。

Foreseeability 可預見。

Foreseeable consequences 可預見的傷害結果。發生的傷害結果為行為人行為時所得預見。

Foreseeable person 可預見的受害人。受傷之人須為行為人行為時可預見者。

Formal charge 指刑事案件中的正式起訴。

Forum shopping 法庭選擇。倘具有管轄權的法院為多數時，原告的律師必須考量何者較有利於其當事人的訴訟，如法律的適用、訴訟程序的便利性等，此即為所謂的「法庭選擇」。

Fraud 詐欺。

Fraudulence 詐欺。

FRCP 聯邦民事訴訟規則。係 Federal Rules of Civil Procedure 的簡稱。

Freedom of peaceable assembly 和平集會的自由。

Freedom of petition for redress of grievance 請願的自由。

Freedom of press 新聞自由。

Freedom of speech 言論自由。

Freedom of religion 宗教自由。

Free exercise of religion 人民信仰宗教的自由。

Fresh pursuit 即刻追逐。又稱 hot pursuit。

Fruits of the poisonous tree doctrine 毒樹果實理論。聯邦最高法院於西元一九六三年
Wong Sun v. U.S. 乙案中，所衍生的另一項理論。因不法取得的證據所直接或間接
衍生取得的證據亦不具證據能力，如同毒樹長出的果實般已被感染毒素。

Frustration of purpose 訂立契約的目的無法達成。係指被告為達到其特殊目的而訂定
契約，嗣後其目的無法因契約的履行而達成時，被告得拒絕履行。惟，前提要件為：
訂定契約當時，對造當事人知悉其目的所在。

Full faith and credit 誠信與信賴原則。係聯邦憲法第四條之規範內容。

G

Garnishment 無體財產的扣押。

Gender-neutral 中性。

General intent 一般意圖。指意圖為特定行為。

General verdict 一般審判。係由陪審團作成其中一造勝訴的判決，有時因原告主張的
訴因不只一項，致有某些訴因一造勝訴，其餘訴因另一造勝訴的審判結果。

General verdict with interrogatories 一般審判附帶質詢書。適用於案情較複雜的訴訟案
件，藉由質詢書上諸多問題的答覆，可確定陪審團對於案情思考的一致性。

Gift promise 贈與的允諾。

Good faith 善意。

Good-faith exception 善意的例外。係證據排除法則的例外事由之一。例如：執法人員
所據以執行的令狀為不法，惟，渠等善意地信賴該令狀執行搜索，其因此搜得之證
據仍得採納。

Grand jury 大陪審團。

Grand larceny 重度竊占。

Greater-fault-bar 較高過失禁止求償。係指原告過失高於被告過失時，不得求償，換言
之，當原告與被告過失同等時，原告仍得要求賠償。

Greater weight of the evidence 較具證據力者。係多數民事訴訟的採證標準，較常稱為
優勢證據 (preponderance of evidence)。

Gross disproportionate 重大失衡。

Guilty 有罪。

Guilty but mentally ill 有罪但具精神疾病。簡稱 "GBMI"。依此，被告倘被判 GBMI，
仍須入監服刑，但將得到精神醫師的治療。為部分州所採行，避免罪犯以精神異常
為抗辯而免於刑責。

Guilty mind 犯罪意圖。又稱 Culpable state of mind 或 mens rea。

H

Habeas corpus 人身保護令。人身保護令程序係獨立的民事訴訟，此程序不在爭論被告
的罪行，而係決定拘禁被告是否合法；故無一罪不二罰之疑慮。

Hard labor 服勞役。

Hearsay evidence 傳聞證據。

Highest replacement value 最高替代價值。係指侵權行為發生後至原告自市場購得替代
物品期間，該物的最高價值，以此作為損害賠償。該期間係指原告知悉該侵權行為
(at the time plaintiff learns of it) 後至購得替代物品的合理期間 (reasonable time)。

Homicide 殺人罪。

Hostile witness 敵意證人。傳喚敵意證人的律師得以誘導問題詰問之，避免證人肆意
為不利於其委託人之陳述。

Hot pursuit 即刻追逐。又稱 fresh pursuit。

House of Representatives, 眾議院。聯邦國會的兩院之一。

House Representative 眾議員。

Hung jury 懸而未決的陪審團。係指陪審團無法達到特定的票數，作成審判。又稱為
僵持不下、停頓的陪審團 (deadlocked jury)。

Hypnosis 催眠。

I

I'll not contest it 亦即 nolo contendere，不予爭辯。此即被告既不承認其罪名，亦不爭辯。

Illegal bargaining 不法交易。

Illegal conduct 不法行為。

Illegitimate children 非婚生子女。

Impeachment 彈劾、攻詰證人。

Implied contract 默示契約。

Implied in fact 默示。

Implied offer 默示要約。

Impossibility 無法履行契約。係指因客觀因素致使被告無法履行契約而言 (adj.

Impossible)。

Impracticability 契約的履行不切實際。倘契約的履行不切實際，則構成契約的無法履行，例如須以過高或不合理的費用達成 (adj. Impracticable)。

In custody 被拘留。

Inadequacy of consideration 約因的不足。會使得契約無效。惟約因是否足夠，應取決於訂定的時點，而非契約履行完成的時點。

Inchoate crimes 犯罪未遂。犯罪未遂主要有未遂犯、共犯及共謀。

Incidental beneficiary 附帶受益人。非契約當事人所意指為契約履行的受益對象。只是契約的履行，使其附帶得到利益；故無權就被告的違約行為提起訴訟。

Independent source doctrine 獨立來源理論。倘執法人員係由獨立來源取得證據，縱令執法人員從事不當調查行為，該獨立取得的證據仍得採納。

Indeterminate sentence 不定刑期。僅定服刑的最短及最長期限，或僅定最長期限，確切期間由獄方或假釋委員會依犯人在獄中的表現或其他與行為相關之因素考量。又稱 indefinite sentence。

Industrial accidents 工業事故。

Inevitable discovery rule 當然發現法則。

Infants 未成年人。另一詞 minors 較為常見。

Infirmity 身體虛弱。

Informed consent 告知後同意。

Initial appearance 首次出庭。嫌犯遭逮捕後，應儘速進行「首次出庭」，由法官或行政法官決定其逮捕是否合法。

Initial disclosure 第一階段的揭露。FRCP 明定，當事人必須揭露特定資訊予對方。可分兩個階段，即第一階段的揭露與第二階段的揭露。第一階段的揭露，包括㈠任何可提供資訊之人的姓名、地址、電話；㈡前揭資訊的主題；㈢揭露的一方使用前揭資訊以支持其論辯的可能；㈣具支持性文件的描述。

Injunction 禁止命令。

Injunctive relief 禁令救濟。

Injury 傷害。

Injustice 不公平。

Intangible property 無體財產。如智慧財產等。

Intent 意圖。

Intended beneficiary 意定受益人。係契約當事人所意指為契約履行的受益對象。又分㈠債權受益人及㈡受贈受益人。

Interference with person 人身的侵犯。

Interference with property 財產的侵害。

Interfere with contract 阻擾契約的成立。

International affairs 國際事務。美國總統據其行政權擁有處理國際事務的權力。

Interrogatory(ies) 書面質詢。係指兩造當事人所提書面問題予對造。對造須於宣誓後
　　以書面回答，除非律師提出異議，否則當事人應盡其所能回答書面質詢的問題，回
　　答內容可由當事人與其律師共同作成。

Interstate commerce 州際商務。

Intervening cause 介入因素。

Intoxicated person 因酒醉或藥物中毒致意識不清者。

Intrastate commerce 州內商務。

Investigatory power 調查權。依聯邦憲法第一條第八項第十八款之「必要且合理」條款，
　　國會為行使其立法權、彈劾權、同意權等等，有權行使調查權。

Invitation to offer 要約的誘引。

Involuntary 非自願。

Irrevocable offer 不得撤回的要約。

Irresistible impulse 不可抗拒的衝動。

Issue preclusion 爭點的排除。指特定爭點已於前案判決中經審理並確定，則當事人不
　　得於後案中，再行要求就該特定爭點予以審理。

J

Judgement n.o.v. 亦即 Judgement notwithstanding the verdict，無視審判逕為判決。係指
　　審判過程已有明確的事實呈現孰勝孰負，而陪審團未依客觀證據認定，卻因主觀意
　　識為相反的審判。法官得依聲請或自行裁量而為前揭判決。

Judicial power 司法權。依聯邦憲法第三條，司法權歸屬聯邦最高法院及國會立法所定
　　之下級法院。

Judicial review 司法審查權。

Juror 陪審員。

Jury 陪審團。

Jury charge 對陪審團的法律指示。又稱 jury instruction。

Jury instruction 對陪審團的法律指示。又稱 jury charge。

K

Key man rule 主要人物法則。早期，陪審員候選名單的產生，採「主要人物法則」；法庭
諮詢當地的一些重要人物，由渠等推薦適當的人選，再就該些名單上的人士進行篩選。

King's Bench 普通法時期的御座法院。適用於王室為國王時。

Knowingly 明知。

L

Larceny 竊占。

Last clear chance 最後明確的機會。於過失訴訟中，原告雖與有過失，惟在事故發生之際，被告仍應有機會阻止事件的發生；在此情況下，原告仍得求償。

Leading question 誘導問題。原則上，直接詰問時，不得以「誘導問題」詰問證人。

Legal cause 法律上的因果關係。因果關係的另一要素，為「可預見」，包括可預見的受害人及可預見的傷害結果。倘不符合「可預見」的標準，原告的損傷縱令為被告行為所造成，被告亦毋須負責。

Legal detriment 法律上的損失。指犧牲法律所賦予或法律所未禁止的權益而言。

Legal duty 法定義務。

Legislative courts 立法法院。由國會依憲法第一條所賦予之權力而設立的法院；又稱第一條法院，如破產法院等。

Legislative power 立法權。

Legitimate children 婚生子女。

Lethal injection 毒液注射。此係目前美國各州行刑的主要方式。

Liability without fault 無過錯責任。又稱 no fault liability。

Libel 書面毀謗。

Line-up 排列指認。由嫌犯與其他數人排列，供證人指認。聯邦最高法院於 Kirby v. Illinois 案中，指明需要律師在場的 line-up，係指開始刑事司法程序或其後所為者。

Liquidated damages clause （事先約定的）違約金條款。係雙方當事人於契約中，先行約定任一方違約時，應負擔的賠償金額。

Loathsome disease 令人厭惡的疾病。以此為毀謗內容者，係構成當然毀謗事由之一。

Local action 地方訴訟。

Long-arm statute 長臂法則。

Los Angeles riots 亦即 1992 Los Angeles riots。西元一九九二年加州洛城暴動事件。肇始於西元一九九一年三月，四名警察毆打一名市民，被毆打的市民為黑人。四名警察中三名為白人、一名為拉丁裔，經媒體揭露而受到起訴。由於當地為黑人區，被告以在當地無法得到公平審判為由，更換審判地。審判地點移到以白人居民為主的地區，由近乎清一色白人陪審員組成的陪審團進行審判，西元一九九二年四月二十九日，陪審團作成無罪審判。因此引發黑人不滿，釀成暴動。該四名警察嗣經重審，於西元一九九三年四月十七日陪審團作成兩人有罪、兩人無罪的審判。

Loss of consortium 失去親屬關愛或配偶權。

Lunatic 瘋癲。

Lying in wait 埋伏以待。

M

Magistrate 行政法官。

Mail box rule 發信主義。又稱 dispatch rule。

Malice 惡意。

Malice aforethought 惡意的預謀。

Malicious 惡意。

Malpractice 不當執業。

Mandatory liability insurance 強制責任險。

Mandatory Bar Association 律師公會屬強制加入性質。多數州定有強制律師加入律師
　　公會的規定，少數州則採自願方式。

Manslaughter 非預謀殺人。

Market price 市場價值。

Martial law 戒嚴令。

Material effect 重大影響。

Mayhem 重傷害罪。此係普通法上之罪名，指行為人故意且惡意傷害他人。此原為多
　　數州之法定犯罪行為並將其涵蓋毀容之傷害。惟，現今多數州則將該罪名列入加重
　　傷害及謀殺未遂之罪名中。

Mechanical device 機械式設備。不動產占有人為防衛其財產，而裝置機械式設備，有
　　無防衛過當之虞，端視設備性質而定。Katko v. Briney 乙案中，法院指出機械設備
　　必須為可辨識且無致傷害之虞者始可。

Medical expenses 醫療費用。

Meeting of minds 雙方合意。

Mens rea 犯罪意圖。又稱 culpable state of mind 或 guilty mind。

Mental disease 精神疾病。

Mental distress 精神傷害。又稱 emotional distress。

Minimum standard 最低標準。

Miranda Warning 米蘭達警告。西元一九六六年，聯邦最高法院在 Miranda v. Arizona
　　乙案中確立，執法人員於逮捕嫌犯後應主動提示憲法權益的重要法則。其內容如下：
　　「你有權保持緘默，任何你所做的陳述，都將成為呈堂供證，你有權聘請律師，若
　　無力聘請律師，政府將提供一名為你辯論。」

Midnight judges 午夜法官。指西元一八〇一年 John Adams 於總統任期屆滿前倒數第二天（三月二日）提名四十二位 D.C. 法官，經參議院於隔天（三月三日）同意，法官的任命書經 Adams 及國務卿 Marshall 簽署後送出。任命書的簽發距湯瑪士傑佛遜總統的就職典禮不到數小時，因此一般稱前揭任命的法官為「午夜法官」。

Military court 軍事法庭。又稱 court-of-martial。

Minors 未成年人。又稱 infants。

Misdemeanor 輕罪。指刑責至多為一年者，亦可能僅為罰金刑。

Misrepresentation 不實陳述。

Missouri Compromise 密蘇里協議。此協議禁止緯度三十六度以北的地區施行奴隸制度。

Mistake 錯誤。

Mistake of fact 事實的錯誤。指對事實認知的錯誤，行為人雖有意為特定行為並已完成，惟，因其對事實的認知有誤，故無法成就違法構成要件。

Mistake of law 法律的錯誤。法律的錯誤，指對法律認知的錯誤，行為人有意並完成特定行為，其對法律的認知有誤，惟仍已成就違法構成要件。

Misunderstanding 誤解。

Mitigation of damages 損害的減免。在違約的情況下，被違約的一造，亦有減免損害的義務。當一造已告知對造擬違約時，後者若仍繼續準備，甚至開始履行契約，致增加其損失者，違約人就該部分不負賠償責任。

Model Code of Professional Responsibility 專業責任模範法典。

Model Penal Code 模範刑法典。

Model Rules of Professional Conduct 專業行為模範規則。

Modified comparative negligence 改良式比較過失。又分同等過失禁止求償與較高過失禁止求償。

Monopoly 獨占、壟斷。

Moral consideration 道德的約因。係無效的約因。惟，基於公平原則，法院就道德約因已改變其立場，而認定契約於要約人所受利益範圍內為有效。

Motion 聲請。

Motion for additur 增額聲請。係原告認為陪審團決定的賠償金額不足而提出的聲請。

Motion for remittitur 減額聲請。係被告認為陪審團決定的賠償金額過高而提出的聲請。

Murder 謀殺。

Mutual assent 共同的同意。

Mutual mistake 共同的錯誤。

N

Natural born citizen 生而為美國公民。

Naturalized citizen 歸化的美國公民。

Necessary and proper clause「必要且合理」條款。憲法第一條第八項第十八款則明定，國會為行使第一款至第十七款之權力，及其他任何屬於聯邦政府的權力，得制定必要且合理的法規以因應之。

Necessity 緊急必要措施。指當危險情況（如天災，或不可歸責於己的事由）發生，基於保衛生命或財產所為的必要措施，此時法律賦予行為人採行必要措施的特權，因此受到傷害的一造，不得阻礙前者的行為；但得因保護權益之性質不同，而就其所受損害，對行為人要求損害賠償。

Negligence 過失。

Negligence per se 當然過失。

Negligent homicide 過失殺人罪。

Neutrality 中立。

New trial 重新審判。

No fault liability 無過錯責任。又稱 liability without fault。

Nolo contendere 即 "I'll not contest it" 之意，不予爭辯。係指被告既不承認其罪名，亦不爭辯。

Normal meaning 文字的一般、普通的意義。又稱 common meaning。

Nominal damages 名義上損害賠償。

Non-delegable duty 不得移轉的責任。

Not guilty 無罪。

O

Oath 宣誓。

Obiter dictum 與判決結果無關的附帶意見。非屬「前案拘束原則」的適用範圍。其複數為 Obiter dicta。法官的附帶意見雖無拘束後案的法律效果，卻常成為重要的理論基礎，甚至成為後案的判決依據。

Objection 異議。

Objective standard 客觀的標準。

Obscenity 猥褻的言論。任何猥褻性質的言論均不受言論自由的保護。所謂猥褻係指：言論之整體內容為：㈠色情，㈡明顯地冒犯大眾 (patently offensive)，且㈢欠缺任何價值如：文學、藝術、科學、政治等。

Offer 要約。

Offeree 被要約人。

Offeror 要約人。

Omission 不作為。依 MPC，有下列情事之一者，行為人須就其不作為負刑事責任：
㈠法律明定不作為構成犯罪行為；㈡法律明定有作為之義務者。

"One-bite" rule 咬一次法則。係指家犬在第一次傷人之後，飼主便須對爾後造成的傷害負嚴格責任。

Open fields doctrine 開放區域理論。開放區域係指房子庭院以外的土地。聯邦最高法院於西元一九二四年 Hester v. United States 乙案中確立開放區域理論，謂開放區域並非憲法第四增修條文所保障的區域。

Opening statement 開庭的陳述。

Original assailant 引發事端的一造。

Original jurisdiction 原審法院。

Outrageous conduct 極為不當的行為。

Overlap 競合。

Overriding veto 推翻否決。任何法案經總統否決，國會參、眾兩院得各以三分之二票數通過法案，此時，法案便自動生效，不待總統再行同意權。

Overruled 駁回。如，異議駁回 (objection overruled)。

P

Pain & suffering 痛苦。

Parasitic damages theory 「寄生的賠償」理論。早期，精神傷害並非侵權行為法上之獨立的訴因，受害人擬主張精神傷害，必須先證明其他訴因的存在，方得一併主張之。故稱之為「寄生的賠償」理論。

Pardon 赦免。依憲法第二條第二項第一款後段，總統對於聯邦罪犯有暫緩執行及赦免的權力。

Parole 假釋。

Parol evidence rule 口頭證據法則。係指一旦簽訂書面契約，在訂約同時或之前所進行的協議或協定，無論口頭或書面，均不得據以變更書面契約的允諾。

Past consideration 過去的約因。此係無效的約因。

Pat-down search 以輕輕拍打的方式對嫌犯進行搜身。

Peremptory challenge 毋須附帶理由的反對。排除陪審員人選的方式之一，排除特定之候選人而毋須附帶理由，此方式只得使用特定次數。以聯邦法院為例僅可使用三次。

Perjury 偽證罪。

Perpetrator 加害者。

Personal dignity 人性的尊嚴。

Personal jurisdiction 對人管轄權。

Personal service 對人的送達或直接送達。亦即送交本人，傳票送達的方式之一，此方式最不具爭議性。相當於我國之本人送達。

Petition 聲請。

Petition denied 拒絕受理聲請之謂。

Petition granted 同意受理聲請之謂。

Petty larceny 輕度竊占。

Petty misdemeanor 微罪。

Physical barriers 有形的屏障。

Physical condition 身體狀況。

Physical contact 肢體接觸。

Physical force 肢體暴力。

Plain view 通常視野。係指執法人員合法地出現在特定場所，在通常視野所及的範圍內發現證據，憑其直覺判斷其為違法事證，且依當時情事，有搜索違禁物之必要性，則可進行搜索。

Plead(ing) 主張。

Plea bargaining 認罪協商。

Pocket veto 口袋否決。倘法案通過送交總統時，國會會期已即將結束（不到十天），此時總統若對法案置之不理，則於會期結束時，該法案便不發生任何效力。

Police power 警察權。

Polygamy 多婚制。

Positive discrimination 積極性差別待遇。二十世紀末期，部分國家為彌補長久以來遭受歧視的族群而施予其較優惠的待遇。又稱「平權措施」，亦有稱之為「反歧視」。

Power of acceptance 承諾的權力。要約的法律效果，即為賦予被要約人承諾的權力。

Precedent 判決先例。

Prejudice 損害。

Predisposed to commit the crime 犯罪的傾向。

Preliminary hearing 預審。預審程序的進行方式，由法官或行政法官為之，採兩造進行的程序，檢方與辯方均得傳喚證人，被告有權得到律師的協助，辯方律師得對檢方證人進行交互詰問。其目的在由法官或行政法官認定檢方有無合理事由可進行審判。

Preliminary injunction 預先禁制令。須經通知對造當事人，並經聽證會後方得裁定核發。

Preliminary negotiation 事前協商。指當事人有意進行交易，惟先就相關議題進行討論，因此，並不屬於要約，更無「承諾」可言。

Premeditated murders 預謀殺人。

Preponderance of evidence 優勢證據。係多數民事訴訟的採證標準，又稱較具證據力者 (Greater weight of the evidence)。

President of the Senate 參議院議長。由美國副總統擔任。

President Pro Tempo 臨時議長。由參議員就成員之間選出，俾便於當議長無法行使職務時，由臨時議長代為行使。

Presidential Succession Act of 1947 西元一九四七年的「總統繼任法」。該法明定執行總統職務 (act as President) 人員的順位。依次為：副總統、眾議院議長、參議院臨時議長、國務卿及其他內閣閣員。爾後，數次修正均因行政部門增訂部會，而將增訂的部會首長增列於執行總統職務的順位中。

Pretrial conference 審判前的會議。

Pretrial order 審判前裁定。

Previous dealings 交易前例。

Primary debtor 主債務人。

Primary rule 首要法則。

Prima facie case 表面上證據確鑿的案件。又稱表見證據、或表面證據。

Principal in the first degree 一級主犯。如加害者。

Principal in the second degree 二級主犯。如行為當時的幫助犯暨教唆犯。

Prior restraint 事前禁制。指於新聞發行前，先行禁止其發行。

Privacy 隱私權。

Private nuisance 私人擾亂。

Private reprimand 私下譴責。

Privity 契約關係。又稱 contractual relationship。

Pro bono legal services 義務法律服務。

Pro hac vice admission 聲請特別個案的執業許可。美國律師執照的核發，係各州獨立作業，若擬在不同州執行業務，則須同時擁有數州執照。或因某一特定案件向他州法院聲請為特定委託人進行訴訟，即聲請特別個案的執業許可。

Probable cause 合理事由。

Probation 緩刑。

Process 傳票。又稱 summons。原告提起訴訟時，應備具起訴書向法院提出，法院將核發傳票，由原告將起訴書暨傳票送達被告，由被告提出答辯。

Production of document or things 文件或事物的提供。

Products liability 產品責任。

Promise 允諾。

Promisee 被允諾人。

Promisor 允諾人。

Promissory estoppel 允諾禁反言。指已做成的允諾，事後不得反悔。允諾禁反言的適用，必須符合下列要件：㈠合理的信賴──被允諾人之信賴允諾是合理的；㈡不執行允諾將導致不公平情事的發生。

Proportionality principle 比例原則。

Prosecutor 檢察官。又稱 district of attorney。

Prosecutor's information 檢察官的起訴狀。

Protection order 保護命令。

Provisional remedy(ies) 暫時性救濟。

Proximate cause 因果關係。

Prudent person 謹慎之人。

Publication 公開。

Public disclosure of private facts 私務的公開揭露。係侵害隱私權的態樣之一。

Public figure 公眾人物。

Public nuisance 公害。

Public officials 政府官員。

Public policy 公共政策。

Public reprimand 公開譴責。

Public trial 公開審判。

Punitive damage 懲罰性損害賠償。

Pure comparative negligence 純比較過失。依原告與被告的過失比例，決定被告應負的賠償額度。

Purposely 故意。

Q

Quarter 徵用。

Quasi contract 準契約。

Queen's Bench 普通法時期的御座法院。適用於王室為女王時。

Quid pro quo 對價。

R

Rape 強姦罪。

Ratification 批准、承認。Ratify 的名詞。

Ratify 批准、承認。Ratification 的動詞。

Ratio decidendi 作成判決結果的理由。為「前案拘束原則」的適用範圍。

Reapportionment Act 名額分配法。國會於西元一九二九年通過「名額分配法」，將眾議員人數確定為四百三十五名。

Reasonable force 合理的措施。

Reasonable means 合理的方式。

Reasonable necessity 合理的必要性。

Reasonable person 一般人、合理之人。

Reasonable time 合理期間。

Receiving stolen property 收受贓物。

Recklessness 魯莽。

Redirect examination 再直接詰問。

Reflex 反射動作。

Rejection 拒絕。

Reliance 信賴賠償金。係指一造基於契約的存在，而從事履行契約的準備工作，以致在契約履行前已有費用的支出；倘另一造拒絕履行契約，將使被違約人蒙受損失。信賴賠償金便以回復原告至未訂定契約前的狀態為目的。

Remanded 更正原判決。

Reprieve 暫緩執行。依聯邦憲法第二條第二項第一款後段，總統對於聯邦罪犯有暫緩執行及赦免的權力。

Repudiation 違約。即違反契約之謂。可分為預期違約及到期違約。

Required disclosure 必要的揭露。FRCP 明定，當事人必須揭露特定資訊予對方。

Res ipsa loquitur doctrine 事實自證理論。意指事實本身足以證明傷害的發生必源於行為人的過失行為所致。

Res judicata 一事不再理原則。指當事人不得就同一事實、同一訴因再行提起訴訟，亦即「主張的排除」。

Rescind the contract 撤銷契約。

Respondent superior 僱用人責任。

Restatement of Contracts 美國契約法律整編。

Restitution 返還利益。返還利益係就被告所得利益或財產所增加的利益，估算其價值，返還原告，目的在防止被告因原告的履行而不當得利。

Restoring the status quo ante 回復原狀。

Restraint of trade 限制商業的行為。如獨占。

Retreat 退讓。

Reversed 廢棄原判決。

Reverse discrimination （或 adverse discrimination）反歧視。二十世紀末期，部分國家為彌補長久以來遭受歧視的族群而施予其較優惠的待遇。又稱平權措施或積極性差別待遇。

Revocation 撤回。

Right to counsel of choice 選擇聘用特定律師的權利。

Risk of mistake 錯誤的風險。適用於契約法中承擔錯誤的風險，係指因其過失或其他事由，致須由其承擔錯誤所造成的不利結果而言。主要有下列三種情形：㈠契約中雙方約定由特定一造承擔錯誤風險；㈡訂定契約時，一造明知對契約相關事實認知有限；或㈢法院考量客觀環境認定，宜由其中某一造承擔錯誤風險。

S

Satisfaction of condition 條件的成就。

Scuffle 混戰。

Secondary debtor 從債務人。

Secondary rule 第二法則。

Secretary of State 國務卿。

Second degree murder 二級謀殺。

Selective incorporation 選擇性併入。西元一八六八年增訂的第十四增修條文，使得州政府必須尊重聯邦憲法所賦予州民的基本權利。然而應否賦予州民人權法案的全部權利則有不同見解，主張僅須賦予特定權利者為選擇性併入；主張應賦予全部權利者為全部併入。

Self-control 自我控制。

Self-defense 自衛。

Self-help 自助。

Self incrimination 自白。聯邦憲法第五增修條文賦予被告拒絕自白的權利，亦即保持緘默的權利。

Senate, 參議院。聯邦國會的兩院之一。

Senator 參議員。

Sentencing guidelines 量刑標準。

Separate but equal 隔離平等。西元一八九二年 Plessy v. Ferguson 乙案，聯邦最高法院

確立「隔離平等」政策並未違反憲法第十四增修條文之平等保護條款。

Separate Car Act 隔離車廂法。內戰後，州立法將車廂分為「白種人」車廂及「有色人種」車廂，有色人種只得乘坐後者，倘違法乘坐白種人車廂，將處以刑罰。

Separation of church and state 政教分離。係指憲法第一增修條文禁止政府設立宗教 (establishment of religion)，即所謂「禁止設立條款」。

Several liability 共同侵權行為責任。

Show-up 由可能的嫌犯供證人指認。

Silence 沈默。沈默有時得視為承諾。

Slander 口頭毀謗。

Slander per se 當然毀謗。

Sleep-walking 夢遊。

Speaker of the House 眾議院議長。

Special clause 特別約定條款。其適用優於一般條款。

Special verdict 特別審判。此係適用於案情較複雜的訴訟案件，審判結果並未直接為原告或被告勝訴的審判，而係就所臚列事關勝訴敗訴的問題，一一作成決定。

Specific intent 意圖為特定犯罪行為。

Specific performance 強制履行契約。

Speculative 揣測性的。

Speech and debate clause 言論辯論免責條款。依聯邦憲法第一條第六項第一款，議員在出席會議期間（包括往返途中），除因叛國、重罪或危害和平等情事外，不得予以拘提；他們在議會的發言、辯論亦不得在任何場合受到質疑。

Speedy trial 迅速審判。

Spending power 預算支出權。依聯邦憲法第一條第八項第一款，國會有此項權力。

Star Chamber 十六世紀都鐸王朝，對特定刑事案件持有衡平管轄權的星宮法院。

Standards of proof 證據的認定標準。

Stare decisis 前案拘束原則。係普通法法院審理案件的重要原則。

Status 身分。

Statute of Frauds 防止詐欺條例。源自英國西元一六七七年所制定的同名條例，其意旨在藉由特定形式的契約訂定，防止詐欺行為的發生。

Statute of limitations 時效。指受害人未於法定期間內提起訴訟，將喪失就該特定事由提起訴訟的權利。

Statutory rape 法定強姦罪。基於對未成年婦女的保護，各州均定有此罪名，凡與未達一定年齡（各州所定不一，各有十六、十七或十八歲）之婦女從事性行為，將構成

法定強姦罪，不問該女子是否同意。目前多數州就此亦採中性立法，亦即不再就行為人及受害人之性別予以設限。

Stop and frisk 攔阻及搜身。聯邦最高法院於西元一九六八年 Terry v. Ohio 乙案中指出：執法人員在符合下列要件時，得對嫌疑犯進行攔阻及搜身：㈠合理明確的懷疑（懷疑將有或已有犯罪行為發生）；㈡有合理的理由相信對方攜帶危險武器；以及㈢以輕輕拍打的方式對嫌犯進行搜身。符合前揭要件搜得的證據可作為呈堂供證。

Strict liability 嚴格責任。基於平等保護原則，因種族因素賦予不同待遇者，法院將視其為「可疑的分類」，須以嚴格的審查標準審理其合憲性。

Strict scrutiny 嚴格的審查標準。基於平等保護原則，因種族因素賦予不同待遇者，法院將視其為「可疑的分類」，須以嚴格的審查標準審理其合憲性。

Subject matter jurisdiction 事務管轄權。

Subpoena 傳喚證人出庭作證的傳票。

Subsequent disclosure 第二階段的揭露（或嗣後的揭露）。FRCP 明定，當事人必須揭露特定資訊予對方。可分兩個階段，即第一階段的揭露與第二階段的揭露。第二階段的揭露，包括兩造於審判庭中㈠可能傳喚的證人姓名及其他資訊；㈡可能使用的宣誓證言的證人，其姓名及相關資訊；㈢專家證人 (expert witnesses) 的姓名及相關資訊；㈣可能引用的文件、證據等。

Substantial capacity test 足夠能力標準。MPC 規定倘行為人因精神疾病或缺陷致無足夠能力瞭解行為的犯罪性、或使自己行為遵守法律者不須負刑事責任。

Substitute service 替代送達。傳票送達的方式之一，送達予被告的代理人，或以雙掛方式郵寄。

Sudden provocation 突發的刺激。

Summary judgement 即席判決。

Summons 傳票。又稱 process。原告提起訴訟時，應備具起訴書向法院提出，法院將核發傳票，由原告將起訴書暨傳票送達被告，由被告提出答辯。

Superseding cause 替代因素。

Supremacy power 聯邦法律至高性原則。係聯邦憲法第六條所規範。

Supremacy principle 聯邦法律至高性原則。與 supremacy power 同。

Suretyship 擔保。

Surrounding circumstances 客觀環境。

Survival action 遺留訴訟。係死者生前即得以主張的訴因，只是死者未能及時提起訴訟或在訴訟進行中便已死亡，則由其家屬或遺囑執行人代行其訴訟。遺留訴訟中，任何一造得主張之事由及抗辯，均與死者自行進行訴訟同。

Suspect classification 可疑的分類。基於平等保護原則，因種族因素賦予不同待遇者，法院將視其為「可疑的分類」，須以嚴格的審查標準審理其合憲性。

Suspension 停職。

Sustained 成立。如，異議成立 (objection sustained)。

Symbolic speech 象徵性言論。

T

Tariffs 關稅。

Taxing power 徵稅權。

Temporary restraining order 臨時禁制令。原則上須經書面或口頭通知對造當事人，方得核發；惟，於特定情事得例外於未通知對造當事人，即予核發。

Territorial jurisdiction 屬地管轄權。

Theater of war 戰區。又稱 war zone。

Theft by deception 行騙竊盜。

Thin skull 薄頭顱。又稱「蛋殼頭顱」(egg-shell skull)。法院對於可預見的受害人發生不可預見的嚴重傷害時，所採的見解。

Third degree murder 三級謀殺。

Third party beneficiary 第三受益人。係指雖非契約當事人，惟，契約的履行將使第三人蒙受利益，此第三人即第三受益人。

Three-strike law 三振法。所謂三振法，係指任何人犯案三次時，第三次將加重處罰其刑。

Torts 侵權行為、侵權行為法。

Total incorporation 全部併入。西元一八六八年增訂的第十四增修條文，使得州政府必須尊重聯邦憲法所賦予州民的基本權利。然而應否賦予州民人權法案的全部權利則有不同見解，主張僅須賦予特定權利者為選擇性併入；主張應賦予全部權利者為全部併入。

Totality-of-the-circumstances test 整體客觀標準。

Trade secret 營業秘密。

Traditional rationality standard 傳統理性標準。除種族的因素外，性別、年齡亦常為分類因素，法院並不擬視此等分類為可疑的分類，故僅施以傳統理性標準認定其是否違反平等保護原則。

Transcription 抄寫。

Transferred intent 意圖的轉換。

Transferring possession 移轉占有。

Transitory action 數地管轄之訴訟。

Trespass to chattels 動產的侵害。

Trespass to land 不動產的侵害。

Tried in camera 以秘密方式進行審判。亦即非公開審判。

Truth 真實。

U

Unavoidable accident 無法避免之事故。

Unconscienable 不公正的。

Unenforceable contract 缺乏強制力的契約。契約符合構成要件，惟因違反法定要件，如「防止詐欺條例」，致缺乏強制的效果。

Unequivocal 明確。

Uniform Commercial Code 統一商事法典。簡稱 "U.C.C."。

Unilateral contract 單邊契約。以一方的允諾交換另一方的行為，後者在完成約定的行為時，視為承諾，契約成立。

Unilateral mistake 一方的錯誤。

United States Code 美國聯邦法典。簡稱 "U.S.C."。

Unjust enrichment 不當得利。

Unqualified 不附加限制。

Unreasonable intrusion 不當侵入。係侵害隱私權的態樣之一。

Usage 習慣。

Usury 高利貸。

V

Venue 審判地。

Veto power 否決權。國會通過的法案須經總統簽署生效；倘總統行使否決權，則法案無從生效。

Vicarious liability 代理責任。

Void 無效。

Voidable contract 得撤銷的契約。係指至少當事人中有一造，有權利選擇承認契約效力而予履行，或撤回其允諾或否定其效力致契約無效。

Voir dire 陪審員候選人的審問程序。此程序的目的在排除不適任的陪審員候選人，如對其中一造有偏頗或成見，或對爭訟的事件有主觀的意見等，使審判的進行得以公正。

Voluntary 自願。

Voluntary condition 自願條件。指自願訂定的條件而言。

W

Wages loss 薪資的損失。

War and defense power 戰爭防衛權。係憲法第一條第八項所賦予國會的另一項重要的權力。

War Power Resolution 戰爭權決議。國會於西元一九七三年通過「戰爭權決議」，明定總統得以三軍統帥身分派遣軍隊之情事。

Warrant 書面令狀。

War zone 戰區。又稱 theater of war。

Watergate Building 水門大廈。位於哥倫比亞特區的民主黨總部。

Watergate scandal 水門事件。西元一九七二年美國總統大選期間民主黨位於哥倫比亞特區的總部水門大廈遭人入侵，經查為共和黨總統候選人尼克森競選（連任）總部的數名工作人員所為。參議院競選委員會調查發現白宮介入該侵入行動並試圖隱瞞。

Willful 故意。

Windfall 額外之財。

Wiretapping 以電子設備等監聽。執法人員以電子設備等監聽時，因涉及隱私權的侵犯，是以，須於取得令狀後始得為之。令狀上須載明「合理事由」、嫌犯的姓名、擬監聽的特定談話內容，及監聽的期間。逾監聽期間所取得的監聽內容不具證據能力。

Witherspoon excludables Witherspoon 排除標準。聯邦最高法院於西元一九六八年 Witherspoon v. Illinois 乙案中指出，涉及最重刑罰為死刑的案件中可排除的陪審員候選人為㈠不問被告的罪行及可責性，堅決反對死刑者；或㈡他們對死刑的觀點，使他們無法公正地決定被告的罪刑。

Withholding possession 拒絕交付占有。

Workmen's Compensation Act 勞工補償法。

Work product 工作成果。律師的工作成果可包括事實的資訊、與證人的會談、對案情與法律的分析、案件成立與否的判斷等所有準備進行審判程序的資料。該工作成果原則上不列入發現證據的範圍，但倘屬事實的資訊，且為對造難以取得者，則可列入發現證據的範圍。

Writ of certiorari 令下級法院將案件移到上級法院之謂。以聯邦法院為例，任何人擬上訴到聯邦最高法院，必須先向最高法院提出聲請，聯邦最高法院須考慮是否受理，若有四名大法官同意，即受理上訴、發出命令，由下級法院將案件送到最高法院。

writ of coram nobis 更正令。更正令的發給係針對法院自己的判決，因事實的錯誤致有

誤判而為。

Writ of execution 執行令。

Written accusation 書面的指控。

Wrongful conduct 不當的行為。

Wrongful death action 不當致死訴訟。死者的家屬等得以死者的死亡對其造成的傷痛或損失，對侵權行為人提起訴訟。

附錄二　參考文獻

附錄二　參考文獻

壹、中　文

1. 由嶸，《外國法制史》，五南圖書出版公司（初版，民國八十二年）。

2. 林立樹，《美國通史》，五南圖書出版公司（民國八十八年元月）。

3. 黃鴻釗，潘興明，《英國簡史》，書林出版有限公司（初版，民國八十五年七月）

4. 張四德，《美國史》，大安出版社（二版，民國八十二年）。

5. 漆竹生譯，Rene David 著，《當代主要法律體系》（初版，民國七十九年）。

6. 蔚藍天編譯，《美國史》，臺灣商務印書館股份有限公司（初版，民國七十五年）。

貳、外　文

一、書籍暨期刊論文

1. Altschuler & Sgroi, Understanding Law in a Changing Society, by Prentice-Hall Inc. (1992).

2. Bodenheimer, Oakley & Love, An Introduction to the Anglo-American Legal System, by West-Thomson Publishing Co. (4th ed. 2004).

3. Burnham, William, Introduction to the Law and Legal System of the United States, by West Group (3rd ed. 2002).

4. Calamari & Perillo, Contracts (3rd ed. 1987).

5. Calvi & Coleman, American Law and Legal Systems, by Prentice Hall (5th ed. 2003).

6. Clark, David, Civil Procedure, *in* Introduction to the Law of the United States 373 (David Clark et al. eds. 2nd ed. 2002).

7. Craswell, Richard, *Offer, Acceptance, and Efficient Reliance*, 148 Stan. L. Rev. 481 (1996).

8. Duncan, John, *Two "Wrongs" Do/Can Make a Right: Remembering Mathematics, Physics, & Various Legal Analogies (Two Negatives Make a Positive; Are Remedies Wrong?) The Law Has Made Him Equal, But Man Has Not*, 43 Brandeis L. J. 511 (2005).

9. Eisenberg, Melvin, *Symposium: The Revocation of Offers*, 2004 Wis. L. Rev. 271, (2004).

10. Geldart, William, Introduction to English Law, by Oxford University Press (D. Yardley ed., 10th ed. 1991).

11. Hall, Daniel, Constitutional Law: Cases and Commentary (1997).

12. James, Philip, Introduction to English Law, by Butterworths & Co. (12th ed. 1989).

13. James, Hazard & Leubsdorf, Civil Procedure, by Foundation Press (5th ed. 2001).

14. Keeton, Dobbs, Keeton & Owen, Prosser and Keeton on Torts (5th ed. 1994).

15. Kelso & Kelso, Study Law: An Introduction, by West Publishing (1984).

16. Kempin, Frederick, Jr., Historical Introduction to Anglo-American Law, by West Publishing Co. (3rd ed. 1990).

17. La Fare & Israel, Criminal Procedure, by West Group Publishing (2nd ed. 1992).

18. Redmond, P. General Principles of English Law, by The M. & E. Handbook Series (I. Stevens et al. rev., 6th ed. 1990).

19. Samaha, Joel, Criminal Procedure, by Thomson learning (5th ed. 2002).

20. Scheb & Scheb, II., Criminal Law and Procedure, by Wadsworth Group (4th ed. 2002).

21. Schwartz, Kelly & Partlett, Prosser, Wade and Schwartz's Torts (10th ed. 2000).

22. Sullivan & Gunther, Constitutional Law (14th ed. 2001).

23. Warren & Brandeis, *The Right to Privacy*, 4 Harv. L. Rev. 193 (1880).

24. Wise, Edward, Criminal Law, *in* Introduction to the Law of the United States 139, (David Clark et al., eds., 2nd ed. 2002).

25. Federal Rule of Civil Procedure.

26. Model Penal Code.

27. Model Rules of Professional Conduct.

28. Restatement (Second) of Contracts.

29. Restatement (Second) of Torts.

二、網路資料

1. Armstrong, Virginia C., The Imperial President Bequeaths America an Imperial Judiciary, Eagle Forum's Court Watch (March 19, 2001), *at* http://www.eagleforum.org/court_watch/alerts/2001/3-19-01.shtml（上網日期：民國九十四年九月二十四日）。

2. Bar-Gill & Gazal, *Plea Bargains only for the Guilty, American Law & Economics Association Annual Meetings* (2005), *available at* http://law.bepress.com/cgi/viewcontent.cgi? article=1179&context=alea（上網日期：民國九十五年七月二十日）。

3. Booth, Michael, *Lawyer Disbarred after Telling Client Fish Story about Unfiled Case, New Journal* (July 27, 2005), *available at* http://www.law.com（上網日期：民國九十四年七月三十日）。

4. Cornyn, John, *Our Broken Judicial Confirmation Process and the Need for the*

Filibuster Reform, *at* http://www.cornyn.senate.gov/doc_archive/JCP/Cornyn%20HJLP
P.pdf#search='henry%20%26%20senator%20%26%20filibuster%20%26%20debate
（上網日期：民國九十四年九月二十日）。

5. Johnson & Boatles, *Liquidated Damages*, *at* http://www.nacm.org/bcmag/bcarchives/
2002/march/legal-jargon.html（上網日期：民國九十四年十一月二十一日）。

6. Linder, Doug, *The Trials of Los Angeles Police Officers' in Connection with the
Beating of Rodney King* (2001), *at* http://www.law.umkc.edu/faculty/projects/ftrials/
lapd/lapdaccount.html（上網日期：民國九十四年十月一日）。

7. 1992 Los Angeles riots, *at* http://en.wikipedia.org/wiki/1992_Los_Angeles_riots#After
math（上網日期：民國九十四年十月一日）。

8. Capital Punishment in the United States, *at* http://en.wikipedia.org/wiki/Capital_punish
ment_in_the_United_States（上網日期：民國九十四年十月十日）。

9. Chancery, *at* http://en.wikipedia.org/wiki/Court_of_chancery（上網日期：民國九十五
年六月四日）。

10. Common Law, *at* http://en.wikipedia.org/wiki/Common_law（上網日期：民國九十五
年六月四日）。

11. David Field, *at* http://en.wikipedia.org/wiki/David_Field（上網日期：民國九十五年六
月五日）。

12. Degrees of Murder, *at* http://en.wikipedia.org/wiki/murder（上網日期：民國九十五年
五月十五日）。

13. Federal Judicial Center, *at* http://www.fjc.gov/history/home.nsf

14. The History Guide － Jeremy Bentham, *at* http://www.historyguide.org/intellect/ben
tham.html（上網日期：民國九十四年四月一日）。

15. Impeachment, *at* http://en.wikipedia.org/wiki/impeachment（上網日期：民國九十五年
六月十二日）。

16. Lethal injection "cruel," researchers say, Renters (April 14, 2005), *at* http://www.
msnbc.msn.com/id/7501628（上網日期：民國九十四年十月十日）。

17. MUW, *at* http://en.wikipedia.org/wiki/Mississippi_University_for_Women)（上網日
期：民國九十四年十月二十二日）。

18. Reverse discrimination, *at* http://en.wikipedia.org/wiki/Reverse_discrimination（上網日
期：民國九十四年十月二十二日）。

19. Uniform Law Commissioners, *at* http://www.nccusl.org/

20. United States Code, *at* http://en.wikipedia.org/wiki/United_States_Code（上網日期：民

國九十五年六月四日）。

21. Virginia Supreme Court Unanimously Orders New Mental Retardation Hearing for Daryl Atkins, Associated Press, June 8, 2006, *at* http://deathpenaltyinfo.org/article.php?did=1795（上網日期：民國九十五年六月十二日）。

附錄三　名詞索引

附錄三　名詞索引

附錄四　案例索引

附錄四　案例索引

O

P

三民六法

法學啟蒙叢書
——帶領您認識重要法學概念之全貌

　　在學習法律的過程中，常常因為對基本觀念似懂非懂，且忽略了法學思維的邏輯性，進而影響往後的學習。本叢書跳脫傳統民法教科書的撰寫模式，將民法中重要的概念，以一主題即一專書的方式呈現。希望透過淺顯易懂的說明及例題的練習與解析，幫助初學者或一般大眾理解抽象的法學觀念。

目前已出版：

1. 承攬　　　　　　　　葉錦鴻／著
2. 動產所有權　　　　　吳光明／著
3. 買賣　　　　　　　　陳添輝／著
4. 契約之成立與效力　　杜怡靜／著
5. 侵權行為　　　　　　郭冠甫／著
6. 繼承　　　　　　　　戴東雄／著
7. 遺囑　　　　　　　　王國治／著
8. 運送法　　　　　　　林一山／著
9. 贈與　　　　　　　　郭欽銘／著
10. 抵押權　　　　　　　黃鈺慧／著
11. 占有　　　　　　　　劉昭辰／著
12. 婚姻法與夫妻財產制　戴東雄　戴瑀如／著
13. 不當得利　　　　　　楊芳賢／著
14. 民法上權利之行使　　林克敬／著
15. 法律行為　　　　　　陳榮傳／著

本系列叢書陸續出版中……

書種最齊全・服務最迅速